CW00687925

Mimmo Franzinelli

L'arma segreta del Duce

La vera storia del Carteggio Churchill-Mussolini

Rizzoli

Proprietà letteraria riservata
© *2015 RCS Libri S.p.A., Milano*

ISBN 978-88-17-08058-3

Prima edizione: marzo 2015
Seconda edizione: aprile 2015

Redazione e impaginazione: Studio Dispari – Milano

L'arma segreta del Duce

Introduzione

*Io stimo più il trovar un vero, benché di cosa leg-
giera, che 'l disputar lungamente delle massime
questioni senza conseguir verità nissuna.*

GALILEO GALILEI,
Lettera a Tommaso Campanella (1614)

Il filosofo illuminista Paul Henri Thiry d'Holbach ci esorta al
buon senso, ovvero all'esercizio «di quella parte della capacità
di giudizio che è sufficiente per conoscere le verità più sem-
plici, rifiutare le assurdità più manifeste, rimanere colpiti dalle
contraddizioni più evidenti» (*Le bon-sens, ou Idées naturelles
opposées aux idées surnaturelles*, 1772). Raccomandazione utile nel maneggiare il cosiddetto Carteggio Churchill-Mussolini,
per ricostruirne le intricate – e appassionanti – vicende.

In quell'epistolario confluirono lettere attribuite a leader politici quali Vittorio Emanuele III, Hitler, Badoglio, Grandi, De
Gasperi, Sforza, e a ecclesiastici del calibro di don Luigi Sturzo
e monsignor Giovanni Battista Montini (il futuro papa Paolo
VI). Tutti vengono presentati con una connotazione negativa,
come egoisti e doppiogiochisti. Gli unici documenti che spriz-
zano idealismo e amor patrio sono quelli a firma di Mussolini.
Quanto a Churchill, dopo aver concordato col Duce l'ingresso
italiano in guerra, violò le intese riservate.

Oggi le testimonianze sulla Seconda guerra mondiale si possono valutare con minore difficoltà rispetto a sessant'anni fa,
quando una parte del Carteggio venne resa pubblica. Dispo-
niamo infatti di un'ingente mole di fonti diplomatiche, epistolari, testi di memorialistica e storiografia alla cui luce verificare
l'attendibilità del materiale coevo in chiave comparativa e con
acume critico.

Facciamo qualche rapida considerazione per meglio tracciare i contorni della leggenda nera lievitata attorno ai misteriosi apocrifi. Nella primavera del 1940, Winston Churchill (Primo Lord dell'Ammiragliato ovvero ministro della Marina militare) dirige la guerra in Norvegia e ha ben altre urgenze piuttosto che trattare col Duce. Sino alla sua investitura a premier, il 10 maggio 1940, non può offrire alcunché a Mussolini, né tantomeno rivolgerglisi in qualità di portavoce del Regno Unito. Nel mese intercorso tra l'ingresso a Downing Street e la dichiarazione di guerra italiana, il 10 giugno 1940, Churchill scrive *una sola volta* al Duce, il quale *con la sua risposta* dilegua ogni speranza sul protrarsi della non belligeranza.

In assenza di *una sola prova* dell'effettiva esistenza del Carteggio, l'inflazione di articoli, saggi e libri attesta il radicamento di visioni complottistiche, imperniate su piani orditi da Churchill e De Gasperi, dai servizi segreti italiani e stranieri per impadronirsi del fatidico epistolario: in tale prospettiva, persino l'uccisione del dittatore è ricondotta al Carteggio.

A inizio anni Cinquanta la stampa di destra lo accredita, escogitando le tesi più contraddittorie tanto sul contenuto (secondo alcuni, Churchill avrebbe proposto a Mussolini di entrare in guerra con gli angloamericani; secondo altri, di combattere a fianco dei tedeschi per poi condizionarli nelle trattative di pace), quanto sul custode (Tommaso David per l'«asso di bastoni», Enrico De Toma per il «Meridiano d'Italia»), in una dimensione controfattuale.

Quella del Carteggio si potrebbe chiamare una storia infinita. Gonfiata dalle inchieste dei settimanali popolari, diviene un genere letterario. Spunta addirittura una decina di sedicenti «corrieri» inviati dal Duce in Svizzera, in una mirabolante moltiplicazione di valigie e documenti seguita da un'interminabile caccia al tesoro.

Si sono via via avvalorate tante piste quante sarebbero le copie ricavate dai fascicoli della *borsa di Mussolini*. Affidati – si sostiene – nell'autunno della RSI a Carlo Alberto Biggini, Antonio Bonino, Dino Campini, Vito Casalinuovo, Tommaso David, Enrico De Toma, Shinrokuro Hidaka, Vittorio Mussolini, Claretta e Marcello Petacci, Carlo Silvestri, Franz Spögler e Paolo Zerbino, dopo l'uccisione del Duce sarebbero passati per le mani di Pier Maria Annoni di Gussola, Pier Luigi Bellini delle Stelle «Pedro», Virginio Bertinelli, Luigi Carissimi Priori, Guido Donegani, Dante Gorreri, Urbano Lazzaro «Bill», Rachele Mussolini, Malcolm Smith, Bruno Stamm, Giacomo Stufferi, Aristide Tabasso... per finire negli archivi di Winston Churchill, Alcide De Gasperi, Palmiro Togliatti, Umberto di Savoia, di una banca svizzera, del Viminale, dei governi nipponico, statunitense, sovietico e anche in Vaticano. Malgrado il proliferare dei preziosi reperti, una cospirazione diabolica li ha eliminati tutti, dal primo all'ultimo.

La realtà è ben diversa. Vero, verosimile e falso vengono confusi e mescolati da lestofanti spalleggiati da neofascisti e protetti da ufficiali del SIFAR (il servizio informazioni delle forze armate). Nella partita figura persino un religioso: il francescano milanese padre Enrico Zucca, coinvolto nel trafugamento della salma del Duce nonché referente degli apparati riservati dello Stato. Il gioco del SIFAR risulta decisivo nell'intavolare trattative con ambienti governativi, di fatto accreditando il Carteggio.

Nel biennio 1951-53, alcune lettere sono esibite a potenziali acquirenti e poi riformulate per depurarle da errori e anacronismi emersi nel frattempo; altre vengono stilate ad hoc a supporto di campagne stampa e altre ancora sono funzionali a strategie giudiziarie (a una missiva «degasperiana» se ne aggiungeranno ben tre, di analogo contenuto!).

L'alterazione consapevole e deliberata delle fonti comincia durante la Repubblica sociale italiana, a opera del Nucleo di propaganda del Ministero della Cultura popolare, nell'ambito della guerra psicologica combattuta dall'intelligence di ogni nazione con false piste. Tra i protagonisti di queste campagne, già a Salò, spiccano il giornalista Gian Gaetano Cabella e il filosofo Edmondo Cione. Si costruiscono poi scenari fantastici, per imbrogliare le carte e coprire le interpolazioni.

L'operazione viene rivitalizzata nel dopoguerra, con quattro obiettivi: in primo luogo, strappare a grandi editori italiani e stranieri cospicui diritti di pubblicazione; poi, negoziare col governo la consegna di materiale apocrifo, per trarne vantaggi politici e per legittimare il Carteggio; non ultimo, modificare il senso comune su Mussolini e sui suoi oppositori, sollevando il Duce dalla responsabilità di una guerra disastrosa e addossando la disfatta agli antifascisti; e infine riprendere le ostilità contro la «perfida Albione» e denigrare Churchill, colpevole di aver vinto l'Italia fascista.

La speculazione finanziaria vera e propria si attua nel giro di pochi mesi tra la fine del 1953 e la primavera del 1954, quando Mondadori, Rizzoli e tre imprenditori (Berra, Zaniroli e Marinotti) riversano milioni sul piazzista di apocrifi De Toma e sul falsario Camnasio.

L'obiettivo politico – favorito da elementi del SIFAR, del partigianato cattolico e della Democrazia cristiana (di cui faremo i nomi più avanti) – fallisce, a causa dell'indisponibilità da parte di De Gasperi e Andreotti ad accettare le proposte dei truffatori.

Grazie allo stillicidio di servizi stampa e trasmissioni radiotelevisive sui contatti segreti Churchill-Mussolini, divenuti *il prototipo dei misteri d'Italia*, il condizionamento dell'opinione pubblica è notevole. Gli strascichi riemergono una quindicina d'anni fa, quando alcuni deputati postfascisti presentano interrogazioni parlamentari per sollecitare il governo a ricercare negli archivi di Stato e tra le carte dell'ex Partito comunista italiano (presso la Fondazione Istituto Gramsci) la verità sulle vicende del 1940-45. E tuttora il lemma «Carteggio Churchill-Mussolini» su Wikipedia non fa che riciclare in maniera del tutto acritica i vecchi teoremi su piste sotterranee e insidiose trame per eliminare la scottante corrispondenza.

In parallelo all'*Operazione Carteggio*, sul finire degli anni Cinquanta si imbastisce – sempre in ambienti «nostalgici» – l'*Operazione Diari*, di pari successo mediatico, culminata nel 2010-12 con l'edizione a stampa in quattro volumi (dei cinque previsti) dei *Diari di Mussolini (veri o presunti)*, sponsorizzati dall'allora senatore Marcello Dell'Utri. Le agende degli anni 1935-39 presentano un Duce pacifista, amico degli ebrei e ostinatamente avverso a Hitler. La macchinazione è stata smascherata – grazie anche al volume *Autopsia di un falso. I Diari di Mussolini e la manipolazione della storia*, che ho scritto per i tipi di Bollati Boringhieri nel 2011 – e i suoi fautori hanno lasciato incompiuta la pubblicazione presso Bompiani delle fantomatiche agende, essendosi appurata l'identità sia delle falsarie (le vercelle-si Rosetta e Mimì Panvini) sia del venditore (Aldo Pianta, di Domodossola).

Inventori, divulgatori e apologeti del Carteggio (come poi dei Diari) perpetrano quello che, in termini giudiziari, si definisce «abuso di credulità popolare». Per spacciare menzogne non esitano a puntare sul fascino della *storia segreta*, sull'attrazione per misteri e dietrologie, oltre che sull'istintiva diffidenza suscitata dalle spiegazioni logiche e lineari.

Karl Popper e Theodor W. Adorno – seppur da prospettive assai diverse – concordano sul fatto che il negativo sia sempre in vantaggio sul positivo; non c'è quindi da stupirsi se, agli occhi di molti, la falsificazione appare addirittura più verosimile della realtà. Nel caso specifico, potrebbe valere un'ulteriore considerazione del filosofo Jacques Derrida, autore di acute riflessioni sulla struttura dei testi e la loro decostruzione (il processo inverso alla composizione), secondo il quale nulla esiste al di fuori del testo. L'analisi degli epistolari dimostra che nel Carteggio Churchill-Mussolini nulla esiste al di fuori della menzogna. *Il falso è la sua sola verità.*

In apertura dell'*Arma segreta del Duce*, la missione del 23 aprile 1945 di Enrico De Toma per portare in Svizzera la «borsa di Mussolini» viene illustrata attraverso la ricostruzione fatta dallo stesso protagonista, poi destrutturata per metterne in evidenza l'implausibilità.

La prima sezione del libro presenta gli attori della saga del Carteggio: il sedicente comandante dei servizi segreti della Rsi Tommaso David (in realtà capo di un servizio di spionaggio repubblichino collegato all'Abwehr tedesco), il «custode degli epistolari» Enrico De Toma e l'aristocratico falsario Ubaldo Camnasio de Vargas. Tre geniali millantatori, capaci di raggirare agenti segreti e personalità di governo, oltre ai due principali editori italiani.

La parte centrale del volume presenta contenuti e retroscena dell'*Operazione gatto*, allestita nella primavera del 1954 dal direttore del settimanale «Oggi» (Edilio Rusconi), con la documentazione venduta da De Toma a Rizzoli. Di quella campagna, si svelano i tranelli tesi a monsignor Montini, De Gasperi, Badoglio e Dino Grandi. Si ripercorrono poi le indagini del giornalista Giorgio Pisanò – con materiale inedito tratto dal suo stesso archivio – che scoprì (e in parte smontò) le bugie di De Toma.

La terza sezione analizza anzitutto i rapporti tra Winston Churchill e il capo del fascismo. Il leader britannico, che apprezzava il Mussolini «antibolscevico», nella seconda metà degli anni Trenta ambirebbe a scongiurare il rinsaldarsi dell'alleanza italogermanica; allo scoppio del conflitto mondiale spera nel protrarsi della neutralità italiana e il 16 maggio 1940 scrive al Duce in tal senso, ottenendone però risposta sprezzante, preannunzio dell'imminente intervento. Da quel momento tra i due ci sarà soltanto odio, con scambio di colpi mortali.

I primordi del Carteggio si generano nella guerra psicologica combattuta nel 1943-45: ogni schieramento produce documenti per seminare nel nemico sconcerto e confusione. Gli apparati riservati di Salò fabbricano false lettere di Benedetto Croce e del maresciallo Badoglio, con un battage propagandistico orientato – prima ancora che a guastare la reputazione delle due personalità – a colpire il governo monarchico, da essi sostenuto. Tra i vari falsificatori saloini, vengono prese in esame le campagne provocatorie di Gian Gaetano Cabella e di Edmondo Cione. In continuità con tale strategia, nel dopoguerra prolifera un lucroso mercato di apocrifi, pubblicizzati da campagne stampa scandalistiche: un mercato che frutta milioni di lire e infiamma l'attenzione dei mass media.

La parte conclusiva della ricerca è ambientata nel laboratorio dei falsari, dove si producono i più significativi reperti dell'epistolario Churchill-Mussolini: dal Patto italobritannico del 1940 alle *Disposizioni sul Carteggio* dell'aprile 1945.

L'appendice raccoglie documenti in gran parte inediti di varia provenienza (italiana, inglese, svizzera, brasiliana) che restituiscono il convulso clima delle mistificazioni, delle indagini e della posta in gioco sul Carteggio.

Sino a oggi, chi si è occupato di questo argomento ha privilegiato gli aspetti politico-ideologici (non di rado «nostalgici») trascurando, se non addirittura ignorando, la ricerca d'archivio. Si sono riesumate vecchie storie e saccheggiati articoli degli anni Cinquanta, riadattando leggende spacciate per novità. Eppure, negli archivi italiani (Roma, Firenze e Milano), inglesi (Kew Gardens e Chartwell) e svizzeri (Berna), esiste una quantità di materiale sui rapporti Mussolini-Churchill, sull'operato di Camnasio e De Toma, e sul ruolo dei comprimari che li spalleggiarono dietro le quinte. Materiale indispensabile per ricostruire quadro storico, risvolti politico-militari, biografie di faccendieri e falsari, allo scopo di distinguere i carteggi autentici da quelli fasulli. È quanto si presenta all'attento lettore.

Avvertenza. Il materiale noto come «carteggio Churchill-Mussolini» viene qui scritto con la maiuscola. Poiché il sostantivo «carteggio» designa la corrispondenza intercorsa fra due o più persone, mentre gli epistolari sono fantastici e fraudolenti, l'iniziale maiuscola indica la specificità di questa fonte ed evita di appesantire il testo con espressioni quali «carteggio immaginario» o «carteggio falso».

Doppio prologo

Milano-Ginevra, aprile 1945

Il corriere del Duce

Milano, 22 aprile 1945, domenica. Verso le due del pomeriggio, Mussolini e il colonnello Giuseppe Gelormini, comandante provinciale della Guardia nazionale repubblicana, attendono in prefettura un ufficiale della GNR stessa per affidargli un'importante missione.[1] Non vi è tempo da perdere: il nemico ha conquistato Bologna; i reparti fascisti si stanno ritirando da Parma e da Cremona; uno sciopero generale potrebbe intrappolare nella metropoli lombarda il Duce coi suoi fedelissimi. Occorre affrettare il trasferimento nella «ridotta alpina della Valtellina», dove si ingaggerà la battaglia decisiva.

Enrico De Toma è un imberbe giovanotto, con spessi occhiali da miope. Arruolatosi volontario nella natia Trieste, si trasferisce a Padova e poi a Brescia, quindi partecipa ad alcuni rastrellamenti nelle montagne piemontesi; da poche settimane è acquartierato a Milano con la I Brigata Nera mobile «Italo Barattini».

Appena il giovane entra nell'ufficio della Prefettura, Gelormini ne esamina i documenti, mentre, dietro la scrivania, il capo della Repubblica sociale chiede con aria stanca: «È questo?». «Sì, Duce!» Allora si alza gli occhiali sulla fronte e, quasi parlasse a se stesso, spiega il motivo della convocazione: «Occorre un elemento completamente sconosciuto, un individuo fedele e sicuro, che tuttavia passi inosservato sia ai nemici, i quali potreb-

15

bero altrimenti pensare a catturarlo, sia agli amici, che sarebbero indotti a credere che io mi stia preparando a fuggire».

Si alza e si avvicina a De Toma, impettito sull'attenti: «Quanti anni hai?». «Diciannove, Eccellenza.» L'interlocutore fa una smorfia, poiché il titolo onorifico lo infastidisce, e tronca il colloquio: «Colonnello, proceda come d'accordo... e mi riferisca in merito». Poi esce, impensierito.

Un'ora più tardi, il Duce ordina al sottocapo di Stato Maggiore della GNR, Asvero Gravelli, di far aprire, l'indomani mattina, il valico alla frontiera di Domodossola: vi sarebbe transitato un corriere con documenti strategici, coi quali «vincere la pace».[2] Nel frattempo, il colonnello Gelormini guida il tenentino verso Villa Pavolini (in via Mozart, attigua alla Prefettura), al Comando della Compagnia «Bir el Gobi». Per l'incarico segreto, servono un nome di copertura («Vinicio Taverna!» risponde istintivamente De Toma, ricordandosi di un amico d'infanzia) e una fototessera in abiti civili da incollare sul falso documento d'identità. Il ragazzo dovrà quindi tornare alle cinque del mattino, in borghese e senza documenti che lo rendano riconoscibile.

Il diciannovenne Enrico De Toma nella primavera del 1945.

Incredulo e senza parole, De Toma torna alla caserma in corso Italia. Quella notte, in preda alle preoccupazioni, fatica a prendere sonno. Alle quattro e mezzo di lunedì mattina, in una piazza Missori deserta per il coprifuoco, cammina scortato da un drappello con a capo Italo Manfredi. A un certo punto, i militi fermano un tizio sospetto, che conduce a mano una bicicletta. Quello alza le braccia e la bici rovina a terra. Subito perquisito, gli si trova in tasca una pistola Beretta. Il malcapitato si identifica come Achille Starace, ex segretario del Partito fascista, uscito di casa a ora insolita per procurarsi una bottiglia di latte fresco. Poi, sotto i portici di via dell'Arcivescovado, il gruppo si ferma davanti a un bar da poco saccheggiato e rintraccia telefonicamente la proprietaria, per informarla del furto e dirle di recarsi in negozio.

L'imprevisto incontro col gerarca decaduto e la sosta al bar inceppano la tabella di marcia. Quando finalmente Gelormini ode il passo cadenzato del drappello, non prima di una formidabile lavata di capo per il ritardo, riassume in pochi cenni al giovane ufficiale l'obiettivo della missione: portare a Ginevra una valigia dal contenuto esplosivo. La borsa di pelle nera è sul tavolo. Mussolini vi ha stipato documenti che gettano una nuova luce sulla storia contemporanea: l'epistolario segreto con Churchill, lettere di Grandi e di Vittorio Emanuele III sul complotto del 25 luglio, corrispondenze di gerarchi e reperti sul tradimento di personalità antifasciste. Si tratta di materiale importantissimo, che chiarirà le responsabilità della guerra e i retroscena delle alleanze internazionali.

Il sottotenente De Toma – alias ragionier Vinicio Taverna – memorizza le istruzioni ricevute dal colonnello: salirà entro un quarto d'ora su un'automobile a gassogeno targata Milano che sosterà soltanto per il rifornimento di combustibile; imboccata la strada per Novara, proseguirà verso Domodossola, scortato da una pattuglia di agenti in borghese. Dichiarerà alle guardie confinarie che si sta recando a Ginevra dal padre ammalato. Giunto a destinazione, consegnerà la borsa al «signor X», facendosi rilasciare una ricevuta a riprova dell'impegno a restituire l'involucro a Gelormini. Portata a termine la missione, rientrerà in Italia per riferirne personalmente al colonnello.

De Toma parte verso l'ignoto su una Lancia Ardea guidata da un civile: gli sembra di riconoscere l'autista del federale di Milano, Vincenzo Costa. Durante il viaggio stringe a sé la borsa, pesante un paio di chili, di cui ignora il contenuto. A Novara, serve una telefonata a Milano per superare un posto di blocco delle Brigate Nere. Alla frontiera, invece, tutto fila liscio e alle due del pomeriggio De Toma giunge nel piazzale della stazione ginevrina. Come prestabilito, prende un taxi per farsi portare all'abitazione del «signor X», un distinto sessantenne ebreo italosvizzero, amico del colonnello Gelormini. L'uomo gli si presenta come il signor Fauçonnet: è tutt'altro che sorpreso («So quel che devo fare») e ritira la borsa, rilasciando la ricevuta richiesta.

Nella notte – stremato dalle emozioni e dagli strapazzi, ma soddisfatto – De Toma rientra nel capoluogo meneghino, dove nel frattempo la situazione politico-militare si è deteriorata. Poco prima dell'una del 24 aprile è in prefettura, a rapporto da Gelormini. Visibilmente sollevato, il colonnello gli offre una sigaretta e chiarisce il senso del viaggio:

> La missione da Voi testé portata a termine e tutti i particolari ad essa concernenti dovranno venire dimenticati o, meglio, considerati come non avvenuti. Gli avvenimenti precipitano; in considerazione di questo, desidero che Voi sappiate che la borsa portata in Svizzera conteneva documenti di Stato importantissimi. Ricordate che copia di tali documenti è in possesso del capo della RSI e di un'altra persona che io stesso non conosco.
> Se dovesse accadere l'irreparabile a Benito Mussolini, un'altra persona andrà a ritirare la borsa. Se morisse questa persona, io stesso. Se dovessimo morire tutti e tre, Voi potrete ritirare la borsa dalla data del 28 ottobre 1951, aprirla esattamente fra sette anni, il 23 aprile 1952, e disporne nell'interesse della Patria.[3]

Il giovane annuisce, pur nutrendo il sospetto che la valigia contenesse denaro, per alleviare l'esilio di qualche gerarca. Comunque, il suo compito è concluso e, prima di essere ricondotto in caserma da tre agenti, si guadagna l'encomio del colonnello: «Dopo quanto lei ha fatto, desidero che si trasferisca qui in Prefettura ed assuma l'incarico di ufficiale di picchetto fino a nuovo ordine». Se i commilitoni gli chiederanno dove sia stato, risponderà evasivamente.

Il 24 aprile, montato di picchetto a Villa Pavolini, il tenente De Toma assiste alla partenza del primo convoglio di camion, con i famigliari di ufficiali e gerarchi, verso la «ridotta alpina della Valtellina». A notte fonda vede avviarsi la colonna col Duce, preceduta dalla staffetta dei motociclisti, scortata dalle Brigate Nere e seguita da un reparto di SS motorizzate.[4] Dalle strade attigue alla caserma di corso Italia risuonano scoppi di bombe e raffiche di mitra.

Alle quattro di mattina del giorno successivo, il presidio della Prefettura smobilita: i militi rientrano in caserma su un camion tedesco. Poco prima che le sirene della città lancino il segnale dell'insurrezione. Sino al pomeriggio rimangono trincerati nel presidio di corso Italia, quindi concordano la resa con l'onore delle armi e la consegna di abiti civili agli ufficiali, nonché un salvacondotto per la truppa. Assunto il comando, però, i partigiani infrangono l'accordo e disarmano i vinti, rinchiusi nella scuola di piazza Sicilia. A Enrico De Toma vengono sequestrati i documenti falsi intestati a Vinicio Taverna. I prigionieri sono insultati e percossi, gli ufficiali fanno una terribile fine.

Quando la caserma passa sotto il controllo degli elementi del Partito d'azione del Settore Magenta (alle dirette dipendenze del Comitato di liberazione nazionale) la situazione migliora; il 30 aprile De Toma è liberato con sei camerati, sui quali non pesano addebiti. Prima che se ne vada, gli vengono restituiti gli effetti personali nonché copia degli ordini d'arresto e di scarcerazione.

Riacquistata la libertà, l'ex tenente si stabilisce a Brescia insieme alla madre e alla sorella. Sono mesi di fame e stenti, in cui le rappresaglie partigiane si susseguono. Non è facile, per i reduci di Salò, togliersi il marchio di «repubblichini» e reinserirsi nella società. Specialmente per chi, come lui, è orgoglioso di quella militanza e diffida della «democrazia», sinonimo di corruzione e miseria.

Lo angosciano le immagini di piazzale Loreto – pubblicate sui rotocalchi e vendute persino nelle cartolerie – con Mussolini e la Petacci a gambe all'insù. Ma tra i gerarchi appesi al distributore di benzina ce n'è uno che lo colpisce come un pugno allo stomaco; la didascalia riporta un nome a lui ben noto: *Gelormini*.

Il ricordo della missione ginevrina si riaffaccia con prepotenza alla sua mente. Rivive le sensazioni dell'incontro in Prefettura, e la commozione nel trovarsi al cospetto del Duce. La realtà sfuma nel sogno, ma quando apre gli occhi ripiomba nelle miserie del presente. Anni di sacrifici lo hanno lasciato in una pur dignitosa povertà. Ignora cosa ne sia stato di quei documenti, che ora lo incuriosiscono. Una colletta tra camerati frutta il denaro necessario per tornare in Svizzera a recuperare la misteriosa borsa.

È ancora buio, alle tre di martedì 22 giugno 1949,[5] quando De Toma scende dal treno alla stazione di Ginevra. Sistematosi all'Hotel de Russie, a metà mattina bussa, emozionato, alla palazzina dove nell'aprile di quattro anni prima aveva depositato la borsa del Duce. Cerca il signor Fauçonnet, ma scopre che è il nome di copertura dell'imprenditore ticinese Giovanni Züst, il quale, guardingo e diffidente, gli chiede di provare la sua identità. De Toma gli dice di esserglisi presentato il 23 aprile 1945 come ragionier Vinicio Taverna; dopo i convenevoli, viene accompagnato alla sede centrale della Société de banque suisse dove, sbrigati i preliminari, ritrova, intatta, la valigia di Mussolini. Stavolta è Züst a pretendere una liberatoria:

Io sottoscritto Enrico De Toma, dichiaro di ritirare una borsa in cuoio che il «signor X» ha avuto in temporanea custodia, inviatagli tramite il sottoscritto dal colonnello Gelormini nell'aprile 1945.
Dichiaro inoltre di aver trovato la borsa nelle identiche condizioni in cui era al momento della consegna.
Il «signor X» è da questo momento sollevato da ogni e qualsiasi responsabilità.

Ginevra, 22 giugno 1949
Enrico De Toma

Züst ha custodito la borsa per senso di gratitudine verso chi salvò lui e il fratello dalle persecuzioni razziali, conducendoli nel Canton Ticino. È lieto di disfarsi dell'ingombrante bagaglio, che attira la cupidigia di avventurieri e spie. Sdebitatosi con i benefattori, vuole uscire di scena e, nel consegnare la borsa, scandisce con voce ferma: «Dimentichi la mia esistenza! Se in futuro dovessimo reincontrarci, finga di non riconoscermi».

Nel tragitto verso l'albergo, De Toma è agitatissimo: quel bagaglio potrebbe cambiargli la vita. Solo nella sua stanza, tenta di forzare i due lucchetti, poi per l'impazienza fa saltare la serratura. Rimane deluso nel trovare, invece delle mazzette di dollari o franchi, vecchi incartamenti, in due voluminosi involucri. Uno, chiuso da cinque grandi sigilli di ceralacca rossa con impresso il fascio repubblicano, riporta l'indicazione battuta a macchina *Mr. Winston Churchill – Londra*. L'altro, con la dicitura *Roma*, è diretto *Al capitano dei Carabinieri Alberto Faiola*, custode di Mussolini nella prigionia alla Maddalena e sul Gran Sasso, con il quale il Duce stabilì rapporti cordiali.[6] Dissigillato il secondo plico, vi trova delle buste rigonfie di documenti; ne apre una, con l'intestazione – nella tipica grafia di Mussolini – *I nemici*: contiene manoscritti e telegrammi in inglese, di cui non comprende il significato.

Un foglio, in particolare, attira la sua attenzione. Intitolato *Disposizioni per il Carteggio*, chiarisce l'utilizzo del materiale che, secondo il capo del fascismo, ristabilirà la verità sul ruolo dell'Italia nella guerra. Quelle carte impongono compiti a dir poco gravosi all'involontario custode, investito di una missione non meno impegnativa di quella dell'aprile 1945, se vorrà mantenere l'impegno assunto col capo della Repubblica sociale.

Il giovane porta tutto in un negozio di ottica, per fare delle fotografie. Vorrebbe poi depositare il prezioso bagaglio nella cassetta di sicurezza di una banca, ma gli è impossibile, in quanto straniero non titolare di un conto corrente svizzero. Si trova quindi costretto a rivolgersi di nuovo al «signor X», che pone due condizioni: anzitutto il deposito dovrà avvenire in una banca di sua fiducia; poi chiavi e contratto rimarranno a lui, che verrà preavvisato telegraficamente ogni qualvolta l'italiano intenderà riaprire la cassetta di sicurezza. Accettate entrambe le clausole, si provvede all'operazione.

In viaggio verso Milano, De Toma riflette sul da farsi. Affidare tutto allo Stato? È una via impraticabile, perché al governo c'è quel De Gasperi le cui lettere scottanti sono custodite nella borsa. Consegnare allora la documentazione al maresciallo Graziani? Altra ipotesi da scartare, visto che l'ex ministro della RSI è agli arresti per collaborazionismo. Conviene attendere, tanto più che le disposizioni del Duce impongono il segreto sino all'aprile 1952.

Dopo qualche mese, Enrico De Toma torna a Ginevra e vince la ritrosia di Züst, che gli confida i propri segreti e anche il nome di un suo prezioso collaboratore: l'albergatore Gustave Lussy. L'ex tenente ne diviene amico al punto tale da essere condotto in un villino di Mendrisio per visionare ulteriori materiali entrati clandestinamente in Svizzera al termine del conflitto. Due grandi valigie marroni e una capiente cassa sono ricolme di documenti e reperti d'epoca, tra i quali spiccano gli elenchi degli appartenenti all'OVRA, la polizia politica del regime: le liste di spie e informatori sono suddivise in fascicoli con copertine di vario colore, controfirmati dal responsabile dell'organizzazione. Sulla cartella che li contiene, il Duce ha scritto nel 1944: *Elenco addetti* OVRA *– Settembre dell'anno* XXII *– M.*: l'Organizzazione volontaria per la repressione dell'antifascismo è la punta di diamante della polizia politica mussoliniana (cfr. p. 189).

Nel baule ci sono anche numerose bobine con le registrazioni delle conversazioni telefoniche tra il Duce, il Re e i ministri. Züst sostiene di avere avuto tutto quel materiale da un ex ufficiale tedesco, un certo professor Rek, domiciliato a Como.

De Toma intende ora adempiere in pieno alla sua missione, valorizzando quella documentazione segreta, che chiarisce irrefutabilmente le ragioni della guerra (e della sconfitta) italiana.

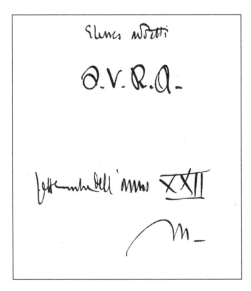

Il frontespizio dell'«Elenco addetti OVRA*», scritto nel settembre 1944 da «Mussolini» e inviato clandestinamente in Svizzera.*

La missione fantasma

A fronte del fantasioso racconto della missione ginevrina c'è una realtà ben diversa sui movimenti del colonnello Gelormini e di De Toma, nel giorno in cui la borsa del Duce sarebbe finita in Svizzera.

In effetti, Gelormini rimane accanto al Duce, in quel tormentato periodo. Tranne questo particolare, tutto il resto, nella versione di De Toma, non quadra.

Milano, 23 aprile 1945, lunedì. Alle cinque del mattino il comandante provinciale della GNR, colonnello Giuseppe Gelormini, dorme sulla branda in un angolo del suo ufficio, nel cuore della città. Smaltisce le fatiche di una giornata pesante, densa di brutte notizie. Fra poco dovrà affrontare situazioni persino peggiori. Gli angloamericani sono a Bologna e le bande partigiane all'offensiva, intanto tra i fascisti si sta diffondendo lo sgomento. In una Milano destinata a divenire teatro di ritorsioni e vendette, il colonnello è angosciato per la sorte dei suoi uomini e dei suoi famigliari.

L'incontro con De Toma e Mussolini (qui evocato nel paragrafo iniziale) non è mai avvenuto. Gelormini è stato citato perché creduto defunto, pertanto impossibilitato a smentire.

Tra il dicembre 1951 e il 1954 Enrico De Toma fornisce versioni contraddittorie sull'incontro col Duce e con Gelormini, nonché sulla missione elvetica. L'udienza con Mussolini scivola dal mattino al pomeriggio del 22 aprile; il capo della RSI passa dal mutismo assoluto alla conversazione più affabile; pure l'atteggiamento del colonnello oscilla, tra l'uno e l'altro resoconto, dal distaccato al cameratesco. Mentre l'incontro con il «signor X» viene alternativamente messo in scena nella sua abitazione ginevrina o in un albergo.

Grande affabulatore, De Toma raggiunge punte di mitomania: sostiene di avere frequentato il ginnasio, poi di essere ragioniere e di avere combattuto come tenente: tutte soddisfazioni negategli dalla vita, ma che ora lui si regala, come risarcimento di un'adolescenza deprivata, che dopo le scuole elementari lo gettò allo sbaraglio.

Nell'imbastire la storia destinata a trarlo fuori dall'anonimato e dalla povertà, indica quali testimoni chiave personaggi scomparsi, circoscrivendo il più possibile il riferimento ai viventi. Dispone di un paio di consiglieri ex reduci della RSI con i quali si impegna a dividere quanto riuscirà a scucire a giornalisti e editori.

Le sue verità, divulgate sulla stampa dal dicembre 1951 sino all'inverno 1954-55 in interviste e memoriali, vengono smentite sia da Gelormini sia da vari ex commilitoni. I soli a non contestarlo sono i camerati caduti sotto il piombo partigiano, da lui indicati quali testimoni, fingendosi ignaro della loro dipartita. Vi è poi qualche fascista che, per ragioni politico-ideologiche (accreditare il Carteggio Churchill-Mussolini) e/o per venalità, supporta il racconto del «corriere del Duce».

L'idea del colonnello Giuseppe Gelormini quale intermediario di Mussolini gli è suggerita dalle fotografie scattate a piazzale Loreto e stampate come cartoline. L'immagine più diffusa mostra sei cadaveri appesi per i piedi a un distributore di ben-

Mussolini a Milano, tra i colonnelli Casalinuovo e Gelormini (rispettivamente primo a sinistra e primo a destra).

zina. Nell'ordine, da sinistra a destra: «Bombacci – Gelormini – Mussolini – Petacci – Pavolini – Starace». Quello indicato come Gelormini indossa stivali e pantaloni militari, e ha il volto sfigurato.

Si tratta in realtà del cadavere di un altro gerarca: Vito Casalinuovo, ufficiale d'ordinanza del Duce. De Toma è stato fatalmente indotto in errore dalla cartolina.

Incaricato nel pomeriggio del 25 aprile da Mussolini della smobilitazione dei militari rimasti in città, Gelormini concorda la resa con partigiani liberal-monarchici, in cambio di immunità e protezione. Il suo arresto, avvenuto l'indomani su iniziativa di un gruppo di Giustizia e Libertà, è sconfessato dal Comando della piazza di Milano, i cui emissari lo liberano dopo accaniti contrasti intestini.[7] Accolto sotto falsa identità da una congregazione religiosa, ripara poi in Svizzera. Amnistiato nell'aprile 1948, esce dalla clandestinità e si stabilisce a Pescara, dove conduce vita ritirata. Per fascisti e antifascisti è defunto. Quan-

Nella macabra esposizione, il cadavere a destra di Mussolini è erroneamente indicato come «Gelormini»: si tratta invece di Casalinuovo.

25

do De Toma predispone la storia di copertura per i «documenti della valigia», gli assegna il ruolo di mentore. Tuttavia, per uno scherzo del destino, il colonnello è vivo e vegeto, anche se tutti lo ignorano.

Informato del ruolo attribuitogli dal quotidiano partenopeo che il 13 dicembre 1951 lancia il «corriere del Duce» (cfr. pp. 68-69), non sta al gioco. Quando viene interrogato cinque giorni più tardi presso la Questura di Pescara, l'ex gerarca (ora ufficiale in congedo) è categorico: «Tutti i contorni e i particolari dati [nell'intervista] sono destituiti di ogni fondamento e sono frutto di fantasia».[8] Contattato dall'intervistatore Ennio Mastrostefano, propone «un confronto col nominato De Toma, allo scopo di smascherarne le intenzioni che – in verità – mi sembrano poco chiare. Il giornalista promise di accompagnarlo a Pescara per incontrarsi con me, ma finora non so cosa egli abbia concluso...» (cfr. appendice, doc. n. 6). In effetti, l'imbarazzante confronto non si terrà mai, poiché il mistificatore non potrebbe reggerlo.

Dopo tanti (troppi!) dettagli sull'incontro con Gelormini e il Duce, De Toma non può sbugiardarsi e sostituire al gerarca redivivo un collega defunto; minimizza, svicola e critica chi lo contraddice. L'interrogatorio del dicembre 1951 resta riservato e solo nel marzo 1953 la smentita di Gelormini appare sulla stampa, in un articolo del «Corriere della Sera», rimasto tuttavia senza eco.[9]

Trascorso un altro anno, l'esplosione del «caso De Toma» riassegna a Gelormini il ruolo di mallevadore della missione ginevrina. Infastidito dall'indesiderata notorietà, il colonnello (nel frattempo promosso generale) scrive un resoconto il cui senso è così sintetizzato: *Non l'ho mai incontrato, non l'ho mai presentato a Mussolini, non gli ho mai affidato documenti.*

Il memoriale si appella in primo luogo alla logica: «Appare curioso, anche quando si voglia per un momento ammettere che davvero Mussolini inviò un carteggio in Svizzera, che un simile incarico sia stato affidato a un giovane e sconosciuto tenentino di una Brigata Nera quale Enrico De Toma. Se Mussolini si fosse rivolto a me per avere a disposizione un ufficiale di fiducia, avrei certamente scelto la persona da mandare a Ginevra fra i miei collaboratori più vicini, uomini che mi stavano accanto da anni e di cui avevo sperimentato la capacità e la devozione».[10]

La versione di De Toma contiene poi, secondo Gelormini, una dozzina di errori materiali. Innanzitutto la collocazione del 608° Comando provinciale della GNR (non nella grande caserma di via Vincenzo Monti, ma nel grattacielo di piazzale Fiume), il luogo della riunione a tre (disponendo Mussolini di uno studio in prefettura, sarebbe stata quella la sede naturale), il nome del prefetto di Milano (non Piero Parini, bensì Mario Bassi), il tono dei dialoghi e persino la mimica del Duce. Il gesto di rialzarsi gli occhiali sulla fronte «non era affatto un tratto abituale di Mussolini: appena un visitatore era introdotto nel suo studio, si affrettava a levarsi gli occhiali e li deponeva tra le carte che ingombravano sempre la sua scrivania». De Toma «riporta le frasi testualmente e fa sempre parlare gli interlocutori col *lei*: è impossibile che in conversazioni tra militari si usasse all'epoca il *lei*. Era invece prescritto che si desse sempre del *voi* rivolgendosi ai superiori e del *tu* verso gli inferiori».

Gelormini contesta anche la verosimiglianza del viaggio elvetico, tanto nel mezzo di trasporto («Non mi risulta – e in fin dei conti io ero il comandante – che il Comando provinciale avesse fra i suoi automezzi una qualsiasi vettura a gassogeno; aveva invece molte auto veloci e buone scorte di benzina») quanto sul tragitto («Solo un pazzo poteva scegliere quell'itinerario, giacché il transito Novara-Domodossola-Valle dell'Ossola, in una zona in cui scorrazzavano le bande partigiane che il 23 aprile avevano già parzialmente occupata la vallata, era il più pericoloso e assurdo che si potesse scegliere per passare il confine con la Svizzera»).

L'ex ufficiale della RSI trova qualcosa da eccepire persino sul ritiro dei plichi:

La borsa del carteggio restò depositata presso il fantomatico «signor X» a Ginevra sino al giugno del 1949, quando lo stesso De Toma (giacché nel frattempo io non mi ero presentato all'amico di Ginevra) ritirò tranquillamente i documenti.
A parte il fatto che io non ho mai avuto amici né israeliti né cristiani a Ginevra, come sostiene De Toma, io fui per parecchi mesi in Svizzera nel 1946 e quindi se davvero presso un «signor X» di Ginevra, mio amico personale, fossero stati depositati dei documenti,

avrei potuto agevolmente entrarne in possesso assai prima e con maggiore autorità di Enrico De Toma.

Sul motivo del proprio coinvolgimento, Gelormini ironizza: «L'undicesimo errore di De Toma è quello di avere creduto che io fossi morto: questo errore può essere considerato il peccato originario di tutta la faccenda. È anche l'errore più scusabile poiché, a dire il vero, io stesso, ripensando a come si svolsero le cose in quei giorni dell'aprile 1945, faccio fatica a convincermi di essere ancora vivo». Infine: «Ha commesso un dodicesimo errore veramente colossale e risolutivo, nel non avere tenuto conto, architettando il suo racconto, che qualcuno avrebbe potuto testimoniare che nei giorni 23 e 24 aprile (indicati come quelli del presunto viaggio a Ginevra in missione specialissima) egli non si mosse mai dai dintorni di Milano».

Compaiono infatti, a inguaiare il «corriere del Duce», i sottotenenti Guadagni, Fabbri e Zappa, coi quali trascorse a Milano la giornata della pretesa spedizione oltreconfine.

Il memoriale di Carlo Zappa svela lo spunto iniziale su cui innesterà la fiaba detomiana:

Il *22 aprile* De Toma si trovava assieme a me nella caserma della Brigata Nera in Corso Italia, a Milano. Quel giorno partecipò a un servizio d'ordine disposto presso il cinema Excelsior di Corso Vittorio Emanuele, ove erano riuniti alti ufficiali tedeschi. Io ero di servizio in sala, mentre De Toma era di servizio all'esterno. Uscito io un momento, mi chiese se era vero che in sala si trovava anche Mussolini: gli risposi che non c'era. Fra le sue tante ambizioni, primeggiava quella di poter vedere il duce, di essergli vicino e di farsi da lui notare.

Il *23 aprile* la mia Compagnia fu inviata alla Villa Reale di Monza, scelta quale residenza per Mussolini e dove già si trovava donna Rachele con i due figli minori. De Toma non doveva far parte della mia Compagnia, perché non aveva obblighi né funzioni di comando. Tuttavia chiese e ottenne di venire a Monza con noi. Ci presentammo in tre all'ingresso della villa: il capitano Lorenzo Vagnalucca, io e De Toma, e fummo ricevuti da donna Rachele. Anzi, fu lui che le rivolse per primo la parola, e ciò dispiacque al capitano Vagnalucca, assai seccato nel vedersi preceduto da un subalterno. In nostra presenza, donna Rachele si recò al telefono e si mise in comunicazione con Mussolini dicendogli che se non poteva venire alla villa, avrebbe provveduto a inviargli una valigetta contenente gli indumenti per cambiarsi. Evidentemente Mussolini doveva averle annunciato che non intendeva lasciare la prefettura di Milano e donna Rachele pregò noi di recapitare la valigetta. De Toma insistette per poterla consegnare personalmente a Mussolini, e la portò all'ingresso della villa, sino al cancello del parco; poi la presi io in consegna. Nessuno di noi la aprì e penso del resto che non dovesse contenere documenti e tanto meno il famoso carteggio, ma soltanto gli indumenti che donna Rachele aveva da buona moglie annunciato al marito.[11]

Il ricordo dell'incidentale consegna di una borsa di biancheria al Duce ha dunque ispirato la storia di copertura del Carteggio. Il 23 aprile 1945 Enrico De Toma portò effettivamente la valigia di Mussolini, ma con ben altro contenuto. Invece di viaggiare da Ginevra a Milano, il giovane militare marciò da Monza a Milano, tra i commilitoni schierati in doppia fila ai lati della strada per coprirsi da attacchi partigiani. La mattina del 25 aprile, la I Brigata Nera mobile del generale Bruno Biagioni – che si era volatilizzato dopo aver passato le consegne al vicecomandante Giulio Lodovici – si arrese ai «ribelli».

In un'accorta metamorfosi, vicende reali si innestano su episodi fiabeschi, ideali per intercettare la curiosità di stampa e opinione pubblica in merito ai veri rapporti tra Churchill e Mussolini.

De Toma risponde stizzito al fuoco amico: «Io potevo anche ritenere che Gelormini fosse morto, comunque tanto meglio se è vivo, perché non perdo la speranza che egli si decida a confermare che quanto io ho scritto risponde a verità».[12] Giura di aver ricevuto la borsa proprio da Gelormini (negarlo, a quel punto, sarebbe suicida), accampa inesattezze dovute a incomprensioni giornalistiche e alla mancata revisione delle bozze di stampa. Con leggerezza muta parti basilari della versione originaria: persino la località di frontiera italosvizzera varcata il 23 aprile 1945.

Per difendersi, attacca: «La linea di condotta seguita da Gelormini in questo caso conferma, purtroppo, l'esattezza dei sospetti sempre nutriti dal gruppo dei dirigenti del PFR sulla effettiva lealtà dei comandi Guardia Milanesi».[13]

Accusato di tradimento e menzogna, Gelormini querela, e lo stesso fa l'ex commilitone di De Toma, Benito Guadagni, suo accusatore («Già sottotenente della GNR, De Toma prestava servizio nella I Brigata Nera col grado di tenente "assimilato", e con lui ho vissuto gli ultimi giorni della guerra... Quale ufficiale della RSI e più ancora quale figlio di un caduto del Nord, non posso non essere indignato per la speculazione che sta facendo con le sue pretese rivelazioni»),[14] a sua volta tacciato di essere un bugiardo.

Guadagni ribadisce le sue affermazioni, corroborate da ulteriori particolari:

> Io seguito a militare nel MSI per fede, una fede che si rinsalda quotidianamente nel ricordo di mio padre caduto sotto il piombo partigiano. Né desidero pubblicità alcuna. Desidero però associarmi a tutti coloro che, al di sopra di ogni ideologia politica, si sono uniti per smentire il bugiardo avventuriero che ha osato mettere in giro falsi documenti che nulla aggiungono alla fama di Mussolini, ma lasciano invece (in chi li crede autentici) dubbi pericolosi.
>
> Quanto sia sporco il gioco finora condotto da De Toma, lo dimostra il fatto che questo signore, invocando la testimonianza dei colonnelli Rocco e Gasparetti, ha finto di ignorare che questi due ufficiali erano morti, mentre invece egli fu testimone oculare della eroica fine del colonnello Gasparetti, fucilato dai partigiani davanti a me e ad altri cinque ufficiali, tra i quali era per l'appunto lo stesso De Toma.[15]

Dei tre commilitoni chiamati come testimoni, soltanto uno è in vita: Italo Manfredi, già sergente maggiore della I Brigata Nera mobile «Italo Barattini». Tuttavia anch'egli, riemerso dall'ombra, esclude di aver mai «né all'alba del 23 aprile 1945 né in qualsiasi ora di altri giorni, scortato De Toma dalla caserma di corso Italia alla Prefettura di Milano». Quella mattina, insomma, De Toma dormiva tranquillo nella sua branda, cullato dal russare dei camerati.

L'ex sergente Manfredi non confuta il fermo di Starace, avvenuto tuttavia in altre circostanze e in assenza di De Toma (che lo apprese l'indomani):

La sera del 23 marzo 1945, al comando di una pattuglia di sei o sette uomini, mi trovavo in servizio di perlustrazione nella zona di Porta Ludovica, a Milano. Verso le 23.30 intimai l'alt a una persona, che subito dichiarò di essere l'ex segretario del PNF Achille Starace.

Gli chiesi dove fosse diretto e rispose che rincasava da una visita in casa di amici. Indossava una tuta azzurra di tipo sportivo e teneva in mano una bottiglia di latte piena a metà.[16]

Da questo episodio si arguisce la tecnica utilizzata dal possessore del Carteggio: mescolare fatti veri a fantasie, predisponendo parziali conferme alle proprie versioni, e citare testimoni defunti o quantomeno irreperibili.

Una missione fantasma, quella tra Milano e Ginevra con la borsa del Duce. Valigia che risulterà acquistata nel dopoguerra in una pelletteria di Chiasso e fatta invecchiare artificialmente.

Tali gli ingredienti della grande mistificazione destinata a passare alla storia come il *Carteggio Churchill-Mussolini*.

1. La ricostruzione della fantomatica missione Milano-Ginevra è basata sulle dichiarazioni di Enrico De Toma tratte, in particolare, dalle seguenti fonti: a) Ennio Mastrostefano, *Colpo di scena a Napoli sul Carteggio Mussolini-Churchill*, «Roma», 13 dicembre 1951 (cfr. appendice, doc. n. 5); b) *Il tenente De Toma racconta*, «Oggi», 29 aprile, 6 e 13 maggio 1954; c) *Enrico De Toma racconta... I documenti di Mussolini*, ed. «Meridiano d'Italia», Roma 1954; d) interviste e scritti sui giornali brasiliani «Tribuna Italiana» e «Ultima Hora» in vari numeri del gennaio 1955 (cfr. appendice, doc. n. 23). Dichiarazioni spesso discordanti, sia per l'aggiunta – dall'una all'altra versione – di ulteriori fantasie, sia per aggiustamenti imposti dalle smentite dei personaggi citati da De Toma quali testimoni.
2. Trascrizione della lettera di Gravelli in Enrico De Toma, *Risposta a Gelormini*, «Oggi», 13 maggio 1954.
3. *Enrico De Toma racconta...*, cit., p. 9.
4. In realtà, la colonna di Mussolini lascia Milano la sera del 25 aprile.

In generale, il racconto di De Toma anticipa di un giorno gli eventi : infatti i tre segnali della sirena antiaerea, per sottolineare l'avvenuta liberazione di Milano, vengono dati alle 8 del mattino del 26 aprile (e non del 25).

5. Secondo la sua precedente versione, in base alle raccomandazioni del colonnello Gelormini, De Toma non avrebbe dovuto ritirare la borsa prima del 28 ottobre 1951. Questa è solo una delle sue tante contraddizioni. A volte, per esempio, si definisce sottotenente, altre tenente.

6. Su di lui cfr. il capitolo «Il Tenente dei Carabinieri Alberto Faiola» nella monografia di Vincenzo Di Michele, *Mussolini finto prigioniero al Gran Sasso*, Curiosando, Firenze 2011.

7. Cattura e rilascio di Gelormini sono ricostruiti, sulla base delle testimonianze di partigiani milanesi, in Luigi Borgomaneri, *Lo straniero indesiderato e il ragazzo del Giambellino*, Archetipo, Bologna 2013, pp. 17-27 e 187-200.

8. Verbale d'interrogatorio di Gelormini Giuseppe, Questura di Pescara, 18 dicembre 1951. AdeG, b. Carteggio Churchill, f. Documenti Min. Interno (Andreotti).

9. *Il preteso carteggio Churchill-Mussolini. L'ex gerarca Gelormini smentisce tutto*, «Corriere della Sera», 22 marzo 1953.

10. *Parla il generale Gelormini*, «La Settimana Incom Illustrata», 8 maggio 1954.

11. Carlo Zappa, *Il 22 aprile '45 De Toma era con me*, «La Settimana Incom Illustrata», 8 maggio 1954.

12. Enrico De Toma, *Risposta a Gelormini*, «Oggi», 13 maggio 1954.

13. *Enrico De Toma racconta...*, cit., p. 6.

14. Trascrizione della lettera di Guadagni (14 febbraio 1954) in «La Settimana Incom Illustrata», 8 maggio 1954.

15. «La Settimana Incom Illustrata», 8 maggio 1954.

16. *Le fantasie di De Toma denunciate dal sergente Manfredi*, «La Settimana Incom Illustrata», 29 maggio 1954.

PARTE PRIMA

Falsari e mistificatori

Il comandante David

L'addestratore di Volpi Argentate

Quando e perché si concepì il Carteggio Churchill-Mussolini? Chi lo impose all'attenzione generale e con quali esiti? Le radici dell'operazione affondano nell'incapacità di elaborare il lutto per il tracollo del regime da parte di chi, per assolvere il Duce dalle responsabilità del disastro nazionale, volle dirottarne le colpe altrove.

Le prime falsificazioni, abbozzate già nel 1944, riprendono nel dopoguerra e si intensificano a inizio anni Cinquanta, con apocrifi finalizzati a speculazioni politico-finanziarie, volte a screditare i nemici di Mussolini. Gli ideatori, gli esecutori e i divulgatori della torbida macchinazione – le cui trame si dipanano tra Milano, Merano, Trieste e Roma, con solidi addentellati elvetici – si sono rodati nell'esperienza della RSI. Decisivi si rivelano l'apporto di giornalisti che avviano campagne stampa scandalistiche e il finanziamento di trust editoriali come Rizzoli e Mondadori, intenzionati a sfruttare la curiosità del pubblico sui retroscena della politica.

Il fulcro dell'operazione risiede nella capacità evocativa della *controstoria* in chiave autoassolutoria, secondo la quale gli italiani non sono altro che vittime della perfidia inglese e Mussolini è stato tradito da tutti. Il suo tallone d'Achille sta nell'inattendibilità degli apocrifi, semplicistiche personalizzazioni di eventi epocali. D'altronde, non è facile costruire e collocare in una struttura organica le tessere del mosaico di una rappresentazione inesistente.[1]

Il primo a rivendicare il possesso del Carteggio Churchill-Mussolini è Tommaso David, primo capitano a riposo, personaggio sanguigno, incline alla mitomania e alla celebrazione delle proprie imprese belliche. Nato il 28 febbraio 1875 a Esperia (Frosinone), si arruola ventunenne come volontario nella Regia Marina, partecipa nella seconda metà del 1900 alla missione internazionale in Cina contro i Boxers e alla guerra italoturca del 1911-12; si batte poi nel conflitto europeo e vent'anni più tardi nella campagna d'Abissinia.

È collocato a riposo nel 1937 con il grado di primo capitano del Corpo Reali Equipaggi Marittimi. Il provvedimento è collegato a due condanne: il 26 aprile, a sette mesi di reclusione da parte del Tribunale di Roma per appropriazione indebita; il 18 dicembre, a un anno di reclusione militare per insubordinazione.

Tornato alla vita borghese, si trasferisce in Istria per impiantare un allevamento di ostriche. All'entrata italiana in guerra, costituisce un reparto di dalmati e zaratini per contrastare i partigiani slavi. Ferito in combattimento l'8 dicembre 1940,

Tommaso David, primo capitano di Marina, poi agente dei servizi segreti e infine «custode del Carteggio».

due anni più tardi viene proposto per la medaglia d'argento al valor militare. Nell'autunno del 1943 si pone a disposizione dello spionaggio tedesco (Abwehr) e fonda a Venezia la Centuria del fascio crociato, ambiziosa struttura mussolinian-clericale destinata a vita effimera.

L'aspetto forse più interessante – e meno conosciuto – dell'attività segreta di David (alias colonnello De Santis) è l'impegno profuso nella guerra psicologica e nelle operazioni d'intossicazione, per disorientare il nemico diffondendo notizie false. Strumento principe di tali strategie è la produzione di documenti apocrifi, fabbricati con estrema cura e in grado di superare un esame non specialistico.

Nell'estate del 1944, il David Group fornisce apporto tecnico alla contraffazione di un biglietto «badogliano» con l'ordine al capo della polizia di eliminare l'ex segretario del Partito nazionale fascista, Ettore Muti, ucciso l'anno precedente.[2] Si tratta di un evento significativo nella storia del Carteggio Churchill-Mussolini, di cui rappresenta sia il prologo sia il modello metodologico (cfr. pp. 237-239).

Tommaso David allestisce il Gruppo speciale autonomo (Allevamento delle Volpi Argentate) per lo spionaggio e il sabotaggio dietro le linee, con basi clandestine dislocate tra Merano, Milano e Roma. I suoi metodi allarmano la Questura di Milano, che lo interroga per arresti illegali e l'omicidio di un passante, sul marciapiede di via Ravizza 51, sede del Gruppo speciale sabotatori e attentatori.[3]

Il governo Bonomi lo considera un nemico insidioso e nell'inverno del 1944-45 diffonde un volantino per sollecitare

tutti i veri italiani di voler segnalare il delinquente inserito nel presente numero del «Bollettino delle ricerche» per eventuale punizione per i suoi delitti: David Tommaso, fu Giuseppe, nato nel 1875, responsabile di omicidio, rapina aggravata, tradimento ed altri delitti, alias dott. De Santis, alias commendatore D'Amato, nominato *il Nostromo* dal bagnasciuga [Mussolini].

Si qualifica caporeparto S.A. del servizio di spionaggio tedesco in Italia. Indirizzo: Villa Hike, via Carlo Ravizza, 51, Milano. Connotati: altezza m. 1,83, corporatura grossa, capelli e occhi grigi, denti falsi.[4]

L'«Allevamento delle Volpi Argentate», nome di copertura del nucleo davidiano milanese, ammaestra volontarie anche minorenni, destinate a missioni rischiose. La più nota è Carla Costa, arrestata dagli Alleati a Pistoia, al rientro da un'incursione oltre le linee nemiche.[5]

Il comandante della piazza di Milano, generale Filippo Diamanti, segnala al capo della polizia della RSI strani traffici nella villa assegnata dai tedeschi al colonnello De Santis, dove «conviverebbero donne e uomini in uniforme militare appartenenti a un non meglio identificato Reparto S.A. del PFR».[6] Malgrado l'età avanzata, il comandante è irresistibilmente attratto dalle adolescenti, e alla lunga paga con le dimissioni i propri atteggiamenti da satiro.[7]

Gli istinti predatori del dinamico istruttore sono noti anche al controspionaggio statunitense, grazie agli interrogatori dei suoi subalterni. Risulta per esempio che reclamò prestazioni sessuali dalla ventunenne Marianna Sgabelloni e soggiornò nel settembre 1944 con la diciassettenne Carla Costa in un albergo di Maderno «in gita di piacere». Secondo il suo vice, Renato Pericone, David «recluta le donne unicamente per motivi sessuali». La

Carla Costa, agente delle Volpi Argentate, beffa il maggiore statunitense Stephen J. Spingarn, che l'ha catturata con altre due spie del David Group.

scheda dell'Office of Strategic Services (OSS, agenzia americana d'intelligence per l'estero) lo definisce «un vecchio mandrillo». Tali laidi risvolti denotano la levatura morale di un personaggio che catalizza il maschilismo fascista (peraltro ben rappresentato dal Duce).[8]

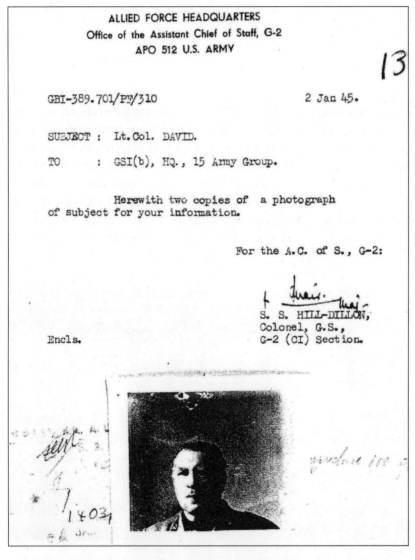

Scheda segnaletica di Tommaso David, predisposta il 2 gennaio 1945 dai servizi segreti statunitensi.

L'«asso di bastoni»

Al termine del conflitto, David si sposta tra Lombardia e Campania, finché trova un rifugio sicuro a Merano, dove – con lo pseudonimo Luigi Grossi – svolge una quantità di incarichi: direttore tecnico della società sportiva Ars et Libertas, istruttore di scherma, direttore dello stadio cittadino, vicepresidente della banda civica, caporeparto scout, referente dell'Associazione profughi giuliani e dalmati, commissario straordinario dell'Associazione tubercolotici di guerra della provincia di Bolzano... Si fregia dei titoli di professore, capitano, colonnello e comandante, ma per gli amici è «il Nostromo»; sfoggia le medaglie di bronzo al valor militare ottenute a Derna nel dicembre 1911 e nel basso Piave nell'ottobre 1917, e il suo eloquio colorito gli accattiva la simpatia degli interlocutori.

Si atteggia a perseguitato politico, ma senza essere mai stato in carcere viene amnistiato dal reato di collaborazionismo dalla Sezione istruttoria presso la Corte d'appello di Roma, il 20 giugno 1947.

Nel 1950, sollecitato da qualche vecchio camerata, riprende servizio e concorda con il direttore politico dell'«asso di bastoni» («settimanale satirico anticanagliesco»), Caporilli, l'utilizzo del Carteggio Churchill-Mussolini per ordire una provocazione contro il presidente del Consiglio De Gasperi e altri «rinnegati».

Caporilli (Alatri, Frosinone, 1901 – Roma, 1977), colonna del giornalismo di regime, durante la RSI dirige «la Domenica del Corriere» e collabora alla falsificazione per attribuire a Badoglio l'uccisione di Muti (cfr. pp. 237-239). Già corrispondente militare, conosce i meccanismi della propaganda e della guerra psicologica e pubblica sul settimanale romano servizi scandalistici sul *tradimento*, fattore a suo avviso determinante per la sconfitta bellica.[9] Con una quantità di articoli, inchieste e monografie accusa i vertici della Marina e tutti gli antifascisti di essere stati la quinta colonna nemica.[10] Sono campagne che attecchiscono con facilità tra i giovani di destra e condizionano una parte della pubblica opinione, essendo riprese da alcuni periodici popolari.

Il direttore assegna a David il ruolo di custode del Carteggio mediante l'elaborazione di una storia di copertura, con vari articoli sulle imprese del «comandante» e sui suoi documenti segreti. Caporilli coniuga la mitologia del Carteggio con la fedeltà al Duce e l'avversione alla democrazia. Vuole tramandare alle nuove generazioni «il sogno di una Italia grande in una Nuova Europa libera dagli egoismi democratici».[11] (Verso la fine del suo itinerario politico, durante la «strategia della tensione», fonda il giornale «l'assalto», sul cui numero d'esordio scrive: «A estremi mali, estremi rimedi. E gli unici che possono provvedervi, anche per legittima difesa, sono l'Esercito e la Polizia, usando le mitragliatrici».)[12]

L'«asso di bastoni» non è il solo foglio di destra a spacciare falsi. La rivista filonazista «Cantiere» trascrive nel 1950 la lettera scritta da Hermann Göring a Churchill prima del suicidio: l'ennesimo apocrifo sulle ragioni del Terzo Reich e la slealtà degli avversari, filone presto consacrato dal Carteggio.[13]

Il maresciallo Graziani, già ministro della Difesa della RSI, col direttore dell'«asso di bastoni», Caporilli.

Il romanzo di David si apre a inizio aprile 1945 nell'ufficio del Duce, a Gargnano, sulla sponda bresciana del Lago di Garda. Il capo della RSI gli affida due borse in pelle, una gialla e l'altra bruna, contenenti documenti preziosissimi. Congedato con insistenti raccomandazioni di riservatezza, viene presto richiamato per un ripensamento di Mussolini, che si riprende la valigia scura («una borsa con le fibbie caratteristiche: se la rivedessi, la riconoscerei»). David si mimetizza in Alto Adige, in attesa del ripiegamento del Duce, che però muterà progetti e partirà per Milano.

Terminata la guerra, l'agente segreto, come si è detto, si stabilisce poi a Merano, nel villino della contessa Mocenigo. Forse ha portato con sé qualche apocrifo, per la guerra psicologica, che a fine aprile 1951 – d'intesa con Caporilli – usa come esca per invischiare in trattative compromissorie De Gasperi, «il più fedele suddito di Francesco Giuseppe», deprecabile «Duce della Democrazia Cristiana». Gli rimprovera l'accordo del 5 settembre 1946 col ministero degli Esteri austriaco Gruber sulla tutela dei tedescofoni altoatesini.

Per il primo approccio, si serve dell'onorevole Angelo Facchin, già assessore al comune di Bolzano, al quale illustra il rilievo dei documenti in suo possesso. Il deputato sonda gli ambienti governativi e il 9 maggio gli raccomanda cautela e pazienza:

CAMERA DEI DEPUTATI

Roma 9-5-51

Caro David,

stamane sono stato chiamato alla Presidenza per la pubblicazione che le invio e mi si è fatto rilevare che un carteggio, sia pure privato, ma che interessa lo Stato, sotto un certo aspetto, cessa di essere cosa privata, e mi si è aggiunto che sarebbe cosa spiacevole che terzi rivelasse il contenuto perché non se ne potrebbe fare quell'uso appropriato che Ella stessa si è ripromessa.

Io penso che se si trattasse di cosa di poca importanza converrebbe non rivelarlo: se si tratta di cosa di valore, egualmente non sarebbe bene che andasse in pasto al pubblico, perché lo Stato non potrebbe farne l'uso appropriato al momento giusto.

Per parte mia ho assicurato che Ella è persona di onore e soprattutto un italiano che ha a cuore l'interesse del suo Paese e che lasciassero pure che altri pubblicasse notizie sui giornali, ma che la-

42

sciassero indisturbato Lei e che di Lei io stesso mi facevo garante.
Gradirei comunque vederLa sabato al mio ritorno o domenica con
un po' di calma.

La presente Le sarà recapitata da Vitocchi, al quale indirizzo il plico col giornale.

Cordiali saluti

Facchin[14]

La lettera mette a nudo imbarazzi e incertezze del governo:
l'anziano militare è davvero in possesso di carte importanti o è
invece un truffatore manovrato dai neofascisti?

Il gioco d'attesa non s'addice a David, millantatore che si
atteggia a primula nera braccata dai servizi alleati, dall'OZNA
dell'infoibatore Tito e dalla polizia italiana. Con tempismo rivelatore del gioco di squadra, l'«asso di bastoni» lancia il mito
del custode del Carteggio, consacrandogli l'intera prima pagina. Una foto di taglio alto mostra Churchill a colloquio con

*Sul numero del 13 maggio 1951, l'«asso di bastoni» presenta David qua-
le possessore del Carteggio e ne mitizza le imprese durante la RSI.*

personalità italiane; nella parte inferiore del foglio spicca il volto dell'attempato comandante, con una didascalia emblematica della campagna stampa: *L'uomo che non fa dormire Churchill*. Accanto, la fototessera della «volpe argentata Carla Conti, studentessa di lettere che ha attraversato le linee; catturata, è stata condannata dalla corte alleata a venti anni di carcere».

Lo scoop è preparato dal figlio di Caporilli, che a Merano concorda con David i temi della campagna stampa:

> Il carteggio Mussolini-Churchill è un altro di quei misteri intorno al quale molto si è discusso sulla stampa di tutto il mondo senza portare alcun serio contributo alla verità dei fatti. Contributo che ci accingiamo a portare noi dal momento che abbiamo avuto dalla sorte il privilegio di essere amici dell'uomo che ebbe dalle mani di Mussolini i preziosi documenti.
>
> Nei due giorni che siamo stati ospiti del nostro amico nella sua ridente dimora alpina, abbiamo lungamente conversato sull'argomento e siamo pertanto in grado di fare ai nostri lettori importanti rivelazioni.[15]

Il 9 maggio, giorno del lancio giornalistico (come tutti i settimanali, l'«asso di bastoni» è posdatato al 13), Caporilli concorda col quotidiano romano «Il Tempo» un articolo compiacente, il cui contenuto è sintetizzato da titolo e occhiello: «Svelato il mistero di una intricata vicenda. *Il carteggio Churchill-Mussolini custodito dal Servizio Segreto della Rsi* – Attualmente si trova nelle mani del col. Tommaso David, che dichiara di volerlo usare "nell'esclusivo interesse dell'Italia"». Seguono, a ruota, articoli consonanti pubblicati da varie testate.

Le «preziose rivelazioni» – intrecciate alla descrizione delle mirabolanti missioni delle Volpi Argentate – evocano spedizioni churchilliane nei paraggi dei laghi di Como e di Garda per recuperare il Carteggio. Il mistero è dissolto: «Churchill oggi sa perfettamente chi è in possesso delle famose lettere e al pari di lui lo sa l'Intelligence Service». Custode dell'epistolario «altri non è che Tommaso David, il quale ha riconfermato a noi esplicitamente che dei documenti verrà fatto l'uso più appropriato nell'esclusivo interesse dell'Italia e senza speculazioni di sorta».

Il ballon d'essai per provocare reazioni inglesi e anche del governo italiano non risparmia allusioni torbide: «A questo punto il lettore sarà legittimamente curioso di conoscere il testo dei documenti, ma deve rendersi conto come non sia possibile rompere un riserbo impegnato sulla parola d'onore. Per soddisfare tale necessità occorre aspettare le elezioni inglesi ed un eventuale ritorno al potere di Churchill».

Si tratta di un bluff. David ha in mano soltanto (ma Caporilli lo tace!) cinque corrispondenze del 1942 su trattative di «pace separata» con l'Inghilterra, malriuscite nella forma e implausibili nel contenuto.

Tra la primavera e l'estate del 1951, l'«asso di bastoni» dedica pagine su pagine al «misterioso colonnello» e agli «eroi del David Group» (su queste basi, il «comandante» sarà trasformato da compiacenti biografi nel don Chisciotte in camicia nera cui «faceva capo il 50% dei servizi segreti della Rsi»).[16]

All'«asso di bastoni» si accodano quotidiani compiacenti (dal «Corriere Lombardo» all'«Adige»), che gonfiano la figura e il ruolo di David. Da un simile battage giornalistico scaturiscono persino due interpellanze parlamentari dei socialdemocratici Bruno Castellarin e Luigi Preti sulla sorte del Carteggio.

Emilio Re, ispettore generale degli Archivi di Stato, prende un doppio abbaglio: crede che David disponga del materiale di cui parla e che intenda consegnarlo allo Stato. Invita pertanto l'Ufficio centrale Archivi a far rispettare l'articolo 12 della Legge n. 2006 del 22 dicembre 1939 sugli Archivi, che impone a chi abbia avuto incarichi pubblici di depositare la documentazione ricevuta nell'ambito delle funzioni svolte: «Si può anche essere grati al col. David d'aver conservato fino ad oggi, con tanta cura, tale carteggio, che certamente – ove realmente ancora esista – può avere un interesse più che notevole per la storia e per la politica italiana; si può anche ammettere ch'egli non sia in obbligo di conoscere il testo della legge sopra riferita e che quindi in perfetta buona fede egli abbia fin qui trattenuto il carteggio presso di sé».[17]

Quando però il soprintendente archivistico per le Venezie incarica le autorità governative di Bolzano di contattare l'ex comandante, l'esito è sconfortante: «Il David Tommaso dichiarò al vice-commissario del Governo in Bolzano che aveva ricevuto le lettere di Churchill personalmente da Mussolini in via privata e dietro giuramento a non esibirle che in determinate circostanze, che non volle tuttavia precisare, ed affermò recisamente che non le avrebbe consegnate nemmeno davanti a un plotone d'esecuzione».

Più realistico dell'ispettore Re, l'emissario governativo di Bolzano dubita dell'equilibrio psichico di David come dell'esistenza della documentazione: «Il David, già agente segreto della polizia dell'ex Repubblica di Salò, è un esaltato e uno squilibrato e la sua affermazione di possedere le lettere predette può essere del tutto falsa, pur non escludendo che egli ne possa essere veramente in possesso».[18]

La facciata dell'intransigenza cela l'astuta strategia trattativista. Un pomeriggio, a fine giugno 1951, De Gasperi si reca a Castel Winkel (in località Maia Alta, frazione di Merano) per incontrare il consigliere regionale democristiano Luigi Negri, suo amico d'infanzia. Nel salotto del maniero rinascimentale trova l'ineffabile David, con il quale sorseggia un vermouth; l'ex colonnello della Milizia non può tuttavia sciorinare il discorso che si è preparato, poiché – saputo dell'arrivo del presidente del Consiglio – sopraggiungono il sindaco di Merano e altri notabili.

David riferirà a Negri le condizioni per la cessione dell'epistolario: «1) Abolizione delle leggi eccezionali retroattive e quindi riammissione di tutti gli epurati ai loro posti; 2) liberazione di tutti i carcerati politici, compresi quelli condannati dai tribunali alleati; 3) uso dei documenti per premere su Churchill sia per ottenere Trieste nostra, sia per la scarcerazione dei politici condannati dai tribunali albionici».[19] Più sfumata, seppur non in primo piano, sul tavolo c'è anche la questione finanziaria, in termini di fondo spese per ripagare i collaboratori. Nulla da fare, l'intermediazione del consigliere regionale democristiano non decolla.

A suggello della chiusura governativa, David, convocato il 18 luglio presso la Questura di Bolzano, è incalzato dal direttore dell'Archivio centrale dello Stato, dall'avvocato erariale e dal vicequestore Piazza; quest'ultimo gli intima di consegnare i documenti che, per il loro contenuto, apparterrebbero alla nazione. L'anziano militare allora, minacciato del fermo di polizia, gioca d'astuzia: «Non li ho personalmente, ma sforzatevi di capirmi: la persona che li possiede fa tutto quello che io faccio, propone quello che io propongo, accetta tutto quello che io accetto». Un modo elegante per eludere le misure repressive e irretire gli interlocutori.

In questa fase delicata, David ingaggia Giacomo Stufferi (nato a San Vito di Tagliamento nel 1897), agricoltore benestante residente a Postal, nei pressi di Merano, e maggiore degli alpini in congedo: «Avevo fiducia in Stufferi, decorato, non collaboratore [prigioniero alleato, si era dichiarato non cooperatore]. E sapevo che, nell'accogliente casa di Postal di cui è proprietario, andavano a cena pezzi grossissimi, tra i quali il ministro Vanoni, appassionato pescatore. Speravo che potesse ottenere quello che a me non era riuscito».[20]

La trattativa

Nella trappola di Postal cade una preda importante: il ministro delle Finanze Ezio Vanoni che, sensibilizzato dall'amico meranese Pietro Richard,[21] sollecita De Gasperi al recupero della documentazione per gli archivi di Stato. Quindi, il 25 settembre 1951 giunge a Merano «per accertamenti» il vicequestore Giovanni Angotta, funzionario del ministero dell'Interno munito di un accredito di Vanoni.[22] Il funzionario incontra David in tre occasioni e – in presenza di Stufferi – ne ascolta le filippiche sulla riabilitazione dei reduci della RSI, condizione preliminare alle trattative sul Carteggio. Premesso di essere un mussoliniano, l'ex comandante dei servizi segreti espone il deplorevole tenore di vita dei camerati imprigionati per fedeltà all'Idea e pretende la pubblicazione sulla «Gazzetta Ufficiale» di un decreto abrogativo delle norme contro i fascisti. Stufferi testimonia che gli inglesi offrono 350 milioni di lire, ma lui e David, per ragioni patriottiche, preferirebbero affidare il Carteggio in mani italiane, accontentandosi di 250 milioni.

Il funzionario ottiene con fatica qualche ragguaglio sul contenuto degli epistolari. Dopo avergli fatto giurare di mantenere il segreto, David accenna a «cinque lettere scritte nell'anno 1942 da Churchill a Mussolini con le quali il primo, in vista del corso per lui sfavorevole della guerra e nell'intento di sottrarre l'Inghilterra alle conseguenze di una sconfitta, si dichiarava disposto ad intavolare trattative di pace separata, sganciandosi dai suoi alleati».[23]

La situazione militare di quell'anno dimostra l'imbroglio davidiano: nel giugno 1942, infatti, la battaglia delle Midway – vinta dalla Marina statunitense – muta il corso della guerra nel Pacifico; nel secondo semestre i tedeschi vengono fermati a Stalingrado; sul fronte africano, Rommel ripiega da El Alamein e a dicembre si ha la ritirata italiana dalla Russia. La richiesta di Churchill (con ben cinque lettere!) per una pace separata equivalente alla resa, con lo sganciamento del Regno Unito dall'alleanza con URSS e Stati Uniti, è pertanto semplicemente inconcepibile.[24] In quel periodo, tra l'altro, il primo ministro britannico prepara l'apertura del secondo fronte, con lo sbarco in Italia. *Le cinque lettere sono un clamoroso falso*: il giocatore d'azzardo vorrebbe vincere senza mostrare quello che ha in mano. Difatti, quei reperti non verranno mai mostrati al vicequestore Angotta né a chiunque altro.

Il mistificatore nasconde le «sue» carte: «Pregato di farmi prendere cognizione visiva delle lettere, perché acquisissi il dato certo della loro esistenza e della sua possibilità di disporne, ha rifiutato energicamente, pretendendo di essere creduto sulla parola e di avere pieno diritto di diffidare di chicchessia».

Nei due successivi incontri si replica lo stesso copione. «Le mie reiterate insistenze di vedere le lettere come fattore positivo di un possibile scambio non sono approdate a nulla» relazionerà Angotta, sconcertato nel vedersi imporre condizioni gravose, senza nemmeno poter esaminare una fotocopia.

L'astuto David – ben consapevole di non poter incassare provvedimenti legislativi in cambio di vaghe promesse – tenta di piazzare il colpo: combinerà l'accordo a Roma, con un emissario governativo munito di «un mandato a trattare con ampi poteri» firmato da De Gasperi. I contatti stabiliti col Palazzo servono dunque a procurarsi un documento «compromettente», sul quale la destra missina monterebbe uno scandalo e chiederebbe le dimissioni di De Gasperi (identica manovra tenterà due anni più tardi il nuovo custode del Carteggio, De Toma).

David considera attualissime le «sue» missive, data la vigilia delle elezioni politiche nel Regno Unito: «La saggia utilizzazione delle lettere *sporcificherebbe* – è la sua espressione [commenta

Angotta] – non solo Churchill, ma l'Inghilterra in campo internazionale, con conseguenze favorevoli per l'azione politica dell'Italia». Secondo l'ingegnoso pensionato, gli jugoslavi cercano da tempo quelle carte e lo pedinano con insistenza, ma lui finora è sempre riuscito a dileguarsi con depistaggi e fughe nei boschi.

Rientrato nella capitale, Angotta illustra al presidente del Consiglio le richieste politico-economiche ricevute, precisando di non aver potuto consultare un solo documento. Le sue conclusioni sono interlocutorie: «Mi permetto di esprimere l'avviso che valga la pena di sperimentare un nuovo tentativo presso il Comandante David nel modo e nelle procedure che saranno possibili, ma ciò soltanto nel caso in cui dalle circostanze riferite si deduca la probabilità dell'esistenza del carteggio e si giudichi adeguato il contenuto politico delle lettere nei termini accennati dal David».

Una postilla di Andreotti sintetizza la decisione di De Gasperi: «Riferito al Presidente: Almeno per ora non far niente. Avranno certamente copie fotografiche, che renderebbero inutile il possesso degli originali, ammesso che ci siano. Di più, l'Italia non ha alcun interesse a seminare zizzania tra l'America e l'Inghilterra».[25]

Negli ambienti governativi si credono autentiche quelle lettere, finché nell'ottobre 1953 Andreotti si convincerà che «trattasi di una pura e semplice falsificazione»: «Si può sospettare che i documenti siano stati predisposti dalla polizia della Repubblica sociale per lasciarli come motivo di scandalo e di confusione a liberazione avvenuta».[26]

Buonuscita con medaglia?

Tra l'estate e l'autunno del 1951 David è messo alle strette. Il 29 luglio viene denunciato dal commissario Piazza al pretore di Merano per falso in atto pubblico, nel luglio 1945 si era iscritto all'anagrafe cittadina come professor Luigi Grossi, presentando un documento del comune di Avezzano. Il raggiro viene scoperto nel febbraio 1949, quando David vorrebbe essere registrato col vero nome.

Al processo del 21 novembre 1951 sostiene – confortato da

alcune testimonianze – di aver mentito per evitare le ritorsioni dei partigiani jugoslavi che lo inseguivano. Non si fa certo sfuggire l'occasione promozionale e così spiega il motivo del processo: «Perché mi sono rifiutato di consegnare il carteggio Churchill-Mussolini, tuttora in mio possesso!». Il suo avvocato ha buon gioco nel chiedere l'assoluzione: «David è vittima del giuramento prestato di conservare il carteggio affidatogli da Mussolini. Ha dovuto cambiare nome per legittima difesa». Il pubblico ministero invoca il proscioglimento, in omaggio alla pacificazione degli animi. E il pretore dichiara estinto il reato per intervenuta amnistia.[27]

Passo dopo passo, il Carteggio acquista una sua verosimiglianza.

Il Sig. Stufferi é autorizzato di richiedere una somma a sua coscienza per ricompensare alcuni miei dipendenti che, col rischio della loro vita, e con non comuni sacrifici, hanno contribuito alla salvezza e conservazione dei documenti stessi ed alla difesa ed occultamento (sino al 1949) della mia stessa persona. Gli individui ai quali va divisa la ricompensa verranno da me fatti noté dopo la consegna dei documenti. La somma dovrà essere versata subito su libretto bancario intestato al Sig. Stufferi Giacomo.

Fermo restanti le condizioni della presente delega, lascio al Sig. Stufferi Giacomo la più ampia libertà ed approvo quanto vorrà concludere per far si che il Governo venga in possesso di importanti documenti ed abbia l'occasione per rompere quella spirale dell'odio di cui si é sempre parlato invano.

Ad essere più preciso autorizzo il Sig. Stufferi a comunicare al Delegato del Governo che i documenti che verranno consegnati riguardano il carteggio scambiato tra Mussolini e Churchill tra il 1939 al 1944 di una gravità eccezionale e che due delle lettere del Ministro inglese sono annotate da Mussolini. I documenti sono in mani di persona degna di ogni considerazione.

I° Capitano di Marina in pension
Tommaso David

A Merano, il 18 Ottobre 1951

Il 18 ottobre 1951 David affida a Stufferi le trattative col governo, per la consegna (e il pagamento) del Carteggio.

Per smarcarsi dal mirino dei funzionari di Pubblica sicurezza, David assegna la gestione dei documenti a Stufferi, delegato formalmente il 18 ottobre 1951 ai negoziati col governo. Le trattative vertono su tre punti: esibizione di credenziali a firma di De Gasperi; revoca delle leggi eccezionali contro i fascisti e loro liberazione; impegno governativo ad aggiornare David sull'utilizzo dei documenti.

Nel «rinunziare ad ogni ricompensa personale», autorizza il portavoce a «richiedere una somma a sua coscienza per ricompensare alcuni miei dipendenti che, col rischio della loro vita, e con non comuni sacrifici, hanno contribuito alla salvezza e conservazione dei documenti [...] scambiati tra Mussolini e Churchill tra il 1939 e il 1944». In pochi mesi i cinque messaggi «churchilliani» del 1942 si sono moltiplicati e l'arco temporale si è esteso da uno a sei anni: merito dei falsari, che presto completeranno il dossier con lettere del marzo-aprile 1945.

È probabile che David e Stufferi abbiano concordato a tempo debito le proprie mosse con l'ex vicesegretario del PFR Antonio Bonino, rifugiatosi clandestinamente a Merano nel dopoguerra, prima di trasferirsi a Napoli per l'imbarco brasiliano. Questi potrebbe averli aiutati, fornendo indicazioni sul contenuto delle lettere da attribuire a Mussolini e ai suoi corrispondenti, e anche accreditandoli presso persone in grado di costruire i falsi.

A questo punto il gioco è divenuto troppo impegnativo per l'anziano e confusionario David, convinto (resta da appurare da chi e in che modo) a uscir di scena. I suoi reiterati approcci a De Gasperi sono di fatto falliti: occorrono personaggi diversi, con strategie innovative. I registi dell'operazione cambiano cavallo; è il momento di Enrico De Toma, giovane reduce della RSI.

Echi del mutamento nella gestione del Carteggio giungono a Londra attraverso i rapporti dell'ambasciata a Roma. Si fatica a comprendere gli eventi e a focalizzarne i protagonisti: «Immaginiamo che De Toma possa essere un certo Tommaso David, che abbiamo visto citato in più rapporti».[28]

Nella galassia neofascista la liquidazione dell'anziano David indigna Caporilli, che depreca il passaggio del testimone: legittimo consegnatario della borsa di Mussolini è il capo del servizio segreto della RSI. Lui, lui solo, ritirò quelle lettere, «tenute insieme da un fermaglio unitamente ad un appunto di Mussolini sull'uso da farne».

Secondo il giornalista, il comandante giurò al capo della RSI «che dei documenti sarebbe stato fatto l'uso più appropriato nell'interesse dell'Italia». Gli risulta ora inspiegabile la comparsa di «un certo Enrico De Toma», un «personaggio di copertura» che defrauda il legittimo custode del Carteggio.

Pietro Caporilli rivendica anche la primogenitura nella vicenda di cui ora molti si occupano:

> Noi fummo i primi, esattamente tre anni fa, a fare delle sensazionali rivelazioni su questi documenti e particolarmente sul *carteggio Churchill-Mussolini*. Rivelazioni che ebbero una vasta eco sulla stampa di tutto il mondo, giacché per la prima volta venne fatto il nome di colui al quale Mussolini affidò la borsa: Tommaso David, Capo del Servizio Segreto per l'Italia invasa della Rsi, il famoso col. De Santis del Gruppo Servizi Autonomi che diede molto filo da torcere ai Servizi Segreti inglese e americano in Italia durante la guerra. Difatti, presso il Counter Intelligence Corps americano e il Field Security Service inglese, il David Group costituiva un vero incubo.[29]

Sconcertato dall'imprevisto cambio della guardia, il direttore dell'«asso di bastoni» tenta invano di riallacciare i contatti col suo protetto, che però risulta irreperibile:

Il settimanale di Caporilli contesta (sul numero del 2 maggio 1954) l'investitura di De Toma a nuovo custode del Carteggio.

Ci siamo subito messi in moto lavorando di telefono e di telegrafo per rintracciare Tommaso David senza riuscirvi, avendo egli lasciato senza tracce la sua residenza di Merano. Al punto in cui sono le cose, a nostro avviso solo David è in condizioni di dire che cosa è accaduto e come mai i documenti originali ch'egli aveva così tenacemente difesi contro l'assalto concentrico dello spionaggio di più paesi e contro minacce e ritorsioni, siano finiti nelle mani di un De Toma qualsiasi che ne ha fatto oggetto di speculazione con un editore spregiudicato. Sempre ammesso e non concesso che cotesto giovincello sia un personaggio reale e non di copertura com'è nostra convinzione.

Come interpretare allora l'eclissi del «Nostromo»? Due i possibili scenari. Forse il materiale di David era scarso e inadatto a reggere un esame critico. Oppure, il dossier non è di sua proprietà ed egli agiva per conto di qualcuno che ora lo rimpiazza con un camerata meglio attrezzato per la parte in commedia.

Percepita aria di bufera, il marinaio vara un'ingegnosa (ma assai contorta) versione sulla scomparsa del plico consegnatogli dal Duce. Vorrebbe reintrodursi nella sua gestione, o al peggio uscir di scena a testa alta, riconosciuto quale depositario – per un quinquennio – dei segreti di Mussolini finché un traditore lo derubò.

Il nuovo romanzo davidiano fa perno sul sindaco di New York, l'italoamericano Vincent Impellitteri, personaggio in odore di mafia, legato a Cosa Nostra tramite i padrini Frank Costello e Tommy Lucchese.[30] Nel 1951 Impellitteri giunge a Roma in un viaggio sponsorizzato dal Dipartimento di Stato; in quella circostanza conosce De Gasperi, che – secondo David – gli parla delle lettere di Churchill e promette di recuperarle, affinché il sindaco le riconsegni allo statista, guadagnandosene così la gratitudine. Il presidente del Consiglio, procuratosi tramite un amico di David il prezioso plico, lo gira a Impellitteri, che il 7 gennaio 1953 lo regala a Churchill, in visita alla casa natale di sua madre, a Brooklyn.[31]

Il cervellotico finale di partita si ricava dalla corrispondenza David-Stufferi. A fine febbraio, l'anziano comandante confida: «Ora comprendo una poco giustificata partenza di Churchill e la sua gioia ad Avana.[32] Ma la partita con me e quello svergognato incomincia oggi. A te infinite scuse per le noie e i sacrifici compiuti. A me il compito di fare quanto sento di dover fare. Ho quasi ottant'anni e di carcere ne potrei fare più poco. Con l'animo arroventato, col cuore pieno di un sentimento che non conoscevo: l'odio, non so dir altro».[33]

Una lettera del 9 marzo trasuda velleità battagliere: «Sembra che il disgraziato voglia darmi parte del ricavato, ma se Iddio mi fa recuperare la salute oserò e farò quello che solo chi ha sofferto come me può fare». *Il disgraziato* sarebbe colui che ha ingannato David, depredandolo degli epistolari per compiacere De Gasperi.

Il sindaco Impellitteri – sulla falsariga del *deus ex machina* che ricomparirà nelle vicende del Carteggio (cfr. p. 178) – rappresenta l'ultimo depistaggio escogitato da David, stavolta per riaccreditarsi negli ambienti che lo avevano emarginato.[34] L'ingegnoso imbroglio riconferma creatività e intrighi dell'ottuagenario «Nostromo», maestro nelle tecniche di «intossicazione». (Dopo quarant'anni, la fiaba affiorerà su un settimanale abbonato al Carteggio.)[35]

Uscito suo malgrado di scena, il comandante David tiene alto il vessillo dell'italianità di Istria e Dalmazia. Nell'autunno del 1953, durante la crisi internazionale di Trieste, con morti e feriti tra i manifestanti nazionalisti e la polizia, si offre al presidente del Consiglio Pella per l'azione diretta: «Se a settant'anni ho comandato le bande a Zara contro Tito, posso comandarle ora!». Siccome la disponibilità viene garbatamente respinta, si rassegna al pensionamento. Viene peraltro decorato con medaglia d'oro al valor militare. Questa la motivazione dell'onorificenza:

Ufficiale in seconda di Cacciatorpediniere dislocato in mari lontani dalla Patria, spinto da grande amor di patria, si arruolava volontario, sebbene sessantasettenne. Al comando di un gruppo di volontari da lui organizzato ed addestrato, operava in uno scacchiere particolarmente delicato.
Durante un violento combattimento contro forti bande ribelli, infliggeva loro sensibili perdite e ne conteneva l'impeto offensivo. Successivamente conosciuta la fine gloriosa di un figlio combattente nello stesso scacchiere, rifiutava di lasciare il suo posto e dopo

aver portato l'ultimo saluto al congiunto ritornava tra i volontari ed assumeva il comando di una formazione ragguardevole e complessa, continuando a combattere.

In una azione di grande rilievo, ferito al petto rifiutava ogni soccorso e rimaneva tra i suoi dipendenti fino al felice esito delle operazioni per guidarli prima ed organizzarli dopo. Fulgido esempio di romana virtù.

> Zaton – Gospa – Srimska (Balcania),
> 8 dicembre 1942[36]

Il notevole ritardo nel conferimento è dipeso dal fatto che nel 1942 si perdono le tracce di David; inoltre la sua militanza nella RSI ostacola l'avanzamento della pratica. Quando sull'Europa cala la Cortina di ferro (espressione coniata da Göbbels il 25 febbraio 1945 sul settimanale «Das Reich» e popolarizzata da Churchill il 5 marzo 1946, nel discorso al Westminster College di Fulton, Missouri), l'iter burocratico riparte e l'originaria proposta di medaglia d'argento sfocia, il 29 marzo 1957, nella consegna della medaglia d'oro, in una cerimonia a Bolzano. Decorazione al merito della Guerra fredda, che nell'Italia centrista valorizza la partecipazione di David alla controguerriglia in Jugoslavia. In effetti, la sua scheda biografica presso l'Istituto del Nastro Azzurro lo definisce «Comandante del Corpo Volontario Anticomunista della Dalmazia». Del resto, il suo non è un caso isolato. Il seviziatore e pluriomicida Gaetano Collotti – capo dell'Ispettorato speciale di PS della Venezia Giulia, catturato e fucilato a Treviso il 28 aprile 1945 – sarà decorato *post mortem* nel 1955, con analoghe motivazioni antipartigiane.[37]

I cultori del Carteggio Churchill-Mussolini considerano quell'onorificenza il prezzo pagato da De Gasperi a chi consegnò quella documentazione. Dimenticano, però, che lo statista era scomparso da tre anni, e David ne fu strenuo avversario.

A adombrare quel legame è Arrigo Petacco: «Si tratta ora di stabilire se la medaglia d'oro a Tommaso David sia stata assegnata per interessamento dell'on. De Gasperi o per altri motivi, nell'un caso o nell'altro, resta da spiegare come mai questo singolare personaggio, che non faceva mistero della sua fede fascista e del suo passato repubblichino, sia stato decorato con tanto ritardo da un governo della Repubblica nata dalla Resistenza».[38] Un teorema ripetuto dagli epigoni di Petacco, che sbandierano la medaglia d'oro quale prova del mercato sotterraneo destinato a segretare il Carteggio.

La pista delle onorificenze vanta una seconda decorazione: il titolo di commendatore elargito il 2 giugno 1956 al collaboratore di David, Giacomo Stufferi. Anche in questo caso si ignora il contesto, decisivo per la comprensione del provvedimento: anzitutto, nel decennale della Repubblica il presidente Gronchi dispose una straordinaria infornata di cavalieri e commendatori, su fitti elenchi predisposti dai prefetti;[39] e poi va ricordato che l'Italia degli anni Cinquanta era una Repubblica fondata sulle onorificenze (oggi, lo è sui ricorsi).

Millanterie e finte piste affollano la biografia di David. E gli sopravvivono, quale imgombrante eredità dagli effetti deformanti.

Il mito del «comandante»

Tommaso David si spegne a Genova il 12 novembre 1959, negletto e dimenticato. La sua rivalutazione è avviata nel 1993 dalla figlia Giovanna, in due lunghe interviste, concesse a un settimanale milanese, di rivisitazione mitizzante del genitore.[40] Il suo impegno di agente segreto della RSI culmina nella partecipazione, in una villa di Porto Ceresio, sul Lago di Lugano, a due incontri notturni svoltisi nel settembre e nel dicembre 1944 tra Mussolini e alcuni emissari di Churchill. Ipotesi fantascientifica, prospettata nel 1950 da Alfredo Cucco, ex sottosegretario alla Cultura popolare di Salò, senza spiegare in che modo il Duce avrebbe potuto eludere la sorveglianza tedesca intraprendendo azzardati viaggi automobilistici.[41]

Il racconto di Giovanna David si sposta poi nel dopoguerra, offrendo un clamoroso colpo di scena: «Mio padre ha consegnato il carteggio direttamente a Winston Churchill». L'incontro segreto avvenne in Vaticano; nel ritirare la documentazione, l'emissario della «perfida Albione» offrì solenni «garanzie per il ritorno all'Italia dell'Istria e della Dalmazia». Promesse poi disattese, nell'ennesimo tradimento churchilliano.

Vi è una variante, con diversa sceneggiatura per il medesimo finale. Il professor Gino Penitenti, preside di una scuola privata di Merano e amico di David, afferma che costui avrebbe consegnato copia fotografica del dossier a De Gasperi, nel loro fugace incontro di Castel Winkel del giugno 1951. Quelle riproduzioni vennero poi portate a Londra dal segretario dello statista democristiano, Paolo Canali.

Le ipotesi, antitetiche, della figlia e dell'amico di David si escludono a vicenda. L'unica concordanza sta nel dipingere l'anziano fascista come alacre e bonario postino, ostinatosi a recapitare le fatidiche missive a chi le voleva distruggere.

A comprendere e smascherare il gioco di David è uno del suo stesso ambiente, lui pure volontario nella RSI. Il giornalista investigativo Giorgio Pisanò lo accusa di raccontare colossali fandonie, «con l'aggravante di non possedere nemmeno delle fotocopie di documenti fasulli». Anche le glorie militari crollano, sotto i colpi della prosa iconoclasta del giornalista:

Sia chiaro una volta per sempre, che Tommaso David non fu MAI il Capo dei Servizi Segreti per l'Italia Occupata. Ebbe la direzione di uno dei tanti servizi, quello delle «Volpi Argentate», composto quasi esclusivamente di donne, le quali, però, per entrare

Tommaso David nel periodo in cui si interessa al Carteggio e ne propone l'acquisto al governo.

in azione dovevano appoggiarsi allo «Abwer [*sic*] 190» del comandante «Kora».

Mussolini a «David», ne siamo certissimi, non affidò mai nulla: comunque, se l'ex capo delle «Volpi Argentate» ha qualcosa, la tiri fuori perché questo è il momento...[42]

Pisanò porta la testimonianza del capo della polizia della RSI, Renzo Montagna, sicuro che il comandante «non ha mai avuto a che fare con Mussolini né con gli organi del Governo. [...] Escludo immediatamente che il capitano David abbia mai avuto a che fare con i carteggi in questione».[43]

Il vecchio marinaio, colpito dal «fuoco amico», non replica. In privato se la prende con «le balle dei vari Pisanò, un fesso che è stato in un gruppo senza sapere dove fosse».[44] Allusione in codice ai comuni trascorsi repubblichini.

Nell'ultimo ventennio, la pubblicistica di destra riscopre Tommaso David come intrepido eroe e spericolata spia, protagonista della saga del Carteggio. E lo accredita fuori dalla cerchia dei «nostalgici».

Al di là della montagna di menzogne costruita dall'eclettico «Nostromo» e consolidata dagli apologeti, la *Missione David* merita attenzione per almeno quattro aspetti:

1. rivela, dietro al Carteggio, l'esistenza di obiettivi politici, a vantaggio del Movimento sociale e dell'«italianità di Trieste»;
2. presenta David quale primo custode della borsa di Mussolini, che gliela affidò a Gargnano nell'aprile 1945;
3. lo dipinge come vittima di trame democristian-britanniche per disinnescare l'epistolario;
4. avvalora la consegna delle lettere a Churchill (attraverso tre canali alternativi: il sindaco di New York, l'onorevole De Gasperi e lo stesso David).

Temi destinati ad assumere un ruolo centrale nell'impalcatura del Carteggio.

Durante la gestione davidiana, il contenuto della borsa è ancora in allestimento. Al blocco originario si aggiungono documenti suggeriti dall'attualità politica e dalla volontà di «azzoppare» questo o quel personaggio.

A sostituire l'ottuagenario sopraggiunge un giovane ex sottufficiale delle Brigate Nere, come lui legato a Trieste, città contesa per un decennio tra Italia e Jugoslavia. La problematica riunificazione alla madrepatria avverrà nell'ottobre 1954, dopo prolungata amministrazione militare alleata, col Memorandum di Londra, ricollegato dai creduloni del Carteggio alla restituzione a Churchill del prezioso epistolario!

1. Un gustoso esempio di storia controfattuale è il romanzo storico di Lucio Ceva, *Asse pigliatutto. Memorie 1937-1943 del nob. gen. Triora di Rondissone*, Mondadori, Milano 1973, ispirato al ritrovamento del memoriale scritto da un generale italiano dopo la vittoria nazifascista nella Seconda guerra mondiale.

2. Sulla matrice «davidiana» del falso biglietto di Badoglio cfr. Arrigo Petacco, *Ammazzate quel fascista! Vita intrepida di Ettore Muti*, Mondàdori, Milano 2002, p. 200.

3. Cfr. la documentazione conservata in ACS, Ministero dell'Interno, Segreteria particolare Capo Polizia RSI, fasc. 111.2306, David Tommaso.

4. Il documento – conservato negli archivi statunitensi NARA – è pubblicato dal 6 febbraio 2010 sul blog di Giuseppe Casarrubea, col titolo *Odalische nere*. Altri rapporti dei servizi segreti statunitensi su David figurano nelle monografie di Giuseppe Casarrubea e Mario J. Cereghino, *Tango Connection. L'oro nazifascista, l'America Latina e la guerra al comunismo in Italia 1943-47* (Bompiani, Milano 2007) e *Lupara nera. La guerra segreta alla democrazia in Italia 1943-47* (Bompiani, Milano 2009), nonché in Nicola Tranfaglia, Giuseppe Casarrubea e Mario J. Cereghino, *La «santissima trinità». Mafia, Vaticano e servizi segreti all'assalto dell'Italia 1943-47* (Bompiani, Milano 2011).

5. Cfr. Carla Costa, *Servizio segreto. Le mie avventure in difesa della Patria oltre le linee nemiche*, Europa, Roma 1999.

6. ACS, Fondo Segreteria Capo Polizia RSI, pacco 7, fasc. 8.

7. Sui risvolti sessuali dell'attività spionistica di David cfr. Donald Gurrey, *La guerra segreta nell'Italia liberata*, LEG, Gorizia 2004, p. 106, e Roberta Cairoli, *Dalla parte del nemico*, Mimesis, Milano 2013, pp. 171-193.

8. Sullo spiccato maschilismo di Mussolini cfr. Mimmo Franzinelli, *Il duce e le donne*, Mondadori, Milano 2013.

9. Alcuni articoli dell'«asso di bastoni» verranno rifusi e rielaborati in Pietro Caporilli, *L'ombra di Giuda*, Ardita, Roma 1964.

10. Le campagne di Caporilli sul «tradimento degli ammiragli» si sviluppano in sinergia con Antonino Trizzino (cfr. p. 111), in una mescolanza di episodi veri e inventati, interpretati in maniera tendenziosa. Anni più tardi, il tenente di vascello Alberto Santoni (Roma, 1936-2013), docente di Storia militare all'Università di Pisa ed esperto di storia navale militare, dimostrerà – sulla base dell'analisi di materiale inglese da poco declassificato – la fallacia di simili spiegazioni, che ignorano l'impiego del sistema Ultra, grazie al quale i britannici conobbero in tempo reale le rotte dei convogli italiani. Cfr., di Santoni, *Il vero traditore: il ruolo documentato di Ultra nella guerra del Mediterraneo*, Mursia, Milano 1981, e *I segreti di Bletchley Park e i successi dell'Ultra Intelligence*, «nuova Storia Contemporanea», a. XII, n. 5, settembre-ottobre 2008, pp. 23-50.

11. Pietro Caporilli, *Crepuscolo di sangue*, Edizioni Ardita, Roma 1963, pp. 7-9.

12. Cfr. Pier Giuseppe Murgia, *Ritorneremo! Storia e cronaca del fascismo dopo la Resistenza*, Sugarco, Milano 1976, p. 157. Pietro Caporilli si è spento a Roma il 16 dicembre 1977. Il sindaco Gianni Alemanno ne onorerà la memoria intitolandogli il 12 ottobre 2012 un largo della capitale, tra via Filippo Meda e via Achille Benedetti, nei pressi della stazione Tiburtina.

13. Hermann Göring, *Lettera a Winston Churchill*, «Cantiere», novembre-dicembre 1950. Cfr. Antonio Carioti, *Gli orfani di Salò*, Mursia, Milano 2008, pp. 214-215.

14. La lettera di Facchin a David figura (con riproduzione fotografica di due fogli) nel quotidiano missino «Secolo d'Italia» del 1° maggio 1954, con la prima parte dell'intervista concessa da David al giornalista Leonida Fazi.

15. Caporilli, *Il carteggio Churchill-Mussolini è custodito dall'ex Capo del Servizio Segreto per l'Italia occupata*, «asso di bastoni», 13 maggio 1951.

16. Fabio Andriola, *Carteggio segreto Churchill-Mussolini*, Sugarco, Milano 2007, p. 358. Testo inattendibile, summa di dilettantistiche monografie sugli elusivi epistolari. Attingendo a periodici e a libri, sen-

za esaminare un solo carteggio diplomatico né affaticarsi in ricerche d'archivio, l'autore – con impostazione di banalità desolante – elenca (tra repubblichini e partigiani) un centinaio di persone che ebbero per le mani il Carteggio, senza vagliare la credibilità di affermazioni che spesso si escludono le une con le altre. Il titolo del libro è un nonsense, poiché – se prestassimo fede al contenuto – di *segreto* quel Carteggio non avrebbe nulla: tutti lo conoscevano. Mussolini ne esce come zombie che ripete a chiunque gli capiti a tiro – in udienza, al telefono e per lettera (pur sapendo di essere intercettato dai tedeschi) – il ritornello della borsa destinata a ribaltare le sorti della guerra, i trattati di pace, i giudizi della storia.

17. Lettera dell'ispettore agli archivi all'Ufficio centrale Archivi di Stato, oggetto: «Carteggio Churchill-Mussolini», Roma, 10 agosto 1951. ACS, Ministero dell'Interno, Gabinetto 1953-1956, b. 61, f. 1712/5.

18. Rapporto del soprintendente archivistico per le Venezie all'Ufficio centrale Archivi di Stato, 16 giugno 1951. ACS, cit.

19. Stralci del memoriale David sono trascritti nella citata intervista del «Secolo d'Italia», 1° maggio 1954.

20. Leonida Fazi, *De Gasperi a colloquio con Tommaso David*, «Secolo d'Italia», 4 maggio 1954.

21. Il ruolo dell'ingegner Richard nel coinvolgimento del ministro Vanoni nelle trattative con David è spiegato in un memoriale di Giulio Andreotti del 1° aprile 1996, in risposta alle sollecitazioni di Ubaldo Giuliani Balestrino (impegnato in una ricerca poi culminata in un volume sul quale cfr. pp. 236-238). Il memoriale è conservato in AdeG, Processo «Candido», b. 1.

22. Nelle interviste al quotidiano missino, David chiama «Rocco» il funzionario incontrato a Merano: il vicequestore Giovanni Angotta potrebbe essersi presentato con un'identità fittizia.

23. «Relazione sulla missione eseguita a Merano nei giorni 25-26-27 e 28 settembre 1951», redatta il 29 settembre 1951 dal vicequestore Angotta. AdeG, Processo «Candido», b. 1, Carteggio Churchill, f. Storia della trattativa (cfr. appendice, doc. n. 4).

24. Cfr. Antonio Varsori, *Italy, Britain and the Problem of a Separate Peace during the Second World War (1940-43)*, «The Journal of Italian History», vol. 1, n. 3, winter 1978.

25. Postilla di Andreotti alla Relazione Angotta. AdeG, cit.

26. Promemoria di Andreotti per De Gasperi, Roma, 30 ottobre 1953. AdeG, cit.

27. Sul processo David cfr. Arrigo Petacco, *Dear Benito, caro Winston*, Mondadori, Milano 1985, pp. 128-130.

28. L'ambasciata di Roma alla biblioteca del Foreign Office, Roma, 24 gennaio 1952. PRO, FO 370/2263.

29. Pietro Caporilli, *Menzogne e realtà nel carteggio Mussolini*, «asso di bastoni», 2 maggio 1954.

30. La contiguità mafiosa di Impellitteri risulta da rapporti dell'FBI (debbo copia della documentazione all'amichevole cortesia di Brian Sullivan).

31. Dettagli sul soggiorno newyorkese dello statista in *Churchill Visits Mother's Birthplace in Brooklyn*, «The New York Times», 8 gennaio 1953.

32. In realtà, al termine del soggiorno statunitense, Churchill si recò in Giamaica e non – come ritenuto da David – a Cuba. Le lettere a Stufferi sono infarcite di errori: l'incontro avvenne infatti non il 12 bensì il 7 gennaio, in Henry Street e non nell'inesistente Anry Street; il sindaco si chiamava Impellitteri e non Impillitteri.

33. David a Stufferi, fine febbraio 1953. Copia in ABS.

34. Muovendo dalla documentazione di David, vent'anni addietro lo storico statunitense Brian Sullivan approfondì la pista Churchill-Impellitteri: consultò l'archivio municipale di New York, le cronache della visita a Brooklyn, le schedature di FBI e CIA sull'ex sindaco senza trovare riscontri alla versione davidiana. Ringrazio Sullivan per la consegna del copioso dossier, che include anche la sua corrispondenza col figlio di Impellitteri.

35. Mario Lombardi, *Mussolini-Churchill così lo scottante carteggio fu fatto sparire*, «Epoca», 25 settembre 1995.

36. La motivazione della medaglia d'oro (concessa con il Decreto presidenziale n. 889 del 28 giugno 1956) è pubblicata sul volume *Le Medaglie d'Oro al Valore*, Ministero della Difesa, Roma 1961, p. 247, e, con sintetica scheda biografica di David, sul sito internet della Marina militare: www.marina.difesa.it/storiacultura/storia/medaglie/Pagine/Davidtommaso.aspx.

37. Cfr. Claudia Cernigoi, *La «Banda Collotti». Storia di un corpo di repressione al confine orientale d'Italia*, Edizioni Kappa Vu, Udine 2013.

38. Petacco, *Dear Benito*, cit., p. 132.

39. Sulle «onorificenze repubblicane» del 2 giugno 1956 si veda il saggio di Angelo Ventrone, «Il cittadino nella Repubblica», in AA.VV., *Almanacco della Repubblica. Storia d'Italia attraverso le tradizioni, le istituzioni e le simbologie repubblicane*, a cura di Maurizio Ridolfi, Bruno Mondadori, Milano 2003, pp. 377-378.

40. Interviste di Alessandro Zanella a Giovanna David, «Gente», 31 maggio (*Il Duce disse a papà: «Trattiamo con gli inglesi»*) e 7 giu-

gno 1993 (*Il Duce consegnò a papà le lettere di Churchill*). Per un ulteriore tassello della mitologia davidiana cfr. Teodoro Francesconi, *Il capitano Tommaso David*, in «Storia del XX secolo», n. 6, ottobre 1995. Francesconi, reduce del 1° Battaglione bersaglieri volontari «Mussolini», offre un ritratto talmente encomiastico del personaggio da precipitarlo nel ridicolo. Per una visione localistica del «comandante» (con risvolti gustosi: nel trentennale della sua dipartita si affisse una lapide sulla casa natale, sbagliando addirittura l'anno di nascita e il mese della morte) cfr. Costantino Jadecola, *La «vivace» avventura umana di Tommaso David*, «Studi Cassinati», n. 10/2010, pp. 196-200.

41. Le frottole lacustri disseminate da Alfredo Cucco in *Non volevamo perdere* (Cappelli, Bologna 1950) sono entrate di diritto negli annali del Carteggio; con ingegnosità si è dedicato loro persino un intero paragrafo: «Incontri sui laghi» (Andriola, *Carteggio segreto Churchill-Mussolini*, cit., pp. 159-163).

42. Giorgio Pisanò, *De Toma risponde a Gelormini*, «Meridiano d'Italia», 9 maggio 1954.

43. G.P. [Giorgio Pisanò], *Intervista con il Capo della Polizia*, «Meridiano d'Italia», 16 maggio 1954.

44. Lettera di David a Stufferi, Esperia, 25 maggio 1954. Copia in ABS.

Il piazzista De Toma

Un adolescente problematico

La vita di Enrico De Toma è un avvincente romanzo, nel quale le rappresentazioni fantastiche si sovrappongono alla realtà, talvolta sostituendola. E le sorprese si alternano ai colpi di scena. Al tempo del successo mediatico (primavera del 1954), non ha ancora compiuto trent'anni e lavora alla sceneggiatura cinematografica della propria autobiografia, centrata sul ruolo di «corriere del Duce».[1] Un film poi abortito, ma di cui si intravedono spezzoni nei servizi giornalistici d'epoca e nei volumi poi dedicati al Carteggio.

Nasce a Trieste il 17 settembre 1925, secondogenito di una ragazza madre napoletana, che cinque anni prima ha avuto una figlia dal marito, dal quale si è separata legalmente (cfr. appendice, doc. n. 19). Siccome vive in miseria ed è spesso ammalata, tra gli otto e i tredici anni il ragazzino è alloggiato presso l'«educatorio maschile» della Pia Casa dei Poveri. Frequenta una classe differenziale «per tardivi e minorati psichici», e poi viene inserito in una classe normale, ma ripete la quarta.

Completato nel giugno 1940 il ciclo d'istruzione elementare, Enrico trova il primo dei suoi molti impieghi precari come carrellista in un'edicola cittadina; i brevi ingaggi sono troncati da licenziamenti e intervallati da lunga disoccupazione. Abita con la mamma e la sorellastra in una stanzetta in subaffitto a spese dell'Ente comunale di assistenza, che provvede pure al

64

vitto. Agli stenti quotidiani fa riscontro l'unità della famigliola, solidale nelle asprezze della vita. Il ragazzo, introverso e scontroso, non di rado è vessato dalla polizia per piccole infrazioni e sospetti di furtarelli.

Riformato dalla Commissione medica di leva per la fortissima miopia, dopo un ricovero all'ospedale militare di Trieste viene dichiarato inabile al servizio militare. Gli sconvolgimenti seguiti all'armistizio dell'8 settembre 1943 scompaginano anche la sua esistenza. A dicembre si arruola come milite nella 58ª Legione di Trieste; poco dopo viene trasferito a Padova e infine a Brescia, stabilendosi con le due donne nel quartiere dove si concentrano i profughi istriani e dalmati.

Le schedature di polizia lo classificano come fervente fascista, desideroso di avanzamenti di grado. «Nelle ore libere dal servizio circolava in divisa fregiandosi abusivamente dei gradi di sottufficiale; per tale fatto fu più volte punito dal Comando dal quale dipendeva.»[2] Grazie a un diploma di scuola media superiore fasullo (nel quale altera anche la data di nascita, invecchiandosi di un paio d'anni) è ammesso al corso per sottufficiali, salvo essere poi scoperto ed espulso.

Arruolato come sottotenente[3] nella I Brigata Nera mobile «Italo Barattini» (intitolata al presidente del Tribunale speciale di Apuania, vittima dei partigiani), costituitasi nell'inverno 1944-45 al comando del generale Bruno Biagioni,[4] De Toma presta servizio a Prevalle (Brescia); viene poi trasferito a Milano col suo reparto, accasermato alla scuola elementare «Cappellini», in via Varesina; con il grado di tenente opera nell'Ufficio politico. Nel febbraio 1945 passa alla 1ª Compagnia del capitano Osvaldo Benghi e partecipa ai rastrellamenti nella zona di Ceva, in Piemonte (non pare però essere il «tenente De Toma», di base a Novara, incluso nell'elenco di ss italiane diramato dal Comitato di liberazione nazionale per l'Alta Italia).[5] Tornato nel capoluogo lombardo a metà aprile, è assegnato con i commilitoni della «Barattini» di presidio a villa Pavolini (in realtà, villa Necchi Campiglio).

La mattina del 26 aprile la I Brigata Nera mobile non riesce ad aggregarsi alla colonna dei militari fascisti in uscita da Milano verso Como e l'ex federale di Carrara, Giulio Lodovici (che ha rilevato il comando della formazione), negozia la resa, sancita in serata. De Toma viene internato a Monza. Poiché non risulta nulla a suo carico, viene presto liberato e si trasferisce per qualche tempo a Brescia, dove vive alla giornata. In un resoconto successivo, infiorettato dalle sue tipiche invenzioni ed esagerazioni, racconterà di essere stato imprigionato a Monza dai massacratori dei suoi commilitoni, quindi internato a Coltano (Pisa) per un paio d'anni e infine amnistiato nel 1948.

Nell'autunno del 1946 si sistema a Roma con madre e sorella; ambirebbe a un impiego di ragioniere in un ufficio pubblico, ma viene respinto perché si dubita dell'effettivo possesso del titolo di studio da lui dichiarato. Secondo la polizia, «negli ambienti dei profughi giuliani del "Centro Caserma Lamarmora" era conosciuto quale trafficante, millantatore uso a vivere di espedienti e speculazioni».[6]

Nella capitale riprende contatto con vecchi commilitoni, a partire dal suo ex comandante Biagioni.

Il 22 maggio 1948 viene diffidato per aver rivolto il saluto romano ai granatieri della guardia presidenziale. Il 13 aprile 1949 incappa nella retata disposta contro i manifestanti che contestano la mancata restituzione all'Italia delle colonie africane. Un mese più tardi sconta tre giorni di reclusione «per avere, al passaggio dell'automobile presidenziale, proferito la parola *cornuto* all'indirizzo dell'On. De Gasperi». Enrico De Toma è insomma uno dei tanti reduci della RSI che rimpiangono l'Italia littoria e deprecano la democrazia repubblicana senza farne mistero.

Gestisce per breve tempo a Roma e poi a Napoli un ufficio di pubblicità postale, ma gli affari vanno male: colleziona denunce per oltraggio, insolvenza fraudolenta ed emissione di assegni a vuoto. Soggiorna in squallidi alberghetti facendo la spola tra Napoli, Milano e Trieste; quando non gli fanno più credito, se la fila senza saldare il conto.

Nel capoluogo partenopeo si accompagna al latitante Ettore Baldassarini, un fascista irriducibile che utilizza il nome di copertura di Enzo Blasi (cfr. pp. 91-92); secondo un'informativa di polizia, i due camerati «ricevevano e conversavano per alcune ore durante le giornate con moltissimi ex gerarchi fascisti, tra cui l'ex federale partenopeo Milone e con appartenenti al Msi tra cui un certo avvocato Ascione che li avrebbe salvati da più di una situazione rimettendoci, dicesi, circa tre milioni e mezzo».[7]

Torna a Trieste per dar vita a «L'ora del dilettante», compagnia teatrale che organizza spettacoli e concorsi per aspiranti attori, insieme ad alcuni amici, tra cui il pubblicista Adone (Ado) Zavan e il futuro attore Sergio Proietti. È l'occasione per affinare le innate doti istrioniche e il gusto della recitazione, due qualità che gli saranno presto a dir poco utili. Nemmeno stavolta gli affari decollano e le uscite surclassano le entrate. Viene anche citato in giudizio dai proprietari di teatri e ritrovi dell'area di Trieste, Gorizia e Conegliano Veneto per essersi dileguato con gli incassi, senza versare la somma pattuita. Sempre in città, visita il suo vecchio maestro elementare e alcune persone cui lo lega persistente simpatia. Da provetto camaleonte adatta il racconto della sua vita a seconda degli interlocutori: a qualcuno snocciola la cronaca dei sette anni di carcere per motivi politici, con altri si dipinge quale sventurato reduce dal campo d'internamento per fascisti di Coltano.

Una relazione dell'Amministrazione cittadina lo giudica con severità, pur riconoscendogli una certa bontà d'animo: «Giovane esaltato, maniaco (si faceva passare per ragioniere), megalomane, truffaldino, è da ritenersi persona irresponsabile delle proprie azioni; è il tipico relitto del dopoguerra nonché vittima della sua origine viziata spiritualmente e fisicamente bacata. Si dimostrò sempre generoso e di buon cuore. È di sentimenti nazionali italiani e nostalgico fascista».[8]

Custode del Carteggio

Risale alla primavera del 1949 la conoscenza di Enrico De Toma con il milanese Aldo Camnasio, un personaggio creativo, falsario di lungo corso il cui fiore all'occhiello sono i diplomi cavallereschi e gli attestati aristocratici. La collaborazione riguarda dapprima lo smercio di titoli nobiliari, effettuato con esiti discreti grazie alla spigliatezza e alle virtù comunicative del giovane triestino, che in questa fase opera come piazzista del socio.

Nel 1951 cerca nuovi orizzonti e si appassiona all'argomento in gran voga: il Carteggio Churchill-Mussolini. Convince Camnasio di potersi credibilmente presentare come depositario della documentazione mussoliniana, sostenendo di averla ricevuta a fine guerra per il trasferimento in Svizzera. Nei mesi seguenti i due predispongono l'*Operazione Carteggio*. All'inizio, con l'obiettivo minimale di lucrare su qualche apocrifo, arrotondando i proventi delle vendite con il denaro delle interviste giornalistiche. Ma la notevole rispondenza incontrata li sprona ad alzare la posta e allargare il gioco.

De Toma testa la sua storia a Napoli, dove trova interlocutori e complici. Mostra all'avvocato Domenico Tilena (federale fascista sino all'insurrezione di fine settembre 1943, poi condannato per collaborazionismo a sei anni e otto mesi) copie di lettere – a suo dire – selezionate dal Duce in persona per la loro importanza. Propone l'affare all'armatore Achille Lauro, sindaco di Napoli e presidente del Partito nazionale monarchico, nonché proprietario del quotidiano «Roma». Lauro nicchia sull'acquisto, ma incarica il giornalista Ennio Mastrostefano (che diverrà un noto conduttore televisivo) di dedicargli un servizio con i fiocchi, uscito il 13 dicembre 1951: *Colpo di scena a Napoli sul carteggio Mussolini-Churchill: si dichiara in possesso delle lettere un ufficiale della Guardia Repubblicana.*

Il servizio giornalistico col quale il quotidiano «Roma» presenta in anteprima De Toma come possessore del Carteggio (cfr. appendice, doc. n. 5).

Con astuzia levantina, De Toma dice di non conoscere la documentazione in suo possesso, in quanto vincolato dall'impegno di non aprire la borsa prima del 23 aprile 1952. La strategia attendista si propone il duplice obiettivo di suscitare aspettative di rivelazioni clamorose e intanto consentire ai falsari di completare il dossier in allestimento. Prima di presentare pubblicamente i *suoi* documenti, occorre rodare la storia di copertura, dimostrandone cioè la riconducibilità mussoliniana.

La vicenda del «corriere del Duce», apparsa in anteprima sul giornale partenopeo, l'indomani viene ripresa con enfasi dal quotidiano romano «Momento-sera»: il giovane protagonista sarebbe un distinto ragioniere, «figlio di un patrizio napoletano, attualmente impiegato in una ditta privata»[9] (per non sentirsi inferiore al «marchese» Camnasio, De Toma si è attribuito ad libitum quarti di nobiltà e lavoro impiegatizio).

L'esplosiva novità induce il questore di Napoli a informarne il Dipartimento Sicurezza del ministero dell'Interno, in tono affatto lusinghiero:

> Il De Toma presso tutte le persone che è riuscito ad incontrare ha millantato credito ed aderenze presso le più alte personalità governative, allo scopo di carpire prestiti ed altre facilitazioni, cosa che gli è sempre riuscita di ottenere, data la sua parlantina molto spedita e facile.
> Ha emesso parecchi assegni a vuoto, che furono pagati dall'avv. Ascione.
> È risultato che il Blasi ha anche pagato debiti contratti dal De Toma, perché amante della di lui sorella.
> Il De Toma ha lasciato presso tutti gli alberghi e pensioni dove è stato alloggiato, conti in sospeso senza preoccuparsi per il pagamento.[10]

Il questore invia, poi, un appunto al ministro in persona ricarando la dose: «Individuo di pochi scrupoli, millantatore e affarista, è stato spesso notato in compagnia di elementi appartenenti al Msi ed ex gerarchi fascisti, ma nulla si rileva politicamente a suo carico. Attualmente troverebbesi a Roma. È da ritenere che le sue asserzioni non abbiano alcun fondamento».[11]

L'intervista regala a De Toma un quarto d'ora di notorietà. Ripiombato nell'anonimato, approfondisce il lavoro sotterraneo in cerchie neofasciste. Per qualche mese, tre giovani napoletani lo accompagnano quali guardie del corpo – anche nei soggiorni milanesi – supportandolo nei rapporti con i giornalisti e i potenziali acquirenti. Al clan partenopeo se ne avvicenda uno triestino, più caratterizzato politicamente.

Stabilitosi al Nord, con saltuarie puntate a Roma e Napoli, De Toma è affiancato dai concittadini Aldo Cornacchin e Adone Zavan; affiliati alle «Squadre d'Azione Trieste italiana», nella primavera del 1952 raccolgono fondi per acquistare motoscafi sui quali far fuggire dalla Zona B gli italiani. Il trio, integrato all'occorrenza da altri camerati, dispone di basi d'appoggio a Trieste e a Milano per la vendita di reperti «mussoliniani» a imprenditori e politici. Offerte che suscitano diffidenza, in quanto nell'immediato dopoguerra apocrifi e cimeli del Duce abbondano, e sono spesso di dubbia autenticità.

Attraverso un collaboratore (per la polizia «persona esaltata e priva di mezzi, in contatto con gli ambienti neofascisti clandestini di Trieste e della Dalmazia, che facilmente si associa a qualsiasi iniziativa che possa fruttargli qualche soldo») propongono al senatore Enrico Falck un plico di autografi, ma vengono snobbati. Il materiale viene mostrato ad alcuni editori. Hoepli offre seicentomila lire, ma siccome gli si chiedono sei milioni (poi ridotti a tre), la trattativa salta.[12]

Il «Corriere Lombardo» – quotidiano milanese del pomeriggio, d'indirizzo liberale antigovernativo, diretto da Benso Fini – vorrebbe pubblicare la fotografia di una grande busta con sigillo della RSI, nella quale sarebbe rinchiuso un plico dell'epistolario, ma considera esorbitante la pretesa di trecentomila lire.[13]

A quanto pare, nessuno crede alla sincerità di De Toma né all'autenticità della sua documentazione. Viene addirittura arrestato per millantato credito e – il 25 marzo 1952 – la Questura di Milano lo caccia dalla città, «col rimpatrio a Trieste con foglio di via obbligatorio, previa diffida a non più fare ritorno a Milano». Il motivo del provvedimento: *sospetta truffa*. Siccome non ottempera al divieto di soggiorno, il 2 aprile è condannato dal pretore a quaranta giorni di arresto e condotto coattivamente a Trieste.

Il faccendiere si atteggia allora a perseguitato politico. Due mesi più tardi, si confessa all'amico e collaboratore Aldo Cornacchin (nato nel 1914 a Orsera d'Istria, agente ausiliario durante la RSI, poi schedato quale «individuo di equivoca condotta morale»):

Sono disposto a cedere quanto sai, al Governo Italiano, se questo si impegna al popolo italiano di farci avere dei grandi miglioramenti nella politica internazionale e *farci ritornare* dal Barbaro invasore titino *le nostre terre sacre*, a noi giuliani italianissimi. Il tutto, senza pretendere nemmeno un soldo. Se ciò viceversa non è possibile, si vedrà di fare fra noi quanto di meglio si potrà; e se pure a questo punto ce lo impedirebbero, allora farò il commercio, ma sul serio e come deve essere fatto, e come il caso lo richiede.

Come tu ben sai, io sono animato da buoni propositi verso la mia onoratissima Patria, perché solo noi che siamo i combattenti di ieri, di oggi e di domani e che siamo quelli che non hanno mai ceduto nemmeno avanti ai plotoni d'esecuzione, non potremmo mai tradire quello che è il nostro mandato, e cioè: con ogni mezzo possibile, cercare di mettere al posto di Governo persone al di sopra di ogni idea politica, soprattutto ed innanzi tutto Italiane, questo è quello che vorrò contrapporre a questi nostri signori governanti, ma purtroppo ho paura che sarà tempo sprecato, però ti assicuro che se non avrò tutte le massime garanzie non un centimetro di carta uscirà dalle mie mani.

Ti assicuro inoltre, Aldo, che la merce non finirà in mano di alcuna potenza straniera, se non prima avremo assieme cercato tutte le vie per poter fare del bene a questo nostro Paese che ne ha tanto bisogno.[14]

Notevole l'analogia con le richieste avanzate l'anno precedente da Tommaso David per la cessione al governo dei carteggi «churchilliani». Identica la manovra in due tempi: escludere dapprima ogni pretesa economica, per poi chiedere un cospicuo «compenso spese». La prosa sgrammaticata rivela una cultura pressappochista (il che lo esclude dal novero dei falsificatori di documenti).

Aldo Cornacchin tiene bordone al socio. La lettera – sequestratagli dopo l'arresto – forse venne scritta appositamente per farla pervenire alla polizia, confermare la provenienza mussoliniana del materiale e vantare l'interesse di agenti stranieri, spingendo così gli interlocutori a chiudere le trattative.

Cornacchin – premesso che il Duce scelse De Toma poiché «per le sue sembianze fisiche era quello che avrebbe suscitato meno sospetti, avendo cioè solo 19 anni e la faccia da fessacchiotto» – descrive all'Ufficio politico della Questura di Milano il contenuto della borsa:

> De Toma, il quale riteneva che la borsa contenesse dei valori, constatò che nella stessa trovavansi due plichi sigillati con il timbro della Rsi – Comando Supremo Quartier Generale FF.AA.
> Su uno dei plichi, largo circa cm. 40 per cm. 25 di altezza, figurava scritto dal pugno di Mussolini: *Winston Churchill*.
> Il secondo aveva allegata una distinta di varie lettere con l'indicazione dei destinatari: il De Toma mi disse, al riguardo, che fra costoro rilevò il cognome del Cardinale di Milano, dell'allora reggente Umberto di Savoia, nonché di un tenente dei carabinieri che ritengo fosse Taddei, presunto uccisore di Ettore Muti.[15]

Il Carteggio è una specie di scatola magica, dalla quale si estrae ad arte ciò che più serve per impostare ricatti e far soldi: di volta in volta lettere e dossier sul cardinale Schuster, sull'ex Re Umberto, sulla misteriosa morte di Muti.

Guerra di dossier

I documenti riferiti al cardinale Ildefonso Schuster riguardano le trattative all'arcivescovado di Milano, nella ricerca di un'inesistente uscita di sicurezza da parte del Duce. Il dossier su Umberto di Savoia concerne la sua presunta omosessualità e vorrebbe rimediare alla scomparsa del materiale originale, trafugato a Dongo da partigiani filomonarchici e consegnato alla famiglia reale. Un paio di apocrifi attribuiti al tenente Ezio Taddei, comandante del gruppo di carabinieri inviato la notte del 24 agosto a catturare Ettore Muti, supportano la *vox populi* sulla soppressione a freddo dell'ex segretario del Partito fascista nella pineta di Fregene.

Il piazzista De Toma si ingegna in trame spionistiche internazionali per togliergli, con le buone o con le cattive, quei «carteggi» su eventi e protagonisti della storia contemporanea. Le sue invenzioni sono recepite in alcuni rapporti di polizia, redatti da funzionari compiacenti o conniventi che lo dipingono come un idealista capace di tener testa per patriottismo agli agenti segreti stranieri:

> Nella città giuliana De Toma venne ben presto avvicinato da un ufficiale della polizia americana, il quale, dicendosi al corrente della vicenda, gli propose di vendere al governo americano per cento milioni di lire il prezioso carteggio sigillato nelle due buste. De Toma respinse l'offerta, adducendo che, da buon italiano, non intendeva far cadere in mano straniera i documenti di Mussolini.
> Dopo alcuni giorni l'offerta gli venne rinnovata, in termini insolenti, da due ufficiali della polizia inglese, ma De Toma non volle intavolare alcuna trattativa per la ragione anzidetta.
> Per sottrarsi ad ulteriori insistenze degli anglo-americani, il De Toma si era rifugiato a Milano, prendendo alloggio nella pensione di via S. Redegonda.[16]

Il custode del Carteggio reitera le negoziazioni con dirigenti dell'Arma dei carabinieri, del SIFAR, della Democrazia cristiana. Trattative lungimiranti, coadiuvate da elementi dei servizi segreti, per compromettere leader politici nella guerra di dossier. L'ex tenente delle Brigate Nere punta all'affare: qualora incassasse denaro pubblico, al guadagno seguirebbe una campagna neofascista contro il Palazzo.

Il faccendiere è protetto dal maggiore Giuseppe Palumbo, comandante del Centro CS (Controspionaggio) di Milano, che a nome «del suo servizio *centrale*» intima al questore meneghino di «non molestare il De Toma, qualora capitasse a Milano».[17] Una comunicazione che ha dell'incredibile poiché, essendo diffidato, De Toma commetterebbe un reato tornando in città; in un curioso ribaltamento della situazione, l'eventuale intervento della polizia verrebbe considerato dall'ufficiale del SIFAR «una molestia»!

Come ciò non bastasse, l'ineffabile maggiore Palumbo esprime giudizi positivi su De Toma e il suo entourage. In un gioco delle parti, finge di offrirgli «a nome dei suoi superiori romani» una cinquantina di milioni in cambio della documentazione (se glieli avesse effettivamente proposti, il faccendiere non avrebbe esitato ad accettarli).

Il ritorno di De Toma a Milano, imposto al riluttante questore, viene commentato dalla stampa di destra come il riconoscimento delle sue buone ragioni nonché dell'autenticità del materiale in suo possesso.[18]

La linea fiancheggiatrice del capo del centro milanese di CS è condivisa a livello centrale. L'uomo del Carteggio è supportato anche dal colonnello Eugenio Piccardo, responsabile del controspionaggio del SIFAR e profondo conoscitore della Svizzera, avendo a lungo diretto il Centro CS di Lugano.[19]

Nel servizio informativo delle forze armate prevalgono gli elementi di estrema destra, favorevoli al mestatore, mentre risultano poco incisivi i filodemocristiani, a lui contrari. Anche il vicecapo della polizia e capo della Divisione Affari riservati dalla PS, Gesualdo Barletta, ne agevola le manovre. Quando il questore di Milano invia un impressionante rapporto sulle malversazioni di De Toma, lamentando le protezioni concesse dal SIFAR al truffatore, Barletta risponde beffardo: «Caro Bordieri, nel ringraziarti di quanto mi hai riferito circa il noto De Toma, ti comunico che il Ministero si disinteressa della faccenda».[20]

Già a capo della zona OVRA di Lazio-Roma,[21] per Barletta le tecniche di intossicazione non hanno segreti: concede impunità a De Toma per calcolo politico, proprio come ad altri personaggi squallidi (per esempio l'ex maggiore nazista Karl Hass, già condannato per il massacro delle Fosse Ardeatine, poi divenuto doppio agente per l'Italia e gli Stati Uniti).[22]

In quei mesi Barletta complotta per preparare un'involuzione autoritaria del Paese, con la messa fuori legge del PCI e l'arresto dei suoi dirigenti, a partire da Togliatti.[23]

Se non si tien conto della presenza di (ex) fascisti ai vertici di polizia e SIFAR, non si comprende l'impunità goduta a lungo da De Toma e camerati.

Attorno al faccendiere vi è un turbinio di documenti, di contatti e di interessi politici, economici, massmediatici. In testa a un promemoria della polizia sul giro d'affari degli epistolari, è annotato *500 milioni*, somma favolosa, indicativa degli interessi che ruotano attorno a quelle carte.

La copertura del Centro Controspionaggio, l'intesa con elementi del SIFAR e la benevola neutralità dei vertici della polizia aiutano a superare il momento critico. A forza d'insistere, De Toma aggancia un paio di imprenditori e commercianti, attratti dalla prospettiva di guadagni colossali.

L'ultimo segnale di disagio emerge dal rapporto di polizia che a fine 1952 descrive un De Toma male in arnese, fuggito da Napoli «lasciando insoluti conti presso affittacamere, ristoranti e fornitori di articoli per arredamento d'uffici». In realtà, egli è ben messo, ma preferisce, come in passato, non saldare i debiti.

Grazie ai nuovi soci il faccendiere muta tenore di vita: «Era visibilmente ingrassato» testimonia Cornacchin «e vestito elegantemente, tanto da sembrare irriconoscibile. Aveva anche una Topolino, cedutagli dall'industriale. [...] Mi fece rilevare che egli non era più l'Enrico di prima, essendo stato finalmente trasformato in persona dal senso pratico da una vita tormentata e colma di delusioni».

Il sedicente ragioniere indossa rigorosamente giacca e cravatta, assume pose distinte e rassomiglia a un pingue bancario. Si compiace di farsi fotografare alla scrivania ricoperta da documenti storici, di cui vanta il possesso.

In Svizzera, nella primavera del 1954, De Toma mostra al fotografo la borsa di Mussolini e finge di aprire col tagliacarte un plico del Carteggio.

Inizia, dunque, la saga del Carteggio Churchill-Mussolini, nella cui gestione il ventisettenne triestino dimostra concretezza e abilità nel suo nuovo ruolo di «custode del Carteggio».

De Toma diviene titolare di una joint venture con gli imprenditori lombardi Franco Berra e Innocente Zaniroli, proprietari della società tessile Besatex (Milano, via San Tomaso); insieme a loro costituisce la Eximtraco Trading Company, per il commercio internazionale di riso, cereali, olii minerali (uffici in via Meravigli 16): Zaniroli funge da amministratore, mentre De Toma e Zavan sono compartecipi al 50 per cento. La società commerciale nasce *esclusivamente per la gestione del Carteggio*, da consegnare allo Stato in cambio di licenze import-export franche da dazi doganali: «L'utile di tutta la faccenda del risone, avrebbe dovuto aggirarsi sul miliardo» considera De Toma.[24]

Con mossa disinvolta vengono coinvolti nel progetto tre ex partigiani cattolici di Como, attivisti dell'Associazione Volontari per la libertà: Angelo Nardi, Franco Manzotti e Amos Santi. Quest'ultimo è un informatore della polizia, intermediario tra il «gruppo De Toma» e le autorità. Santi ammette le finalità strumentali dell'ingaggio: «Berra e Zaniroli, che mai furono partigiani, pensarono che avremmo potuto presentarci come tali e quindi recarsi dal Governo con l'etichetta di questo nome per chiedere in premio delle concessioni speciali, ed il Governo – secondo loro – esaminata l'importanza dei documenti non avrebbe certamente esitato a concedergli quanto richiesto».

Il prefetto di Como così inquadra l'ambigua figura di Amos Santi:

> Residente a Milano e noto a Como per le cariche ricoperte nell'Anpi durante il periodo della liberazione e attualmente dissidente dalla predetta associazione perché anticomunista, va da alcuni giorni riferendo in via confidenziale al questore Roberti fatti e circostanze sulla presunta esistenza di un carteggio Mussolini-Churchill: sui tentativi fatti da varie persone per venirne in possesso e sulle effettive possibilità di recupero che egli avrebbe dei preziosi documenti.[25]

Per definire intesa e strategie, De Toma e Zavan trascorrono una decina di giorni in un albergo di Como e affidano ai tre partigiani i contatti con esponenti governativi di area democristiana. Santi ne ragguaglia prefetto e questore di Como, assicurando loro che, «più che mai convinto dell'esistenza del plico, si tiene a disposizione anche del Ministero per ulteriori notizie e informazioni».

La proposta di vendita alla Prefettura, inoltrata nel dicembre 1952 ai vertici della polizia per un parere, viene bocciata: «L'offerta non merita di essere presa in considerazione».[26] Gesualdo Barletta tutela De Toma per tornaconto politico, ma non è un ingenuo e sa bene quando fermare il gioco.

In un rapporto per il Ministero dell'Interno, i tre ex partigiani illustrano «lo sfruttamento del dossier mediante richieste di concessioni governative, considerando che il Governo non avrebbe potuto rifiutare, per l'alto valore dei documenti»; da parte loro, gli industriali Berra e Zaniroli (per l'occasione tesserati alla sezione di Como dei Volontari della libertà!) «provvederebbero al mantenimento e a tutti i fabbisogni quotidiani per il De Toma e lo Zavan, nonché metterebbero a loro disposizione un'automobile».[27]

Manzotti, segretario dell'onorevole Enrico Mattei, presidente dell'Associazione Volontari della libertà e factotum dell'Ente nazionale idrocarburi, lo consiglia di assicurare allo Stato i preziosi dossier. Mattei sensibilizza Giulio Andreotti e gli presenta Manzotti, Zaniroli e Zavan, che mostrano le copie di alcuni documenti. Sembrano dischiudersi grandi prospettive.

I due industriali formalizzano la richiesta di una concessione di riso, mentre De Toma utilizza gli aggancì con il SIFAR per vantare di nuovo un (inesistente) interesse internazionale, stringere i tempi e dettare le condizioni: ora sostiene di essere pressato da agenti americani, inglesi, svizzeri e sovietici. E si atteggia a magnate del commercio con l'estero:

Malgrado le predette possibilità, sarebbe disposto a riprendere le trattative con le autorità italiane, che sarebbero facilitate dal fatto che il Ministero del Commercio estero sta per offrire ad alcune ditte esportatrici 30-40 mila tonnellate di riso, da esportare nell'area del dollaro. È pronto ad accettare l'assegnazione del riso ripartita in 4 grandi società e, se necessario, differita nel tempo, fino alla prossima campagna risicola. […] Ora ha ridotto la sua richiesta a 11 mila tonnellate trattabili.[28]

L'affare sfuma quando Mattei comunica a Manzotti l'esito delle perizie sulle copie lasciate ad Andreotti: la contraffazione è fatto certo. Vano l'ulteriore tentativo dei tre ex partigiani di convincere i loro referenti democristiani dell'autenticità del Carteggio, esponendo nuove circostanze:

> A Roma, in occasione di uno dei tanti viaggi, il De Toma è stato avvicinato da elementi del Msi e percosso perché si sarebbe rifiutato di dare a quel partito il dossier. Lo stesso Anfuso, il gen. Bastico ed altri papaveri di quel partito sono venuti a Milano per circuire il De Toma affinché si decidesse a mollare il malloppo o quanto meno, se l'avesse dato al Governo, avesse fatto delle rivendicazioni politiche a beneficio dei camerati arrestati e per riscattare – dicevano loro – l'onorabilità di molti fascisti.
>
> Forse questa confusione di Anfuso, Bastico ed altri ha fatto raddrizzare gli orecchi all'Ufficio politico della Questura di Milano.[29]

De Toma mistifica, per accreditarsi in ambienti politici antifascisti.

«Con questa doccia fredda» annota l'ex partigiano Santi «i soci dell'Eximtraco si sentivano smontati della loro euforia; il Berra [era] avvilito, per avere foraggiato per più di tre mesi due persone che gli devono essere costate parecchie centinaia di biglietti da mille.» In realtà, le elargizioni al faccendiere superano i sei milioni di lire.

La manovra avvolgente è miseramente fallita, tuttavia tornerà utile: le trattative saranno interpretate sia come il tentativo «di impadronirsi dei documenti per impedirne la pubblicazione», sia come la prova di autenticità: «Il governo italiano non ha mai dimostrato di considerare *veramente* falsi i documenti in mio possesso. In caso contrario, invece di trattare con me ed i miei amici per anni ed anni, e farmi inseguire fino all'estero dai rappresentanti del suo servizio segreto incaricati di farmi offerte, avrebbe dovuto arrestarmi».[30]

Venuta meno l'ipotesi di vendita al governo e, con essa, la speculazione sul risone, si cambia strategia, decidendo di «trattare la cessione del dossier con agenzie giornalistiche estere o con uomini politici dal grosso portafoglio». In tale prospettiva, il clan De Toma arruola un compiacente perito del Tribunale di Milano, il grafologo sessantacinquenne Umberto Focaccia, originario di Ravenna, che con insospettabile disinvoltura dichiara autentici l'autografo di Churchill e la missiva «mussoliniana» del 21 aprile 1945, gli apocrifi presentatigli dal notaio Stamm.

Trame italoelvetiche

Enrico De Toma decide di trasferirsi in Svizzera, scenario ideale per valorizzare la sua documentazione, che va gonfiandosi a dismisura. Ai plichi iniziali si aggiungono, come racconta lo stesso faccendiere, ragguardevoli fondi esportati oltralpe dai servizi segreti della RSI e da lui fortunosamente recuperati. Egli non è più uno dei tanti reduci di Salò costretti a vivere alla giornata, ma il protagonista di un'avventura esaltante nonché redditizia.

Si è nel frattempo assicurato la collaborazione di un paio di influenti cittadini elvetici.

Il primo complice, che fornisce nuovo materiale, è il sessantaduenne Gustave Lussy, proprietario a Ginevra dell'albergo La Residence, spalleggiato per l'occasione dal fratello Albert. Il sodalizio con De Toma risale al 1950 e prevede la divisione degli utili derivanti dalla gestione dei documenti «mussoliniani».[31]

Lussy agisce di concerto con il facoltoso commerciante Giovanni Züst, titolare a Chiasso dell'azienda di spedizioni Züst & Bachmeier.

Indispensabile collaboratore è Bruno Stamm, notaio a Locarno, che il 26 maggio 1953 riceve in custodia un primo blocco di 48 documenti attribuiti ai protagonisti della politica italiana: Mussolini, Vittorio Emanuele III, Badoglio, Grandi, Scorza... Tra i leader stranieri, spiccano gli autografi di Hitler e Churchill.

Nato nel 1913 a Venezia da padre svizzero, Stamm rimpatria a metà anni Trenta e durante la guerra è funzionario dell'Office de guerre pour l'industrie et le travail dè l'Office d'instruction pénale du Département fédéral de l'économie publique. Nel febbraio 1944 i superiori gli contestano inadempienze professionali e lo licenziano: a nulla vale la causa giudiziaria intentata per riavere il posto.[32] Trasferitosi nel Canton Ticino, apre nel 1953 uno studio di avvocato e di notaio. La nuova attività appare collegata alla remunerativa consulenza (e, probabilmente, cointeressenza) sul Carteggio.

Rapporti custoditi negli archivi della polizia svizzera informano sui motivi del coinvolgimento del professionista nella gestione dei controversi epistolari: «La complicità del notaio Stamm, dovuta evidentemente ad impegni di natura finanziaria, balza evidente quando si pensa che egli non brilla per probità professionale e che nel corso del 1953 ha anche subìto un'inchiesta per troppa larghezza di vedute nella stesura di un atto notarile».[33] La suddetta fonte (probabilmente del SIFAR) avvalora anche la «complicità del perito calligrafico Umberto Focaccia, da Milano», socio d'affari di Stamm.

Il gruppetto elvetico, molto attento a muoversi nell'ombra, procura documentazione di asserita provenienza fascista, riservandosi una parte dei diritti. Al decollo dell'operazione serve un solido lancio pubblicitario: si convocano, quindi, conferenze stampa nelle quali De Toma indossa i panni del perseguitato politico.

Chiasso, primavera 1954. De Toma, dietro al notaio Stamm, alla conferenza-stampa sul Carteggio. Primo da destra è il suo segretario Zavan.

A fine 1952 De Toma si fa gioco del colonnello Riccardo Costa del SIFAR, interessato all'esame delle carte: finge incertezza sulla legittimità dell'utilizzo di un fondo che, secondo la legislazione archivistica, apparterrebbe allo Stato; in cambio della visione di un paio di copie, si fa «autorizzare» con atto scritto a disporre del Carteggio.[34] Autorizzazione che gestirà come ennesima prova della brama con cui nei palazzi del potere si guarda al *suo* materiale e glielo si vuole sottrarre.

Stato Maggiore della Difesa

SERVIZIO INFORMAZIONI DELLE FORZE ARMATE

R. A. M.

Avendo il signor Enrico DE TOMA dichiarato di essere in possesso di un plico chiuso contenente documenti che potrebbero interessare lo Stato italiano – plico che troverebbesi custodito all'estero e su cui nessuno può vantare diritti di proprietà – presi gli ordini dai miei superiori, autorizzo il predetto signor DE TOMA ad aprire detto plico per esibirmi i documenti in esso contenuti.–

Roma, lì 29 dicembre 1952.–

IL COLONNELLO COMANDANTE
Riccardo Costa

La lettera con cui il colonnello Costa, a nome del SIFAR, autorizza De Toma ad aprire i plichi del Carteggio (29 dicembre 1952).

De Toma si consacra al Carteggio, ricavandone forti somme di denaro. Non vive più alla giornata, ora può soggiornare in lussuosi alberghi svizzeri e risiede in una villa sulle colline di Lugano, da dove dirige e coordina un'efficiente rete di collaboratori.

Suo braccio destro è il pubblicista triestino Ado Zavan, un amico di lungo corso che – come si è visto – da tempo lo affianca nelle trattative con i potenziali acquirenti. Zavan tiene anche i rapporti con l'avvocato Gastone Nencioni, l'influente neofascista milanese che avrà un ruolo rilevante nell'*Operazione Carteggio* (cfr. pp. 166-167), da lui incontrato a Milano e Lugano.

Indispensabile supporto – come consulente storico nonché imitatore di «reperti d'epoca» – è prestato dal milanese Aldo Camnasio, associato ai progetti di sfruttamento del tesoretto. Accorto e timoroso, lascia le luci della ribalta al più loquace amico (a Camnasio è dedicato il capitolo successivo).

Lo studente universitario fuori corso Franco Leanza (nato a Roma nel 1928), cugino di De Toma, funge da corriere tra Italia e Svizzera. Militante nel Movimento sociale, entra nella partita con motivazioni politico-ideologiche (ma nella primavera del 1954 romperà i rapporti con i camerati, avvalendosi – a suo dire – delle mistificazioni sugli epistolari).

Fallita la speculazione sul risone, gli imprenditori Berra e Zaniroli si defilano, ormai disillusi. Subentra a questo punto l'industriale veneto Aldo Marinotti (il cui fratello Franco dirige la SNIA Viscosa), che in cambio della metà dei futuri proventi si accolla gli oneri del soggiorno elvetico di De Toma. L'intesa è sancita da un incontro a Merano, nel dicembre 1953, organizzato dal braccio destro di Marinotti, l'ex squadrista Gino Gallarini (sansepolcrista, legionario fiumano, comandante delle squadre d'azione di Milano ferito «per meriti fascisti», volontario in Abissinia, segretario delle Federazioni di Trieste, Bergamo e Fiume; durante la RSI «prefetto a disposizione» e segretario federale di Bergamo). L'industriale, candidatosi senza successo alle elezioni di giugno con i monarchici, ripiana persino i debiti personali di De Toma.

Vi sono infine i legali, che talvolta sommano al ruolo di difensori di fiducia quello di compartecipi negli affari. Durante il soggiorno elvetico, è il turno dell'avvocato Salvatore De Sole (presto sostituito dal neofascista milanese Gastone Nencioni).

Locarno, studio notarile Stamm, primavera 1954. Da sinistra: Zavan, Stamm, De Toma e l'avvocato De Sole leggono il testo del Patto proposto l'11 aprile 1940 da «Churchill» al Duce.

Il versante politico è presidiato da Francesco Maria Servello e dal senatore Franz Turchi, dirigenti del Movimento sociale italiano, cui appartengono molti personaggi dell'entourage detomiano, sin da quando (nel 1951) il faccendiere soggiornava a Napoli, sostenuto – come si è visto – dall'ex federale repubblichino Domenico Tilena. Speculazione economica e obiettivi politici si intrecciano, in un astuto tentativo di quadratura del cerchio.

Alcuni ex gerarchi provvedono a puntellare la storia di copertura di De Toma. È il caso per esempio di Asvero Gravelli (addetto alla propaganda durante la RSI), che il 22 ottobre 1953 gli scrive: «Estrema importanza hanno i documenti, dei quali già Mussolini mi fece cenno, allorché, nell'aprile del 1945 mi disse che "aveva tanto in mano da vincere la pace", e fu appunto allora che, come sottocapo di Stato Maggiore generale della RSI, mi diede ordine che telefonassi onde ti fosse aperto il valico alla frontiera di Domodossola».[35] Poiché la missione ginevrina non ha mai avuto luogo, è evidente la connivenza di Gravelli con i falsari: il reduce di Salò mente ben sapendo di mentire.

Nel breve volgere di un decennio, il giovane e timido volontario nella RSI dal fessacchiotto che ricordano i suoi camerati è divenuto un marpione che, al confine italoelvetico, posa per i fotografi davanti al carabiniere che gli controlla i documenti. È ormai entrato nella parte dell'uomo di mondo, sicuro di sé e all'occasione pure strafottente.

Emerso dalle sabbie mobili di emarginazione e miseria, il faccendiere moltiplica i documenti della borsa del Duce, saliti a 163 e poi addirittura raddoppiati. Imposta un'accorta tecnica di relazioni pubbliche, articolata su più piani, incassando in contemporanea denaro da diversi interlocutori. In un accorto gioco di squadra con i collaboratori, contatta di volta in volta esponenti dei servizi e del mondo politico, irrimediabilmente invischiati in una ragnatela compromissoria. Egli, infatti, si presenta come oggetto di (malevoli) attenzioni altrui e mai quale promotore delle trattative (come risulta invece con evidenza dalla documentazione d'archivio). E in luogo degli originali mostra dei duplicati, realizzati con notevole professionalità.

Il romanzo di De Toma è come vangelo per varie testate giornalistiche. Molti i quotidiani che accreditano il Carteggio, tra i quali si annoverano «La Notte», il «Corriere Lombardo», «La Patria», il «Secolo d'Italia», «Il Tempo», «Roma» e «Il Giornale d'Italia».

Servizi giornalistici d'impronta scandalistica ricamano senza fine su misteri e seduzioni dell'epistolario. Il 10 marzo 1954, per esempio, «La Notte» apre con il titolo *Carteggio Mussolini – Perché siamo entrati in guerra*, con le fotografie di un paio di facsimili: «Dalla fine della guerra, oggi per la prima volta e dopo tante appassionanti vicende si viene a conoscenza della consistenza del carteggio mussoliniano, in corso di pubblicazione a cura dei suoi attuali depositari». Con stupefacente e sapiente strategia comunicativa, si disseminano sulla stampa fotografie e trascrizioni di lettere che presentano sotto una nuova luce la storia dell'Italia nel secondo conflitto mondiale.

Nella primavera del 1954, quando De Toma è all'apogeo della fama, risiede con Zavan e Leanza in una villetta sui colli di

Lugano, in via Tesserete 17; i tre soci sono accuditi da un'anziana domestica e da una giovane governante. Il loro telefono è controllato dalla polizia politica cantonale.

Le autorità elvetiche li tengono d'occhio e condizionano la concessione del permesso di soggiorno – invocato da De Toma e Zavan, che si atteggiano a perseguitati dalle autorità italiane – a un comportamento discreto e sottotono, senza iniziative di natura politica. Su questo punto, i rapporti sono a rischio, poiché i due soci convocano conferenze stampa in cui, affiancati dal notaio Stamm, proclamano le verità contenute nel Carteggio e lamentano insistenti pressioni del SIFAR. Viene loro intimato, pena l'espulsione, di evitare polemiche e uscite pubbliche.[36]

Tutto sembra procedere per il meglio, ma l'eccessiva sicurezza di De Toma, inebriato dalla celebrità e dall'improvvisa ricchezza, si rivelerà controproducente. Altro anello debole dell'operazione è l'imprudenza del re dei falsari, Camnasio, nel fabbricare apocrifi dal contenuto verosimile che accosta ad altri del tutto fantasiosi.

1. La vicenda del Carteggio presenta singolari ma non casuali analogie col tormentone dei Diari pseudomussoliniani, sui quali nel 2010 il senatore Dell'Utri intendeva girare un film. Simile anche la costituzione all'estero di società di comodo per la gestione dell'«affare». Cfr. Mimmo Franzinelli, *Autopsia di un falso. I Diari di Mussolini e la manipolazione della storia*, Bollati Boringhieri, Torino, 2011.
2. Relazione del Direttore Superiore dell'Amministrazione di Trieste all'Ufficio governativo per le Zone di confine; oggetto: De Toma Enrico, 10 giugno 1954, ACS, Ministero dell'Interno, categoria B3, fasc. De Toma Enrico. Il documento è conservato in formato elettronico nella banca dati su stragi e terrorismo presso la Casa della Memoria di Brescia (d'ora innanzi AICdM), posizione G-a-90-2.
3. Sui gradi rivestiti da De Toma nelle forze armate della RSI la prudenza è d'obbligo, considerata la naturale mitomania del personaggio e l'assenza di riscontri oggettivi. Da un rapporto privo di data, redatto

dall'amministrazione di Trieste e trasmesso al ministero dell'Interno a inizio aprile 1954, risulta che egli, arruolato come «semplice milite», non ottenne promozione alcuna. ACS, cit.

4. Sulla I Brigata Nera mobile «Italo Barattini» si vedano la dettagliata ricostruzione di Marino Viganò, *La cessazione delle ostilità della i Brigata Nera mobile di Milano (26 aprile 1945). Con l'onore delle armi e, a resa avvenuta, con fucilazioni sommarie*, «Storia Verità. Bimestrale dell'Associazione per la Ricerca Storica» [Grosseto] luglio-agosto 1994, n. 16, pp. 22-24 e la scheda di Andrea Rossi nel sito internet dell'Associazione Linea Gotica – Officina della Memoria.

5. L'elenco contenente il nominativo del tenente De Toma è trascritto in Ricciotti Lazzero, *Le SS italiane*, Rizzoli, Milano 1982, pp. 194-196.

6. Direzione Generale della PS – Divisione Affari Riservati, «Appunto per il Gabinetto del Sig. Ministro», 17 dicembre 1951. AdeG, b. Carteggio Churchill, f. Documenti Ministero Interno (Andreotti). I successivi riferimenti ai precedenti penali di De Toma sono ricavati dalla documentazione di polizia, con la medesima collocazione archivistica.

7. Rapporto del questore di Napoli su De Toma, 14 dicembre 1951. ACS, cit.

8. Relazione del Direttore Superiore dell'Amministrazione di Trieste, cit. I riferimenti alla salute bacata alludono a malattie ereditarie, di carattere sessuale.

9. *Il carteggio di Mussolini in due plichi sigillati si troverebbe a Napoli*, «Momento-sera», 14 dicembre 1951.

10. Rapporto del questore di Napoli su De Toma, 14 dicembre 1951. AdeG, Carteggio Churchill-Mussolini, b. 1, f. Documenti Ministero Interno (Andreotti).

11. Direzione Generale della PS – Divisione Affari Riservati, «Appunto per il Gabinetto del Sig. Ministro», 17 dicembre 1951. AdeG, cit.

12. Relazione riservata della Questura di Milano sul Carteggio Churchill-Mussolini, 28 agosto 1952. AdeG, cit.

13. Relazione «riservata – raccomandata – per corriere» del questore di Milano sul Carteggio Churchill-Mussolini, 30 ottobre 1952. AdeG, cit.

14. De Toma a Cornacchin, Trieste, 14 maggio 1952. AdeG, cit.

15. Verbale dell'interrogatorio di Cornacchin, Questura di Milano, 9 gennaio 1953. AdeG, cit.

16. «Appunto dagli atti della Direzione Generale della PS su De Toma Enrico», s.d. (ma inizio gennaio 1953). AdeG, cit.

17. Rapporto del questore di Milano alla Direzione generale della PS, 18 gennaio 1953. AdeG, cit.

18. In un articolo pubblicato il 13 giugno 1954 sul «Meridiano d'Italia», Giorgio Pisanò interpreta il ritiro della diffida a De Toma quale prova di autenticità del Carteggio, anziché cogliervi la connivenza dei vertici della polizia col faccendiere e la sua area politica (la stessa del giornalista).

19. Sul colonnello Piccardo cfr. la schedina biografica in Andrea Vento, *In silenzio gioite e soffrite. Storia dei servizi segreti dal Risorgimento alla Guerra Fredda*, il Saggiatore, Milano 2010, p. 395.

20. Barletta a Bordieri, Roma, 29 gennaio 1953. AdeG, Carteggio Churchill-Mussolini, b. 1, f. Documenti Ministero Interno (Andreotti).

21. Alla caduta del fascismo, Barletta venne arrestato e internato per favoreggiamento del regime e collaborazionismo col tedesco invasore; prosciolto e reintegrato in servizio, nel 1948 assume la guida della neocostituita Divisione Affari generali e riservati. Cfr. Mimmo Franzinelli, *I tentacoli dell'Ovra. Agenti, collaboratori e vittime della polizia politica fascista*, Bollati Boringhieri, Torino 2000.

22. Sulla protezione concessa da Barletta a Hass cfr. Gianni Cipriani, *Lo Stato invisibile. Storia dello spionaggio in Italia dal dopoguerra ad oggi*, Sperling & Kupfer, Milano 2002, pp. 434-436.

23. Cfr. Mario Del Pero, *Anticomunismo d'assalto*, «Italia contemporanea», n. 212, settembre 1980, pp. 633-646.

24. È probabile che all'intento speculativo si affianchino finalità politiche, e in particolare la volontà di montare uno scandalo dall'operazione (illegale, ma all'epoca non infrequente), con interrogazioni parlamentari missine contro il governo. Entrambi gli obiettivi falliscono. Secondo De Toma fu «l'opposizione di alcuni funzionari a rendere impossibile un progetto che in realtà le autorità governative si dichiararono sempre pronte ad assecondare. La burocrazia, cioè, non favorì l'intrallazzo che i politici avevano avallato pur di ottenere i documenti; ma le trattative ci permisero ugualmente di effettuare notevoli studi sui sistemi in voga nell'attuale mondo politico» (*De Toma racconta…*, cit., pp. 23-24). Se le autorità governative avessero davvero appoggiato il progetto, i burocrati avrebbero dato disco verde. In quel periodo fiorivano gli scandali su grosse importazioni di merci: nell'estate del 1952 Ernesto Rossi denunciò con clamore sul settimanale «Il Mondo» le speculazioni sulle banane somale, «le banane della patria», di scarsa qualità e vendute a prezzi elevati in regime di monopolio legale. Cfr. Ernesto Rossi, *Settimo: non rubare*, a cura di Mimmo Franzinelli, Kaos Edizioni, Milano 2002, pp. 451-471.

25. Relazione «riservata personale doppia busta» del prefetto di Como al capo della Polizia, oggetto: Mussolini-Churchill promemoria di Santi Amos, 17 dicembre 1952. AdeG, Carteggio Churchill-Mussolini, b. 1, f. Documenti Ministero Interno (Andreotti).

26. Il capo della polizia al prefetto di Como, Roma, 23 dicembre 1952. AdeG, cit.

27. «Pro-memoria» dattiloscritto, riferibile all'ex partigiano «bianco» Amos Santi, privo di data. AdeG, cit.

28. «Appunto» del SIFAR, oggetto: De Toma Enrico – Carteggio Churchill-Mussolini, 3 luglio 1953, cfr. appendice, doc. n. 11.

29. «Pro-memoria», cit.

30. *De Toma racconta...*, cit., p. 39.

31. Sul coinvolgimento di Gustave Lussy nelle trame detomiane in Svizzera cfr. la lettera «confidenziale» del ministro Enrico Celio al Capo della Divisione Affari politici del Dipartimento politico federale di Berna, 2 agosto 1954, e il rapporto del Dipartimento federale di Giustizia e Polizia di Berna del 19 agosto 1954. Archivio della Confederazione svizzera, Berna (d'ora innanzi ArCS), b. B.43.21.J 1952-54 (documenti forniti da Hanno Birken-Bertsch).

32. Sulle controversie di lavoro tra Stamm e l'amministrazione federale (chiuse nel 1946 con il ritiro del ricorso contro il licenziamento), cfr. i carteggi custoditi in ArCS, b. E7393 1971/167 87, fasc. Stamm, Bruno.

33. «Appunto» dattiloscritto di tre fogli, senza intestazione né firme (ma di provenienza italiana), datato 8 febbraio 1954, oggetto: Enrico De Toma, ArCS, cit.

34. Il comportamento del colonnello Costa può spiegarsi come una colossale ingenuità (ovvero mancanza di professionalità), oppure – assai più probabilmente – come connivenza con De Toma, su direttiva dei vertici del SIFAR.

35. Trascrizione della lettera di Gravelli in Enrico De Toma, *Risposta a Gelormini*, «Oggi», 13 maggio 1954. Tre anni prima l'ex gerarca aveva pubblicato il volume *Mussolini aneddotico* (Latinità, Roma 1951), confermando l'esistenza del Carteggio.

36. Al soggiorno elvetico di De Toma si riferiscono tre dossier dell'ArCS: De Toma Enrico, b. E4320B 1973/17 1485 (serie E4320B Bundesanwaltschaft: Polizeidienst 1931-1959); De Toma Enrico Giovanni, Lugano 1954, b. E2001E 1969/121 4361 8 (serie E10448 Abteilung für politische Angelegenheiten 1950-1973); Candido, Guereschi [sic], De Gasperi, de Toma (serie E2001E B.41.21 Politische Flüchtlinge in der Schweiz 1934-1970).

Il «marchese» Camnasio de Vargas

L'aristocratico dal passato opaco

A supportare e consigliare Enrico De Toma nell'*Operazione Carteggio* è Ubaldo (Aldo) Camnasio, nato a Milano nel 1906. È un autodidatta dalle letture eclettiche, cui riesce di impressionare gli interlocutori con citazioni dotte. Passati i trent'anni, ottiene un diploma di ragioniere in Eritrea, dove si è stabilito come redattore di un giornale fascista. È un uomo dai capelli precocemente ingrigiti, dal portamento signorile e distinto, indossa abitualmente giacca e cravatta, assume pose aristocratiche e si presenta come marchese de Vargas Villatoquite y San Vicente. Abita a Milano, in uno spazioso appartamento in zona semicentrale, al terzo piano di via Longhi 1, con la giovane vedova Elvira Barbieri e la di lei figlioletta. Opera come falsario, specialista in ritocchi e imitazioni di documenti napoleonici e mussoliniani. Viaggia per affari tra Milano, Roma, Parigi e la Svizzera.

Nasconde accuratamente il proprio passato, non consono all'immagine di professionalità e rispettabilità che ora ostenta. Nel 1931 sconta una pena di due settimane di reclusione per truffa, sanzionata dal tribunale di Roma; poi ritorna in carcere per emissione di assegni a vuoto. Stabilitosi a Bruges, nel 1933 gli vengono comminati sette mesi per truffa. Nel dopoguerra subisce altre due condanne per falso, truffa e usurpazione di titolo, rispettivamente nel 1947 a Torino e nel 1950 a Roma. La stampa lo cita a proposito del mercato di onorificenze, cui contribuisce creativamente facendosi però cogliere con le mani nel sacco. Si tratta comunque di reati minori, le cui vittime sono conniventi: pagano un prezzo congruo per ciò che la loro vanità richiede.

Camnasio tace anche sull'esperienza maturata in Africa orientale, come capoufficio stampa del maresciallo Emilio De Bono e redattore del «Corriere Eritreo», organo della Federazione fascista di Asmara, strumento della propaganda colonialista del regime. Membro della Milizia volontaria di sicurezza nazionale, viene arrestato nell'estate del 1941, poco dopo l'occupazione dell'Eritrea, e trasferito nel Regno Unito, dove funge da interprete al Tribunale di guerra nei procedimenti contro internati militari italiani.

Rimpatriato nel dicembre 1945, si stabilisce a Milano e cerca subito di farsi una posizione come libero professionista. Aderisce alla Massoneria di Rito Scozzese antico ed accettato, sia perché è sensibile al fascino dell'esoterismo sia per ricavare vantaggi dalla frequentazione dei confratelli.

Il ragionier Ubaldo Camnasio, sedicente dottore e marchese de Vargas Villatoquite y San Vicente.

Distribuisce biglietti da visita con stemmi nobiliari, si qualifica «studioso di problemi storici» e possiede una ricca biblioteca con edizioni pregiate, facsimili di lettere e documenti di personaggi famosi: un materiale da lui analizzato e all'occorrenza tagliuzzato per ricavarne riproduzioni di qualità. Esperto di araldica, confeziona attestati di nobiltà corredati da alberi genealogici fasulli: attività lucrosa, che lo vedrà inquisito per «conferimento continuato a più persone di titoli cavallereschi illegittimi» (i processi si chiuderanno regolarmente con l'applicazione dell'amnistia). Oltre allo studio presso l'abitazione della convivente, dispone a Milano di un laboratorio con più macchine per scrivere. Si avvale, a rotazione, dei servizi di tre falsari e di quattro tipografi. La ragione della suddivisione del lavoro tra più ausiliari sta nell'istintiva diffidenza: vuole nascondere la dimensione globale delle sue falsificazioni e non essere ricattabile.

Suo stretto collaboratore è il principe Vittorio Sammartino, discendente – assicura – degli imperatori di Bisanzio. Segretario di Meuccio Ruini durante la sua presidenza della commissione per la Costituzione (incaricata dalla Costituente di elaborare la Carta costituzionale della Repubblica), Sammartino ha «trattenuto» una quantità di carte e di timbri rinvenuti nei palazzi dove lavorò dal luglio 1946 al febbraio 1947. Vive tra Milano e Roma, vendendo una varietà di diplomi nobiliari, incluso uno stock di falsi titoli baronali vergati addirittura da Vittorio Emanuele III.

Al settore vendite, collaborano con Camnasio – sulla piazza milanese – l'antiquario d'Angerio e un sedicente professor Panacea, massone di origini calabresi, mutilato di guerra.

Il «marchese» si è insomma creato un suo giro e una discreta notorietà di professionista duttile, in grado di produrre qualsiasi cosa il mercato chieda.

Nella primavera del 1949 viene contattato da un fascista latitante: Ettore Baldassarini, personaggio corpulento e dai modi spicci, che gli si presenta col nome di copertura di Enzo Blasi. Condannato per collaborazionismo ed estorsione aggravata, è parte, insieme all'ex generale della milizia Arconovaldo Bonaccorsi (già feroce squadrista, macchiatosi di metodi criminali nella guerra civile spagnola), di una rete solidaristica neofascista. Baldassarini presenta a Camnasio un cugino, consigliere delegato della Spa Postalpremio (sede a Roma, in via dei Pontefici), esperto in «brevetti di pubblicità postale» e intenzionato allo sfruttamento internazionale di tali brevetti.[1]

Il «cugino» del sedicente Blasi sarebbe Enrico De Toma, coinvolto in varie iniziative – in particolare in una cooperativa di assistenza dei profughi giuliano-dalmati – da cui vorrebbe ricavare un utile per sé e i camerati.

La Postalpremio fallisce e la cooperativa naviga in pessime acque, ragion per cui De Toma viene associato da Camnasio quale venditore di titoli cavallereschi e nobiliari. Per l'Anno Santo 1950, il «marchese» vende diplomi di *Gran Maestro* e/o *Luogotenente* con i sigilli di altisonanti ordini cavallereschi. Archiviato l'Anno Santo, lascia Roma per Milano. Il Carteggio segnerà per lui la decisiva svolta professionale, il salto di qualità tanto atteso.

La falsificazione del Carteggio

Dopo un soddisfacente rodaggio, Camnasio e De Toma abbandonano il settore dei titoli nobiliari per la grande storia: gli epistolari mussoliniani. Il giovane triestino si occuperà delle relazioni pubbliche, mentre il quarantacinquenne milanese predisporrà i documenti d'epoca e lo spalleggerà nelle trattative.

Nella tarda primavera del 1951 il «marchese» trae *copie d'autore*, con ingegnose varianti, da fotografie di documenti originali e da dossier apocrifi.

Una grande busta, con stampigliato REPVBBLICA SOCIALE ITALIANA – IL DVCE, reca la scritta – con grafia similmussoliniana – *Winston Churchill*. Contiene una decina di lettere indirizzate a Mussolini e a Grandi: il cuore del Carteggio. Il lavoro è costato una gran fatica, sia per trovare contenuti plausibili sia per la traduzione in inglese classico. E pure per stampare tre diversi modelli di carta intestata su cui scrivere il testo a mano o a macchina.

Le disavventure giudiziarie hanno ammaestrato il falsario, insegnandogli l'arte della prudenza. Nel settembre 1951 ritira a Ginevra un blocco di documenti da ritoccare, completare e all'occasione reinventare, previa autorizzazione «ad effettuare in opportuna sede la pubblicazione dei documenti oggi a lui rimessi in fotocopia».

Rivendicherà stizzito di essere non un *falsario* ma un *copista*, fiero della sessantina di *copie d'autore* effettuate sui documenti autentici, senza lucrarci granché: «Ho copiato dei falsi? I documenti che potei vedere mi parvero in perfetta regola. E De Toma mi ha dato solo la ventesima parte di quanto ci ha

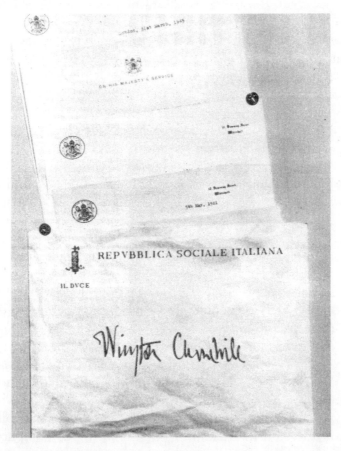

Le lettere di «Churchill», conservate ordinatamente in una busta su carta intestata del Duce.

poi guadagnato sopra».[2] In un passaggio delle sue memorie accenna alle tecniche di cui è maestro: «Si può – ammettiamo – fotografare il "montaggio", inciderne la foto sullo zinco e ricavarne meccanicamente una *stampa in fac-simile...*».[3]

Camnasio ha un debole per la carta intestata, anche quando il contenuto compromettente e personale del documento escluderebbe un simile supporto. Tramite apposizione di timbri e sigilli amplifica la verosimiglianza delle lettere. Per le firme, si serve di un miniaturista svizzero oppure le ricava da documenti autografi. Il sedicente marchese non disdegna gli esercizi di copiatura, per impratichirsi e, all'occasione, lucrare sulla vendita del documento, presentato come autentico. I collezionisti di memorabilia nostalgica, del resto, abbondano.

Oltre al *trattamento testi*, si occupa della parte commerciale, magnificando forma e contenuto di quei fogli che, in effetti, conosce a menadito. Senz'altro più a suo agio del compare in materia storica, è in grado di sciorinare la mercanzia con professionalità. De Toma ha la parlantina sciolta, ma la sua cultura storica è a dir poco incerta e lacunosa, avendo interrotto gli studi alla quinta elementare.

Nelle contraffazioni, sono tre i procedimenti che si alternano e combinano:

1. duplicazione fedele di documenti *autentici*, per ricavare *copie d'autore* da facsimili inseriti in libri, riviste, edizioni di documenti diplomatici;
2. composizione di documenti *parzialmente nuovi*, sia con varianti di originali fotografici (presentate come brutte copie) sia con documenti *verosimili*, ben costruiti sul piano della forma e inconfutabili nel contenuto, ancorato a diari, autobiografie, testi storici;
3. creazione di materiale *scientemente e totalmente falsificato*, funzionale alle campagne politiche neofasciste per rivalutare la figura del Duce.

Il materiale dei primi due punti adempie a una funzione *confirmatoria* dei documenti controfattuali: Churchill alleato di Mussolini nel quinquennio bellico, Ben e Clara in contatto epistolare nella prigionia badogliana, Vittorio Emanuele III che scrive al capo della RSI.

L'introduzione di varianti lega gli apocrifi a testi già noti e incontestabili. La presenza, nel materiale «mussoliniano», di minute degli originali, rafforza per esempio la vicenda della borsa e il suo contenuto.

Le creazioni *ex novo* sono il più raffinato (e anche rischioso) prodotto della macchina del fango contro i nemici del Duce.

Camnasio attinge principalmente a due testi di riferimento: la *Storia di un anno* di Mussolini (Mondadori, Milano 1944) e il *Diario* di Ciano (Rizzoli, Milano 1946), dai quali ricava l'ambientazione e non pochi spunti d'ispirazione.

L'apocrifo costruito su fonti attendibili rafforza gli altri reperti, in particolare quelli dal contenuto (fantasiosamente) politico.

Identica finalità viene perseguita mediante la produzione di «originali» ricreati sui facsimili di documenti autentici, ripresi da pubblicazioni specialistiche.

Tra le fonti saccheggiate primeggia il *Libro Bianco tedesco n. 4 – Documenti sulla politica anglo-francese per l'allargamento del conflitto*, nell'edizione italiana – corredata dalle fotografie in buona risoluzione dei carteggi inglesi – inclusa sul numero del 2 maggio 1940 della rivista «Relazioni Internazionali», settimanale di politica estera dell'Istituto per gli studi di politica internazionale (ISPI).

Da «Relazioni Internazionali» Camnasio fotografa una dozzina di fogli dattiloscritti sequestrati dai tedeschi a ufficiali inglesi arresisi a Lillehammer, in Norvegia, intitolati *Stratforce Plan and First Maintenance Project* (Piano Stratforce e prime disposizioni per l'afflusso di uomini e materiale). Stampato su cartoncino a fogli singoli, in formato originale, quel materiale sembra in tutto autentico.

Il dossier fu presentato il 27 aprile 1940 dal ministro degli Esteri del Reich, Ribbentrop, alla conferenza stampa per il corpo diplomatico e i corrispondenti di guerra, per accusare gli anglofrancesi dell'allargamento della guerra.

Dopo quattordici anni, i registi del Carteggio Churchill-Mussolini riesumano l'ormai dimenticato dossier «segreto». Il frontespizio dello *Stratforce Plan* è riprodotto fotograficamente sul settimanale «Oggi» del 20 maggio 1954, nell'ampio servizio *Apriamo la borsa di Mussolini – Il Piano d'invasione norvegese e i rapporti militari segreti*.

La didascalia informa che «Gli originali di questi documenti (un gruppo di dodici fogli) facevano parte del carteggio, trovato nella borsa di Mussolini: forse fu Hitler a inviarli al duce, per provargli la sua buona fede».

Il testo, attribuibile a Duilio Susmel (curatore dell'*Opera Omnia* di Mussolini), mistifica il significato dell'operazione: «È facile capire come questi documenti siano finiti nella borsa del Duce. Servirono al governo di Hitler per giustificare l'invasione tedesca della Norvegia, con la fulminea puntata della marina tedesca su Oslo dell'aprile 1940».

Non ci si chiede – naturalmente – che senso avesse, per il morituro dittatore, fuggirsene da Salò a Milano con documenti editi da un quinquennio e divenuti del tutto irrilevanti. È un esempio delle astuzie a rischio zero, poiché contenuto e aspetto di quei fogli sono veritieri e incontestabili. Sbagliata è l'indicazione della loro provenienza: non la borsa di Mussolini, bensì il periodico «Relazioni Internazionali». Il documento verrà ripubblicato nel 1954 da «Oggi» come parte integrante del Carteggio, a conferma della sua genuinità.

```
                        STRATFORCE PLAN.

                AND FIRST MAINTENANCE PROJECT.
              (

1. General.

        This plan is for the despatch of small forces of infantry,
engineers and attached troops to :-

                        512
                        547
                        548

2. Secrecy.

        The most stringent precautions will be taken to ensure the secrecy
of the move required to put this plan into operation.  In order to achieve
this end the plan will never be referred to except by its code name, and
until embarkation has been completed the destination of the force will not be
disclosed to anyone.
```

Parte iniziale del dossier inglese divulgato il 27 aprile 1940 dai tedeschi: una copia verrà infilata nella «borsa di Mussolini».

Lo schema viene replicato anche con materiale d'archivio: parte del Carteggio ingloba infatti «copie conformi» di documenti autentici. Eccone tre esempi:

1. il memoriale del maresciallo Ugo Cavallero al capo del governo Badoglio (redatto dalla prigione di Forte Boccea il 27 agosto 1943 per rivendicare la partecipazione alla congiura del 25 luglio; rinvenuto dai tedeschi dopo l'armistizio, costerà la vita all'incauto autore);

2. il memoriale difensivo redatto da Ciano il 14 novembre 1943 nel carcere veronese degli Scalzi dopo il colloquio col giudice istruttore Cersosimo, nella vana speranza di scampare alla fucilazione dichiarando la propria estraneità a manovre antimussoliniane;

3. il «Primo rapporto nazionale del Partito Fascista Repubblicano» (pubblicato il 17 novembre 1943 sul «Corriere della Sera» come *I 18 punti del Programma di Verona. Le linee maestre del nuovo Stato popolare nel Manifesto del PFR*); è postillato dal Duce (o forse da Camnasio?): «Va bene: subito [all'Agenzia] Stefani. Massima diffusione – L'Italia riprende il suo cammino! Mussolini».

Il falsario va orgoglioso delle copie d'autore, spacciate quali «reperti borsistici» nel suo volume *Storia di un fatto di cronaca. La vicenda carteggio Mussolini* (cfr. pp. 109ss), dove commenta il promemoria di Cavallero: «Sull'autenticità di questo "memoriale" non dovrebbero esserci riserve».[4]

L'imbroglione correda lo scritto di Ciano con il preannunzio della pubblicazione di ulteriori autografi: «Di tutti questi documenti, tra quanti ne rinvengo [nella borsa di Mussolini], uno dei più patetici e completi è indubbiamente quello del conte Galeazzo Ciano [...]. Di lui molto è racchiuso nella capace cartella, ma il momento non è ancora giunto – io stimo – di dar alle stampe quello che veramente fu il suo ultimo pensiero».[5]

Per misurarne intraprendenza e produttività, si consideri che, a suo dire, «il repertorio dei documenti in nostro possesso è piuttosto vasto», includendo, oltre agli epistolari di personalità politiche, «intere "cartelle" di rapporti del controspionaggio SIM con reperti; rapporti segreti francesi ed inglesi ed americani, cartine con movimenti d'operazioni militari».

Il creativo falsario produce ben due varianti – entrambe con data anticipata – *della sola lettera autentica di Churchill a Mussolini del 16 maggio 1940* (riprodotta fotograficamente a p. 102, in traduzione alle pp. 202-203 e nel testo inglese in appendice, doc. n. 1), di cui negli archivi britannici esistono sia la minuta sia il testo definitivo.

Il primo apocrifo, due fogli manoscritti datati 7 maggio 1940, rispetta sostanzialmente il contenuto dell'originale, riportando alcune frasi identiche ma anche registrando significativi discostamenti in altre parti: discostamenti rivelatori della frode. Il 16 maggio il neopremier così esordiva: «*Now that I have taken up my office as Prime Minister and Minister of Defence*» («Ora che ho accettato l'incarico di Primo Ministro e di Ministro della Difesa...»). Siccome il falsario colloca l'apocrifo prima dell'investitura governativa, la frase viene modificata: «*Now that I am about to take up my office as Prime Minister*» («Ora che sto per assumere l'ufficio di Primo Ministro»), introducendo un imperdonabile

Apocrifo del 7 maggio 1940, che in diversi passaggi parafrasa l'autentica lettera churchilliana del 16 maggio 1940 (trascrizioni Carteggio, doc. n. 14).

anacronismo, poiché Chamberlain governerà per altri tre giorni e Churchill non poteva prevedere il futuro (né tantomeno l'avrebbe anticipato a un governante straniero e potenzialmente nemico).

Altro grave sbaglio è l'aggiunta della chiusa: «*May God help us to reason*» («Che Dio ci aiuti a ragionare»), insensata in un simile documento.

La missiva tra l'altro è scritta con grafia sciatta e affrettata. Ennesimo svarione concerne la carta intestata della residenza di Chartwell (Kent), chiusa per l'intera durata della guerra; per cinque anni e mezzo, mai Churchill si servì di quei fogli: dal 1° settembre 1939 al 9 maggio 1940 utilizzò carta del Primo Lord dell'Ammiragliato, mentre dal 10 maggio in avanti scriverà solo col logo di Primo Ministro.[6]

ON HIS MAJESTY'o SERVICE

London, 15 May, 1940.

Your Excellency,

now that I have taken up my office as Prime Minister and Minister of Defence I look back to our meetings in Rome and feel a desire to speak words of goodwill to you as Chief of the Italian nation across what seems to be a swiftly-widening gulf.

Is it too late to stop a river of blood from flowing between the British and Italian peoples? We can no doubt inflict grievous injuries upon one another and maul each other cruelly, and darken the Mediterranean with our strife.

If you so decree, it must be so; but I declare that I have never been the enemy of Italian greatness, nor ever at heart the foe of the Italian lawgiver.

Down the ages above all other calls comes the cry that the joint heirs of Latin and Christian civilisation must not be ranged against one another in mortal strife.

Hearken to it, I beseech you in all honour and respect, before the dread signal is given.

It will never be given by us. May God give you wisdom in this solemn appeal.

Yours

His Excellency Signor Benito Mussolini,
Duce of Fascism and Chief of the Italian Government,

Rome.

Apocrifo churchilliano del 15 maggio 1940 per Mussolini, infarcito di errori e con logo malamente imitato (trascrizioni Carteggio, doc. n. 15).

Il secondo apocrifo, un foglio dattiloscritto datato 15 maggio – dunque precedente di un giorno la vera lettera –, contiene errori irreparabili.

Manca la corposa parte centrale del testo originale (dalla frase «*It is idle...*» sino a «*... will remain on record*»).

Si è aggiunta una patetica frase di commiato, assente nel documento autentico: «*May God give you wisdom in this solemn appeal*» («Possa Dio donarvi saggezza in questo appello solenne»).

La carta intestata è una pessima imitazione di quella del Primo ministro: il logo è collocato al centro, invece che sulla sinistra; la dizione *On His Majesty's Service* è inventata; manca, sul lato destro del foglio, l'indirizzo della residenza governativa (10, Downing Street, Whitehall); il disegno nell'ovale, col leone e l'unicorno rampanti attorno alla corona, è di un dilettantismo disarmante.

Una simile carta intestata basterebbe di per sé a squalificare il reperto, a prescindere dal contenuto della lettera. Si confronti il logo originale con la dozzinale contraffazione.

L'esistenza di *due lettere* di analogo contenuto, l'una *autografa* e l'altra *dattiloscritta*, su *due diverse carte intestate*, si spiega con l'intenzione di utilizzare il reperto meglio riuscito. Il falsario non dispone dell'originale, ma soltanto della trascrizione in volume; ignora quindi se la lettera sia manoscritta o dattiloscritta.

L'utilizzo, quale fonte, del secondo tomo della *Seconda guerra mondiale* di Churchill in edizione originale[7] fornisce un im-

A sinistra, il logo autentico, sul secondo foglio della lettera di Churchill al Duce del 16 maggio 1940. A destra, la malriuscita imitazione.

portante riscontro cronologico: la falsificazione è dunque posteriore al 1949.

Le *variazioni su una lettera* risultano intimamente contraddittorie: è lapalissiano che la missiva del 7 maggio rende superflua quella del 16.

Camnasio ha qui sbagliato per eccesso. Laddove, ispirandosi al reperto originale, più si avvicina alla realtà, consegue *il massimo della falsificazione*, poiché la lettera di Churchill del 16 maggio non si è mai mossa dal Regno Unito (dove tuttora si trova, nell'archivio del Foreign Office); e il messaggio pervenne a Roma, presso l'ambasciata del Regno Unito, mediante dispaccio telegrafico (conservato oggi nell'archivio del Ministero degli Affari esteri);

Le due lettere a firma di Churchill del 7 e 15 maggio sono, dunque, false, nel modo più assoluto.

Nella stesura dattiloscritta della lettera autentica, si notino i tipici caratteri della Remington noiseless usata dal premier, con minime modifiche a mano.

```
Cypher telegram to Sir P. Loraine (Rome).
     Foreign Office, May 16th 1940.  11.0 a.m.
No.580.  By Telephone.  DIPP.

                  ~~~~~~~~~~~~~~~~~

IMMEDIATE.
          Following is text of message referred to in my
immediately preceding telegram:-
          "Now that I have taken up my office as Prime
Minister and Minister of Defence I look back to our
meetings in Rome and feel a desire to speak words of
goodwill to you as chief of the Italian nation across what
seems to be a swiftly-widening gulf.  Is it too late
to stop a river of blood from flowing between the
British and Italian peoples?  We can no doubt inflict
grievous injuries upon one another and maul each other
cruelly, and darken the Mediterranean with our strife.
If you so decree it must be so;  but I declare that I
have never been the enemy of Italian greatness, nor
ever at heart the foe of the Italian law-giver.  It is
idle to predict the course of the great battles now
raging in Europe, but I am sure that whatever may
happen on the Continent, England will go on to the end,
even quite alone, as we have done before, and I believe
with some assurance that we shall be aided in increasing
measure by the United States and indeed by all the
Americas.
          I beg you to believe that it is in no spirit of
weakness or of fear that I make this solemn appeal
which will remain on record.  Down the ages above all
other calls comes the cry that the joint heirs of Latin
and Christian civilisation must not be ranged against
one another in mortal strife.  Hearken to it I beseech
you in all honour and respect before the dread signal
is given.  It will never be given by us".
```

Telegramma per l'ambasciatore inglese a Roma, Percy Loraine, col messaggio di Churchill per il Duce.

Arrigo Petacco considera «un vero enigma» la lettera datata 15 maggio, che ritiene autentica, e della quale propone la «più logica» spiegazione: «Churchill inviò a Mussolini, attraverso i canali segreti, un appello personale aperto e amichevole, poi, pensando alla Storia, ne scrisse uno ufficiale più duro e intimativo».[8] È una spiegazione risibile: Churchill sarebbe un falsario che, inviato il messaggio a Mussolini, scrive una seconda lettera *non per recapitarla al Duce*, bensì *per l'archivio* del Foreign Office!

Vi è inoltre, in linea generale, un doppio errore di fondo che dimostra il carattere fraudolento dell'*intero* Carteggio. Riguardo le *lettere autografe*, il falsario ignorava che nel 1940-45 Churchill scrivesse a mano esclusivamente l'epistolario famigliare; mentre per le *lettere dattiloscritte* Churchill utilizzava una Remington noiseless, i cui caratteri differiscono da quelli del Carteggio.

10, Downing Street,
Whitehall.

390

Prime Minister to Duce.

　　　　Now that I have taken up my office as Prime Minister and Minister of Defence I look back to our meetings in Rome and feel a desire to speak ~~some~~ words of goodwill to you as chief of the Italian nation across what seems to be a swiftly-widening gulf.　Is it too late to stop a river of blood from flowing between the British and Italian peoples? We can no doubt inflict grievous injuries upon one another and maul each other cruelly, and darken the Mediterranean with our strife.　If you so decree it must be so; but I declare that I have never been the enemy of Italian greatness, nor ever at heart the foe of the Italian law-giver.　It is idle to predict the course of the great battles now raging in Europe, but I am sure that whatever may happen on the Continent, England will go on to the end, ~~even quite alone,~~ as we have done before, and I believe with some assurance that we shall be aided in increasing measure by the United States and indeed by all the Americas.

Lettera di Churchill a Mussolini del 16 maggio 1940, con l'auspicio del protrarsi della neutralità italiana (appendice, doc. n. 1).

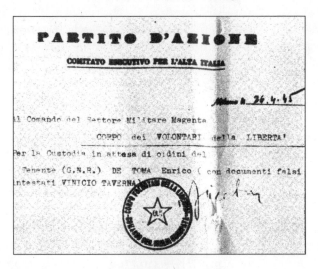

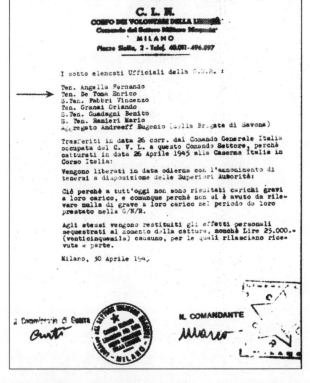

Sopra, falso documento d'arresto di De Toma da parte dei partigiani milanesi, datato 26 aprile 1945.
Sotto, falso documento di scarcerazione di De Toma e altri ufficiali della GNR da parte del CLN di Milano, 30 aprile 1945.

Tra il 1953 e la primavera del 1954 De Toma e Camnasio svolgono un dinamico gioco di squadra tra Milano, Roma e Lugano. Lavorano a ritmi serrati, in vista dell'«ora X»: il lancio in grande stile del Carteggio.

Per perfezionare la storia di copertura, ovvero la trasferta ginevrina di fine guerra, Camnasio fabbrica nel febbraio 1954 due documenti sull'arresto e il rilascio di De Toma da parte dei partigiani milanesi.

Il primo, redatto su carta intestata «Partito d'Azione – Comitato Esecutivo per l'Alta Italia» dichiara che al tenente De Toma si sono sequestrati «documenti falsi intestati Vinicio Taverna». Il secondo, attribuito al «Comitato del Settore Militare Magenta – Milano», include De Toma tra sette ufficiali della GNR liberati il 30 aprile 1945 previa restituzione degli effetti personali e di una somma di denaro.

Quei foglietti di fine aprile 1945 illustrano il memoriale *Come ebbi da Mussolini la borsa con il carteggio*, pubblicato su «Oggi» del 29 aprile 1954. Conferiscono un tocco d'autenticità alla versione del «corriere del Duce», confermando l'esistenza di documenti intestati a Vinicio Taverna, pseudonimo utilizzato durante la missione segreta a Ginevra. Gli apocrifi «partigiani» dimostrano l'attenzione di Camnasio per i dettagli e la complessa architettura del suo castello di carte.
L'abilità dei due compari è comprovata dall'inganno ordito a danno dei due maggiori editori italiani, Arnoldo Mondadori e Angelo Rizzoli, interessatisi personalmente alla vicenda per gestire lo scoop con la dovuta riservatezza.

Di ritorno da St. Moritz apposta per visionare i controversi documenti, il 19 ottobre 1953 Mondadori versa un milione e mezzo di lire quale caparra per l'acquisto di una parte del materiale.

Ansiosi di battere cassa, i falsari imbastiscono una doppia trattativa e imbrogliano pure Rizzoli.

Il tallone d'Achille di Camnasio è senza dubbio l'inglese: scrive in modo scorretto alcune parole e costruisce discorsi zoppicanti. Dopo aver creato alcuni reperti pieni di errori, cerca aiuto per produrre documenti impeccabili: si rivolge pertanto al professor Gerald Scott, docente a Harvard e collaboratore di un istituto culturale con sede a Milano, diretto da suo padre Howard, lui pure coinvolto nella ristesura dei «testi in pieno stile "churchilliano"». L'8 marzo 1954 consegna i facsimili, che ritirerà l'indomani con segnati in rosso e blu errori e sviste. Ora può dunque migliorare e completare il lavoro. Il 14 aprile, come da contratto, consegna a Rizzoli i 163 documenti del Carteggio Churchill-Mussolini.[9] La consulenza si rivela controproducente, poiché Howard Scott (che ha fotocopiato il materiale), coglie il senso dell'operazione e consegna in questura copia dei testi esaminati (cfr. il rapporto sulle indagini: appendice, doc. n. 21).

Malgrado le correzioni, gli apocrifi in lingua inglese mantengono errori e improprietà lessicali. Arrigo Levi classificherà quattro tipologie di strafalcioni:

1. l'uso della minuscola a inizio lettera è inconcepibile nel Regno Unito;
2. le formule di commiato «*Yours sincerely devoted*» e «*Believe me sincerely yours*» sono tipici casi di traduzione letterale di una formula italiana in un pessimo inglese;
3. *tha* per *that*, *thei* per *their*, *febore* per *before* sono svarioni che mai un pignolo quale Churchill lascerebbe correre;
4. la costruzione dei periodi rivela frequenti scorrettezze e omissioni di termini.

Churchill è un purista dello stile e un amante della forma: «Non ha mai» postilla Levi «ammesso il minimo errore non solo grammaticale o sintattico, ma neppure di dattilografia, mentre qui gli errori pullulano e quasi nessuno di questi documenti ne è privo».[10]

Il 15 aprile Rizzoli si impegna contrattualmente a pubblicare il Carteggio entro il 30 settembre; pagherà a De Toma e Camnasio, per diritti d'autore (*sic!*), il 20 per cento del prezzo di copertina. I diritti sulle traduzioni estere perverranno allo stesso De Toma, che girerà all'editore milanese il 20 per cento dei diritti percepiti all'estero.

«Oggi» e «Candido» diffonderanno in anteprima il fior fiore della documentazione, versando ai suoi possessori 300.000 lire a puntata, con un minimo garantito di tre milioni. Interessante – e rivelatrice delle manipolazioni sùi documenti – la presenza contrattuale di Camnasio, che incassa 1.800.000 lire dei 4.500.000 anticipati dall'editore milanese (seguiranno altri due milioni e mezzo).

Enrico De Toma e Aldo Camnasio hanno assicurato personalmente al commendator Angelo Rizzoli «la più assoluta autenticità» del *loro* materiale.

I *nodi al pettine*

La comparsa su «Oggi», a fine aprile 1954, dei primi facsimili suscita scalpore e fa impennare la tiratura del settimanale.

Dopo un paio di settimane imperversano le polemiche sull'autenticità dei reperti. Fiutata l'aria di tempesta, Camnasio chiede al direttore del British Institute di riguardare nove lettere «churchilliane», per appurare se reggano l'esame critico. L'esito è sconfortante: impossibile siano scritte da un inglese, tanti e tali sono gli errori che le contraddistinguono.

I reperti del Carteggio contengono svarioni davvero inimmaginabili in documenti diplomatici d'alto livello, ripetutamente controllati prima dell'inoltro.

La lettera «churchilliana» del 7 aprile 1940 a Grandi (riprodotta fotograficamente sul n. 18/1954 di «Oggi», a p. 24) scrive *excercise* per *exercise*.

Il messaggio datato «*London, 31st March, 1945*» («Oggi», n. 19/1954, p. 28) è contraddetto dal fatto che quel giorno il premier era in Egitto. Inoltre, la terza riga infila due erroracci contigui: «*your suggestion are accepted in thei entirety*» invece che «*your suggestions are accepted in their entirety*».

La firma di Churchill manca quasi sempre del ricciolo verso il basso, ovvero del tratto a penna con rientro inferiore per sottolineare le due ultime lettere del cognome.

In compenso, l'autografo «churchilliano» del 7 maggio 1940 («Oggi», n. 20/1954, p. 24) è ben riuscito, anzi è perfetto: il falsario l'ha ripreso dal protocollo della convenzione internazionale antipoliomielite (fotografia a p. 6 della «Settimana Incom Illustrata», n. 26/1954). Ma il testo rimane claudicante: *are* laddove la costruzione impone *is*, *rapture* invece di *rupture*.

Errori simili stravolgono le «lettere inglesi di Mussolini»: quella del 16 aprile 1940 (cfr. trascrizioni Carteggio, doc. n. 7a) riporta *be cause* per *because* e *wich* in luogo di *which* (si renderà pertanto necessario sostituirla con un analogo messaggio, in pari data, meno irrispettoso della grammatica).

Appena il falsario vede persa la partita, tenta disinvoltamente di lucrare sulla concorrenza Mondadori-Rizzoli. Con brusca inversione di rotta, propone ad Alberto Mondadori l'acquisto di «prove a mie mani di "elaborazioni" eseguite su copie del carteggio, le quali avrebbero potuto eventualmente servire al gioco di chi avesse voluto provare la falsità del carteggio».[11] Un capovolgimento di posizione indicativo della situazione disperata quanto dell'amoralità del «marchese», che vorrebbe speculare persino sulle sue «prove d'autore».

Mondadori ha sborsato somme non indifferenti per assicurarsi i diritti su quelle carte, ma ora non vuole più saperne. Respinte le profferte del falsario versipelle, il 20 maggio gli fa restituire il materiale, esprimendo totale disinteresse (con tecnica collaudata, De Toma rivolterà la frittata: «Mondadori insisteva per concludere, a patto di non pubblicare *certi* pezzi del carteggio»).[12]

Il 24 maggio i timori di Camnasio si inverano: la polizia gli perquisisce l'abitazione e sequestra macchine per scrivere, punzoni, riproduzioni di campioni originali della scrittura del Duce, due copie della *Storia di un anno* di Mussolini (con tracce d'uso delle tavole con gli autografi). Finisce in stato di fermo a San Vittore, dove lo raggiunge il complice.

Nella cassetta di sicurezza presso la sede centrale di Milano della Banca Commerciale la polizia rinviene «ampio materiale costituito da lettere, documenti, pubblicazioni, timbri, fogli di carta con intestazioni di enti e firme di personalità ecc.». Il resto del campionario è scoperto nella cassetta n. 51 della filiale di Chiasso della Banca della Svizzera italiana; i reperti più preziosi sono costituiti – insieme ad alcuni cliché di zinco – da una serie di timbri e punzoni della RSI, utilizzati da «Mussolini» in due lettere dell'aprile 1945 indirizzate a «Churchill».[13]

Posti a confronto, i soci si accusano a vicenda. De Toma rigetta sul collaboratore ogni responsabilità «in merito al confezionamento per opera sua di tutti i timbri, punzoni e cliché». Camnasio, più accorto, ammette di avere preparato *una parte* degli apocrifi.

Le confessioni valgono agli inquisiti, entro un paio di giorni, la libertà. Ma le indagini proseguono, con l'acquisizione di nuove prove e testimonianze.

Il 5 giugno e il 7 luglio la Questura di Milano denunzia i due compari «per il reato di falso in scrittura privata di corrispondenze costituenti il così detto carteggio Churchill-Mussolini, nonché di lettere di altre personalità politiche come Dino Grandi, generale Badoglio, Re Vittorio Emanuele, Alcide De Gasperi, per dare valore storico e politico al falso carteggio, vendendo il quale si ripromettevano lauti guadagni». Si riaprono le porte del carcere.

De Toma, arrestato a Roma, viene condotto a Milano in treno, scortato dai carabinieri. Il 17 luglio giunge alla stazione Centrale, ammanettato. Camnasio, rinchiuso in isolamento a San Vittore, dirotta le responsabilità su altri: addita quale ideatore della frode l'ex vicesegretario del PFR Antonio Bonino (cfr. pp. 109-110), coinvolge pure un faccendiere napoletano e il maggiore Giacomo Stufferi, fiduciario di Tommaso David.

Confessa parzialmente anche De Toma, che rivela il nome della tipografia milanese ove si falsificò una parte del materiale.[14]

Milano, 17 luglio 1954. De Toma scende ammanettato dal diretto Roma-Milano, con destinazione finale San Vittore.

Il prefetto di Milano relaziona al Ministero dell'Interno sullo sviluppo delle indagini, estese a molte località italiane, per smantellare «una delle più intricate montature truffaldine di questi ultimi anni» (cfr. appendice, doc. n. 21).

Il 6 ottobre, dopo oltre due mesi di reclusione, De Toma e Camnasio beneficiano della libertà provvisoria, con obbligo di dimora a Milano: dovranno presentarsi in Questura ogni lunedì, giovedì e sabato.

De Toma concede un paio di interviste, per rabberciare le sue contraddittorie versioni. Ripresi i contatti con la rete neofascista, fugge all'estero (cfr. p. 184). Camnasio adotta una condotta ondivaga, con parziali ammissioni di frode e ostinate dichiarazioni di veridicità del contenuto del Carteggio. Pubblica, senza alcuna eco, un paio di pamphlet. Confida sulle lungaggini giudiziarie e ci azzecca: il processo per truffa si trascinerà per anni, nel disinteresse della stampa (cfr. pp. 315-319).

Storia di un fatto di cronaca

Nell'estate del 1956 Camnasio effettua l'ultimo rilancio col volume *Storia di un fatto di cronaca. La vicenda Carteggio Mussolini*, di cui è autore e anche editore (in quanto amministratore unico dell'editrice Paneuropa). Il libro costituisce la summa di anni di lavoro su documenti originali, apocrifi e falsi, articolato in capitoli che rivelano l'autodidatta: «Quello che dicono Personalità del tempo, Studiosi e Scrittori», «Del Concetto della Libertà di Stampa», «Origine di quello che avvenne poi», «I fatti maschi e le parole femmine», «Il rovescio della medaglia», «Aliis si licet, Tibi non licet».

I documenti inclusi nel libro sono accompagnati da una precisazione involontariamente ironica, dati i precedenti dell'autore: *È rigorosamente fatto divieto, anche per ragioni tecniche, di effettuare la riproduzione dei facsimili inseriti nel testo.*

Camnasio getta a mare il viaggio di De Toma dell'aprile 1945 e imposta una nuova storia di copertura. Stavolta i numi tutelari sono due gerarchi della RSI: il ministro dell'Educazione nazionale Carlo Alberto Biggini e il vicesegretario del PFR Antonio Bonino, cui il Duce affidò le sue carte segrete. Potrebbe esserci del vero, in questa ennesima «verità».

Storia di un fatto di cronaca cela le sue fonti: i volumi di Campini anzitutto (cfr. pp. 272ss), e poi lo stesso Bonino, del quale utilizza – senza dichiararlo – un memoriale. Cita anonimi testimoni, probabilmente inventati, per conferire verosimiglianza alla ricostruzione. È per esempio il caso di «un personaggio di secondo piano, che tuttavia era "famiglio" di personaggi maggiori del governo di Salò», cui Camnasio attribuisce una frase ripetuta per decenni da quanti si occuperanno dell'argomento: «Penso che quelle carte abbiano considerevolmente influito a far fare a Mussolini quella fine».[15]

Il Carteggio ha mutato tragitto. Non proviene da Milano e nemmeno da Dongo, bensì da Maderno, sede del Ministero dell'Interno della RSI. Nell'autocolonna germanica partita il 27 aprile 1945 da Verona e fermatasi in nottata a Riva del Garda, viaggiano Antonio Bonino e «un alto funzionario della polizia segreta fascista»; nel loro bagagliaio, tra le borse rigonfie di documenti, «una cassettina racchiudeva un carteg-

Copertina del libro di Camnasio, da lui stesso stampato nel luglio 1956, con nuove frottole sul Carteggio.

gio riservatissimo da mettere in salvo ad ogni costo». Il 28 aprile i due gerarchi perdono di vista i camerati tedeschi e quando, in serata, ritrovano a Rovereto il generale Harster, apprendono sgomenti della cattura di Mussolini. Bonino tiene a Bolzano l'ultimo rapporto ai suoi uomini e li lascia liberi, quindi si mimetizza a Merano e qui affida il prezioso bagaglio a un sarto. Dopo qualche passaggio di mano, la cassetta perviene a Giacomo Stufferi.

La nuova versione di Camnasio si ricongiunge alfine alla «pista David». È il teorema dell'«asso di bastoni», cui Bonino collabora dall'esilio brasiliano.

La cura meticolosa con la quale l'autore scrive e controlla ogni particolare sia pur minimo contrasta con l'omissione, dall'indice dei nomi, di Enrico De Toma, divenuto nella seconda metà degli anni Cinquanta un partner ingombrante, di cui Camnasio farebbe volentieri a meno.

Nella revisione delle bozze gli sfugge qualche refuso, sul genere di quelli commessi nella contraffazione dei reperti: scrive Badaglio per Badoglio, Castellano per Castellani, Spappanato per Spampanato, Maceknsen per Mackensen...

I documenti riprodotti in facsimile nel libro seguono la ricetta del Carteggio: tra i molti falsi spacciati per veri, s'infila qualche originale ricavato da fotografie apparse sulla stampa. Tra questi ultimi, le lettere di Grandi a Toscano del 1° gennaio 1954 (cfr. pp. 154-155) e di Churchill a De Gasperi del 19 febbraio 1954 (cfr. p. 125). L'irrefrenabile tentazione al ritocco spinge Camnasio a manipolare persino questi due reperti! Nell'autografo di Grandi evidenzia la frase «sono assolutamente falsi» e le sette occorrenze in cui Churchill è scritto Churcill, dando a credere che la sottolineatura sia opera dello stesso Grandi. Nella lettera a De Gasperi, sostituisce al logo del Primo ministro un'imitazione di suo conio (con il leone e il liocorno – neri nell'originale – bianchi): è il suo marchio d'autore, o la sottile rivincita contro chi lo accusò di produrre su scala seriale apocrifi churchilliani?

Storia di un fatto di cronaca viene ignorato dal pubblico e dalla critica, a onta degli sforzi autopromozionali. Il fallimento della fatica editoriale distacca Camnasio dalla mistificazione cui ha dedicato sette anni della sua esistenza.

Per ironia della sorte, quel volume costituirà peraltro un alimento prezioso (ancorché non citato) per quanti, a partire da Arrigo Petacco, si cimenteranno col Carteggio.[16]

1. Baldassarini è convivente di Silvana De Toma, sorellastra del custode del Carteggio.
2. Beppe Gualazzini, *È morto anche il copista*, «il Giornale», 9 marzo 1996.
3. Aldo Camnasio, *Storia di un fatto di cronaca. La vicenda Carteggio Mussolini*, Paneuropa, Milano 1956, p. 334. Nel 1954 Camnasio aveva pubblicato un insignificante *Libro bianco sulla vicenda carteggio Mussolini*.
4. Camnasio, *Storia di un fatto di cronaca...*, cit., p. 289.
5. Ivi, p. 295. Contrariamente ai propositi del falsario, i reperti attribuiti a Ciano rimarranno inediti.
6. Cfr. il memorandum Deakin, trascritto nel doc. n. 24.
7. Winston S. Churchill, *The Second World War*, vol. II, *Their Finest Hour*, Cassel & Co., London 1949.
8. Petacco, *Dear Benito*, cit., p. 108.
9. La collaborazione Scott-Camnasio è accertata dalle indagini della Questura di Milano (p. 407).
10. Arrigo Levi, *Caccia agli errori nelle lettere di Churchill*, «La Settimana Incom Illustrata», 22 maggio 1954.
11. Camnasio, *Storia di un fatto di cronaca...*, cit., p. 127.
12. *Enrico De Toma racconta...*, cit., p. 34 (nell'originale, la frase è in stampatello).
13. L'uso per i documenti del Carteggio di timbri e cliché sequestrati a De Toma risulta dalla sentenza n. 1684 della I Sezione Penale del Tribunale di Milano, 17 dicembre 1958, foglio 9.
14. Rapporto del capo di gabinetto del Ministero dell'Interno ai Servizi stampa e informazioni della Presidenza del consiglio dei ministri, oggetto: «Carteggio De Toma», Roma, 7 agosto 1954. ACS, Ministero dell'Interno, Gabinetto 1953-1956, b. 61, f. 1712/5.
15. Camnasio, *Storia di un fatto di cronaca...*, cit., p. 188.
16. Nel suo libro del 1956, Camnasio definisce il Patto Churchill-Mussolini un «documento che, se fosse autentico, avrebbe grande im-

portanza storica, [anche se] ha lasciato tuttavia perplessi i nostri esperti. […] Infine, cosa più grave, un aggrovigliato disordine (non spiegabile a prima vista che con la fretta) domina la sostanza delle proposte britanniche» (*Storia di un fatto di cronaca*, cit., p. 47). Nel suo volume del 1985 (sottotitolo: *Verità e mistero del carteggio Mussolini-Churchill*), Petacco definisce quel Patto un «documento che, nel caso fosse autentico, avrebbe una grande importanza storica […] [anche se] ha lasciato molto perplessi tutti gli esperti che lo hanno esaminato. […] Infine, un aggrovigliato disordine (spiegabile solo con una gran fretta) domina la sostanza delle varie proposte britanniche» (*Dear Benito, caro Winston*, cit., pp. 104-105). Si potrebbe continuare con le straordinarie analogie tra i due testi, ma il punto non consiste tanto nell'eventuale plagio da parte di Petacco, quanto nella sua accettazione dell'impostazione «possibilista» di Camnasio. Il maggior divulgatore storico italiano ha insomma fornito un insperato pulpito ai teoremi del marchese-falsario (che, a differenza di De Toma, non è *mai* citato in *Dear Benito, caro Winston*). L'ultimo volume di Petacco riguarda i falsi storici (*La storia ci ha mentito*, Mondadori, Milano, 2014, pp. 36-39); il paragrafo «Il rebus del carteggi Mussolini-Churchill» è la riscrittura dell'introduzione di *Dear Benito, caro Winston*, con l'aggiunta di un paio di battute contro Frederick Deakin, negatore del Carteggio. Non è la storia a mentire, ma – caso mai – chi ha l'ambizione di scriverla senza compararne le fonti né interpretarle col doveroso distacco critico.

PARTE SECONDA

L'*Operazione gatto*

Polpette avvelenate

Gli epistolari di monsignor Montini

Nella prima metà degli anni Cinquanta, l'uso pubblico del Carteggio privilegia tre obiettivi: Winston Churchill; gli antifascisti; il Re e i gerarchi frondisti.

Di volta in volta, l'epistolario è brandito come una clava oppure impiegato quale strumento di sottili ricatti. Tra gli oppositori del Duce, a essere particolarmente bersagliati sono i cattolici: esponenti dell'alto clero e leader politici.

Al materiale sulla Seconda guerra mondiale sarebbe stata aggregata persino una sezione antiquaria. De Toma, infatti, sostiene di aver recuperato in Svizzera un baule (pesante 8,7 chilogrammi) contenente manoscritti e dattiloscritti intaccati dall'umidità. Nel capiente bagaglio figura una scatola di velluto con un pacchetto di missive di san Giovanni Bosco per il conte Ferraris di Celle; un biglietto vergato dal Duce indica l'originaria destinazione del plico: «Non manomettere – Restituire ai Ferraris di Celle».[1] Camnasio non ha fatto altro che riciclare un fondo di magazzino, cui ha aggiunto un biglietto apocrifo di Mussolini, facendogli indossare i panni del diligente impiegato che smista le pratiche d'ufficio (mentre intorno tutto crolla).

Un dossier di una dozzina di fogli, datati febbraio 1943, figura in una cartelletta la cui intestazione si ispira allo stile telegrafico del dittatore: *No – sospeso – porci*.

Tra i religiosi, l'obiettivo privilegiato è monsignor Giovanni

Battista Montini. In lui si vuole colpire passato e presente: l'antifascista che nel Ventennio protesse molti dissidenti e durante il conflitto intrattenne rapporti con i servizi angloamericani; il filodemocristiano amico di De Gasperi e non allineato, in vista delle elezioni amministrative del maggio 1952, all'«operazione Sturzo», l'alleanza anticomunista tra DC e destre per il Campidoglio. La nomina a prosegretario di Stato, lo stesso anno, lo colloca al vertice della politica vaticana e lo trasforma in avversario di prim'ordine per l'estrema destra.

I messaggi a lui attribuiti sono compresi nella busta dedicata ai traditori, che ospita documenti di antifascisti e di gerarchi frondisti.

In una conversazione confidenziale con un informatore della polizia, De Toma e Zavan sostengono «di essere in possesso di una lettera originale diretta da Mons. Montini all'allora capo della Polizia Senise, per avvertirlo che un primo segretario dell'Ambasciata Italiana presso il Vaticano ed un altro dipendente della stessa Ambasciata svolgevano attività spionistica in danno dell'Italia».[2] Il prelato si sarebbe macchiato di delazione contro due diplomatici, sottoscrivendo una denuncia finita in una sottosezione del Carteggio: l'archivio dell'OVRA, trasferito (ed è l'ennesima bufala) in Svizzera, nella disponibilità di De Toma.

Tutto ciò è paradossale, poiché il religioso – come segnalato più volte dall'OVRA – appoggiò antifascisti quali il futuro ministro democristiano Guido Gonella che, arrestato nel settembre 1939 su ordine del Duce, fu scarcerato dopo l'energico intervento di Montini a nome del Papa.[3] Con questa lettera, si vorrebbe inchiodare l'ecclesiastico al ruolo di spia.

Ma non tutte le ciambelle vengono col buco. Camnasio, nel predisporre l'apocrifo montiniano del 6 marzo 1943, lo indirizza al *ministro degli Affari Esteri* Ciano, il quale però da un mese aveva mutato incarico per divenire ambasciatore italiano presso la Santa Sede. Pure stavolta il falsario si è ispirato al Diario di Ciano, dal quale risultano rapporti cordiali col dignitario vaticano, ma – tradito dalla fretta – ha posticipato la data. Nell'incontro di Ascona del 7 ottobre 1953 (pp. 387-389), il professor Toscano gli fa notare l'errore e il falsario provvede: ricopia il testo e aggiorna il mese. Esattamente quanto farà con un apocrifo degasperiano rovinato dal numero di protocollo sbagliato: distruzione del documento malriuscito e suo immediato rifacimento.

Un altro documento attribuito a monsignor Montini si riferisce all'aprile 1943: l'ennesima lettera a Senise, per esprimergli sentimenti favorevoli all'Asse. La missiva, riassunta da Giorgio Pisanò sul «Meridiano d'Italia» del 13 giugno 1954, è doppiamente inattendibile: anzitutto l'antifascismo dell'alto ecclesiastico è risaputo dal Duce, che nel 1941 lo sottopose a inchiesta con ordine d'arresto qualora fossero emerse prove di attività illegale;[4] in secondo luogo, lo stesso Senise avversava l'Asse, tanto è vero che il 14 aprile 1943 fu rimosso dai vertici della polizia.

I falsari hanno una questione personale in sospeso con monsignor Montini, avendo egli dichiarato al «Corriere della Sera» di considerare false le lettere «degasperiane» sfilate dalla borsa del Duce. Il religioso è insomma vittima – peraltro in buona compagnia – della *macchina del fango* a base di apocrifi sui quali la stampa neofascista imbastisce campagne diffamatorie.

Le manovre ostili non sortiscono l'effetto desiderato, poiché la stampa esita a rilanciare accuse pesanti e poco convincenti. Gli editori che si sono assicurati i diritti di pubblicazione (Mondadori e Rizzoli) preavvisano i venditori di riservarsi un margine di discrezionalità nella diffusione del materiale. Di conseguenza, le lettere attribuite al prelato rimarranno inedite. La stampa neofascista – dal «Meridiano d'Italia» al «Secolo d'Italia» – si limita a evocarle, giusto per lanciare messaggi obliqui all'interessato e ai suoi referenti politici, senza però prendersi la responsabilità di riprodurre gli apocrifi.

«Candido» contro il segretario della DC

Monsignor Montini beneficia di uno scudo protettivo che manca ad Alcide De Gasperi. Il colpo sferrato contro di lui gli procurerà molti guai e ne appannerà l'immagine, anche se finirà per ritorcersi contro Giovannino Guareschi, il giornalista che più di tutti presta fede al Carteggio, sino a sacrificargli la propria libertà.

Se la manovra antimontiniana coinvolge la Santa Sede (e difatti «L'Osservatore Romano» in più occasioni deprecca i maneggi dei falsari), l'offensiva contro il segretario della Democrazia cristiana rappresenta un attacco politico di prim'ordine a chi, dal dicembre del 1945 sino all'estate del 1953, ha ininterrottamente guidato il Paese.

La prima mossa, a inizio dicembre 1953, è di Aldo Camnasio. Informa il dottor Augusto De Gasperi (fratello del segretario democristiano, residente a Milano), di possedere due lettere a firma di Alcide De Gasperi datate gennaio 1944, con l'esortazione agli inglesi di bombardare la capitale per esacerbare il popolo contro Mussolini, responsabile della guerra. Il falsario intende sondare le reazioni dell'entourage famigliare dello statista, e magari anche proporre l'acquisto dei reperti (cui seguirebbe, naturalmente, una campagna scandalistica). Al suo diniego, i truffatori passano al «piano B»: la divulgazione degli apocrifi, con funzione di traino del Carteggio. (Il fatto che le due lettere siano nella disponibilità del sedicente marchese ne rivela il ruolo centrale nella vicenda; egli sosterrà di non aver agito da ricattatore nell'«offrire, diciamo pure, in dono se non in omaggio» quelle missive: «La mia offerta venne fatta a titolo puramente gratuito, escludendo ogni compenso, neppure sotto forma di rimborso spese»; a muoverlo, erano nobili intenti: «Gli interessi della morale nazionale e l'opportunità di non ammorbare ulteriormente l'atmosfera politica», sennonché «la mia offerta non venne accettata, forse perché, nell'ambiente dove fu discussa, non si riesce a credere all'esistenza del disinteresse di un libero cittadino)».[5]

A fine anno, avuto sentore dell'imminente pubblicazione del Carteggio, la diplomazia italiana paventa eventuali ripercussioni internazionali. L'ambasciatore a Londra, Manlio Brosio, contatta lo storico Frederick Deakin, ex collaboratore di Churchill: «In via confidenziale mi disse che nei circoli governativi romani era avvertibile un certo disagio, perché si temeva che notevoli complicazioni politiche potessero derivare dalla possibilità che fosse reso noto un Carteggio segreto del tempo di guerra tra Churchill e Mussolini. Gli assicurai che conoscevo bene gli archivi inglesi e anche quelli di Churchill, e che di simili documenti non esisteva neppure l'ombra».[6]

Questo, dunque, il prologo italoinglese dell'operazione contro Alcide De Gasperi, che, lasciato il governo nell'estate del 1953, guida la Democrazia cristiana.

In dicembre, amici malfidi segnalano al direttore di «Candido» le due missive «degasperiane». Di lì a un mese il monarchico Guareschi, in rotta col segretario democristiano per ragioni politiche (ovvero il giudizio sul governo Pella), pubblica con straordinario rilievo quei documenti, innestandovi una serratissima campagna contro il nemico pubblico numero 1, prototipo del traditore della patria e dei suoi stessi colleghi di partito.[7]

Il giornalista fa da apripista nel divulgare le falsificazioni. Si lascia a tal punto coinvolgere da ritenere che la pubblicazione integrale degli epistolari – da lui e da De Toma data come imminente – ristabilirà torti e ragioni, presentando in modo realistico leader italiani e stranieri.

Accompagnato dal vicedirettore del suo settimanale, Alessandro Minardi (decisivo in questa operazione), incontra a Locarno Bruno Stamm ed Enrico De Toma, che gli illustrano le insidie governative per far sparire quell'importantissimo materiale. Lo convincono le autenticazioni del perito Umberto Focaccia e del notaio Stamm, i quali gli garantiscono personalmente la genuinità dei reperti. Così, nel suo stile, parte all'attacco del segretario democristiano.

La prima lettera – apparsa su «Candido» del 26 gennaio 1954 – è dattiloscritta su carta intestata «Segreteria di Stato di Sua Santità». L'originaria stesura presentava persino il numero di protocollo (poi eliminato, con relativo rifacimento del foglio, dopo che la verifica negli archivi vaticani ne dimostrò la fallacia). Due elementi fuori posto, la carta intestata e il protocollo, in un documento dal contenuto esplosivo.[8]

In questo reperto, Camnasio ha infilato un errore grossolano: *Pansinsular*, in luogo di *Peninsular*. Un secondo e assai più grave sbaglio consiste nell'indirizzo del destinatario, il maggiore Bonham Carter, indicato presso la base militare di Salerno, sede delle forze armate statunitensi. In realtà, appartenendo l'ufficiale alle forze armate del Regno Unito, non poteva certo risiedere nella base dell'esercito americano.

Il foglio porta in calce – in bella evidenza – i timbri del notaio Stamm e del perito Focaccia, con tanto di dichiarazioni di conformità all'originale e di rispondenza della firma a quella di De Gasperi. Legittimazioni autorevoli, se non fossero inficiate dall'essere Bruno Stamm organico collaboratore del «clan De

Toma» e dall'aver lui stesso ingaggiato Umberto Focaccia. Due particolari all'epoca ignoti.

Da oltre due anni – come si è notato – Tommaso David ed

Roma, 19 Gennaio 1944

Egregio Signor Colonnello,

non avendo ricevuto alcun riscontro in merito alla mia ultima del 12 gennaio '44, mi permetto di trascriverle interamente il contenuto della precedente, rimasta fino ad oggi senza esito.

Tramite un corriere P. affidiamo la presente contenente la nostra piu' ampia assicurazione che quanto S.E. il Generale ALEXANDER desidera venga effettuato, come azione collaterale da parte dei nostri gruppi Patrioti, sara' scrupolosamente attuato.

Ci e' purtuttavia doloroso, ma necessario, insistere nuovamente affinche' la popolazione romana si decida ad insorgere al nostro fianco, che non devono essere risparmiate azioni di bombardamento nella zona periferica della citta' nonche' sugli obbiettivi militari segnalati.

Questa azione, che a cuore stretto invochiamo, e' la sola che potra' infrangere l'ultima resistenza morale del popolo romano, se particolarmente verra' preso quale obbiettivo l' = acquedotto, punto nevralgico vitale.

Ci urge inoltre, e nel piu' breve tempo possibile il gia' sollecitato rifornimento, essendo giunti allo stremo.

La preghiamo pertanto, nel piu' breve tempo possibile di assicurarci di tutto, e di credere nella nostra immutabile fede nella lotta contro il comune nemico nazi _ fascista.

LEGALE E NOTARILE
BRUNO STAMM
LOCARNO

Al Ten. Colonnello A.D. BONFAM CARTER
Pansinsular Base Section
SALERNO

L'apocrifo degasperiano del 19 gennaio 1944 a un ufficiale inglese, autenticato dal notaio Stamm.

Enrico De Toma tentano, ognuno in maniera autonoma, di attirare l'entourage degasperiano in trattative compromissorie. Ora quei contatti sono esagerati e strumentalizzati dalla stampa antigovernativa («Meridiano d'Italia», «Secolo d'Italia», «asso di bastoni», «Roma», «Corriere Lombardo», «La Notte»…), che inoltre accusa i democristiani di far perseguitare dalla polizia il custode del Carteggio.

Persino il quotidiano comunista «l'Unità» stigmatizza i contatti intervenuti tra esponenti democristiani e i possessori degli epistolari, lasciando comunque intendere che le lettere sarebbero apocrife.

«L'Osservatore Romano» è indignato dalla ricaduta dell'operazione, lesiva della dignità del Santo Padre, Capo di Stato e dunque – qualora la lettera fosse autentica – indirettamente responsabile dei documenti contraddistinti da sigilli ufficiali.

A un paio di settimane dalla divulgazione del controverso dattiloscritto, «Candido» riproduce un secondo reperto, stavolta autografo, datato 26 gennaio 1944 e composto di sole due frasi, ambigue e poco significative. Brevità e stranezza della composizione derivano dalla difficoltà di procurarsi testi originali

La seconda lettera a firma De Gasperi (26 gennaio 1944), ricollegabile al dattiloscritto invocante bombardamenti alleati.

di De Gasperi da rielaborare – con raffinata professionalità – nell'assemblaggio dell'apocrifo.

Pure in questa occasione Stamm e Focaccia timbrano e autenticano, applicando persino i bolli del Canton Ticino per conferire massima ufficialità alle loro perizie, e consentire così alle copie di essere esibite in giudizio. Mentre gli originali rimangono ben custoditi nella cassaforte dello studio notarile di Locarno.

L'asse Roma-Londra

Incalzato dalle polemiche, De Gasperi si sente umiliato nel dover dimostrare agli italiani di non essere quel fomentatore della guerra civile, asservito al nemico, descritto dalla campagna stampa scatenata da Guareschi su «Candido».

Siccome i documenti accusatori appartengono ai dossier «churchilliani», un emissario di De Gasperi – il consigliere per gli affari esteri Paolo Canali – incontra Churchill a Lon-

Londra, giugno 1953. Churchill accoglie De Gasperi in giardino, al numero 10 di Downing Street.

dra il 19 febbraio 1954, per acquisirne il parere. Il premier fa notare l'inverosimiglianza formale e contenutistica del materiale sottopostogli. Crede superfluo mettere per iscritto le prove, da lui elencate e spiegate all'istante, di falsi talmente grossolani; l'analisi critica la forniranno eventualmente i suoi collaboratori: «Io, tratterò la cosa con disprezzo». Nell'accomiatarsi, commenta salace: «Certo, mi sarei trovato anch'io in imbarazzo se avessero presentato miei carteggi con Hitler per chiedergli che bombardasse Londra, risparmiando Whitehall!». Whitehall era la sede del governo inglese. La sua posizione, ironica e a tratti divertita, è agli antipodi di quella – livida e preoccupata, o addirittura terrorizzata – attribuitagli dai tendenziosi propagandisti dei falsi. Scrive a De Gasperi: «Queste lettere sono falsificazioni della specie più grossolana e non hanno fondamento di alcun genere. Voi siete libero di pubblicarle e di render di pubblica ragione in qual conto io le tenga».[9]

Analoghe smentite forniscono i due inglesi citati negli apocrifi: Bonham Carter («I falsari sbagliano su tutta la linea e assai grossolanamente: sbagliano nell'indicare il Comando e il recapito, sbagliano nella scelta dell'ufficiale che invece si occupa di altre cose»)[10] e il maresciallo Alexander (per il quale il contenuto della lettera è assolutamente smentito dalla situazione fattuale del gennaio 1944).[11]

Nel febbraio 1954 la Questura di Milano, dove De Toma è «persona nota», inquadra con chiarezza le due lettere sfilate dagli apocrifi gestiti dai neofascisti con finalità speculative e scandalistiche:

Questi falsi documenti, e numerosi altri, sono messi continuamente in vendita ed offerti ad editori, come trovati nelle carte RSI o nelle inesauribili cartelle di Mussolini, senza che nessuno – eccetto Mondadori per alcune carte, e Guareschi per queste – abbia mai abboccato.

È del resto abbastanza frenetica la ricerca di prove di quanto si vorrebbe fosse stato da parte di elementi nostalgici, e una piccola, anche se non corretta, industria, è sorta per soddisfare questo desiderio del mercato.[12]

In realtà – come si è osservato – dopo Mondadori, anche Rizzoli casca nella trappola dei falsi documenti.

De Gasperi, sia pure a malincuore, cita a giudizio il suo detrattore, processato a metà aprile dal Tribunale di Milano. Sfilano nell'aula di giustizia, oltre all'imputato e all'attore, i testimoni Bonham Carter, Alexander e Stamm, mentre viene negata alla difesa la perizia grafologica. I giudici hanno fretta di chiudere il procedimento e, magari, diffidano della «scientificità» della grafologia. Scelta discutibile, che i sostenitori del Carteggio interpretano ancora oggi quale prova di veridicità dei due reperti.

Condannato a un anno di reclusione, Guareschi rinuncia al ricorso, in segno di protesta contro il modo in cui lo si è trattato. Nell'intervallo tra la fine del processo e l'inizio della carcerazione, si reca a Locarno per incontrare De Toma e Zavan. I due compari gli esprimono piena solidarietà e lo rassicurano sull'autenticità dei reperti costatigli la prigione.

Entrato il 26 maggio 1954 nel carcere di Parma, sconta inte-

Locarno, 23 aprile 1954. Guareschi tra De Toma e Zavan: è da poco stato condannato e lo attende la prigione.

126

ramente la condanna, e in condizioni assai dure; gli viene addirittura negata la stufa in cella e non può nemmeno scrivere sul suo settimanale. Giunto a fine pena, siccome ha perso la condizionale, inizia pure a scontare una precedente sentenza per una vignetta sul presidente della Repubblica Einaudi. Scarcerato il 4 luglio 1955 (ma sottoposto per sei mesi al regime della libertà vigilata), per un verso continuerà a definire autentiche le due lettere, però rivaluterà De Gasperi e lo collocherà al di sopra di ogni altro politico italiano. Può darsi che, a suo modo, il padre di don Camillo e Peppone abbia inteso risarcire *post mortem* lo statista trentino dell'ingiusto attacco che gli aveva sferrato.

Alcide De Gasperi esce amareggiato da una polemica che lo ha colpito nel momento per lui più difficile: abbandonato il governo dopo la sconfitta elettorale del giugno 1953, mantiene la segreteria della Democrazia cristiana, ma nel partito imperversa la guerra per la successione. Prostrato dalla malattia, si spegne a quattro mesi dalla fine del processo, il 19 agosto 1954.

Quei due reperti non uscirono dalla borsa di Mussolini, bensì dal laboratorio del «marchese» Ubaldo Camnasio. Lettere fraudolente dalla prima all'ultima riga, sul piano sia della forma sia del contenuto. Un falso che molti, per decenni, reputano vero. E che trova, ancora oggi, volonterosi paladini.

1. Tredicesimo regesto richiamato nella «Copia elenco documenti», dattiloscritto senza data, sul materiale che De Toma avrebbe recuperato in Svizzera sul finire degli anni Quaranta. AiCdM,, cit.
2. Rapporto di un informatore della Direzione generale della PS sul colloquio con De Toma e Zavan. Il documento risale probabilmente alla primavera del 1954. ACS, Ministero dell'Interno, Gabinetto 1953-1956, b. 61, f. 1712/5.
3. Sulla protezione accordata da monsignor Montini a Gonella cfr. Carlo M. Fiorentino, *All'ombra di Pietro. La Chiesa Cattolica e lo spionaggio fascista in Vaticano 1929-1939*, Le Lettere, Firenze 1999, pp. 203-204.

4. L'avversione di Mussolini a monsignor Montini è documentata in Carmine Senise, *Quando ero Capo della Polizia 1940-1943*, Ruffolo, Roma 1946, pp. 105-106.
5. Camnasio, *Storia di un fatto di cronaca...*, cit., pp. 149-150 e 361-362.
6. Frederick W. Deakin, *È tutto falso: parola di Winston!*, «Storia Illustrata», n. 343, giugno 1986, p. 13.
7. Sulla querelle tra il giornalista e lo statista cfr. Mimmo Franzinelli, *Bombardate Roma! Guareschi contro De Gasperi: uno scandalo della storia repubblicana*, Mondadori, Milano 2014.
8. Sulle tecniche utilizzate dai falsari cfr. la perizia della grafologa giudiziaria Nicole Ciccolo in Franzinelli, *Bombardate Roma!*, cit., pp. 205-212.
9. Churchill al «signor De Gasperi», su carta intestata del primo ministro, Londra, 19 febbraio 1954. AdeG, Processo «Candido», fasc. 3, Missione Canali.
10. Paolo Canali, «Dichiarazioni di Bonham Carter», dattiloscritto della seconda metà del febbraio 1954. AdeG, cit.
11. Alexander a De Gasperi, 23 febbraio 1954. AdeG, cit.
12. Memoriale della Questura di Milano, 20 febbraio 1954. AdeG, Processo «Candido», b. 1, fasc. 5.

«Apriamo la borsa di Mussolini»

Lo scoop di «Oggi»

Il commendator Angelo Rizzoli guida un trust editoriale cui appartengono i settimanali «Candido», «L'Europeo» e «Oggi», collocati rispettivamente su posizioni di destra monarchico-fascista, di sinistra laico-progressista e di centro liberal-cattolico. Nella primavera del 1954 affida al direttore di quest'ultima testata, Edilio Rusconi, l'anteprima del Carteggio Churchill-Mussolini. Ricevuta da De Toma la documentazione, Rusconi mette in macchina un primo blocco di epistolari, per soddisfare le attese dell'opinione pubblica, solleticata da una tamburreggiante campagna promozionale. Per comprendere l'impatto – anche emotivo – dell'iniziativa, si considerino l'attualità di quel materiale, che risale appena a una decina d'anni prima, e il contenuto politico-diplomatico-militare, denso di conseguenze per milioni di persone.

Rusconi, fiero di «rompere un mistero durato tanti anni», rileva che «dalla fine della guerra in poi, si va parlando di questi *documenti* che Mussolini teneva presso di sé» e ora li si può finalmente conoscere:

> Ogni qualvolta l'onorevole signor Churchill è venuto in Italia, si è mormorato che venisse a cercare le sue lettere. Ogni volta che qualche personaggio noto ha soggiornato in Alto Adige, si è detto che cercasse questi documenti.

In verità io non posso dire nulla né dei viaggi del signor Churchill né dei soggiorni atesini: so invece che da anni uomini politici, agenti dei servizi informativi, uomini d'affari, studiosi, giornalisti danno una caccia accanita a questo materiale; e so che qualche spizzico di esso è stato visto ora da questo ora da quel personaggio. Tanto lavorio non prova davvero di per sé che i documenti siano autentici: prova però che essi sono almeno molto interessanti. E se sono tanto interessanti per tante persone, me compreso, suppongo dunque che saranno interessanti anche per i lettori italiani. Ecco perché «Oggi» si accinge a pubblicarli.[1]

Con consumata abilità, nel dare alle stampe reperti di dubbia autenticità il direttore si copre le spalle. Ciò a cui tiene è la rispondenza del pubblico, ovvero l'innalzamento delle vendite.

Manchette pubblicitaria dell'inchiesta di «Oggi» sul Carteggio (aprile-maggio 1954).

Lo si intuisce dall'impostazione del dialogo col «caro lettore», sotto l'accattivante titolo *Apriamo la borsa di Mussolini*: «Ma sono veri questi documenti? Sono falsi? Sono in parte veri e in parte falsi? E i falsi, chi li avrebbe fabbricati? E, veri o falsi, a che scopo mai Mussolini li conservava? Noi non rispondiamo ora: la pubblicazione avrà anche lo scopo di facilitare le risposte». Sono interrogativi che si riproporranno per decenni.

I sottili «distinguo» di Rusconi contrastano con la categoricità e assertività della titolazione del settimanale, che nel taglio basso della copertina, sul numero del 6 maggio, riporta una didascalia in stampatello: COMINCIA LA PUBBLICAZIONE DEL CARTEGGIO CONTENUTO NELLA BORSA DI MUSSOLINI.

Rusconi battezza *Operazione gatto* la campagna da lui avviata a fine aprile 1954:

> L'abbiamo chiamata scherzosamente «operazione gatto», ad imitazione del linguaggio degli stati maggiori, per una considerazione molto semplice: la borsa custodita da De Toma proviene da Mussolini; se questa borsa contenesse un gatto, noi ne pubblicheremmo la fotografia e diremmo: «Mussolini si portava in giro un gatto nella borsa».
>
> Invece contiene fogli intestati e filigranati, lettere firmate Churchill, firmate Mussolini, firmate Vittorio Emanuele, e firmate in molti altri modi [*sic*]. Noi le abbiamo fotografate, le pubblichiamo e diciamo: «Mussolini si portava questi fogli nella borsa». Protagonista della nostra pubblicazione è la borsa: non sono né Churchill né Vittorio Emanuele III né nessun altro personaggio.

Effettivamente il Duce amava i felini, tanto da tenere nell'ufficio di Palazzo Venezia il ritratto dell'amato gatto Pippo, disegnato da Clara Petacci.[2]

Rusconi ignora che la fatidica borsa è stata acquistata da De Toma in una pelletteria di Chiasso e artificialmente invecchiata da Camnasio prima di infilarvi le carte poi vendute a Rizzoli.

Il direttore rivela di aver costituito «un comitato segreto [che] ci assisterà durante la pubblicazione, per inquadrarla storicamente, affinché ogni documento abbia il suo riferimento nel tempo». Membri di quell'organismo sono il giornalista Pio Bondioli[3] e il glottologo Carlo Tagliavini, coordinati da Duilio Susmel e assistiti dall'ineffabile Ubaldo Camnasio, il quale, dopo essersi procurato dei documenti e averne creati di nuovi, ora si appresta a commentarli per i lettori, protetto dall'anonimato. La sua presenza si intuisce dal dettaglio dei servizi giornalistici e dalla loro ottica «giustificazionista».

Quando sorgono i primi dubbi sulla veridicità del materiale, Rusconi commissiona a Giorgio Pisanò verifiche e controlli sulla storia detomiana della genesi del Carteggio. Al tema il settimanale dedica tre lunghi servizi, non firmati ma riconducibili a Camnasio grazie all'indicazione dei diritti d'autore: *Copyright* SICED *e, per l'Italia, di «Oggi»*. La SICED (con sede a Lugano, in via Vigezzi 5) è la Società internazionale costituita ad hoc da Camnasio e De Toma per lucrare sull'operazione finanziaria-editoriale.

Il tam-tam pubblicitario non va tanto per il sottile. Nel propagandare la prosecuzione «del più sensazionale documento del dopoguerra italiano» si riproduce una busta spiegazzata intestata REPVBBLICA SOCIALE ITALIANA – IL DVCE con segnato un indirizzo piuttosto improbabile: «Dr. Winston S. Churchill - Londra», dalla quale si affaccia una busta più piccola, che riporta in grafia mussoliniana la dicitura *Winston Churchill*. Anche questa è una modalità, piuttosto grossolana, per convincere subliminalmente i lettori dell'autenticità del Carteggio.

I neofascisti del «Meridiano d'Italia» seguono dappresso e stimolano l'*Operazione gatto*, che nella primavera del 1954 diviene il cavallo di battaglia del foglio di Servello e Pisanò. Fotografie ingrandite dei documenti campeggiano sulla prima pagina, quasi a far toccare con mano ai lettori la realtà del Carteggio.

Dalla tribuna di «Oggi» – diffusissimo settimanale popolare – il Carteggio raggiunge un ampio pubblico e presto si imprime nell'immaginario collettivo. All'impennata delle vendite contribuiscono fragorose polemiche tra sostenitori e detrattori degli epistolari, di cui si ha eco anche all'estero.

Gli articoli redazionali rappresentano il prototipo del *revisionismo storico* condotto attraverso documenti falsi. Come si stravolga la verità fattuale è evidente nell'incipit del servizio *Le trattative segrete con Churchill nel '40* (tre intere pagine, sul numero del 6 maggio 1954): «La leggenda dell'"eterna inimicizia" fra Churchill e Mussolini subisce un grave colpo scorrendo le lettere che i due statisti si scrissero poco prima dell'inizio della guerra e durante tutto il corso di essa».

Secondo la rivista, nell'autunno del 1943 «Churchill offre, in cambio di quei documenti, niente di meno che il riconoscimento ufficiale britannico della Repubblica sociale italiana. Lo fa in termini che, trattandosi di parola di nemico a nemico, sono di estrema cortesia».[4] Dunque, pur di disinnescare la mina vagante dell'epistolario segreto, lo statista sarebbe disposto a stravolgere la politica estera del Regno Unito, sobbarcandosi la difficile spiegazione ai suoi ministri e all'opinione pubblica, nonché a Roosevelt e a Stalin, della legittimazione diplomatica del governo di Salò.

Stupisce che si siano potute pensare – e addirittura pubblicare – sciocchezze simili.

Il Churchill riverberato dal Carteggio è un politico controcorrente, addirittura alternativo alla linea da lui stesso imper-

Il settimanale neofascista «Meridiano d'Italia» difende l'autenticità del Carteggio (9 maggio 1954).

sonata: non pago del riconoscimento diplomatico della RSI, vorrebbe stipulare una pace separata col Duce. Ricerca canali di comunicazione sicuri, e pare ossessionato dal pensiero del dittatore italiano: «Mussolini dovrebbe avere fatto tesoro della via trovata da Churchill per fargli giungere la lettera personale con la richiesta delle carte ed essersene ricordato quando, nella primavera del 1945, gli avvenimenti andavano verso la catastrofe. D'altra parte, l'ostinato Churchill avrebbe continuato a scrivergli, proponendogli un accordo separato, nonostante la formula di resa incondizionata proclamata a Casablanca». L'accordo separato che gli Alleati hanno negato a Badoglio verrebbe tardivamente offerto dagli inglesi alla RSI.

Il premier trema per il contenuto compromettente delle sue missive al Duce, eppure continua a rivolgerglisi in termini imprudenti, persino con devozione. Il 31 marzo 1945 – secondo la sintesi redazionale di «Oggi» – «da Londra confermava la sua lettera e le sue promesse, perfino la sua *ammirazione personale* per Mussolini».[5]

La deferenza dell'interlocutore e le sue generose promesse galvanizzano il dittatore, che «il 21 aprile 1945 credeva ancora di poter imporre condizioni a Churchill», ma «non sapeva che, in quello stesso momento, il generale Karl Wolff, con ben altra fortuna, stava trattando con l'americano Allen Welsh Dulles la capitolazione delle forze tedesche in Italia, cioè alle spalle della Repubblica di Salò». Nel tramonto della RSI, Churchill costruisce ponti d'oro, mentre i capi nazisti tradiscono il Duce: gli ingredienti della controstoria ci sono tutti.

Il Patto italobritannico

Punto culminante del dossier è il *Patto o intesa di mutua assistenza fra Italia e Gran Bretagna*, stipulato – caso forse unico nella storia – da due nazioni in guerra, che per cinque anni continueranno a combattersi.

Del presunto accordo segreto, proposto da Churchill e negoziato personalmente con Mussolini tramite l'ambasciatore a Roma, Sir Percy Loraine, esistono addirittura due versioni, con la medesima intestazione (*An Agreement*).

La prima stesura (cfr. trascrizioni Carteggio, doc. n. 10) è decisamente infelice, appesantita già nell'intestazione da troppi errori. Ecco i più evidenti. *Scheme of Pact*, che traduce alla lettera *Schema di Patto*, è sbagliato: l'espressione corretta è *Draft*. La formula americana TOP SECRET, stampigliata in alto a sinistra, non è in uso nel Regno Unito nel 1940. *Quartier generale* è singolare in italiano, ma plurale nella perfida Albione: *Head Quarters* e non *Head Quarter*. In *has to pledge* (deve assicurare) l'assenza dell'*h* trasforma il verbo in avverbio, stravolgendo la frase. La conclusione del primo punto è senza senso; la fine del secondo risulta bizzarra.

I molteplici errori costringono il falsario ad accantonare questa versione e a costruirne una seconda, stavolta correttamente titolata *Draft* (cfr. trascrizioni Carteggio, doc. n. 5). Permangono tuttavia alcune incongruenze, per esempio nella suddivisione alfabetico-numerica dei paragrafi.

Secondo quanto riporta «Oggi», la bozza del Patto sarebbe pervenuta al Duce «via agente segreto da Londra».

Un Accordo

SECRET

BOZZA

In accordo col Supremo Quartier Generale e col Consiglio Privato il seguente testo è stato accettato e sottoposto ad esame:

a) Se il Governo italiano decidesse di allearsi alla Germania in accordo alla politica di questa, il Governo di Sua Maestà sarebbe esposto a gravi conseguenze. Nell'interesse di entrambi i paesi il Governo di Sua Maestà sottopone al Governo italiano un piano alternativo:

1) Durante il corso della guerra il Governo di S.M. può essere esposto alla grave possibilità di una sconfitta. Se l'Inghilterra fosse sconfitta, noi saremmo interamente alla mercé della Germania e le possibilità di tutelare gli interessi britannici sarebbero remote.

Vorrebbe Sua Maestà il Re d'Italia impegnarsi, nell'eventualità di una sconfitta britannica, ad aiutare l'Inghilterra in un'azione equilibratrice col salvaguardare i nostri interessi al tavolo di una futura conferenza della pace?

b) Che nell'aiuto richiesto riceva un appoggio favorevole da altre nazioni?

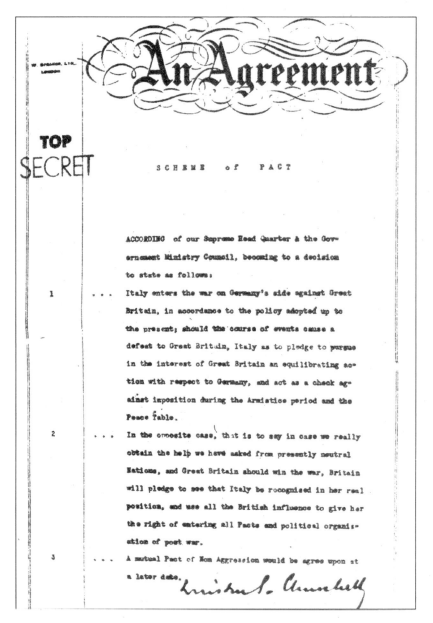

An Agreement

TOP
SECRET

SCHEME of PACT

ACCORDING of our Supreme Head Quarter & the Gov-
ernement Ministry Council, becoming to a decision
to state as follows:

1 . . . Italy enters the war on Germany's side against Great
Britain, in accordance to the policy adopted up to
the present; should the course of events cause a
defeat to Great Britain, Italy as to pledge to pursue
in the interest of Great Britain an equilibrating action with respect to Germany, and act as a check against imposition during the Armistice period and the
Peace Table.

2 . . . In the opposite case, that is to say in case we really
obtain the help we have asked from presently neutral
Nations, and Great Britain should win the war, Britain
will pledge to see that Italy be recognised in her real
position, and use all the British influence to give her
the right of entering all Pacts and political organis-
ation of post war.

3 . . . A mutual Pact of Non Aggression would be agree upon at
a later date.

Winston S. Churchill

*La prima versione del Patto proposto da «Churchill» a Mussolini: il fal-
sario vi infila numerosi errori.*

c) Se l'Italia aiutasse la Gran Bretagna a piegare il militarismo tedesco e ad ottenere una vittoria finale su di esso, il Governo di Sua Maestà impegna, attraverso questo accordo, il proprio onore nel sostenere le rivendicazioni dell'Italia contro la Francia e nel restaurare il diritto dell'Italia al Mediterraneo.

Il Governo di Sua Maestà è inoltre consenziente e disposto a qualsiasi futuro incontro postbellico per sostenere il Governo Italiano a difendere la sua libertà economica e politica.

d) Il Governo di Sua Maestà è disposto a firmare un patto di non aggressione con l'Italia o, nell'alternativa, chiederebbe all'Italia di adottare una stretta politica di neutralità.

Quartier Generale Supremo
Whitehall, 11 aprile 1940
Copia per il Capo del Governo Italiano

Winston S. Churchill

In ambo le stesure è Churchill a prendere l'iniziativa, mentre il Duce si collocherebbe sulla scia del premier britannico.

È un Patto a garanzie incrociate: in caso di vittoria nazifascista, l'Italia tutelerà gli interessi del Regno Unito; nell'eventuale sconfitta dell'Asse, il Regno Unito – svelata l'intesa prebellica – assicurerà all'Italia condizioni soddisfacenti. In sostanza, Churchill e Mussolini si sarebbero accordati (alle spalle di Hitler) per combattere una finta guerra.

Due documenti inventati di sana pianta dal contenuto inverosimile, e il cui stile non si può in alcun modo ricondurre a un fine letterato quale Churchill.

Nel febbraio 1954 il testo dei presunti accordi viene mostrato al primo ministro britannico e all'ex ambasciatore Loraine, il cui parere oscilla tra il divertito e lo scandalizzato, tali e tanti sono le sviste e gli errori madornali. La testimonianza di Sir Percy Loraine:

Durante la mia missione in Italia, non si pose mai la questione di un patto politico tra Regno Unito e Italia. Un argomento del genere non venne mai sollevato nella mia conversazione col Re Vittorio Emanuele né con qualsiasi altra persona.

A inizio primavera 1940 venni richiamato a Londra dal mio Governo per consultazioni, prima che si svolgesse l'incontro del Brennero tra Mussolini e Hitler [18 marzo 1940].

An Agreement

SECRET

DRAFT

In agreement with the Supreme Head quarters and the **Privy**
Council the text as follow was accepted and submitted for
consideration:

a) Should the Italian Government decide to ally herself with
Germany in accordance with her policy, His Majesty's
Government would be faced with grave consequences. In the
interests of both countries His Majesty's Government places
febore the Italian Government an alternative plan:

1. During the course of war H.M. Government may face the
grave possibility of a defeat. If Britain were defeated
we would be entirely at the mercy of Germany and the chances
of protecting British interests would be remote.

Would His Majesty, the King of Italy, pledge himself
that in the event of a British defeat to help Britain in an
equilibrating action by safeguarding our interests at any
future table peace conference ?

b) That in the aid requested receives a favourable backing of
other nations ?

c) Should Italy assist Great Britain to curb German militarism
and gain a final victory over her, H.M. Government hereby .
pledge their honour in supporting Italy's claims against
France, and restore Italy's right to the Mediterranean.

His Majesty's Government are further agreed and prepared
at any future post-war meeting to support the Italian
Government to ward her economic and political freedom.

d) His Majesty's Government are prepared to sign a non-aggression
Pact with Italy or alternatively would request Italy to
adopt a strict policy of neutrality.

Supreme Head quarters.
Whitehall, 11th April 1940

Copy for the Chief of the Italian Government.

Winston S. Churchill

*La nuova stesura del Patto: con qualche errore in meno, ma pur sempre
apocrifa.*

Quando lasciai Londra, Primo Ministro era ancora il signor Neville Chamberlain. Qualche giorno dopo il mio ritorno a Roma, Winston Churchill lo sostituì nel ruolo di Primo Ministro.[6]

La bocciatura è totale e inappellabile: *impudent fabrications, absolutely false and grotesquely improbable*. Un Patto «troppo puerile per meritare di essere preso in considerazione, anche solo per un attimo».

A metà giugno 1954 l'ambasciata del Regno Unito a Roma informa Londra sullo scoop di «Oggi», con accenti increduli: «Premesso che l'inglese attribuito a Sir Winston Churchill è così scorretto da rivelare immediatamente come ovvio che i "documenti" sono assolutamente delle grossolane contraffazioni», si rimarca che «nonostante tutto, fino a poche settimane fa, sembrava che molti italiani prendessero per veri quei "documenti"».[7]

Il Foreign Office reputa il materiale sul Patto assolutamente inattendibile, per quattro ragioni di fondo:

1. gravi e ripetute scorrettezze grammaticali («*The grammar is not that of an educated Englishman*»);
2. strutturazione impropria dei periodi, con «traduzione letterale in inglese di frasi nella costruzione italiana»;
3. impossibilità per il Primo Lord dell'Ammiragliato di rappresentare il Primo ministro;
4. incostituzionalità della procedura prevista.[8]

Torniamo alle contraffazioni. Una postilla all'accordo prevede la salvezza del Duce e dei suoi famigliari. A comprova, «Oggi» cita le memorie inedite di Edvige Mussolini, con le confidenze ricevute dal fratello il 17 aprile 1945, richiamate dal titolo del servizio: *Nel '45 Churchill promise la salvezza a Mussolini?* Il brano trascritto dal settimanale milanese sul numero del 13 maggio 1954:

A proposito di Churchill, ti direi di rivolgerti a lui se con la tua famiglia sarai messa al punto da dover chiedere protezione ai vincitori: c'è stato tra me e Churchill uno scambio di *progetti* (prima che l'Italia entrasse in guerra), e mi colpirono allora la sua spregiudicatezza e il suo gusto per le prospettive politiche e storiche ampie e nuove: doti che possono andare d'accordo con una certa generosità e hanno avuto, le seconde, molta elasticità e molta prontezza ad occultarsi.

Da questo momento risuonerà per decenni il ritornello dell'uccisione del Duce ordinata dall'infido premier britannico che promise aiuto in cambio delle agognate lettere.

La frase è stata tagliata, privandola della sequela di previsioni ricolme del senno di poi e rivelatrici della stesura posteriore del documento, all'inizio degli anni Cinquanta. Lo si comprende leggendo la profezia del Duce sulla divisione della Germania in due Stati ostili.

L'aneddoto churchilliano di fine aprile 1945 è stato probabilmente insufflato a Edvige Mussolini da un fascista coinvolto nella gestione degli apocrifi: in quelle memorie, molti mettono le mani.[9] Si producono così tasselli d'incastro del mosaico complottistico, pezze d'appoggio labili e indimostrabili, che – cucite le une alle altre – forniscono un tappeto volante al Carteggio.

Suggestivi passaggi redazionali aprono la strada alla fabbricazione e allo spaccio di ulteriori documenti, nella rappresentazione di un Churchill che si intrappola da sé e ora vuole riprendersi quelle missive a ogni costo: «A questo punto [dal 5 maggio 1941] il carteggio fa un salto fino al 10 novembre 1943, lasciando tuttavia intravvedere l'esistenza di altre lettere che ci mancano. In particolare, sembra che Churchill abbia chiesto a Mussolini di restituirgli i suoi messaggi e "vari documenti" inviatigli e Mussolini si sia rifiutato».[10]

I commenti di «Oggi» risultano talvolta gustosi, per esempio sull'ostinazione churchilliana nell'imporre al Duce un accordo a tutti i costi: «Che il premier inglese sia d'una tenacità a tutta prova, è risaputo. Ma che anche dopo un terzo insuccesso di negoziati con Mussolini restasse fermo nel suo proposito di arrivare alla pace separata con l'Italia, soltanto un carteggio segreto poteva dimostrarlo».[11] La principale difficoltà che il premier britannico doveva affrontare non stava, dunque, nel dirigere le operazioni militari contro tedeschi o giapponesi, bensì nelle trattative segrete col tetragono romagnolo.

L'eco dell'*Operazione gatto* oltrepassa la Manica. Gli articoli del settimanale milanese finiscono in un fascicolo nell'Archivio di Stato del Regno Unito, contrassegnato con un secco e inappellabile giudizio di inattendibilità: «*The "Churchill-Mussolini Letters"; alleged correspondence published in "Oggi" shown to be forgery*».[12]

Guerra di apocrifi contro Badoglio e gli ammiragli

Altra vittima designata del Carteggio è Pietro Badoglio, beneficiato dal Duce in mille modi e divenuto voltagabbana numero 1.

L'anziano e acciaccato maresciallo trascorre gli ultimi anni di vita (si spegnerà il 1° novembre 1956) nel paese natale di Grazzano Monferrato, nelle campagne astigiane, dove giungono affievoliti gli echi delle assillanti campagne stampa che a suon di documenti falsi gli creano attorno un clima ostile.

Sul finire degli anni Quaranta, il traditore per antonomasia è investito da un'offensiva politico-giudiziaria che muove dal falso biglietto con l'ordine di uccidere Ettore Muti (cfr. pp. 37 e 237-239).

Per comprovare il bieco tradimento, se ne fabbricano le prove. Ecco spuntare allora un dispaccio a firma autografa che l'8 giugno 1943 il maresciallo avrebbe inviato a due comandanti inglesi, per concertare la resa della piazzaforte di Pantelleria.

Il Capo di Stato Maggiore Generale

Roma l'8 giugno 1943

Tradurre e inviare
Per inoltro ammiraglio Cunningham generale Alexander
Comandante Base Pantelleria richiesto oggi ordine resa incondizionata isola. Effettivo forze complessivamente dodicimila. Vostro sbarco isola resta stabilito ore nove mattino dieci giugno. Scartiamo nessuna resistenza. Disarmi effettuati come richiesto. Popolazione accoglierà favorevolmente. Ogni altra cosa come stabilito.
Senza necessità altra conferma d'ordine

Badoglio

Oltre a violare la più elementare norma di cautela e riservatezza con un telegramma che – se intercettato – lo condur-

rebbe dritto davanti al plotone d'esecuzione, Badoglio usur-
perebbe il titolo di capo di Stato Maggiore Generale rivestito
ininterrottamente da Vittorio Ambrosio tra febbraio e novembre 1943.

A corredo del dispaccio, si produce un documento britannico, controprova del tradimento:

COMMANDANT ADMIRAL PAVESI

MARITIME MILITARY BASE – PANTELLERIA

AS PRECISELY AGREED MARSHAL BADOGLIO REQUIRES ANSWER TO
FORWARD ADMIRAL CUNNINGHAM GENERAL ALEXANDER MAXIMUM
PRECISION CONCERNING FIRST NO ISLAND DESTRUCTION FOLLOWING OC-
CUPATION STOP SECOND AIRFIELD.

È plausibile, in tempo di guerra, l'invio di documenti dal contenuto così esplosivo ed esplicito, in barba alla censura, alle intercettazioni e ai servizi segreti?

Ammessa e non concessa l'autenticità di materiale tanto dis-
sennato, davvero non si spiega come mai Mussolini, venutone
chissà come in possesso, non lo utilizzasse per fucilare i traditori, o in subordine – durante la RSI, quando sono fuori dalla sua
portata – per distruggere la credibilità del capo del governo
monarchico.

Tanto più che dell'ammiraglio Gino Pavesi, responsabile della resa di Pantelleria (autorizzata telegraficamente dal
Duce!), scrive nelle sue *Corrispondenze Repubblicane* del
1944: «Oggi si può dire: aveva tradito». Nel dopoguerra, si
fabbrica la prova del tradimento e la si infila nella borsa del
defunto dittatore.

Nel dopoguerra la stampa neofascista ribattezza il maresciallo *vecchio porcone* e lo accusa di tradimento, per costringerlo a
querelare e a discutere in tribunale – con strategia d'attacco – i
suoi «crimini antinazionali». Alla *strategia giudiziaria* l'«asso di
bastoni» dedica (sul numero del 5 novembre 1950) una volgare
vignetta, con Badoglio a cavalcioni di un maiale che si schianta
contro l'ingresso del tribunale.

Altra bestia nera dei neofascisti è l'ammiraglio Franco Maugeri, a sua volta oggetto di falsificazioni denigratorie. Dipinto
come traditore da Antonino Trizzino nel libro *Navi e poltrone*,

pubblicato da Longanesi nel 1952, lo cita a giudizio, trovandosi a malpartito nelle aule di giustizia. Strappata la vittoria in primo grado, al processo d'appello l'imputato esibisce un voluminoso dossier, che include documenti ricevuti sottobanco da De Toma. In particolare, la preziosa lettera di Badoglio a Maugeri comprovante la consegna di Pantelleria al nemico, d'intesa con l'ammiraglio Pavesi.

IL MARESCIALLO D'ITALIA
PIETRO BADOGLIO DEL SABOTINO
   DUCA DI ADDIS ABEBA

8 giugno '43

per S.E.
l'Ammiraglio Maugeri
chiedovi voler impegnare parola d'onore Pavesi ottemperare richiesta collaborazione.
Con l'occupazione di Pantelleria segneremo il primo passo origine crisi investire regime determinare emozione popolare consona progettato –
Gradirò ampia conferma –

Maresciallo Badoglio

A garantire l'autenticità del reperto, è ancora una volta il «Meridiano d'Italia», costantemente in prima fila quando si tratta di accreditare le contraffazioni del Carteggio:

A differenza degli altri documenti da noi pubblicati sui quali avanzammo le più serie riserve, questo sembra molto più convincente. L'originale, che noi abbiamo visto, è scritto in inchiostro e quindi non è un fotomontaggio. Esso è composto di 48 pezzetti incollati dietro, come se fosse stato strappato e gettato nel cestino, poi rinvenuto e ricomposto. La calligrafia, specialmente del primo paragrafo, appare a prima vista proprio di Badoglio. Circa la data, ricorderemo che Pantelleria venne attaccata dall'aria il 5 giugno 1943 e si arrese l'11.[13]

Ricevuto il compromettente messaggio, Maugeri lo avrebbe dunque ridotto a pezzettini e gettato via, senza pensare che qualcuno potesse recuperarlo.

Quel biglietto è l'ennesimo falso, appesantito da errori e distrazioni: la costruzione delle frasi è monca e zoppicante, poiché il reperto fu impostato con parole ricavate da autografi, assemblate alla meno peggio per cercare di dare un senso al discorso. Mentre la prima frase è costruita su spezzoni autografi del maresciallo, la seconda consiste in un'imitazione malriuscita della sua scrittura; inoltre, soltanto dal 26 luglio Badoglio avrà titolo di impartire ordini alla Marina (l'8 giugno ancora non rivestiva alcun incarico). Dal canto suo Maugeri, con il grado di contrammiraglio, non aveva diritto all'appellativo di «Sua Eccellenza». Quando Badoglio scrive su carta intestata «Maresciallo d'Italia», *mai* ripete nella firma la propria qualifica di maresciallo, già stampigliata nell'intestazione. Infine, l'8 giugno 1943 Badoglio e Maugeri sono entrambi a Roma e non si scambierebbero compromettenti messaggi scritti su questioni che potrebbero affrontare a quattr'occhi.

Nonostante questo, i giudici romani non s'avvedono della contraffazione. E anche grazie a tale apocrifo, Trizzino viene prosciolto mentre Maugeri si ritrova in difficoltà, con gravi danni alla sua reputazione.

Il Re fedifrago

Nel dopoguerra, il microcosmo neofascista nutre sentimenti contraddittori verso la monarchia: l'avversione per il tradimento del 1943 si accompagna all'esigenza dell'alleanza politica per fronteggiare le sinistre. Il Movimento sociale italiano è attraversato da polemiche intestine sulla strategia più idonea da adottare, sebbene il giudizio su Vittorio Emanuele III riallinei i camerati nell'indignazione contro chi fece arrestare il Duce all'uscita da Villa Savoia.

Nel Carteggio Churchill-Mussolini, le lettere del sovrano sono ordinatamente raccolte in una capiente busta, sulla quale è scritto a mano: *il Re*.

Il capo dello Stato segue con partecipe condivisione le trattative segrete, sin dalla fase della non belligeranza. E incoraggia Mussolini ad accettare le offerte degli inglesi (cfr. trascrizioni Carteggio, doc. n. 12).

Questo breve documento contiene una quantità impressionante di errori materiali.

Al mattino del 1° maggio («ieri mattina») Vittorio Emanuele è in visita a Milano e nel pomeriggio partirà per Firenze. L'ambasciatore inglese è a Londra, per consultazioni con Lord Halifax. Anche la sede dell'incontro è fantasiosa, poiché Percy Loraine non si recò mai nella tenuta reale: «*I was not in Italy on May 1st. I have never been to San Rossore. I have never had a speech with H.M. King Victor Emmanuel except in the Quirinal Palace and once, in the Royal Pavilion in the Capannelle Racecourse*» affermerà l'ex diplomatico.[14]

PALAZZINA REALE
SAN ROSSORE
2. 5. 1940

Eccellenza,

ieri mattina abbiamo ricevuto il signor Ambasciatore Britannico, che Ci ha esposto il suo particolare punto di vista, e quello del suo governo; inerente la questione da Vostra Eccellenza con Noi trattata prima della Nostra malattia.

Il Nostro parere, lo ripetiamo, è nettamente favorevole all'accordo; sarebbe tuttavia opportuno cautelarsi con misure ultra-diplomatiche, dati i tempi, i sempre più invadenti controlli germanici, ed infine per gli stessi Britanni.

Aff.mo Cugino

Vittorio Emanuele

Eccellenza il Cav. Benito MUSSOLINI
Primo Ministro del Regno

Apocrifo con il quale «il Re» esorta Mussolini ad accordarsi con Churchill (2 maggio 1940).

L'esortazione a *cautelarsi con misure ultra-diplomatiche* è l'ennesima astuzia con la quale i falsari mettono le mani avanti, ben sapendo che delle fantomatiche trattative non si trova alcun riscontro negli archivi diplomatici italiani e inglesi.

L'*Accordo* qui fantasticato fornisce una rappresentazione completamente rovesciata della realtà. Siccome il Re è riluttante a scatenare una guerra contro gli angloamericani, il 30 aprile Mussolini gli ha scritto per spiegargli che il Regno Unito è destinato alla sconfitta, accludendo l'«elenco delle perdite delle marine belligeranti, dal quale risulta che quelle inglesi sono maggiori».[15] Un messaggio bellicista (inedito per un ventennio), che smentisce l'apocrifo e rivela l'arcaica concezione bellica del Duce, persuaso che il secondo conflitto mondiale si decida con le armi da lui utilizzate nella Grande Guerra.

Per placare le ansie del sovrano sull'imminente cimento, il dittatore enumera il portentoso elenco delle armi a disposizione:

Circa le nostre armi portatili:
al 1° aprile, fucili e moschetti: due milioni e quattrocentoseimila;
al 31 dicembre 1940, fucili e moschetti: tre milioni e centoquarantaseimila.
Fucili mitragliatori:
al 1° aprile: trentaquattromilasettecentoquarantatré;
al 31 dicembre 1940: quarantaduemilacentonovantatré.
Mitragliatrici:
al 1° aprile: trentanovemilacentonovantacinque;
al 31 dicembre 1940: cinquantamilacentosettantotto.
Munizioni per l'insieme di queste armi portatili:
al 1° aprile: un miliardo e seicentodiciassette milioni;
al 31 dicembre prossimo venturo, un miliardo e settecentonovantacinque milioni.
Mi è grato mandare alla Maestà Vostra l'espressione del mio devoto ossequio.

Mussolini[16]

Mancano solo, nel dettagliato rapporto, i milioni di baionette vantati dalla propaganda fascista. Se il Duce conoscesse i dati dell'armamento pesante in produzione negli Stati Uniti, valuterebbe la situazione da ben altra prospettiva.

Tornando alle falsificazioni, dopo un mese di guerra il Re avrebbe inviato un ultimatum al Duce, per costringerlo alla pacificazione col Regno Unito (cfr. trascrizioni Carteggio, doc. n. 17).

In questa lettera, niente torna. A partire dal tono sbrigativo, ben lontano dalla deferenza e dai giri di frase abitualmente utilizzati dal sovrano col «padrone del vapore». Il falsario trascura l'esistenza di missive precedenti che, sin dall'aprile, testimonierebbero il coinvolgimento del Re in trattative che ora gli risultano nuove.

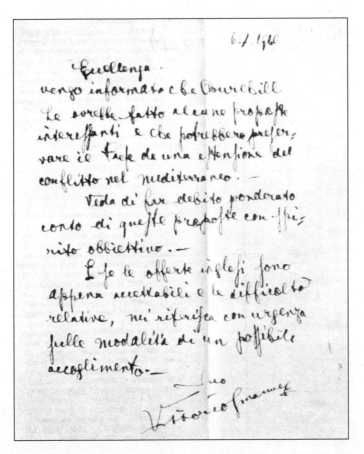

Apocrifo con il quale «il Re» vuole la pace con l'Inghilterra (6 luglio 1940).

Il Carteggio difetta evidentemente di coerenza interna e non è qui il caso di seguire le contorte circonvoluzioni nei rapporti tra Vittorio Emanuele e Mussolini, ricostruite in modo zoppicante e contraddittorio dal volonteroso Camnasio.

Vale invece la pena di accennare al capolavoro dell'inverosimiglianza: i falsari si fanno talmente prendere la mano da far scrivere al Re una patetica lettera al capo della RSI. Il sovrano considera un affronto la nascita della Repubblica e si discolpa dall'arresto di Mussolini a Villa Savoia, deciso a sua insaputa dal duca d'Acquarone (ministro della Real Casa), dal maresciallo Badoglio e dal generale Ambrosio:

Brindisi
21.11.1943

Eccellenza Mussolini
Lontano da Roma, col cuore stretto e in un supremo Appello, a Lei questa mia.
Si è Lei reso conto di quello che può avvenire con l'instaurazione di una repubblica [*sic*], Me vivente, e sul territorio italiano? –

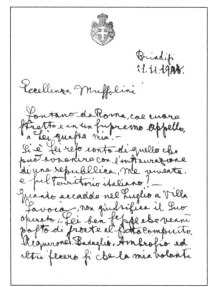

Da Brindisi a Salò. Il 21 novembre 1943 «il Re» scrive al capo della Repubblica sociale.

Quanto accadde nel Luglio a Villa Savoia, non giustifica il Suo operato; Lei ben sa che venni posto di fronte al fatto compiuto. Acquarone, Badoglio, Ambrosio ed altri fecero sì che la mia volontà venisse coartata. –

Non in tal guisa io intendevo scindere le mie responsabilità dinnanzi l'incalzare degli avvenimenti, la mia coerenza me lo avrebbe impedito, per la fiducia accordatale durante vent'anni. –

Più che delle sorti della guerra tra Inghilterra e Germania, – oggi è mio timore la sorte dell'Italia e dei suoi figli scatenati in una guerra fratricida. –

Ritengo che siamo ancora in tempo.

Vittorio Emanuele

Un simile messaggio è talmente inconcepibile da indurre Rusconi a non pubblicarlo. All'omissione rimedierà Aldo Camnasio, fiero invece della riuscitissima imitazione della grafia del sovrano. Nel suo volume del 1956 ravvisa la *ratio* della lettera nello sconcerto di Vittorio Emanuele che, allarmato dalla nascita della RSI, «si mette in comunicazione con l'uomo che per vent'anni era stato suo ministro, e che ora diventa il protagonista di una ribellione che ha per iscopo immediato la resistenza nazionale contro gli impositori del diktat, e avrà per effetto conseguente la caduta della monarchia». Il «marchese» (che, come il suo ispiratore Dino Campini, nutre simpatie monarchiche) affratella retroattivamente Re e Duce nell'abbraccio della pacificazione nazionale. Lo spiega in una confessione dell'anima:

Ecco un Re, uomo già vecchio, quasi senza più territorio, senza credito in gran parte dell'opinione pubblica, mal servito da generali e ministri che gli si dichiarano fedeli semplicemente perché risuscitano un rancore di vent'anni; ecco qui un Re che vuol bene all'Italia e che – dicano un po' quel che vogliono certi suoi ciarlieri apologeti – non può voler male a quel suo «presidente» [*sic!*] il quale dopo tutto lo ha fatto re di Albania e imperatore d'Etiopia e che gli ha consolidato – per vent'anni – il trono di Roma che altrimenti avrebbe forse assai prima perduto.[17]

Commovente esempio di riconoscenza e illuminante reperto della mitologia politica camnasiana, fondata su due fattori che dominano nel Carteggio: la personalizzazione dei fenomeni storici e uno psicologismo d'accatto. Contraddetto, in questo caso, dalle tante testimonianze della grettezza di Vittorio Emanuele III, «rude, scontroso, misantropo, taciturno»,[18] di sentimenti tutt'altro che benevoli verso chi, dopo avergli reso onori, gli lascia un'ingombrante eredità dalla quale non può smarcarsi. Il 24 ottobre 1943, un mese prima di questa singolare lettera, Badoglio ha chiesto formalmente al sovrano di abdicare.

Dino Grandi, conte di Mordano

Regista della seduta del Gran Consiglio del Fascismo fatale al Duce, il conte Dino Grandi proietta un'ombra cupa sul Carteggio. I notori rapporti cordiali col premier britannico ne fan-

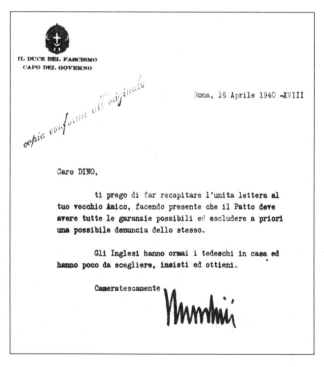

«Caro DINO» *scrive il Duce a Grandi, invitandolo a recapitare una lettera al «tuo vecchio Amico» Churchill.*

no il cospiratore ideale.[19] Tanto più che «Mussolini» lo esorta a intensificare le relazioni con Churchill («tuo vecchio Amico»), per stringere il fatidico Patto (glielo scrive persino in *copia conforme all'originale!*).

Per un decennio Grandi guida la politica estera del Regno: nel 1925-29 come sottosegretario agli Esteri (quando ministro è Mussolini) e nel 1929-32 come ministro; nominato ambasciatore a Londra, vi rimane per sette anni, finché – nel luglio 1939 – è richiamato a Roma per la nomina a guardasigilli (dal novembre è pure presidente della Camera dei Fasci e delle Corporazioni). Essendo filoinglese, il suo rimpatrio viene interpretato come mossa del Duce per compiacere i tedeschi. Il nuovo ambasciatore, Giuseppe Bastianini, è un ex squadrista che assicura piena obbedienza al dittatore: «Personalità insipida, priva di rilievo politico, un burocrate, un uomo "neutro", assolutamente privo delle conoscenze e dei rapporti che Grandi aveva in Inghilterra».[20]

Nel Carteggio, Grandi è il mediatore tra Mussolini e Churchill. Intermediario infido, poiché tradirebbe la Patria ancor prima dell'entrata in guerra. Già nell'ottobre 1939 gli si attribuiscono scambi epistolari con lo statista britannico, che risponde in tono famigliare, preannunciando la liberazione dell'Europa dalla minaccia tedesca.

Nella realtà, Churchill scrive *una sola lettera* a Grandi, in risposta al messaggio dell'11 ottobre 1939 con il quale il conte gli ha comunicato la conclusione della propria missione londinese. Un messaggio cordiale (e *autentico!*), di riaffermazione dell'amicizia angloitaliana e di vittoria nella guerra contro la Germania.

Quando la disfatta militare si profila all'orizzonte, Grandi diventa antimussoliniano e ricerca un'alternativa che salvi l'Italia. La sua metamorfosi non sfugge al Duce, che lo fa spiare. L'ex ministro descriverà nel dopoguerra quella difficile situazione:

La mia vita era controllata nei più minuti particolari; il telefono era il controllo minore. Senise, il capo della polizia, mi avvertì di stare attento. Il partito fascista, con l'avvento del nuovo segretario Serena [30 ottobre 1940], già vice di Starace, accentuò la campagna contro di me. Ero spiato. Quando partivo per Bologna, funzionari speciali mi seguivano: erano molte polizie in una volta: di Mussolini, della Milizia, del Partito. I contatti furono scoraggiati. Le persone che vedevo erano controllate, come tutti coloro di cui Mussolini non si fidava.[21]

Grandi è insomma caduto in disgrazia, come Ciano: entrambi vengono allontanati dal governo, nel rimpasto d'inizio febbraio 1943. Secondo il Carteggio, invece, il Duce rimarrebbe fiducioso sino all'ultimo.

Protagonista dell'implosione del regime, da lui pilotata come presidente del Gran Consiglio nella seduta del 25 luglio 1943,

26 October 1939.

My dear Grandi,

I am very glad indeed to receive your most kind letter of October 11. It was a grief to me that events, against which you and I both strove, clouded a period in your memorable mission to this country.

I rejoice that the forward path now seems brighter for Anglo-Italian friendship, and you may be sure I am continually working to that end. I feel a solid confidence that we shall be victorious in this War, which we are resolved to pursue at all costs until Europe is freed from the German menace; and I do not feel convinced that it will take so long as it did last time. Anyhow, long or short, we shall persevere.

Yours sincerely,
Winston S. Churchill

His Excellency Count Grandi.

Finalmente un documento originale: Churchill saluta Grandi, al termine della sua missione a Londra.

Grandi esce suo malgrado dalla politica e nell'agosto fugge in Spagna (vivrà in esilio, tra Portogallo e Brasile, per un ventennio). La Repubblica sociale lo condanna a morte per alto tradimento.

Gonfio di rancore nei confronti dell'ex ministro, il Duce lo scortica sul «Corriere della Sera» dell'estate del 1944. *Uno dei tanti: il conte di Mordano*, si intitola il profilo di questo «fedelissimo di Mussolini, che aveva fatto di lui, oscuro cronista del "Resto del Carlino", un uomo politico di rilievo prima del Partito, quindi della nazione».[22]

In calce alla trascrizione delle lettere indirizzategli dal gerarca in tono ammirato e addirittura amoroso, il capo della RSI osserva che «il caso Grandi non è il solo, è uno dei tanti, e tutti si rassomigliano. Storicamente è accertato che nelle grandi crisi i capi mollano o tradiscono, mentre i piccoli tengono e rimangono fedeli».[23] Mussolini è cosciente di essere attorniato, a Salò, da comparse.

Il Grandi immaginato dal Carteggio combina l'inganno con la falsità. Scrive l'11 aprile 1940, su carta intestata Presidente della Camera dei Fasci e delle Corporazioni (cfr. trascrizioni Carteggio, doc. n. 4), per trasmettergli un messaggio del «Premier Britannico». Si noti il *madornale errore* di indicare Churchill come premier, con un mese d'anticipo sull'investitura a primo ministro.

In una lettera dell'8 ottobre 1942 «Grandi» preannunzia esultante al Re il prossimo sbarco alleato in Sicilia, deprecta la «follia Mussoliniana» (*sic*) e propone una manovra in due tempi: destituzione del Duce e pace separata.

Il Grandi del Carteggio è talmente astuto da trasformarsi – nella lettera al Duce del 5 maggio 1943 – in delatore dei gerarchi (Alfieri, Bottai, Ciano, De Bono, Federzoni...) che con lui complottano contro Mussolini. La congiura del 25 luglio sarebbe dunque rivelata dal suo ideatore... proprio alla vittima designata.

I falsari incappano a questo punto in due contraddizioni irrisolvibili. Se davvero esistesse un Patto italobritannico e Grandi e Vittorio Emanuele ne fossero a conoscenza, perché non ricorrervi mentre l'Italia va in rovina? Nella RSI, inoltre, Mussolini fa di tutto per screditare Grandi: se disponesse del Carteggio, non esiterebbe a servirsene, invece di chiuderlo in una borsa ad ammaestramento dei posteri.

Il libro di Camnasio riproduce vari apocrifi grandiani e definisce l'ex ambasciatore «il grande mestatore»: a Londra, subì nefaste influenze e divenne «pupillo di Churchill». Se così fosse, Mussolini sarebbe un credulone, incapace di valutare gli uomini, talmente infrollito da ignorare addirittura che il suo portavoce è passato al nemico.

All'epoca del lancio del Carteggio il reprobo Grandi è vivo e vegeto, nell'esilio brasiliano. A chi gli chiede un parere sulle lettere a lui attribuite, risponde in tono interlocutorio, escludendo nel modo più assoluto l'autenticità di vari documenti e sospendendo il giudizio su alcuni altri materiali:

Sao Paulo 1 gennaio 954

Prof. Mario Toscano
Ministero Esteri
Roma

Ho preso visione delle copie di documenti o pseudo-documenti sottoposti al mio esame, consistenti nel cosidetto carteggio Mussolini-Churcill [*sic*] e precisamente di: lettera in data 7 aprile 1940 da Londra di W. Churcill al sottoscritto; lettera in data 11 aprile 1940 del sottoscritto a Mussolini; lettera di Mussolini al sottoscritto in data 16 aprile 1940.

Dichiaro che i documenti in data aprile-maggio 1940, nonché la lettera di S.M. il Re Vittorio Emanuele III al sottoscritto in data 16 maggio 953, sono assolutamente falsi, e per giunta grottescamente inverosimili, il che si rileva immediatamente da chi abbia conoscenza della lingua inglese, degli usi diplomatici, dei rapporti protocollari che esistevano tra l'Augusto Sovrano e i suoi ministri ed ambasciatori.

Non sono in grado di esprimermi sui documenti in data 1945 e precisamente nella lettera di Mussolini a Churcill in data 21 aprile 1945; lettera di Mussolini a Churcill in data 16 aprile 1940; lettera del sottoscritto a Mussolini in data 27 aprile 1940 con allegato progetto di accordo tra Italia e Inghilterra; lettera di Churcill a Mussolini in data 22 aprile 1940; lettera di S.M. il Re Vittorio Emanuele III a Mussolini in data 4 maggio 940; lettera di Mussolini a Churcill in data 4 maggio 1940; lettera di S.M. il Re Vittorio Emanuele III al sottoscritto in data 16 maggio 1943; lettera di Mussolini a Churcill

in data 21 aprile 1945; autografo di Mussolini, senza data, intitolato «disposizioni per il carteggio» e «disposizioni pel carteggio».
Cordiali saluti

Dino Grandi

Camnasio – con una battuta che vorrebbe essere spiritosa – ipotizza che questo scritto sia apocrifo, considerato il reiterato uso di «Churcill» in luogo di Churchill.[24] E riversa sul professor Toscano improperi e sospetti di faziosità.

Come si desume dalla lettera del capodanno del 1954, Grandi ha ricevuto trascrizione dattiloscritta di alcuni apocrifi che, inclusi nel suo archivio, perverranno attraverso Renzo De Felice allo Stato. Quelle carte colpiscono lo storico reatino, che parla in termini possibilisti del Carteggio al giornalista Pasquale Chessa, nel 1995, mentre lavora al volume conclusivo dell'imponente biografia del Duce, cui rinvia per la spiegazione delle proprie convinzioni a tale riguardo.[25] Tuttavia, nelle oltre settecento pagine del secondo tomo di *Mussolini l'alleato* (*La guerra civile 1943-1945*),

Frontespizio della lettera (autentica) di Grandi al professor Toscano, sul Carteggio Churchill-Mussolini (1° gennaio 1954). Il facsimile di questa lettera è riprodotto ritoccato (!) a pp. 346ss del libro di Camnasio Storia di un fatto di cronaca.

uscito postumo nel 1997 da Einaudi, nemmeno una frase allude a eventuali rapporti segreti col premier britannico. D'altronde, già quale curatore delle memorie di Grandi sul 25 luglio[26] (e autore del saggio introduttivo di oltre 130 pagine) De Felice mai fa menzione del copioso epistolario di Grandi con Churchill e Mussolini, di cui il Carteggio fornisce numerosi reperti. Un silenzio più che eloquente dell'inaffidabilità di quel materiale.

Il gatto nel sacco

Lo scoop di «Oggi», decollato in pompa magna a fine aprile 1954, già alla terza puntata vira sulla difensiva, con due articoli di supporto che predispongono la ritirata.

Non è una favola il Carteggio Mussolini, sostiene l'ex vicesegretario del PFR Pino Romualdi, con ragionamenti ambigui e imbarazzati; il Duce fece parola dell'accordo inglese sull'ingresso italiano in guerra[27] e dell'esistenza di riscontri epistolari, anche se non gli sembra che siano degli incartamenti esibiti da De Toma:

> Per quanto riguarda i documenti che «Oggi» sta pubblicando, non ritengo, però, che essi siano in particolare quelli di maggiore importanza politica; non mi sembra, cioè, che essi costituiscano la vera «bomba» del carteggio. Non posso tuttavia dire che si tratti semplicemente di falsi, o che addirittura siano tutti falsi.
> Sta di fatto che, per quanto io ricordo, la storia del Di Toma è in gran parte veritiera. Potrebbe trattarsi di altra persona, ma è certo che Mussolini ricevette il giorno 21 aprile qualcuno cui dovevano essere affidati importanti documenti. […] De Toma ha, quanto meno, parlato con persone che hanno visto e fatto tutto quello che egli racconta in prima persona.[28]

Il fatto che egli – esponente neofascista di primo piano – puntelli l'*Operazione gatto* rivela il coinvolgimento dei leader missini nella mistificazione. Dietro l'avventuriero De Toma, si stagliano personaggi di ben altra statura.

Mentre il castello di sabbia del faccendiere triestino si sgretola, a destra si imbrogliano le carte: l'originario *custode del Carteggio* sarebbe il colonnello Vito Casalinuovo, ufficiale d'ordinanza del Duce; fucilato a Dongo, e – come si ricorderà – scambiato dai partigiani per Gelormini, non può certo smentire (anche se la vedova esclude che il marito abbia mai svolto missioni segrete in Svizzera). Si apportano insomma varianti in corso d'opera all'edificio che minaccia il crollo.

Il numero 20 di «Oggi» (del 20 maggio 1954) riproduce una decina di facsimili, con didascalie d'inusitata cautela: abbonda l'uso del condizionale e si adombra la falsificazione. I soli materiali dati per autentici sono ripresi da fonti ufficiali: i piani d'occupazione della Norvegia, diramati dai tedeschi nel 1940; il testo dell'armistizio, pubblicato dai giornali di Salò nel novembre 1943; un documento riprodotto in edizione anastatica nei dossier angloamericani del 1945.

Di tutto il materiale rimanente, ora si dubita. Il commento a una lettera pseudochurchilliana è emblematico dell'avvenuto mutamento di posizione: «Difficile dire se la calligrafia sia esattamente quella della firma» (difatti la scrittura è imitata e la firma trasposta da un originale); e ancora, di un'altra missiva: «Se è stata falsificata, i falsari hanno dovuto sobbarcarsi un lavoro non indifferente, poiché la calligrafia è simile a quella del premier inglese». Il Patto italobritannico – sino a quel momento considerato autentico – diviene ora «ambiguo»; ed ecco alcune chiose e commenti di uno scritto del generale Cavallero: «Sempre facendo le consuete riserve sulla autenticità del documento, crediamo non inutile riferirlo integralmente»; di un biglietto del duca d'Acquarone: «Sulla sua autenticità, sono leciti molti dubbi»; di una lettera del conte Sforza: «Lo stile, piuttosto trascurato, non sembra quello solito di Sforza». Simili cautele linguistiche sono il preannunzio della resa imminente: «Queste discordanze non sono le sole di un gruppo di documenti "politici" appartenenti al carteggio, come vedremo meglio in seguito».

Non ci sarà alcun seguito. Alla quarta puntata, «Oggi» tronca la pubblicazione dell'infido materiale. Edilio Rusconi informa i lettori delle sgradevoli novità con un'imperturbabilità stupefacente, senza più l'enfasi con cui lanciò lo scoop: «Abbiamo intrapreso questa pubblicazione, un mese fa, con molto distacco, con serenità e quasi con celia (e l'abbiamo per questo chiamata *Operazione gatto*) affinché l'indole emotiva della nostra gente non la drammatizzasse troppo e soprattutto perché non si desse ad essa un qualunque significato politico». Di primaria rilevanza il passaggio sulla selezione dei dossier: «Non ho pubblicato tutto: ho pubblicato quello che era da ritenere più interessante; ho escluso quanto non avesse qualche interesse o, avendone, accendesse discussioni attorno a questo o a quel personaggio di ieri o di oggi, oppure servisse ad attacchi contro alte personalità cattoliche. Il nostro compito di cronisti finisce qui: e da oggi comincia quello degli studiosi e degli storici».[29] Un modo disinvolto per ammettere di essersi fatto imbrogliare e di avere – sia pur involontariamente – buggerato l'opinione pubblica.

A parare le spalle a Rusconi provvede Duilio Susmel (Fiume, 1919 – San Godenzo, Firenze, 1984), già tenente della GNR forestale durante la RSI, ma soprattutto curatore dell'*Opera Omnia* di Mussolini, considerato perciò il maggior conoscitore degli scritti e della vita del Duce. Per tutelare la «famosa borsa di pelle» di De Toma, si arrampica sugli specchi: «Risulta sicuramente che, durante la Repubblica sociale, Mussolini affidò a più persone copie di documenti di un certo valore»; dopo la sua cattura, quei documenti furono fotografati e nel materiale autentico vennero infilati degli apocrifi «dall'ancor sconosciuto primo legittimo depositario della borsa o da altre persone che la ebbero successivamente in consegna».[30] Interpretazione quantomeno cervellotica, per salvare capra e cavoli, ovvero l'impalcatura ideologica cui tanto tiene.

Mentre «Oggi» si ritira, partono i depistaggi. Il 20 maggio, l'«asso di bastoni» spara a tutta pagina: *Se quello di Rizzoli-De Toma-Camnasio è falso, fuori il carteggio autentico!*

I neofascisti dell'«asso di bastoni» si agitano: esigono il Carteggio autentico (30 maggio 1954).

Ignorando la batosta, il settimanale romano ripropone l'armamentario dei falsi: «Signori, la partita non è chiusa! I documenti esistono... è certo che mantenere celato quel carteggio – oltre ad alterare la storia – danneggia esclusivamente la Nazione italiana».

Il coinvolgimento del «mussoliniano» Susmel e il *soccorso nero* dell'«asso di bastoni» riconfermano la matrice neofascista dell'*Operazione gatto*.

Angelo Rizzoli interviene in appoggio di Rusconi, subissato dalle critiche per il malaccorto scoop: «Il *carteggio* è stato pubblicato da "Oggi", per iniziativa di "Oggi", con uno scopo prettamente giornalistico ed estraneo a qualunque polemica politica: la pubblicazione era lontanissima dal compiere apologie o dal cercare imbarazzi per uomini politici attuali».[31] L'editore milanese vuole mantenere buoni rapporti sia con gli esponenti della classe di governo sia con la Chiesa. Per questo a suo tempo disapprovò la pubblicazione su «Candido» degli apocrifi degasperiani e, d'intesa con Rusconi, cestinò reperti sul genere delle lettere attribuite a monsignor Montini.

Al fallimento dell'*Operazione gatto* contribuisce il professor Mario Toscano (Torino, 1908 – Roma, 1968), ordinario di Storia dei trattati e delle relazioni internazionali all'Università di Roma, nonché presidente della Commissione per la pubblicazione dei documenti diplomatici. Autore di approfondite monografie sulla Seconda guerra mondiale,[32] entra nelle negoziazioni come esperto designato del Ministero degli Esteri (ne dirige l'Ufficio studi) e consulente di Mondadori.

Toscano individua tra i documenti pubblicati da «Oggi» alcune lettere esibitegli da De Toma nell'incontro svoltosi all'Hotel Helvetia di Ascona il 7 ottobre 1953, di cui segnalò errori marchiani; ebbene, quel materiale ricompare «ripulito», sulla base delle sue osservazioni. Lo studioso rilascia pertanto all'ANSA la seguente dichiarazione:

Durante la mia visita in Svizzera rilevavo alcuni grossolani errori sia nel testo del progetto di accordo italo-britannico, sia in una lettera attribuita a Grandi. Ora, quest'ultima lettera non è stata riprodotta e quegli errori nel testo del presunto accordo sono stati corretti: per esempio, è stata sostituita la parola *draft* a quella *scheme* e la formula americana *top secret* è stata ridotta in quella di *secret*.

Ne deriva pertanto l'impressione che il settimanale milanese stia pubblicando una edizione del presunto carteggio riveduta e corretta anche alla luce delle critiche che, sul testo dei documenti in precedenza trapelati, avevano formulato alcuni giornalisti, con l'aiuto di esperti.[33]

Preciserà poi che «sia il progettato accordo sia tutti i documenti pubblicati sono, senza ombra di dubbio, dei falsi. Contengono errori di sintassi e di stile e portano i segni inconfondibili di un falsario poco esperto e sicuramente non inglese». Il contenuto delle lettere scambiate tra Churchill e Mussolini «contrasta nel modo più assoluto con i documenti autentici custoditi negli archivi di Stato».

Alla puntata critica corrisponde l'imbarazzata replica di «Oggi»: «Noi diamo alla luce semplicemente quello che – comunque sia o valga – troviamo nella borsa mussoliniana».[34] Più acidamente, il «Meridiano d'Italia» squalifica il professor Toscano come «perito governativo troppo avventato», attivatosi «su ordine di De Gasperi».

La credibilità dell'*Operazione gatto* è intaccata anche dalle inchieste del rotocalco romano «La Settimana Incom Illustrata» e del quotidiano torinese «Gazzetta del Popolo», appartenenti al gruppo editoriale del senatore democristiano Teresio Guglielmone. Direttore delle due testate è Francesco Malgeri, già protagonista della fascistizzazione della stampa italiana (quale direttore del «Messaggero» nel 1932-41), riciclatosi in area democristiana dopo un esilio quinquennale in Brasile. Malgeri agisce di concerto con Paolo Canali, consigliere per la politica estera di De Gasperi, il quale così descrive i promotori della campagna scandalistica, in un memoriale per il Ministero dell'Interno:

De Toma, piccolo avventuriero, agì per consiglio a suo tempo di Gaetano Cabella, già direttore del giornale «Il Popolo di Alessandria» durante la Repubblica di Salò.
L'avv. Nencioni è della fratellanza massonica (coperto).
Alcuni elementi (coperti) della «Settimana Incom» al servizio della Massoneria fanno il doppio gioco in combutta con coloro che

vendono e fabbricano titoli onorifici [Camnasio], che sono poi gli stessi che hanno contribuito alla fabbricazione dei falsi.[35]

L'affiliazione massonica di Camnasio è certa, ma da qui a ravvisare complotti della libero-muratoria ne corre. La pista battuta da Canali risulta poco convincente e viziata da preconcetti ideologici.

1. Edilio Rusconi, *Apriamo la borsa di Mussolini*, «Oggi», 29 aprile 1954.
2. Al legame tra il Duce e i felini, Guglielmo Gasta, direttore del settimanale satirico «Il Travaso delle idee», consacrò nel 1948 il libello *La mia vita col puzzone. Diario di Tobia, il gatto di Mussolini* (ristampato nel 2005 dalle edizioni fiorentine Le Lettere).
3. Il novarese Pio Bondioli, inviato speciale di «Oggi», è tra i primi a inseguire (invero senza grandi risultati) la pista dei documenti segreti di Mussolini, nel 1947, con *L'archivio di Gargnano*, seguito da altri vari articoli per il settimanale milanese, ambientati fra il tramonto di Salò e l'esecuzione di Dongo.
4. *Nel '45 Churchill promise la salvezza a Mussolini?*, «Oggi», 13 maggio 1954.
5. *Ibidem.*
6. Lettera «privata e confidenziale» di Percy Loraine all'ambasciatore italiano a Londra, Manlio Brosio, 28 febbraio 1954. PRO, FO, 370/2386.
7. Messaggio dell'ambasciata di Roma alla Cancelleria del Regno Unito, 11 giugno 1954. NA, cit.
8. Osservazioni sul Patto, dattiloscritto privo di data (ma collocabile a metà giurno 1954). NA, cit.
9. Cfr. Edvige Mussolini, *Mio fratello Benito*, La Fenice, Firenze 1957, pp. 222-227. Un libro di cui diffidare: si tratta di ricordi raccolti e trascritti dalla contessa Rosetta Ricci Crisolini, assistita – nelle parti politiche – da un ignoto collaboratore che aggiorna il messaggio mussoliniano... alla situazione mondiale d'inizio anni Cinquanta!
10. *Nel '45 Churchill promise la salvezza a Mussolini?*, «Oggi», 13 maggio 1954.

11. *Ibidem.*
12. PRO, FO, 370/2386.
13. *Badoglio e Maugeri*, «Meridiano d'Italia», 20 giugno 1954. Sulle reali dinamiche e responsabilità della resa cfr. il saggio di Alberto Santoni, *La caduta di Pantelleria e Lampedusa nel giugno 1943*, «Rivista Italiana Difesa», a. XVIII, 1993, pp. 82-88.
14. Loraine a Brosio, 28 febbraio 1954. PRO, FO, 370/2386. Sull'ex ambasciatore a Roma, personaggio di rilievo nella storia delle relazioni italobritanniche nel periodo prebellico, cfr. Gordon Waterfield, *Professional Diplomat. Sir Percy Loraine*, Murray, London 1973.
15. Mussolini a Vittorio Emanuele III, Roma, 30 aprile 1940. Commissione per la pubblicazione dei Documenti Diplomatici del Ministero degli Affari esteri, *I Documenti Diplomatici Italiani* [d'ora innanzi DDI], nona serie: 1939-1943, vol. IV, Libreria dello Stato, Roma 1960, p. 635.
16. DDI, cit., pp. 635-637 (lettera poi inclusa nell'*Opera Omnia di Benito Mussolini*, a cura di Edoardo e Duilio Susmel, vol. XXXV, La Fenice, Firenze 1962, p. 250).
17. Camnasio, *Storia di un fatto di cronaca*, cit., Milano 1956, p. 285.
18. Così il pur benevolo biografo Alberto Consiglio, *Vita di un Re. Vittorio Emanuele III*, Cappelli, Bologna 1970, p. 245 (raccolta in volume di articoli pubblicati nel 1950 da un rotocalco popolare).
19. Sui positivi rapporti con Churchill, allacciati alla metà degli anni Venti e mantenuti nel secondo dopoguerra, cfr. Dino Grandi, *Il mio paese. Ricordi autobiografici*, a cura di Renzo De Felice, il Mulino, Bologna 1985, pp. 232-236.
20. Rosaria Quartararo, *Roma tra Londra e Berlino. La politica estera fascista dal 1930 al 1940*, Bonacci, Roma 1980, p. 437.
21. Grandi, *Il mio paese*, cit., p. 610.
22. *Opera Omnia di Benito Mussolini*, vol. XXXIV, La Fenice, Firenze 1962, p. 400.
23. *Op. cit.*, p. 404.
24. L'abitudine alla manipolazione dei documenti spinge il falsario a sottolineare, nel facsimile della lettera di Grandi a Toscano, le sette occorrenze in cui Churchill è scritto erroneamente Churcill. Cfr. Camnasio, *Storia di un fatto di cronaca*, cit., pp. 346-349.
25. Renzo De Felice, *Rosso e nero*, a cura di Pasquale Chessa, Baldini & Castoldi, Milano 1995.
26. Dino Grandi, *25 luglio. Quarant'anni dopo*, a cura di Renzo De Felice, il Mulino, Bologna 1983.
27. Romualdi parla del Carteggio nell'intervista *Chi ha visto i documenti?*, «Meridiano d'Italia», 16 maggio 1954.

28. *Non è una favola il Carteggio Mussolini, L'opinione di Pino Romual-di sulla complessa questione*, «Oggi», 20 maggio 1954. Il memoriale scritto nella seconda metà degli anni Quaranta dall'ex gerarca, nella latitanza e poi nella prigionia (*Fascismo repubblicano*, a cura di Marino Viganò, Sugarco, Milano 1992), ignora quell'intesa segreta che avvalorerà nel 1954: ciò rivela la strumentalità politica del suo sostegno alla campagna antichurchilliana.

29. Edilio Rusconi, *Osservazioni al Carteggio*, «Oggi», 27 maggio 1954.

30. Duilio Susmel, *Cerchiamo la verità nel groviglio delle ipotesi*, «Oggi», 27 maggio 1954.

31. Angelo Rizzoli, *Lettera dell'editore*, «Oggi», 8 luglio 1954.

32. Tra le pubblicazioni di Toscano riconducibili ai temi qui esaminati: *Fonti documentarie e memorialistiche per la storia diplomatica della seconda guerra mondiale*, Marzorati, Milano 1952; *Le origini diplomatiche del Patto d'Acciaio*, Sansoni, Firenze 1956; *Origini e vicende della seconda guerra mondiale*, Giuffrè, Milano 1963; *Dal 25 luglio all'8 settembre*, Le Monnier, Firenze 1966.

33. Comunicato dell'ANSA con le dichiarazioni di Mario Toscano sul Carteggio, «Meridiano d'Italia», 9 maggio 1954.

34. *Il piano d'invasione norvegese e i rapporti militari segreti*, «Oggi», 20 maggio 1954.

35. Memoriale di Paolo Canali, dattiloscritto e privo di data, AiCdM, cit.

I servizi speciali di Giorgio Pisanò

I camerati del «Meridiano d'Italia»

La brusca conclusione della campagna di «Oggi» sul Carteggio getta nella costernazione i suoi patrocinatori. La ritirata di Rizzoli costringe i registi occulti dell'*Operazione gatto* a uscire allo scoperto, per puntellare l'edificio in rovina.

Nella primavera del 1954 l'«asso di bastoni», il primo divulgatore della truffa (cfr. pp. 40ss), attraversa un brutto momento. Si approfondisce lo scontro tra il direttore Caporilli e i dirigenti del Movimento sociale italiano, inclini a quella collaborazione con monarchici e destre democristiane invisa a chi, come Caporilli, è fedele ai programmi di Salò: *Tornare allo spirito della Rsi o perire* titola nel gennaio 1954 in vista del IV congresso del MSI. Polemiche e divisioni spingono il giornale verso la chiusura; per l'ultima battaglia viene riesumato Tommaso David, presentato quale custode dell'epistolario, in alternativa allo screditato De Toma. Fu il comandante David – giura Caporilli – a ricevere dal Duce la preziosa borsa, non il mistificatore De Toma: «La falsità delle affermazioni del giovincello risulta solare anche dal suo stesso racconto».[1]

A difesa della plausibilità e veridicità della mercanzia detomiana interviene un secondo gruppo neofascista, coinvolto nella macchinazione assai più dei camerati romani: la triade Nencioni-Pisanò-Servello, il cui quartier generale si trova nella redazione milanese del «Meridiano d'Italia», in via Cerva 40.

Alla faida neofascista partecipa una terza fazione, negazionista, guidata dal colonnello Giuseppe Gelormini, dall'ex guardasigilli di Salò Piero Pisenti, dall'ex segretario particolare del Duce Giovanni Dolfin e dall'ex comandante della GNR Renato Ricci.[2]

Alla campagna stampa del «Meridiano d'Italia» contribuisce Carmelo Puglionisi (Riposto, Catania, 1904 – Roma, 1971), già antifascista della prima ora, collaboratore di Piero Gobetti, come lui esule in Francia per sottrarsi alle violenze degli squadristi; entrato in crisi nel 1930, salta la barricata per divenire informatore della polizia mussoliniana. Durante l'occupazione nazista pubblica articoli e opuscoli collaborazionisti, attribuendo alla massoneria la caduta del Duce.[3] Rimpatriato nel dopoguerra, si specializza nella denigrazione degli ex compagni di fede su giornali di estrema destra.[4] Puglionisi vorrebbe «restituire alle carte di Mussolini l'immenso valore storico che indubbiamente hanno. Non ci possono essere dei falsi fra di esse. Se se ne troveranno, vuol dire che sono stati fabbricati e aggiunti posteriormente alla "liberazione" da antifascisti per gettare un'ombra di sospetto sull'intero materiale e scagionare la loro parte dalle accuse in esso senza dubbio contenute». Ritenuti «tutti indiscutibilmente autentici» i documenti pubblicati da «Oggi», il redattore del «Meridiano d'Italia» nega il funzionamento, «tra il 1943 e il 1945, nella Repubblica Sociale, di un'officina di falsi destinata alla creazione di documenti apocrifi contro gli avversari, sulla cui esistenza invece giurano adesso i signori di cui si è detto. [...] Questa storia della fabbrica dei falsi della RSI è un falso essa stessa, un'invenzione. Meglio ancora: una panzana. Non regge da qualsiasi lato la si consideri. Non ci sono indizi né testimonianze che la riguardino. La sua fantomatica esistenza è contraddetta dalla personalità di Colui al quale avrebbero dovuto servire».[5]

Francesco Maria Servello (Cambridge, Massachusetts, 1921 – Milano, 2014),[6] direttore del «Meridiano d'Italia» dal 1947 e consigliere comunale di Milano per il Movimento sociale italiano, orchestra la campagna (dis)informativa sul Carteggio, condotta con varietà di servizi e riproduzioni fotografiche. Nel primo semestre del 1954 Servello si reca in più occasioni a Lugano, per concordare con De Toma la campagna giornalistica in suo favore. Eletto in Parlamento nel 1958, vi rimarrà ininterrottamente sino al 2006. Strenuo sostenitore dell'esistenza di un canale segreto Churchill-Mussolini, non solo lo ricollega alla morte del Duce, ma indica persino il luogo dove se ne sarebbero occultate le prove: gli archivi segreti del Partito comunista, a Botteghe Oscure. Alla «pista inglese» dedicherà la monografia *Perché uccisero Mussolini e Claretta* (Rubbettino, Soveria Mannelli 2010, con Luciano Garibaldi).

Gastone Nencioni (Pontedera, 1910 – Milano, 1985), cofondatore a fine 1946 del Movimento sociale italiano, assume la difesa legale di De Toma quando il «corriere del Duce» è inquisito per truffa e falso: patrocinio ispirato da valutazioni politiche, poiché dalla sorte giudiziaria del faccendiere dipende la residua credibilità dell'epistolario. A suo avviso, «la situazione relativa al noto carteggio rivela una manovra in atto, da parte governativa, diretta a sollevare l'opinione pubblica, non certo in omaggio ad una serena valutazione, ma a una tesi»; denuncia con vigore una cospirazione democristiana per depotenziare le verità uscite dalla «borsa di Mussolini».[7]

Il quartier generale del Carteggio. Da sinistra: Camnasio, Zavan, De Toma e l'avvocato Nencioni.

Eletto senatore nel collegio di Milano nel 1958, siederà in Parlamento per un ventennio.

L'avvocato Nencioni consulta la documentazione di De Toma a Locarno, presso lo studio notarile di Bruno Stamm. La sua strategia difensiva è divulgata sul «Meridiano d'Italia» da Pisanò, sdegnato dal fatto che tra i negazionisti figurino reduci di Salò: mai avrebbe immaginato «che fossero degli elementi provenienti dalle file della RSI a mettersi al servizio del governo antifascista, per alimentare una polemica dai chiari presupposti e dalle ancor più chiare finalità propagandistiche».[8] Pisanò riceverà dall'amico e camerata Nencioni una parte del materiale sull'*Operazione Carteggio*, con gli album fotografici e i ritagli della rassegna stampa.

Indagini segrete

Giovanissimo volontario nelle Brigate Nere, nel dopoguerra Giorgio Pisanò (Ferrara, 1924 – Milano, 1997) traspone nel giornalismo passione politica e curiosità intellettuale. Cultore degli epistolari mussoliniani, se ne occupa a tempo pieno nell'aprile-novembre 1954, su incarico dei direttori del «Meridiano d'Italia» e di «Oggi». Raccolte informazioni preziose sul Carteggio e sui suoi ideatori, ne scrive in numerosi articoli, tenendo riservate alcune verità politicamente scomode.

I primi accertamenti lo convincono che carte importantissime furono inviate in Svizzera da Mussolini: la borsa del Duce conteneva *documenti autentici adulterati*; la *missione De Toma* è quindi plausibile, fermi restando alcuni dubbi su determinati dettagli.

Tra le varie testimonianze da lui raccolte, spicca quella dell'ex presidente dell'EIAR, l'ente radiofonico del regime, Ezio Maria Gray, appartenente alla folta schiera dei reduci di Salò occupatisi del Carteggio:

> I documenti che Mussolini aveva con sé erano autentici. Asportata la borsa, qualcuno in grado di apprezzarne la gravità dovette decidersi (in Svizzera o in Italia: agenti inglesi o italiani?): o distruggerli o svalutarli. Distruggerli non risolveva nulla: potevano esserci

delle fotocopie o dei *duplicati* autentici. Allora pensò di svalutarli. Alla moda dei falsari di valuta *lavò* i documenti e vi introdusse frasi e parole *false* ma di una falsità grossolana vistosa, in modo che i documenti apparissero subito falsi ad un modesto esperto.

Così il giorno in cui apparissero i duplicati autentici, essi sarebbero già svalutati, cioè scontati, con la dimostrazione di falsità... a quelli ritenuti autentici.[9]

Si tratta di una spiegazione suggestiva, realizzata per salvare *in articulo mortis* il controverso epistolario, difeso da Pisanò contro l'ex colonnello della GNR Gelormini (ne postilla una lettera-aperta con l'epiteto di «schifoso»).[10]

Il generale Renzo Montagna, capo della polizia della RSI, congettura che il destinatario della borsa del Duce appartenesse a «un servizio segreto composto di elementi sceltissimi e fidatissimi che agivano dietro personale e diretto ordine di Mussolini. [...] Se De Toma faceva parte di questo reparto, non è da escludere che, ancora oggi, e per ragioni solo a lui note, taccia degli altri particolari sullo svolgimento della sua missione». L'ipotesi – presentata con straordinaria evidenza editoriale dal «Meridiano d'Italia» –[11] giustifica incongruenze e reticenze del *custode del Carteggio*.

Il 4 maggio 1954 Giorgio Pisanò apprende proprio da De Toma, col vincolo della riservatezza, «notizie veramente sensazionali»:

Nella stessa borsa che io ho portato, non c'erano solo i 163 documenti di cui si parla, ma un secondo plico di 200 fogli, tutti concernenti l'attività della RSI, le figure di certi gerarchi del Fascismo, rapporti militari, la campagna antiebraica, ecc. Questi fogli, però, non intendo che vengano pubblicati: è roba nostra, della RSI, e voglio restituirla agli interessati.[12]

Il giornalista milanese, orgoglioso di essere «uno dei pochissimi che hanno avuto il modo di toccare e di osservare a lungo *tutti gli originali*», è impressionato dalle *Disposizioni per il Carteggio*, «scritte, come è noto, tutte di pugno da Mussolini». Sul «Meridiano d'Italia» del 30 maggio respinge categoricamente «ogni sospetto su una possibile azione di falsificazione da parte del De Vargas su tutto o su parte del carteggio». Gli incontri col faccendiere avvengono solitamente a Lugano.

L'inviato del «Meridiano d'Italia» accerta che – oltre ai plichi della «borsa del Duce» (lievitati sino a 363 documenti) – il tesoretto di Lugano comprende «due valigie e un baule zeppi di materiale documentario» di prim'ordine, «con centinaia di bobine che recano incise registrazioni telefoniche tra Mussolini e il Re e tra Mussolini e moltissimi gerarchi fascisti». Il bazar possiede persino i compromettenti «fascicoli dell'OVRA», vistati dal dittatore e «intestati a personalità di primissimo piano, sia del fascismo che dell'antifascismo»: svelerebbero lo status spionistico dell'ex comandante partigiano Moscatelli, del vicesegretario comunista Pietro Secchia, del senatore Umberto Terracini.

Un simile scoop è circondato dallo «sconcertante silenzio» del «90% della stampa quotidiana e settimanale, [che] ha completamente ignorato questa sbalorditiva affermazione del De Toma». Pisanò s'indigna: «Ma come!? Si è fatto tanto rumore per 163 documenti e si resta zitti quando il tanto discusso ufficiale delle Brigate Nere annuncia che altre migliaia di fogli sono lì, in due valigie e un baule?».[13]

C'è piuttosto da stupirsi del 10 per cento di giornali che dà retta a tali stupidaggini: ciò che rimane degli archivi dell'OVRA è infatti conservato al palazzo del Viminale, presso il Ministero dell'Interno. In una relazione a tutt'oggi inedita, la polizia politica così postilla le velleità sulla disponibilità di quelle carte: «Nessuno dei gerarchi comunisti nominati nella relazione e citati dal De Toma hanno mai appartenuto all'OVRA. È evidente che i due messeri tentino di speculare ancora una volta sull'autenticità di un documento che evidentemente è manipolato da loro».[14]

De Toma giura all'inviato del «Meridiano» che i preziosi reperti «non finiranno mai nelle mani dei nemici dell'Italia e di Mussolini» (ha respinto sdegnosamente il pacco di milioni offertigli dall'Intelligence Service):[15] saranno trascritti in volume entro l'estate, per pubblicizzare le tante verità sgradite ai governanti antifascisti.

Il trentenne Pisanò, agli albori di una brillante carriera di giornalista investigativo (diverrà uno tra i più noti inviati speciali del dopoguerra), opera su quattro livelli: anzitutto indaga sui «negazionisti», siano essi reduci fascisti o giornalisti di parte avversa; spreme De Toma (di cui diffida), per conto dei direttori Servello e Rusconi; inoltre dedica al Carteggio articoli ispirati a precise strategie politiche; e tace informazioni importanti (divulgandone tardivamente alcune, con fantasie romanzesche e persistenti silenzi).[16]

Due reporter della «Settimana Incom Illustrata», giunti a metà maggio 1954 a Milano per un'indagine sulla cordata detomiana, sono spiati dappresso: «Noi (gruppo "Meridiano", per intenderci), seguivamo le fasi di questa preparazione della "bomba" con vero diletto» scrive Pisanò, che conosce persino i numeri delle camere d'albergo dove alloggiano i rivali.[17]

Il giornalista sonda i gerarchi della RSI sugli epistolari segreti, enfatizzando le testimonianze a favore e sminuendo quelle avverse. E raccoglie le confidenze dell'ex ministro Angelo Tarchi, che gli svela l'intenzione del Duce di gettare sul tavolo delle trattative di pace «i fascicoli del carteggio, specialmente quelli riferentisi a Churchill e Hitler».[18]

Il maresciallo Graziani assicura che la principale preoccupazione di Mussolini, la sera del 25 aprile, riguardò i documenti segreti, selezionati in ordine di rilevanza.[19]

Per il vicesegretario del PFR Romualdi, «Mussolini preparava realmente, durante l'ultimo periodo della RSI, una missione del genere di quella riferita dal De Toma».[20]

Dino Campini (cfr. pp. 223ss) sostiene che il cuore del Carteggio resti irraggiungibile: la borsa di De Toma contiene materiale autentico, ma «il Duce non vi aveva comunque infilato la "crema" dei carteggi». Pur con qualche riserva, si accoda all'operazione, convinto dal «fatto che le notizie storiche e politiche che il carteggio De Toma sta rivelando sono nell'ordine delle cose illustratemi, 9 anni or sono, dal Ministro Biggini».[21] Attorno a Biggini, in effetti, gravitano vari protagonisti della protostoria dell'imbroglio, a partire dallo stesso Campini.

Quando «Oggi» cessa anzitempo la pubblicazione degli apocrifi, Pisanò accusa Rizzoli di essersi piegato al diktat del presidente del Consiglio Scelba, per preservare la reputazione di Churchill e degli antifascisti – De Gasperi *in primis* – compromessi da quei documenti.

Il materiale tanto temuto da democristiani e inglesi proveniva – secondo Pisanò – dal capo della RSI: «Mussolini nella borsa di Dongo portava, unitamente a dei documenti originali, anche la copia fotografica di tutti o di parte dei documenti che oggi sembrano venire alla luce». Al momento della cattura, il Duce ammonì i partigiani: «Fate attenzione a questa borsa: contiene dei documenti che cambieranno le sorti dell'Italia al tavolo della pace».[22] Il reporter giura sull'autenticità degli epistolari: «Noi sappiamo da anni che esisteva questo carteggio, sappiamo da anni che Churchill fece di tutto per entrarne in possesso e sappiamo anche che nessuno finora era riuscito a trovarlo».[23] Considerazioni che saranno ripetute sino alla noia da schiere di epigoni, senza neppure curarsi di citarne la fonte.

Domenica 9 maggio 1954 Pisanò trascorre ore memorabili nel villino di Lugano: «Ci è riuscito veramente difficile soffocare l'emozione e lo sbalordimento che ci prendevano nel leggere documenti firmati da Monsignor Montini, Don Sturzo, Luigi Longo, Cadorna, Hitler, Acquarone e nel vedere una lettera integralmente scritta di pugno da Churchill e infine una persino di Stalin».[24] Il «Meridiano d'Italia» titola sulla guerra fredda scatenatasi sul Carteggio e dedica quattro colonne al pezzo di Pisanò con la clamorosa notizia: Enrico De Toma possiede anche una lettera di Stalin (il solo statista di cui manchi l'autografo è l'imperatore Hirohito).

Un bel campionario di apocrifi, destinato – contrariamente alle speranze del reporter – a rimanere inedito, data la sua evidenza fraudolenta.

Doppie verità neofasciste

Il «Meridiano d'Italia» conferma la missione detomiana di fine aprile 1945 a Ginevra grazie a tre testimonianze: l'avvocato V.S. (anonimo per timore di perdere l'impiego statale) sottoscrive una dichiarazione «nella quale si legge che, essendo sottotenente ufficiale addetto al Comando della I Brigata Nera Mobile, vergò egli stesso per il De Toma l'ordine di presentazione al Comandante Provinciale della Gnr di Milano».

L'avvocato romano Serafini rammenta «perfettamente l'incontro avvenuto il 22 aprile nell'anticamera dello studio del Duce nella Prefettura di Milano, fra lui e il Gelormini che si trovava con un giovane ufficiale; ricorda che Gelormini gli presentò l'ufficiale dicendogli: "Il tenente De Toma". Alla scena era presente anche Vito Casalinuovo».

Infine il capitano Giuseppe Landini, comandante «la guardia alla sede del Pfr di via Mozart, ricorda di aver avuto ai suoi ordini il De Toma, ne ricorda l'assenza nei giorni indicati da questo per la missione in Svizzera».

Si tratta, con ogni evidenza, di dichiarazioni mendaci, il cui utilizzo dimostra la scarsa serietà del settimanale neofascista: il fine giustifica i mezzi.

In una vicenda densa di colpi di scena, Giorgio Pisanò scopre verità sgradevoli. Mentre il suo giornale prosegue la campagna troncata da «Oggi», egli mastica amaro: «Ormai sapevo bene che De Toma stava prendendo per il naso autorità, editori e giornalisti. [...] Ho la stoffa del babbeo, perché ho impiegato ben due mesi per raggiungere la prova che la storiella della "missione" in Svizzera con la "borsa" di Mussolini era una sua

Scoop del «Meridiano d'Italia»: De Toma possiede anche una lettera di Stalin (16 maggio 1954).

172

graziosa invenzione. Ma adesso lo so». Lo sa, eppure evita di trarne le conseguenze e di informarne i lettori.

Il giornalista, accortosi di essere stato abbindolato, mette alle strette il gabbamondo:

«Ammetti allora di non essere mai stato inviato da Mussolini in Svizzera nel 1945?»
«Bè, questo ormai è chiaro, almeno per te.»
«E la borsa contenente il carteggio?»
De Toma si mise a ridere:
«L'ho comperata a Chiasso qualche mese fa. Sapessi che fatica per farla "invecchiare" di alcuni anni!»[25]

Nel luglio 1954 Pisanò scopre finalmente l'identità degli svizzeri che tengono bordone a De Toma: Gustave Lussy e Giovanni Züst. Chiede pertanto alle autorità del Cantone di Ginevra informazioni sui due misteriosi personaggi.

In un appunto – inserito nel fascicolo *Filone Svizzera – Falsificazioni* – indica altri tre cittadini elvetici (un ex impiegato di Lussy, un giornalista e un ex ufficiale dell'esercito titolare di un negozio fotografico), probabili complici nella duplicazione dei reperti.

Il «Meridiano d'Italia», oltre a nascondere la verità, architetta ulteriori inganni, diffondendo a luglio in migliaia di copie la monografia *Enrico De Toma racconta... I documenti di Mussolini*. È l'ufficializzazione del sodalizio tra l'impostore e i neofascisti milanesi, la conferma del piano ingannevole per consolidare la truffa.

Scorrevolezza della prosa e precisione dei riferimenti storico-politici fanno escludere che quella quarantina di pagine sia farina del sacco di De Toma, indicato d'altronde come *narratore*, non già come autore. Il testo deriva probabilmente dalla sinergia tra Nencioni e Pisanò, i due collaboratori del «Meridiano» meglio addentro alla questione e più vicini al faccendiere.

La monografia sfiora la missione Milano-Ginevra, mentre gonfia le (asserite) persecuzioni per sottrarre i carteggi a De Toma con le buone o le cattive. Un'impostazione dichiarata sin dall'esordio: «Quella che segue, è la storia di tutte le offerte da me ricevute, di tutte le manovre subdolamente montate dal Governo per arrivare ad entrare in possesso dei documenti». In tal modo, si ridimensiona la missione fasulla dirottando subito l'attenzione dei lettori sul maldestro comportamento di apparati statali e personaggi politici che, in buona o in mala fede, furono risucchiati nella strategia «trattativista» tendente alla legittimazione dell'imbroglio.

Il «Meridiano d'Italia» rincara la dose, irrispettoso della verità fattuale: «Quando De Toma aveva già deciso di non entrare più in trattative con il governo, furono proprio gli uomini del Sifar a tornare alla carica, ed a riallacciare i contatti con lui ed i suoi amici». E accentua il vittimismo: l'opuscolo «è in vendita in tutte le edicole a lire 150; vi resterà, fino a quando il governo non avrà provveduto – come già sembra stia facendo – a far ritirare le copie».[26]

Giorgio Pisanò espone le proprie convinzioni in due documenti di carattere riservato. L'*Inchiesta sul «Carteggio Mussolini»*, consegnata il 9 luglio 1954 a Rusconi, sintetizza due mesi di

I neofascisti del «Meridiano d'Italia» pubblicano la monografia I documenti di Mussolini. Enrico De Toma racconta… *(luglio 1954).*

contatti nel sottobosco reducistico di Salò, con personaggi a lui ideologicamente affini ma fuorviati dalla cupidigia.

> Le indagini si sono svolte in un clima di assoluta omertà, in un ambiente dove tutti avevano interesse a mentire:
> a. per nascondere la loro partecipazione ai fatti oggetto di indagine;
> b. per salvaguardare posizioni già acquisite e possibilità future in riferimento a «inserimenti» nell'*Affare carteggio*, inserimenti avvenuti in data antica o recente;
> c. per trarre guadagno dalle informazioni che potevano tornare utili nella ricerca della verità sul *Carteggio*.[27]

Vivido e realistico affresco della corte dei miracoli neofascista, destinato solo al direttore di «Oggi» e sottaciuto ai lettori così a lungo ingannati dal settimanale milanese.

Sul punto nodale, il reporter si è finalmente chiarito le idee: «Io ritengo che De Toma *non sia mai stato in Svizzera* nel 1945». In Svizzera sarebbe arrivato – secondo il giornalista – tardivamente, nel 1949, per affittare una cassetta di sicurezza al Credit Suisse di Ginevra e riempirla di documenti sulla Seconda guerra mondiale.

A dispetto delle apparenze, per Pisanò gli epistolari hanno «una provenienza autentica, *almeno in parte*», sebbene «conoscendo il tipo di "intrallazzi" scatenatisi attorno a quei documenti, non posso escludere che delle manomissioni più o meno gravi siano avvenute dal 1949 in poi».

L'indagine si protrae sino ad autunno inoltrato. Il rapporto finale (27 fogli dattiloscritti nel novembre 1954) è posteriore alla fuga di De Toma dall'Europa e riveste pertanto valenze conclusive.

La diffidenza nei confronti del faccendiere si è intanto allargata a parte significativa del suo materiale: «Avevo preso visione di "originali" e fotocopie di documenti assolutamente banali, se non profondamente preoccupanti, quali una lettera dattiloscritta con la firma di Hitler e recante, per intestazione, una "svastica" stampata alla rovescia; una lettera a firma "Stalin" scritta in un francese incredibilmente sgrammaticato, ed infine una serie di lettere dattiloscritte a firma "Cadorna",

"Montini", "Dulles" che recavano delle date per nulla concordanti con i fatti cui si riferivano».

Pure queste considerazioni sono riservate a Rusconi (e probabilmente all'avvocato Nencioni), per non aiutare chi vuol demolire l'attendibilità del Carteggio, cui il giornalista continua a credere. Si convince che due fogli a firma di Mussolini, intitolati *Disposizioni sul Carteggio*, «rappresentino la chiave di tutta la misteriosa storia del carteggio De Toma».

Gli epistolari autentici sarebbero giunti in Svizzera tra l'ottobre 1944 e l'aprile 1945, tramite emissari di Mussolini e Buffarini Guidi, ma furono poi venduti (Pisanò ignora a chi), scomparendo dalla circolazione. Qualche reperto finì a De Toma, che per ricostituire l'originaria collezione «aveva fatto *fabbricare* parte dei documenti mancanti: in definitiva egli presentava un carteggio in parte autentico e in parte fabbricato sulla scorta di documenti originali, ormai alienati per fortissime somme da coloro che li avevano avuti in consegna nel 1945. Questi documenti *fabbricati* erano perciò in gran parte *falsi* per costruzione, ma *autentici* per contenuto politico».

Pisanò crede insomma che alle poche carte autentiche siano mescolate molte contraffazioni, copia più o meno fedele degli originali.

Un ex commilitone di De Toma, Franco Pittalis, svela al giornalista vecchi traffici di documenti falsificati: «Avevamo organizzato nel 1946-47 un servizio di soccorso per fascisti ricercati per collaborazionismo. Per mezzo di un tale chiamato Maleckar che aveva messo le mani su un vero deposito di carte d'identità, munivamo di falsi documenti d'identità emessi in data antecedente al 25 aprile 1945 i fascisti dispersi e ricercati, e facendoli figurare come profughi istriani li facevamo accogliere nel campo profughi sistemato [a Brescia] presso la caserma "Goito"».

Queste le conclusioni del reporter: «Alla base di tutta la vicenda scatenata attorno a De Toma e ai documenti da lui resi noti, c'è *indubbiamente l'autentico carteggio Mussolini*. De Toma è giunto chissà come a poter pretendere dai detentori svizzeri la consegna dei residui del *carteggio* completo, facendo falsificare da Camnasio parte dei documenti mancanti o fabbricandone completamente di nuovi».

Con ragionamento contorto, Pisanò ammette dunque che il

sodalizio De Toma-Camnasio produsse apocrifi in serie, ma a suo parere le falsificazioni concernono la *forma* e non il contenuto.

Anche la polizia indaga, seppur in ritardo, sui depositari del Carteggio. Nonostante le coperture di elementi del SIFAR, De Toma nell'estate del 1954 (cfr. pp. 108-109) viene arrestato e dopo due mesi scarcerato; a quel punto, grazie all'appoggio della rete neofascista, riesce a fuggire in Brasile, dove trova un buen ritiro. Ha recitato la sua parte e seguito i consigli dei camerati di allontanarsi dall'Italia.

L'ultima raffica (a salve)

Trascorso un quinquennio dalle vicende di cui è cronista e protagonista, dall'ottobre 1959 al gennaio 1960 Giorgio Pisanò pubblica su «Gente», un nuovo settimanale diretto da Edilio Rusconi, *Il romanzo del Carteggio. Sveliamo il giallo più sensazionale del dopoguerra*, ambiziosa inchiesta in dodici puntate.

I titoli delle singole parti ben rendono impostazione, contenuti e progressione narrativa: *De Toma braccato fuggì nella notte – Il cerchio si stringe intorno al Signor X – La morte in agguato sulla via del Carteggio – L'ultimo bacio prima di morire – I segreti di Janko l'albanese – Affiora la verità sulle lettere di De Gasperi – Caccia all'uomo attorno alle mura vaticane – Martin Bormann vive e comanda ancora le SS – De Toma, se parli ti imbottiamo di pallottole – 24 drammatiche ore per le strade di Ginevra – Così Enrico De Toma confessò i segreti del carteggio – De Toma raggiunse il Brasile con l'aiuto delle SS*.

Il direttore Rusconi – uscito indenne dalla rovinosa *Operazione gatto* – spiega che «le indagini sono proseguite in tutto questo tempo ed ora, a cinque anni dalla pubblicazione su "Oggi", possiamo raccontare su "Gente" ciò che realmente è avvenuto attorno al celebre carteggio. Questa che noi iniziamo è dunque una narrazione fitta di avventure, colpi di scena, pericoli e in cui non mancano nemmeno vittime umane».

La narrazione sarà pure avvincente, ma non svela la verità sul possessore degli apocrifi («un falsario solo al 50%») e tantomeno sui maneggi dei favoreggiatori di De Toma. Il giallo di

«Gente» mescola realtà e fantasia, riprendendo in chiave romanzata – con l'aggiunta di parti fantastiche – stralci delle due relazioni consegnate nel luglio e nel novembre 1954 a Rusconi.

Mancano tuttavia spiegazioni convincenti del motivo per cui la latitanza di De Toma – nel pomeriggio del 25 ottobre 1954 – iniziò proprio con una visita a Pisanò, per riallacciare i rapporti con la rete neofascista. Una rete che includeva due amici di Pisanò quali il giornalista Alessandro Minardi e il notaio elvetico Bruno Stamm (Minardi, tra l'altro, dispone di un plico di documenti dell'Archivio Mussolini, consegnati nell'agosto 1954 – dopo la denunzia alla magistratura da parte della Prefettura di Milano – alla soprintendenza archivistica della Lombardia).[28]

Mentre la monografia *Enrico De Toma racconta... I documenti di Mussolini* sposta l'attenzione del lettore sulle pressioni istituzionali per appropriarsi del Carteggio, l'inchiesta di Pisanò per «Gente» tira in ballo una fantomatica organizzazione di SS.[29]

Con abile manovra, l'inattendibile contenuto degli epistolari è relegato sullo sfondo e la narrazione si concentra sull'invio del Carteggio in Svizzera e la sua successiva ricomparsa nelle mani di De Toma.

La versione 1959-60 differisce notevolmente dalla precedente. Acclarata l'inconsistenza del racconto di De Toma, il giornalista rimodella la leggenda delle carte Churchill-Mussolini, con lo strampalato teorema della *falsità formale* sanata dalla *veridicità sostanziale*.

Il rapporto tra gli epistolari e il loro possessore, e finanche l'espatrio oltreoceanico, sono spiegati col meccanismo del *Deus ex machina* del teatro greco: la calata dall'alto del personaggio che risolve in modo inaspettato uno spettacolo aggrovigliato. La figura decisiva è un ex agente del SD operante in Italia (certo «signor Max Wagner che non si chiamava così»), capofila con Martin Bormann (già segretario personale di Hitler) della rete di SS messasi sulle tracce dei documenti del Duce. Con Wagner, la sinfonia del Carteggio approda a un finale mosso, nel quale De Toma *deve* mentire per salvarsi la vita.

Nella fantasiosa ricostruzione giornalistica, Mussolini, dopo incontri clandestini dell'ottobre 1944 a Porto Ceresio con emissari anglo-americani (già evocati da Tommaso David: cfr. p. 56), inviò in Svizzera documenti cruciali.

Nel dopoguerra le ss di Bormann si misero alla ricerca del Carteggio, in Svizzera; un membro del gruppo rivelerà a Pisanò di aver affidato a De Toma il prelievo dell'archivio di Giovanni Züst: «Se parli» gli dicemmo «se ti lasci scappare di bocca solo qualche notizia che possa comprometterci, il meno che ti possa capitare è una scarica di pallottole nella pancia».[30] L'operazione riuscì perfettamente, cosicché nel 1948 i nazisti lucrarono sul materiale «mussoliniano» per procurarsi passaporti falsi e fuggirsene in America Latina. A quel punto De Toma, rimasto con pochi e irrilevanti documenti, si ingegnò con Camnasio a ricostruire il Carteggio.

Così Pisanò spiega la montagna di menzogne del truffatore, nell'ennesima puntata dell'interminabile istoria. È la versione appresa da un ex agente nazista di cui ignora l'identità, incontrato a Monaco il 10 luglio 1957. In quell'occasione, il sedicente Max Wagner rivelò il bandolo della matassa: «È in Svizzera che lei può trovare la chiave di come De Toma sia diventato *messaggero del duce* e *depositario del carteggio*».

Pisanò resuscita Bormann: «De Toma si inserì per caso nella organizzazione capeggiata dal braccio destro di Hitler: lì cominciò la storia del Carteggio» («Gente», 11 dicembre 1959).

La saga dell'agente speciale Wagner e delle sue ss, adatta a una sceneggiatura cinematografica, non rende onore al giornalista, che vi dedica tre lunghe puntate senza premurarsi di provarne la veridicità. Gli ingredienti del noir ci sono tutti, ma chi cercasse riferimenti a personaggi o a episodi reali resterebbe deluso. L'evocazione della rete neonazista risponde alla curiosità popolare, calamitata sul finire degli anni Cinquanta dall'esodo latinoamericano dei gerarchi hitleriani.

L'entrata in scena di Wagner & co. risolve una serie di incoerenze: prima di tutto conferisce al «Grande servizio di "Gente"» un tocco di mistero con imboscate, delitti e persino la resurrezione di Martin Bormann; in secondo luogo l'inesistente organizzazione nazista copre il ruolo giocato dalla vera rete neofascista di supporto a De Toma; poi, bugie e contraddizioni detomaine si spiegano come autodifesa dai ricatti nazisti e dalle minacce di morte in caso di confessione; infine la guerra di agenti nazisti e dell'Intelligence Service attorno al Carteggio catalizza l'attenzione dell'opinione pubblica e fa impennare le vendite della rivista.

L'incontro di Monaco del 10 giugno 1957 tra Pisanò e il capofila del *réseau* nazista è una licenza letteraria, impossibile da riscontrare e ancorare a circostanze fattuali.

Pisanò solletica la curiosità popolare sulla presunta fuga in America Latina di Bormann e gli affianca un personaggio sinistro («Wagner»), collegandolo al Carteggio e dunque a De Toma.

La telenovela del Bormann redivivo si chiuderà col rinvenimento, nel dicembre 1972, in un parco berlinese, del teschio e di alcune ossa dell'ex segretario di Hitler, morto il 1° maggio 1945: i resti saranno riconosciuti dal suo dentista e riscontrati nel 1999 dall'esame del DNA. A quel punto il tribunale di Francoforte ne sancirà la morte.

Nella lunga inchiesta pubblicata su «Gente», il giornalista ha cambiato tutto per non mutare nulla. Rivolta la storia di copertura, quando quella vecchia è miseramente crollata; fa il disperato tentativo di restituire credibilità al materiale pubblicato nel 1954 da «Oggi» e dal «Meridiano d'Italia». Si tratta, insomma, della riverniciatura di un mobile penosamente corrotto dai tarli.

A metà dicembre, a margine della decima puntata dell'inchiesta, quantifica al direttore di «Gente» le ragguardevoli spese sostenute (300.000 lire) e prospetta «la possibilità di preparare subito almeno altri quattro servizi a puntate (per complessive 20-25 puntate) sempre sul filone del *romanzo giallo*».[31] Il riferimento al «romanzo giallo» conferma l'impostazione avventurosa degli articoli, da intendersi come spari a salve, rumorosi ma innocui.[32] E questa, relativamente al Carteggio (il cui brodo è allungato in due ulteriori servizi pubblicati nel gennaio 1960), sarà l'ultima raffica esplosa dal giornalista milanese a difesa del Carteggio.

La dodicesima e ultima puntata contiene un'intervista a De Toma che mescola molte mistificazioni a piccole dosi di verità. Si parte, come ormai d'uso, dal bagaglio di Mussolini, ma stavolta le borse si sono moltiplicate e non contengono più documenti originali, bensì *fotocopie*!

> Nelle borse già aperte, trovammo, per quanto concerneva il dossier Mussolini-Churchill, solo le fotocopie dei documenti, che ormai non c'erano più.
> Fotocopie di documenti autentici, su questo non c'è dubbio, quasi tutti autografi, e che gli svizzeri avevano ripreso prima di vendere gli originali agli inglesi. Quelle stesse fotocopie che riuscii poi a farmi consegnare dagli svizzeri, e in base alle quali feci costruire poi tanti «originali» del mio «carteggio».[33]

La sintesi redazionale dell'articolo, utilizzata da «Gente» come sottotitolo, è più efficace: «Ho costruito gran parte del carteggio – mi raccontò De Toma – sulla base di fotografie di documenti buoni che erano già stati restituiti agli interessati».

L'imbroglione accenna finalmente alla collaborazione di Camnasio e al lavoro compiuto in un gabinetto fotografico zurighese:

> Ho conosciuto Camnasio nel 1949, quando avevo già in mano tutto il materiale *su cui costruire il carteggio*. Mi colpì la sua vasta conoscenza di problemi politici e internazionali, e l'abilità con la quale riusciva a «doppiare» documenti storici, ricostruendoli in maniera quasi perfetta, con uno speciale sistema di stampa. Gli mostrai al-

cune fotocopie e lui capì subito di trovarsi di fronte a fotografie di documenti autentici. La faccenda l'interessò. Gli raccontai che ero venuto in possesso di un carteggio di estrema importanza e che intendevo costruire dei «doppioni» dei documenti allo scopo di non esporre a inutili rischi gli originali, nel corso delle trattative che avrei avuto con editori interessati a pubblicare tutto il materiale in mio possesso.

Fu così che Aldo Camnasio divenne mio socio, mi finanziò numerosi viaggi in Svizzera e «doppiò» una sessantina di documenti. [...]

Altre ricostruzioni le effettuò un laboratorio fotografico di Zurigo. Ma si trattò soprattutto di fotoricostruzioni: testi battuti a macchina e firmati, quindi fotografati.

Probabilmente nel 1949 De Toma acquisì un primo blocco di documenti, poi via via aumentati di numero dalla creatività del «marchese» (contraffattore di lungo corso), col supporto tecnico di falsari e tipografi italiani e svizzeri coordinati dallo stesso Camnasio.

L'Archivio Giorgio Pisanò (oggi meritoriamente riordinato dal fratello minore Paolo) contiene diversi documenti inediti, essenziali per individuare e interpretare il retroscena delle indagini di «Oggi», «Meridiano d'Italia» e «Gente» sul Carteggio.

Un tal Nizza (dal contesto, si intuisce essere un informatore del giornalista) riferisce di avere «incontrato un noto falsificatore di documenti col quale ebbe rapporti anni or sono. Si tratta di certo Palomba, il quale gli ha rivelato di essere lui che ha falsificato, d'accordo con De Toma, il carteggio, e dice di poterlo dimostrare indicando documenti autentici dai quali ricopiò lettere o gruppi di lettere». Un autografo in inchiostro verde precisa: «D.T. si fidò di questo qui che gli anticipò anche dei soldi (la macchina fotografica... tipi di falso, formule chimiche per riportare l'inchiostro che può non venire assorbito) + £ 250.000 l'ha già avute – il resto con il prossimo acconto».[34]

Pisanò ha dunque trovato il bandolo della matassa, ma non lo dipana in pubblico. Perché? Cosa nasconde l'ideazione del gruppo di ss operante clandestinamente in Svizzera, avvalorata dalle dodici puntate de «I grandi servizi di "Gente"»?

La latitanza di De Toma è organizzata e gestita da un'efficiente rete neofascista, con addentellati internazionali le cui basi sono rivelate dalle tappe della fuga: dall'Italia alla Svizzera, dalla Francia al Brasile. Il Paese di destinazione è scelto a ragion veduta, poiché vi operano i camerati della «Tribuna Italiana» (sottotitolo del settimanale: «Libera voce degli italiani di oltremare»), affine all'«asso di bastoni» e al «Meridiano d'Italia», coi quali combatte battaglie comuni.

Alessandro Minardi, vicedirettore di «Candido», fornisce al fuggiasco i denari per l'espatrio, collocandosi con ciò stesso dentro questo gruppo,[35] al pari del notaio Bruno Stamm, complice di De Toma nella manfrina degli «originali» custoditi in cassaforte e poi suo accompagnatore a Parigi per l'imbarco verso il Nuovo Mondo.

Anche Pisanò ha giocato un ruolo nella vicenda, poiché – in aggiunta a quanto si è visto sul passaggio del confine italoelvetico – possiede copia dei documenti d'identità brasiliani di De Toma, ottenuti nel 1955.

A fine 1954 De Toma fugge in Brasile. Il certificato di soggiorno permanente rilasciatogli nel marzo 1958 lo qualifica «Economista».

1. *Menzogne e realtà nel carteggio Mussolini*, «asso di bastoni», 2 maggio 1954.
2. Nello Briasco ed Enrico Fiorini, *Anche gli ex ministri di Salò giudicarono falso il carteggio*, «La Settimana Incom Illustrata», 5 giugno 1954.
3. Carmelo Puglionisi, *Technique d'un coup d'état. Pourquoi et comment Mussolini a été renversé*, Éditions populaires françaises, Paris 1944.
4. Puglionisi pubblicò nel 1948, per le edizioni L'Arnia, il libello *Sciacalli. Storia dei fuorusciti*, testo classico della campagna anti-antifascista (verrà ristampato nel 1972 dalle Edizioni Il Borghese e distribuito nel 2003 come allegato al quotidiano milanese «Libero»). Sulla sua affiliazione spionistica cfr. Mimmo Franzinelli, *I tentacoli dell'Ovra*, cit., pp. 302 e 436, e Mauro Canali, *Le spie del regime*, il Mulino, Bologna 2004, pp. 295 e 770.
5. C. Pu. [Carmelo Puglionisi], *Il carteggio Mussolini*, «Meridiano d'Italia», 4 aprile 1954.
6. Sul «Meridiano d'Italia», il direttore è indicato come Franco Mario Servello. Le sue memorie sono raccolte nel volume *60 anni in fiamma. Dal Movimento Sociale ad Alleanza Nazionale*, Rubbettino, Soveria Mannelli 2006.
7. *Il parere dell'avv. Nencioni*, «Meridiano d'Italia», 30 maggio 1954. Parte significativa del materiale sul Carteggio raccolto dallo studio legale Nencioni è oggi conservata nell'Archivio Giorgio Pisanò.
8. Giorgio Pisanò, *Contro Guareschi la manovra Scelba-Incom*, «Meridiano d'Italia», 30 maggio 1954.
9. Giorgio Pisanò, *Veri o falsi i carteggi?*, «Meridiano d'Italia», 24 aprile 1954.
10. L'ira di Pisanò è dovuta a una dichiarazione del colonnello Gelormini sulla malafede del «Meridiano d'Italia». La pagina della «Settimana Incom Illustrata» con la lettera aperta postillata dall'insulto figura in AGP.
11. G.P. [Giorgio Pisanò], *Intervista con il Capo della Polizia*, «Meridiano d'Italia», 16 maggio 1954.
12. Giorgio Pisanò, *De Toma parla del segreto: "Operazione Carteggio"*, «Meridiano d'Italia», 6 giugno 1954.
13. Giorgio Pisanò, *De Toma e il «Signor X»*, «Meridiano d'Italia», 13 giugno 1954.
14. «Nota dell'Ufficio» [Divisione Affari riservati] sulla relazione della Direzione generale della PS sulle informative di De Toma sulle liste Ovra, 14 giugno 1954. AiCdM, cit.
15. De Toma racconta a Pisanò di aver rifiutato il denaro di un agente inglese; in altri contesti il tentativo di corruzione è invece attribuito

a «uno Special Agent del Criminal Investigation Department» statunitense. Cfr. *Enrico De Toma racconta...*, cit., p. 12.

16. Si veda alle pp. 141-146 l'indagine su De Toma pubblicata da Pisanò nel 1959-60 su «Gente».

17. Rivelazioni sulle mosse investigative contro colleghi-rivali figurano in Giorgio Pisanò, *Contro Guareschi la manovra Scelba-Incom*, «Meridiano d'Italia», 30 maggio 1954.

18. *Le dichiarazioni dell'ex ministro Tarchi*, «Meridiano d'Italia», 24 aprile 1954.

19. *Intervista con Graziani*, «Meridiano d'Italia», 24 aprile 1954.

20. *Chi ha visto i documenti?*, «Meridiano d'Italia», 16 maggio 1954.

21. *Dichiarazione di Dino Campini*, «Meridiano d'Italia», 16 maggio 1954.

22. Giorgio Pisanò, *Scelba chiese a Rizzoli di non pubblicare il carteggio Mussolini*, «Meridiano d'Italia», 2 maggio 1954.

23. Giorgio Pisanò, *De Toma risponde a Gelormini*, «Meridiano d'Italia», 9 maggio 1954.

24. Giorgio Pisanò, *Guerra fredda sul Carteggio. Enrico De Toma possiede anche una lettera di Stalin*, «Meridiano d'Italia», 16 maggio 1945.

25. Giorgio Pisanò, *Affiora la verità sulle lettere di De Gasperi*, «Gente», 27 novembre 1959.

26. *Quando De Toma trattava con Andreotti*, «Meridiano d'Italia», 11 luglio 1954.

27. Esordio dell'*Inchiesta sul «Carteggio Mussolini»*, prima stesura dattiloscritta di Giorgio Pisanò in cinque cartelle, nell'Archivio Pisanò.

28. Il 12 agosto 1954 Alessandro Minardi consegna al reggente la soprintendenza archivistica delle provincie lombarde la «cartella n. 15 dell'Archivio Mussolini», contenente documenti del 1941-43, in prevalenza carteggi del Comando Supremo e fascicoli sull'armistizio italofrancese. Il materiale viene «trasferito a Roma e rimesso al soprintendente l'Archivio centrale dello Stato affinché provveda, con la riservatezza, con il tatto e con ogni altra cautela necessaria, ai dovuti accertamenti tecnici» sull'autenticità o meno dei reperti. Cfr. il verbale di consegna del 23 agosto 1954 e il Rapporto della Direzione generale Amministrazione civile del Ministero dell'Interno al Gabinetto del Ministero dell'Interno, 24 agosto 1954. ACS, Ministero dell'Interno, Gabinetto 1953-56, b. 61, fasc. 1712/5.

29. Come si ricorderà, Ezio Maria Gray subordinò la credibilità del materiale di De Toma alla sua possibile appartenenza al servizio segreto costituito da Mussolini per trasferire in Svizzera il Carteggio (cfr. p. 131). Pisanò riprende tale schema, sostituendo alla rete neofascista un'organizzazione segreta di ex SS. Né l'ipotesi di Gray del 1954, né

la tardiva spiegazione di Pisanò del 1959-60 poggiano su elementi verificabili.

30. Giorgio Pisanò, *De Toma, se parli ti imbottiamo di pallottole*, «Gente», 18 dicembre 1959.

31. Minuta della lettera di Pisanò a Rusconi, 14 dicembre 1959. AGP.

32. Prima di approfondire – mediante comparazione tra gli articoli giornalistici e la documentazione conservata nel suo archivio – il ruolo di Giorgio Pisanò in queste vicende, lo collocavo tra i maggiori reporter investigativi del secondo dopoguerra. Ora lo considero un abile scrittore di gialli storico-politici su eventi a lui contemporanei e per i quali avverte coinvolgimento ideologico. L'inchiesta su «Gente» precorre, per certi versi, il filone creato negli anni Sessanta da Giorgio Scerbanenco col ciclo dell'ispettore Duca Lamberti e poi rappresentato al meglio da Massimo Carlotto nei romanzi sul detective Marco Buratti (l'«Alligatore»).

33. Giorgio Pisanò, *De Toma raggiunse il Brasile con l'aiuto delle ss*, «Gente», 8 gennaio 1960.

34. Manoscritto di Pisanò, privo di data, ma con tutta probabilità dell'estate-autunno 1954. AGP.

35. I denari passati da Alessandro Minardi a De Toma erano di Giovannino Guareschi (imprigionato a Parma), che apprese di questa elargizione con stupore e irritazione. Testimonianza di Carlotta e Alberto Guareschi all'Autore, Roncole Verdi, 28 settembre 2013.

PARTE TERZA

Mussolini & Churchill

Finché guerra non vi separi

Churchill, il mussoliniano

L'esame della pretesa corrispondenza Churchill-Mussolini richiede una duplice premessa che chiarisca quali rapporti intercorsero tra lo statista britannico e il Duce, e quali furono tempi, modalità e obiettivi dell'ingresso italiano nel secondo conflitto mondiale. Due questioni decisive, per valutare l'attendibilità del Carteggio sull'alleanza segreta tra nemici in (finta) guerra.

Sir Winston Leonard Spencer Churchill (Woodstock 1874 – Londra 1965) è uomo d'ordine, fedele al liberalismo ma anzitutto agli interessi del Regno Unito. Ciascun avversario dell'Impero britannico viene da lui combattuto con ogni energia. Sino al 1939, il principale nemico è il bolscevismo; poi, sino al 1945, il nazismo; nel dopoguerra, di nuovo il comunismo.

Nel 1918, ministro della Guerra, invia in Russia soldati, approvvigionamenti e armi all'esercito «bianco» schierato contro l'Armata rossa. Convinto che «tra tutte le tirannidi della storia quella bolscevica è la peggiore», propone persino l'uso di armi chimiche: «Dopo aver vinto gli unni, le tigri del mondo, non accetterò di essere sconfitto dai babbuini!».[1] Il 15 dicembre spiega al Gabinetto di guerra le ragioni d'intransigenza, ispirate all'internazionalismo capitalista: «È un errore pensare che in tutto quest'anno abbiamo combattuto la battaglia dei russi antibolscevichi; al contrario, abbiamo combattuto la nostra, e questa verità diverrà dolorosamente evidente nel momento in cui essi saranno sterminati e le armate bolsceviche avranno la supremazia su tutti i vasti territori dell'impero russo».[2]

L'avversione esistenziale al comunismo gli fa salutare il Duce come salvatore dell'Italia dal pericolo rosso, ma appena gli interessi italiani urtano quelli inglesi, i giudizi si inaspriscono: «Che porco, questo Mussolini!» scrive alla moglie Clementine il 5 settembre 1923, al culmine della crisi internazionale di Corfù.[3]

Il 7 gennaio 1925, quattro giorni dopo la svolta autoritaria che segna l'inizio della dittatura, il ministro De Stefani – riconoscente per l'appoggio britannico ai negoziati sul debito di guerra – telegrafa a Mussolini: «Nel colloquio che ho avuto oggi con Churchill quest'ultimo ha voluto esprimere la sua simpatia per V.E. e la sua considerazione per l'opera energica da V.E. svolta per la repressione del bolscevismo».

Il 15 gennaio 1927 l'allora Cancelliere dello Scacchiere rinegozia con Mussolini e il ministro delle Finanze Volpi il debito di guerra italiano. Nella conferenza stampa convocata prima del rimpatrio, loda il fascismo ma precisa di considerarlo adatto a realtà democraticamente arretrate: «Fossi italiano, mi sarei certamente schierato con tutto il cuore al vostro fianco sin dall'inizio della vostra lotta trionfale contro gli appetiti e le passioni bestiali del leninismo. Ma in Inghilterra non abbiamo dovuto combattere quel pericolo nella stessa forma mortale. Abbiamo un nostro modo di far le cose».[4] Traccia un bilancio positivo della visita, durante la quale ha concordato la sua collaborazione al «Popolo d'Italia», con articoli sulla Grande Guerra. In terra natia, viene per questo accusato di essersi appiattito sulla dittatura fascista.

L'approvazione churchilliana tocca l'acme il 18 febbraio 1933: al rientro dopo una vacanza italiana, definisce Mussolini un «genio incarnato», per la sua funzione antimarxista. Per le medesime ragioni, in quel periodo appoggia l'invasione giapponese della Cina, quale argine all'area d'influenza sovietica.

In occasione dell'invasione dell'Etiopia del 3 ottobre 1935, Churchill assume posizioni moderate e concilianti, studiate per evitare che l'isolamento internazionale spinga l'Italia verso il Reich. Nel volgere di una settimana, la Società delle Nazioni, con il voto di 51 Stati sui 54 rappresentati (si oppongono Austria, Albania e Ungheria) impone all'Italia sanzioni economiche, tra cui l'embargo su armi e materiali strategici.

La discussione di politica estera apertasi il 24 ottobre alla Camera dei Comuni è caratterizzata da un vigoroso discorso di Churchill, di serrata critica al riarmo tedesco e notevole apertura alle posizioni italiane. Egli riconosce a Mussolini la visione di un grande statista, per aver mantenuto il suo Paese nella Società delle Nazioni, reagendo in modo «disciplinato» alle sanzioni.[5] E teme la saldatura italotedesca, dagli inevitabili connotati antibritannici. Certo soffre il *vulnus* inflitto all'Impero britannico dalla campagna d'Abissinia, ma pur di isolare la Germania nazista è disposto ad accettare sacrifici quali l'annessione dell'Etiopia al Regno d'Italia. Rivelatrice è la confidenza fatta all'ambasciatore Grandi durante il colloquio londinese del 1° maggio 1936: «L'Abissinia è vostra nel senso più completo della parola. Insistere nel negare o contrastare questa realtà significa aggravare la sconfitta politica del Governo [inglese]. Bisogna pensare a ricostruire il fronte antitedesco di Stresa al più presto. Altrimenti saremo noi stessi gli artefici della egemonia tedesca sull'Europa».[6]

Nel 1936-37 Churchill condivide con Mussolini l'avversione al Fronte popolare che governa la Francia, guidato dal socialista Léon Blum. È invece perplesso riguardo la situazione spagnola: propugna la neutralità nella guerra civile e condanna l'intervento militare italiano; avversa sia una Spagna fascistizzata sia una Spagna dominata dai comunisti. Così illustra il proprio punto di vista all'incaricato d'affari italiano a Londra:

Una Spagna fascistizzata, sotto il controllo dell'Italia, coinvolgerebbe la situazione del Mediterraneo, e sarebbe un disastro per l'Inghilterra.

Io sono un ammiratore del fascismo italiano, e non l'ho mai nascosto. Il Duce ha salvato l'Italia e l'Europa dalla minaccia bolscevica. Ma io non sono fascista. Sono un credente nelle istituzioni parlamentari.

La fascistizzazione della Spagna sarebbe un altro colpo per le istituzioni parlamentari in Europa. D'altra parte il comunismo in Ispagna sarebbe un disastro più grave e più irreparabile, e bisogna augurarsi che esso sia schiacciato.

Nell'una o nell'altra ipotesi – o una Spagna fascista sotto il protettorato dell'Italia, o una Spagna comunista sotto il protettorato
dell'Urss – l'Inghilterra sarà danneggiata.[7]

Tuttavia, nel settembre 1937, in una conversazione nella sua residenza del Kent con Frank Owen, politico liberale e direttore
dell'«Evening Standard», esprime giudizi disincantati su Mussolini e Hitler, definiti «*These men of microphone and crime*»:
uomini della propaganda e dell'assassinio.[8] L'idillio col capo
del fascismo è già tramontato.

Per meglio comprendere e contestualizzare l'atteggiamento di Churchill verso il Duce, occorre considerare, più in generale, il consenso espresso nei suoi confronti da politici e
intellettuali britannici. L'ex premier liberal-riformista David
Lloyd George lo ritiene «l'unico uomo ad avere le idee chiare
in Europa» (d'altronde, nel settembre 1936 definisce Hitler
«il George Washington della Germania»). Analogo l'orientamento dei leader conservatori Lord Edward Wood, conte
di Halifax (ministro degli Esteri nel 1938-40) e Sir Austen
Chamberlain, per il quale Mussolini è «un patriota e un uomo
sincero». Nella primavera del 1938 il Primo ministro Neville
Chamberlain persegue un «tenace dialogo» con l'Italia, per
isolare il Reich nazista.[9]

Addirittura entusiasta il giudizio del commediografo George
Bernard Shaw (premio Nobel per la Letteratura nel 1925), che
reputa il Duce un legislatore d'avanguardia e lo ribattezza Na-
poleone italiano, incorrendo nelle severe censure di Salvemini.[10] Nell'ottobre 1939, alla cerimonia d'insediamento dell'ambasciatore Bastianini, re Giorgio VI gli esprime ammirazione e
stima per Mussolini.

Da questo momento si verifica un'inversione di tendenza,
determinata dalla guerra europea e dal rafforzamento dell'alleanza Italia-Germania in prospettiva bellicista.

I politici inglesi non sono gli unici a esprimere ammirazione –
o, comunque, ad aprire un credito – verso il Duce. Negli Stati Uniti, infatti, Mussolini gode del sostegno del magnate del
giornalismo William Randolph Hearst e viene spesso celebrato
come *eroe americano*. Il decano del sindacalismo Samuel Gom-

pers, fondatore e presidente dell'American Federation of Labor, elogia i progetti italiani di compartecipazione corporativa tra capitale e lavoro, e alle critiche dei colleghi replica che «i sindacalisti americani si accorgeranno almeno di questo: che non è impossibile simpatizzare con la politica di un uomo il cui obiettivo principale è di compiere delle realizzazioni, di fare piuttosto che di teorizzare, di costruire una civiltà basata sul lavoro e sulla produzione piuttosto che su un aggregato di gruppi disorganizzati sempre in conflitto tra di loro e sempre esprimenti nuove teorie».[11]

Anche il presidente Roosevelt rivela in via confidenziale al corrispondente da Roma John Lawrence di tenersi «in strettissimo contatto con quel vero galantuomo che è Mussolini», che ringrazia «commosso» per il dono di un paio di volumi. Ancora nel 1939, lo statista guarda al fascismo con una certa simpatia.

Mussolini gode insomma, dalla presa del potere sino alla fine degli anni Trenta, di notevole credibilità internazionale – trascurata o esorcizzata dalla storiografia italiana. Tra i suoi estimatori si annoverano personalità d'ogni genere, da Pio XI (sua, il 13 febbraio 1929, la celeberrima definizione di «uomo della Provvidenza») al Mahatma Gandhi (nel dicembre 1931 omaggia a Roma il «salvatore e rinnovatore della sua Patria, statista di primissimo ordine, completamente disinteressato: un superuomo») sino a Sigmund Freud (nell'aprile 1931 dedica uno scritto «A Benito Mussolini, coi rispettosi saluti di un vecchio che nel detentore del potere riconosce l'eroe della civiltà»). Winston Churchill, autorevole membro della British Anti-Socialist and Anti-Communist League, è dunque fra quanti apprezzano la politica di contenimento e debellamento delle sinistre impersonata dal Duce.

Se poi il premier muterà atteggiamento, avversando con fermezza colui che prima ammirava, l'influentissimo connazionale re Edoardo VIII (salito al trono il 20 gennaio 1936) continua a riservare identica stima al dittatore italiano e al suo omologo tedesco. L'ambasciatore Dino Grandi, che lo incontra segretamente dopo la campagna d'Abissinia, riferisce a Mussolini di «avere raramente trovato in Inghilterra una persona che capisca l'Italia fascista e la nostra Rivoluzione meglio di Re Edoardo; [...] è il solo, o quasi, in Inghilterra che abbia capito che cosa è veramente il fascismo».[12] Il sovrano rivela di essere «stato sempre, contro l'avviso dei suoi Generali e dei suoi Ministri, fermamente convinto che la nostra impresa d'Africa sarebbe stata coronata da uno schiacciante successo militare e che il criminoso tentativo dei sanzionisti societari e anti-fascisti di piegare l'Italia sarebbe clamorosamente fallito».

Le simpatie filonaziste di Edoardo VIII sono notorie ed egli fatica a imporre le proprie vedute autoritarie, tanto da dover abdicare l'11 dicembre 1936. A imporglielo sono ragioni politiche, non certo il contrastato amore per la «plebea» pluridivorziata Wallis Simpson. Ceduto il trono al fratello Alberto (Giorgio VI), Edoardo diviene Duca di Windsor e deve adattarsi all'esilio. Libero da obblighi istituzionali, intensifica i rapporti con Hitler, facendogli visita ufficiale il 22 ottobre 1937; della cordialità dell'incontro testimoniano le memorie dell'architetto Albert Speer, futuro ministro degli Armamenti del Reich.[13]

Alla vigilia della guerra, dunque, il Duca mantiene legami semiclandestini col Führer, come si riscontra da alcuni documenti sfuggiti agli agenti britannici, che hanno per esempio fatto sparire il telegramma inviato a Hitler da Antibes il 27 agosto 1939, cui il dittatore tedesco risponde alla vigilia dell'entrata in guerra, il 31 agosto, con un amichevole messaggio.[14]

Mentre i contatti segreti Churchill-Mussolini sono inesistenti, i rapporti tra il Duca di Windsor e il dittatore tedesco sono reali. E vale la pena di coglierne alcuni aspetti, anche perché nella vicenda è decisivo il ruolo di Churchill.

Divenuto Primo ministro il 10 maggio 1940, lo allarmano «il persistente intrigo dei nazisti attorno al Duca di Windsor» e i maneggi antidemocratici dell'ex sovrano (che pure nel 1936 egli sostiene sino all'ultimo, cercando di scongiurarne l'abdicazione). Il 1° luglio minaccia addirittura di deferirlo alla corte marziale se non partirà subito per le isole Bahamas, in esilio dorato.

La rete diplomatica tedesca segue dappresso il caso, aggiornata dallo stesso Duca che, dal Portogallo, il 9 luglio 1940 chiede urgentemente l'invio di un agente che lo metta in comunicazione col ministro degli Esteri del Reich. Gli viene assegnato l'abilissimo ufficiale delle SS Walter Schellenberg, capo dell'Ufficio IV (controspionaggio) della GESTAPO, giunto a Lisbona con l'incarico di organizzare il trasferimento in Germania del Duca e della consorte. Secondo un rapporto germanico, «Il Duca intende posticipare la partenza per le Bahamas più a lungo possibile, almeno sino ad inizio agosto, nella speranza di un cambiamento di eventi a lui favorevole. È convinto che, se fosse rimasto sul trono britannico, la guerra sarebbe stata evitata e si definisce un fermo sostenitore di un'intesa di pace con la Germania. Il Duca crede che bombardamenti incessanti e pesanti preparerebbero l'Inghilterra alla pace».[15]

La rete spionistica nazista lo informa di tenersi pronto a riassumere la leadership, poiché Hitler progetta «l'insediamento sul trono inglese del Duca e della Duchessa» in un contesto internazionale di Pax Germanica. E, in effetti, egli rimane in trepida attesa, disponibile a incarnare la parte assegnatagli dal (presunto) vincitore.[16]

Così i neofascisti vorrebbero Churchill: con la mano alzata nel saluto romano.

Timoroso di un colpo di mano degli agenti britannici allertati da Churchill, Edoardo confida nella protezione del Führer, e in segno di lealtà fa consegnare dal suo segretario ai tedeschi una lista di ebrei emigrati dall'Inghilterra.

Siccome l'intelligence britannica pedina Schellenberg e Churchill prepara l'arresto del Duca, questi – sebbene a malincuore – parte per le Bahamas, dove assumerà il governatorato delle isole. Il commento dell'ambasciatore a Washington, Lord Halifax: «Direi che è un buon piano, relegarlo alle Bahamas, anche se mi spiace per le Bahamas».

L'ex sovrano rimarrà sgradito in patria; si spegnerà settantasettenne nella sua residenza parigina, il 28 maggio 1972.

In anni recenti sono affiorate testimonianze sull'assiduo impegno del MI5 (controspionaggio inglese) per nascondere le compromissioni del Duca di Windsor con i nazionalsocialisti. Sul finire della guerra, re Giorgio VI invia l'agente Anthony Blunt presso Francoforte, allo Schloss Friedrichshof di Kronberg im Taunus, per impadronirsi della corrispondenza del Duca con Hitler e i suoi collaboratori.[17]

La sorte del Duca di Windsor dimostra i rischi corsi dagli statisti britannici che intrattenessero rapporti con i capi di una potenza nemica durante la Seconda guerra mondiale. Principale avversario del «traditore» fu proprio Winston Churchill che – se prestassimo fede al Carteggio – in quel medesimo periodo a sua volta complottava con Mussolini!

Un ultimo elemento di riflessione riguarda l'impegno dell'intelligence di Sua Maestà per salvaguardare l'onore della casa reale, individuando ed eliminando epistolari compromettenti. Un'azione che si rivela un fallimento clamoroso, poiché nel dopoguerra negli archivi tedeschi e inglesi emersero molteplici documenti sui retroscena di Edoardo. Quegli stessi servizi segreti sarebbero invece riusciti a distruggere *tutte* le prove di trame tra Churchill e il Duce?!?

Churchill, l'antimussoliniano

Abbandonato nel 1929 l'incarico di Cancelliere dello Scacchiere, per un decennio Churchill si tiene in disparte, pur esprimendo in scritti e discorsi le proprie opinioni, contrarie alla politica estera dei governi conservatori di Baldwin e Chamberlain. Raccomanda cautela nel condannare l'aggressione italiana all'Etiopia, per non spingere Mussolini nelle braccia di Hitler, nemico mortale del Regno Unito. Alla costituzione dell'Asse nell'ottobre 1936, vede nel capo del fascismo l'opportunista schieratosi con il più forte. Agli inizi del 1939, mentre le pressioni naziste sulla Cecoslovacchia si inaspriscono, contrappone il blocco armato delle democrazie ai dittatori che minacciano la pace europea.[18] Mussolini è ora considerato un potenziale nemico, in quanto satellite del Führer. Tale posizione si riscontra negli articoli sulla politica estera e i problemi della difesa pubblicati periodicamente da Churchill.

Per esempio il messaggio del 30 gennaio 1939 – intitolato *Le preoccupazioni di Mussolini* – si apre col riconoscimento dei «meriti» del dittatore: «Fino a pochi anni or sono molta gente in Gran Bretagna nutriva la massima ammirazione per il lavoro che lo straordinario signor Mussolini aveva compiuto per il suo paese. Per merito suo, infatti, l'Italia si era salvata dall'anarchia e aveva acquistato, con dignità e ordine, una posizione che tutti ammiravano, anche coloro che erano rimasti addolorati per la perdita della libertà italiana». All'apprezzamento del passato corrisponde la critica del presente, per la politica guerrafondaia del Duce, «completamente in balia di Hitler», come un nipote spiantato che dipende in tutto e per tutto dal ricco zio. La lettera aperta culmina in un solenne ammonimento: «Noi tutti dobbiamo ora sperare devotamente che il dittatore italiano calcoli bene ciò che può perdere in questa partita prima di dare il via all'immensa carneficina che sommergerebbe il mondo, e prima di ogni altra regione investirebbe il suo paese estremamente vulnerabile, di cui egli per tanto tempo è stato il capo geniale e fortunato».[19] Valutazioni profetiche.

Primo Lord dell'Ammiragliato nel Gabinetto di guerra costituito da Chamberlain allo scoppio delle ostilità, il 1° settembre 1939, Churchill dirige personalmente le operazioni in Norvegia e considera inevitabile la fratellanza d'armi di Mussolini con il Terzo Reich: l'Italia giocherà, presto o tardi, il ruolo di «sciacallo» dei nazisti.[20]

In effetti Mussolini è risoluto ad affiancare Hitler, nella convinzione della vittoria entro un paio d'anni: rimane solo da stabilire «il *quando*, cioè *la data*», come spiega a fine marzo 1940 alle massime autorità politico-militari.

L'Italia non può rimanere *neutrale* per tutta la durata della guerra, senza dimissionare il suo ruolo, senza squalificarsi, senza ridursi al livello di una Svizzera moltiplicata per dieci.

Il problema non è quindi di sapere se l'Italia entrerà o non entrerà in guerra perché l'Italia non potrà fare a meno di entrare in guerra, si tratta soltanto di sapere quando e come; si tratta di ritardare il più a lungo possibile, compatibilmente con l'onore e la dignità, la nostra entrata in guerra:

a. per prepararsi in modo tale che il nostro intervento determini la decisione [della vittoria];

b. perché l'Italia non può fare una guerra lunga, non può cioè spendere centinaia di miliardi come sono costretti a fare i paesi attualmente belligeranti.[21]

Il Duce va fiero di queste analisi; vanaglorioso, si autocita in una successiva riunione con i capi di Stato Maggiore: «Nel mio memoriale del 31 marzo ho spiegato con una logica che La Maestà il Re ha trovato *geometrica*: 1) che non possiamo assolutamente evitare la guerra; 2) che non possiamo farla con gli alleati; 3) che non possiamo farla che con la Germania».[22]

Churchill, consapevole di tutto ciò, non si illude di condizionare Mussolini. Contrariamente alle farneticazioni dei fautori del Carteggio, non gli scrive in gran segreto per sensibilizzarlo alle ragioni del Regno Unito né per spingerlo alla guerra: il dittatore si getta nel conflitto per suo conto, impaziente di trarne bottino.

Lo scambio di lettere

Il negativo avvio della guerra sconvolge gli equilibri politici del Regno Unito. La deludente esperienza di Chamberlain, penalizzata da indecisione e timori, sfocia l'8 maggio 1940 in umilianti dimissioni. Il suo delfino, il ministro degli Esteri Lord

Halifax, sebbene sostenuto dal sovrano e dai conservatori, non cerca di succedergli e due giorni più tardi il re nomina Churchill, che è pure Primo Lord dell'Ammiragliato.

In Italia, il cambio di governo viene incredibilmente snobbato. «La sostituzione di Chamberlain con Churchill è qui accolta con assoluta indifferenza. Dal Duce, con ironia» annota il 10 maggio Ciano. Per Mussolini, concentrato sull'intervento in guerra, è irrilevante che l'Inghilterra sia guidata dall'una o dall'altra figura. Una valutazione clamorosamente sbagliata, alla luce della diversità di temperamento e di visione strategica tra il tentennante Chamberlain e il volitivo successore, che nel quinquennio bellico dispiegherà un eccezionale attivismo, a dispetto dell'età e delle precarie condizioni di salute.

I rapporti della rete diplomatica dimostrano quanto sia stato incauto sottovalutare il cambio della guardia al numero 10 di Downing Street. Si rileva infatti «che due tendenze esistono o esistevano a Londra: quella del Foreign Office per trattative di pace e quella contraria capeggiata da Churchill che avrebbe avuto intanto il sopravvento».[23] Le correnti pacifiste, pur radicate nell'opinione pubblica, non avranno «possibilità di prevalere fino a tanto che il Governo sarà nelle mani di Churchill».[24]

Pareri consonanti esprime il ministro degli Esteri Ribbentrop al collega Ciano: «Hitler ha lasciato una porta aperta. Ma siamo sicuri che gli inglesi non ne approfitteranno. Unico modo per entrare in contatto con noi sarebbe l'immediata liquidazione di Churchill: ma questo non avverrà e lo scontro sarà inevitabile e definitivo».[25]

Churchill è dunque visto, dai diplomatici dell'Asse, come il principale ostacolo a un'eventuale trattativa con il Regno Unito.

Il 14 e 15 maggio, il Gabinetto di guerra discute a Londra la situazione italiana.[26] Si considera che Mussolini abbia «praticamente dichiarato la sua ostilità pur senza averci formalmente dichiarato guerra». Il ministro degli Esteri Lord Halifax suggerisce di inviare comunque un messaggio personale al Duce; Churchill ribatte di averci riflettuto e illustra le linee generali della missiva, da concordare con Halifax[27] (che è il più propenso alle trattative con l'Italia, ma su questo punto si ritrova isolato).

Sino alla primavera del 1940 i governanti delle nazioni non belligeranti si compiacciono della neutralità italiana e sperano in un suo consolidamento, per rafforzare le prospettive della pace.

Francisco Franco elogia la posizione del Duce e lo informa che la Spagna – impreparata militarmente e in difficoltà economica per le conseguenze della guerra civile – scanserà la guerra.[28]

Il presidente degli Stati Uniti preme su Mussolini perché risparmi all'area mediterranea la devastazione provocata da un conflitto; l'influenza italiana e statunitense – auspica Roosevelt – «potrà dispiegarsi non appena si presenterà l'opportunità di negoziare una pace giusta e stabile, per consentire la ricostruzione di un mondo semidistrutto».[29] La risposta del dittatore è risolutamente antinglese («La sola nazione europea che domina gran parte del mondo e possiede il monopolio di molte materie prime fondamentali è la Gran Bretagna. L'Italia non ha programmi del genere, ma dichiara che nessuna pace è possibile senza che i problemi fondamentali della libertà italiana siano risolti») e invita in malo modo il presidente a non intromettersi: «L'Italia non si è mai occupata dei rapporti delle Repubbliche Americane tra di loro e di esse cogli Stati Uniti – in ciò rispettando la dottrina di Monroe – e potrebbe quindi chiedere la "reciproca" per quanto riguarda gli affari europei».[30]

La lettera del 14 maggio in cui Roosevelt si dice preoccupato da notizie «secondo le quali Voi stareste contemplando una prossima entrata in guerra» resta inevasa e il 27 maggio Mussolini rifiuta d'incontrare l'ambasciatore statunitense.[31] Tre giorni più tardi, l'estremo appello del presidente americano è destinato come i precedenti a cadere nel vuoto.

Nemmeno le pressioni della Santa Sede sortiscono esiti significativi. Pio XII invia al Duce un appassionato messaggio personale, riconoscendogli grandi meriti e incoraggiandolo a procedere sulla strada della pace:

Non dubitando del Tuo perseverante lavoro sulla linea che Ti eri prescritta, Noi supplichiamo il Signore di assisterTi in un'ora di tanta gravità per i popoli e di tanta responsabilità per chi tiene le redini del Governo. E per la paternità universale, che è propria del Nostro Ufficio, formuliamo nell'intimo del cuore il voto ardente che siano risparmiati all'Europa, grazie alle Tue iniziative, alla Tua fermezza, al Tuo animo d'Italiano, più vaste rovine e più numerosi lutti; e in particolar modo sia risparmiato al Nostro e al Tuo diletto Paese una così grande calamità.

Nella piena fiducia che l'Onnipotente continuerà con divina larghezza a darTi lume e forza in così trepide ore per il bene e per la salvezza del popolo italiano, a Lui con caldo animo Ti raccomandiamo, e intanto, in auspicio dei divini favori, Ti impartiamo l'Apostolica Benedizione.[32]

Il Duce non si lascia irretire e rivendica con orgogliosa sicurezza il suo vigoroso bellicismo. Impartisce al pontefice lezioni di storia ecclesiastica, ricordando che la Chiesa, invece di perseguire *la pace per la pace*, si è sempre proposta strategie e obiettivi lungimiranti, nei quali le guerre avevano parte rilevante. Mentre le truppe germaniche dilagano in Europa, la pace costerebbe all'Italia l'emarginazione dai futuri scenari geopolitici:

Comprendo, Beatissimo Padre, il Vostro desiderio che sia dato all'Italia di evitare la guerra. Questo è accaduto fino ad oggi, ma non potrei in alcun modo garantire che ciò possa durare sino alla fine. Bisogna tener conto anche della volontà e degli intendimenti dei terzi.

La Storia della Chiesa e Voi me lo insegnate, Beatissimo Padre, non ha mai accettato la formula della pace per la pace, della pace «ad ogni costo», della «pace senza giustizia», di una «pace» cioè che date le circostanze potrebbe compromettere irreparabilmente per il presente e per il futuro le sorti del popolo italiano.

Prosegue spiegando «che se domani l'Italia dovrà scendere in campo, ciò vorrà dire in maniera di solare evidenza per tutti che onore, interessi, avvenire imporranno in maniera assoluta di farlo». Alla benedizione pacifica di Pio XII, il dittatore preferisce le prediche belliche dei cappellani militari alle truppe, a sostegno degli «sforzi di un popolo credente quale l'Italiano».

Mussolini, fiero del modo in cui ha rintuzzato le profferte di pace, ne ragguaglia Hitler, che se ne compiace e definisce «meravigliosa la Vostra risposta al Papa e a Roosevelt».[33] Il capo del fascismo ha insomma «cominciato a emulare il Führer», ma su posizioni subalterne: «Iniziata la carriera come maestro di Hitler, stava cominciando a diventarne l'allievo».[34]

La lettera di Churchill a Mussolini del 16 maggio 1940 si colloca, dunque, in un particolare contesto internazionale, in consonanza alle pressioni statunitensi, spagnole, francesi e vaticane. Il premier vorrebbe scongiurare al Regno Unito l'apertura di un nuovo fronte, per concentrare le energie contro la Germania, scatenata nell'offensiva.

Il 15 maggio ha inviato un dispaccio «segreto e personale» a Roosevelt, nella speranza d'indurlo a piegare le resistenze del Congresso, ostile all'invio di armamenti agli Alleati. Churchill riconosce la preponderanza tedesca, talmente schiacciante da far paventare il rischio di un'Europa nazificata, con il contributo italiano:

> We must expect, though it is not yet certain, that Mussolini will hurry in to share the loot of civilization. [...]
> This time next year we shall have plenty. But if in the interval Italy comes in against us with another one hundred submarines, we may be strained to breaking point.[35]

In questo orizzonte apocalittico, in attesa dell'invasione del Regno Unito, l'apertura all'Italia è volta a guadagnare tempo.

Lo statista spiegherà la lettera al Duce come passo obbligato: «Data la crisi cui eravamo ora giunti con la disastrosa battaglia di Francia, era chiaramente mio dovere, come Primo Ministro, fare il possibile per tenere l'Italia estranea al conflitto e pur non cullandomi in vane speranze, ricorsi immediatamente a tutti i mezzi e a tutta l'influenza in mio potere. Sei giorni dopo essere diventato capo del Governo, scrissi, col consenso del Gabinetto, l'appello a Mussolini».[36]

Il messaggio viene telegrafato da Londra all'ambasciatore a Roma, Sir Percy Loraine, per l'immediata comunicazione al dittatore (cfr. appendice, doc. n. 1):[37]

Londra, 16 maggio 1940

Eccellenza,
ora che ho assunto l'ufficio di Primo Ministro e di Ministro della Difesa torno con la memoria ai nostri incontri di Roma e sento il

desiderio di rivolgere parole di buona volontà a Voi come Capo della Nazione Italiana attraverso quello che sembra diventare un baratro rapidamente allargantesi.

È troppo tardi per impedire che scorra un fiume di sangue fra i popoli britannico ed italiano? Non v'è dubbio che entrambi possiamo reciprocamente infliggerci gravi danni e massacrarci l'un l'altro duramente e oscurare il Mediterraneo con la nostra lotta.

Se Voi così decidete, bisogna che sia così; ma io dichiaro che non sono mai stato il nemico del popolo italiano, né mai, in cuor mio, l'avversario di colui che dà le leggi all'Italia.

Sarebbe fuori luogo far previsioni sul corso delle grandi battaglie che ora divampano in Europa, ma sono sicuro che qualunque cosa possa accadere sul continente, l'Inghilterra proseguirà sino alla fine, anche se completamente sola, come abbiamo già fatto altre volte, ed io ritengo con qualche buon motivo che saremo aiutati in maniera crescente dagli Stati Uniti d'America e anzi da tutte le Americhe.

Vi prego di credere che è senza alcun spirito di debolezza o di paura che io Vi rivolgo questo solenne appello, di cui rimarrà memoria.

Attraverso tutte le epoche, sopra tutti gli altri richiami, ci giunge il grido che gli eredi comuni delle civiltà latina e cristiana non debbono affrontarsi gli uni con gli altri in una lotta mortale.

Ascoltatelo, ve ne scongiuro, con tutto l'onore e con tutto il rispetto, prima che lo spaventoso segnale sia dato.

Esso non sarà mai dato da noi.

Il punto centrale della lettera sta nella prosecuzione della guerra, da parte dell'Impero britannico, sino alla vittoria. È un'ossessione che Churchill esterna ai ministri e ai deputati, nelle conversazioni private e nei radiodiscorsi, nella corrispondenza con Roosevelt e in quella con Mussolini. Un preciso segnale, agli amici come agli avversari, di carattere politico e militare. In assoluta linearità con quanto tre giorni prima, il 13 maggio, scandì con voce ferma dinanzi alla Camera dei Comuni, nel discorso programmatico del neocostituito governo: «Non ho da offrire altro che sangue, dolore, sudore e lacrime», per conseguire un unico risultato, talmente essenziale da esigere ogni energia:

Chiedete quale sarà la nostra politica? Rispondo che è di condurre la guerra per mare, per terra e per aria, con tutto il nostro potere e con tutta la forza che Dio può darci; condurre la guerra contro una tirannide mostruosa che non ha l'eguale nel tetro, miserabile catalogo del crimine umano. Questa è la nostra politica.

Chiedete quale sarà il nostro scopo? Rispondo con una parola sola: vittoria, vittoria a ogni costo; vittoria malgrado tutto il terrore; vittoria, per quanto la strada possa essere lunga e ardua. Senza vittoria, infatti, non c'è sopravvivenza.[38]

La lettera a Mussolini si colloca nel quadro appena descritto e non rappresenta un'iniziativa personale, bensì un accordo diplomatico d'intesa con i suoi ministri e coi governi alleati: l'ambasciatore francese riceve quel messaggio in tempo reale e l'indomani lo trasmette a Parigi, dove se ne condividono contenuti e finalità.[39]

La risposta del Duce – consegnata da Ciano a Sir Loraine nel pomeriggio del 18 maggio e immediatamente telegrafata a Londra (in originale e nella traduzione) –[40] è intransigente sino all'offesa:

Eccellenza,

Rispondo al messaggio che mi avete inviato, per dirvi che vi sono certamente noti i gravi motivi di carattere storico e contingente che hanno schierato in campi opposti i nostri due paesi.

Senza risalire molto indietro nel tempo, vi ricordo l'iniziativa presa nel 1935 dal vostro Governo per organizzare a Ginevra le sanzioni contro l'Italia, impegnata a procurarsi un po' di spazio al sole africano, senza recare il minimo danno agli interessi e ai territori vostri e altrui.

Vi ricordo anche lo stato di schiavitù vero e proprio nel quale l'Italia si trova nel suo stesso mare. Se è per fare onore alla vostra firma che il vostro governo ha dichiarato guerra alla Germania, voi comprenderete che lo stesso senso d'onore e di rispetto agli impegni assunti col trattato italo-tedesco guidi oggi e domani la politica italiana di fronte a qualsiasi evento.

Mussolini
18 maggio XVIII[41]

Frasi grette, suggerite dal predominio tedesco e dall'ansia di sedere al tavolo dei vincitori ai negoziati. Manca, in tutto il documento, la percezione del dramma e del costo del conflitto, valutato esclusivamente quale strumento di conquista.

Il dittatore nemmeno si prende la briga d'informare dello scambio di messaggi l'ambasciatore a Londra, Bastianini:[42] l'entrata in guerra non è negoziabile, la data dipende da Hitler.

Ciano reputa il messaggio «inutilmente duro» e, nel breve colloquio con l'ambasciatore, commenta che il punto più significativo sta nel sottinteso sulla possibile disfatta inglese, che il Duce si attende a breve.[43]

Come già la lettera di Churchill, la replica di Mussolini è subito comunicata da Londra all'ambasciatore francese Corbin (la trova «*d'une sécheresse calculée et déjà hostile*»), la mattina del 19 maggio, con modalità «*Réservé – Très secret*».[44]

Nessuna diplomazia segreta, dunque, né rapporti personali Churchill-Mussolini, ma un confronto (o meglio: scontro) politico, comunicato in tempo reale agli Alleati. *In entrambi i messaggi, non un cenno a contatti pregressi né a patti in elaborazione.*

A posteriori, Churchill osserverà che, se «la risposta fu dura», in compenso «aveva almeno il merito del candore» e risultò utile: «Da quel giorno non potemmo più avere dubbi sull'intenzione di Mussolini d'entrare in guerra al momento a lui più favorevole».[45] Ovviamente, da lì in poi nessun'altra lettera sarà scambiata tra i due statisti, che in meno di un mese ingaggiano uno scontro per la vita o la morte.

La chiusura di Mussolini è definitiva. Confermata l'alleanza con il Reich, la proietta nell'avvenire, per fronteggiare – scrive – *qualsiasi evento*. Gli inglesi tirano le somme e considerano interrotte le trattative sul contenimento del contrabbando via mare, «avendo considerato scoraggiante» spiega Lord Halifax a Bastianini «la risposta giunta a Churchill ad un messaggio che questo avrebbe fatto pervenire al Duce una decina di giorni fa».[46]

Il 28 maggio Mussolini spezza ogni residuo dialogo col Regno Unito: «Per ordine personale del Capo del Governo italiano, tutti i negoziati pendenti tra i due governi circa la semplificazione – in risposta alle osservazioni italiane e a vantaggio dell'Italia – dell'amministrazione del controllo del contrabbando e su altre questioni economiche di reciproco interesse, sono stati rotti a partire dalla data anzidetta».[47]

Da questo momento, i due Paesi sono virtualmente nemici. D'altronde, il 25 maggio l'ambasciatore a Roma aveva informato il Foreign Office «che gli italiani non scenderanno in guerra sino al 10 giugno».[48] Sir Percy Loraine ha visto giusto.

Preavvisato dal premier francese Paul Reynaud dell'intenzione di offrire un piano di concessioni agli italiani, per ancorarli alla neutralità, il 21 maggio Churchill comunica al Gabinetto di guerra di considerarlo inopportuno, dopo la lettera del Duce. Spiega a Reynaud che chiedere il negoziato equivarrebbe ad ammettere la resa, poiché «nelle condizioni in cui eravamo, non avevamo nulla da offrire che Mussolini non potesse prendersi o avere da Hitler se fossimo stati sconfitti».

I britannici, invece d'imbastire trattative inutili («*useless*», nel verbale del Gabinetto di guerra), prefigurano «bombardamenti di Torino e Milano, appena Mussolini avesse dichiarato guerra, [per] vedere come quest'ultimo li avrebbe graditi».[49]

Terrorizzato dall'avanzata tedesca, il Primo ministro francese insiste nel dialogo e propone – in cambio della non aggressione – cessioni territoriali in Somalia, Libia, Tunisia e Congo.[50] Il ministro Ciano replica all'ambasciatore André François-Poncet che, se anche aggiungesse Marocco, Corsica e Nizza, lui dovrebbe egualmente rifiutare, poiché per l'Italia l'unica strada è la guerra[51] (per i sostenitori del Carteggio, invece, «l'Italia, almeno nelle intese segrete tra due capi di Stato ufficialmente nemici, fu sollecitata ad entrare in guerra con la Francia dalla Francia medesima. *Altro che pugnalata alla schiena!*»).[52]

L'orientamento inglese traspare dal colloquio del 28 maggio tra Loraine e Ciano, definito da quest'ultimo «penoso». Alla profezia dell'ambasciatore («Le responsabilità ricadranno soltanto su Mussolini»), il ministro ribatte: «Il problema non riguarda le responsabilità, ma la rapida e decisiva evoluzione della situazione». E Loraine: «Mussolini attende, per il suo attacco, il momento di massima difficoltà di inglesi e francesi. Ma la Gran Bretagna saprà difendersi, e la lama incrocerà la lama».[53]

Nell'imponente *The Second World War*, Churchill giudica

opportunistico l'atteggiamento del Duce. L'Asse Berlino-Roma preconizzava l'intervento italiano: «Fu solo per Mussolini questione di banale prudenza stare a vedere che piega prendesse la guerra, prima di buttare irrevocabilmente allo sbaraglio se stesso e il suo popolo. Quell'attesa non si rivelò affatto infruttuosa. L'Italia fu corteggiata da ambo le parti e s'ebbe molte attenzioni pei suoi interessi, oltre a numerosi contratti fruttuosi e tempo per migliorare i propri armamenti. Così erano passati i mesi della guerra in sordina».

Il premier spera nel protrarsi della neutralità, che d'altronde – a suo avviso – conviene pure al dittatore: «Pace, prosperità e potenza sempre maggiore sarebbero state il compenso di una tenace neutralità. Una volta che Hitler si fosse impelagato con la Russia, questo felice stato di cose avrebbe potuto prolungarsi indefinitamente con sempre maggiori benefici e Mussolini erigersi, con la pace o anche nell'ultimo anno di guerra, come l'uomo politico più avveduto che l'assolata penisola e il suo popolo industre e prolifico avessero mai avuto».[54] Ma il Duce agogna più estesi orizzonti di gloria.

Guerra!

Respinte le aperture pacifiste di Churchill, Mussolini si prepara all'ingresso in guerra. Lo prende un'incontenibile fretta, poiché la rapida avanzata delle armate tedesche gli fa credere imminente la vittoria di Hitler.[55]

Mercoledì 29 maggio illustra ai capi di Stato Maggiore l'attacco, fissato per il 5 giugno: «Le nostre forze si dirigeranno verso l'Inghilterra, cioè verso le sue posizioni e forze navali in porto ed in navigazione nel Mediterraneo. Come previdi il 26 maggio 1939, la guerra aereo-marittima su tutte le frontiere».[56] Al dittatore piace atteggiarsi a profeta, che tutto prevede e a tutto provvede.

L'indomani comunica orgoglioso al Führer: «Il popolo italiano è impaziente di schierarsi al fianco del popolo germanico nella lotta contro i nemici comuni».[57] Ma Hitler impone una dilazione, infastidito dagli alleati dell'ultim'ora.

Anche a Londra ci si prepara a nuovi scenari bellici. Ricevuta la lettera di Mussolini, Churchill si considera ormai virtualmente in guerra con l'Italia, e agisce di conseguenza. Da buon inglese, ha, rispetto al Duce, un approccio meno declamatorio e più pragmatico. In pochi giorni pianifica il sequestro del naviglio italiano ancorato in porti stranieri e prepara l'invasione di Creta, per controbilanciare il prevedibile attacco alla Grecia. Il 28 maggio sollecita dai generali piani d'attacco in Abissinia, sia mediante intervento diretto sia fiancheggiando la Resistenza etiope contro gli occupanti.

Il 6 giugno scrive al ministro dell'Aviazione e al capo di Stato Maggiore dell'Aeronautica: «È estremamente importante che noi si colpisca l'Italia nel momento stesso della sua entrata in guerra o dell'arrivo di un suo ultimatum irrevocabile. Prego farmi sapere l'esatta situazione delle nostre squadre specializzate in viaggio per gli aeroporti della Francia meridionale».[58] Atteggiamento conseguente e lineare: esattamente l'opposto di quanto lasciano intendere i documenti spacciati nel dopoguerra dai neofascisti, che evocano indecisioni, ripensamenti, doppiezze.

Mussolini, ottenuto il benestare di Hitler, può finalmente schierarsi nella guerra breve e vittoriosa.

Lunedì 10 giugno il ministro degli Esteri del Regno d'Italia, conte Galeazzo Ciano, convoca l'ambasciatore del Regno Unito per l'impegnativa notifica: «Sua Maestà il Re e Imperatore dichiara che l'Italia si considera in guerra con la Gran Bretagna a partire da domani 11 giugno». Sono le 15,45. Cinque minuti prima, ha letto analoga formula all'ambasciatore francese. Ci si attende, dagli inglesi, rammarico e sconcerto. Ma il leone britannico attacca, infliggendo serie perdite.

Martedì 11 cinque navi italiane ancorate a Gibilterra vengono catturate senza colpo ferire; contemporaneamente, uno stormo di bombardieri britannici distrugge a Massaua le riserve strategiche di carburante dell'Aviazione dell'Africa orientale italiana (1,6 milioni di litri di benzina), senza che la contraerea tenti una difesa.

Mercoledì 12 una squadriglia di aerei Whitley colpisce indisturbata, in volo notturno, Torino, Genova e Milano. Vengono danneggiati in modo serio gli impianti della Fiat, con quindici morti e una quarantina di feriti; a Genova, l'attacco si concentra sul porto, centrato diverse volte.[59]

Il bollettino di guerra del Comando Supremo (che ha taciuto i rovesci di Gibilterra e Massaua) intreccia reticenza e menzogne: «Velivoli nemici, probabilmente inglesi, hanno effettuato voli notturni su talune città dell'Italia settentrionale; le bombe lasciate cadere su Torino, città aperta, hanno prodotto pochi danni e qualche perdita tra la popolazione civile».[60]

Per l'intera durata della guerra, tra Churchill e Mussolini intercorrerà odio e soltanto odio, espresso da entrambi sia nelle uscite pubbliche sia nelle direttive belliche, oltre che nelle conversazioni private.

Il premier britannico constata l'irreversibile scivolamento del Duce nella subalternità a Hitler, senza un'autonoma strategia militare. Pur ritenendolo assai meno pericoloso del Führer, lo reputa più detestabile sul piano morale, per l'indole opportunista e banditesca evidenziata dalla modalità d'ingresso in guerra.[61]

Il Duce, sicuro della vittoria a breve termine («Vincere! E vinceremo!!!»), scrive il 25 giugno a Hitler di voler partecipare con Fanteria e Aviazione all'invasione della «perfida Albione»: «Voi sapete quanto lo desidero» confida speranzoso.[62] (Analogo copione si inscenerà, poi, per la campagna di Russia: Mussolini vuole inviare soldati ovunque l'alleato abbia prospettive di vittoria.)

Sino a fine anno, continua a illudersi. Nel rapporto del 10 novembre 1940, si rallegra con i vertici militari perché, nel discorso del giorno precedente, Churchill «si è appena limitato a constatare che sono ancora vivi».[63] Ignora che mentre i governanti italiani mascherano le sconfitte nei bollettini di guerra, enfatizzando oltremodo i successi, a Londra si adotta un approccio realistico, senza attenuare la gravità della situazione.

Le *Direttive per l'azione del Fascismo per l'anno XIX*, impartite il 18 novembre 1940 a Palazzo Venezia alle gerarchie del regime, citano più volte Churchill, con incontenibile avversione. Evocate le grida di gioia levatesi alla

Camera dei Comuni nell'apprendere la «buona notizia» dell'incursione aerea sul porto di Taranto, l'oratore commenta: «Segno di cattiva coscienza questo ingigantire e moltiplicare per sei un successo che noi per primi abbiamo riconosciuto». I gerarchi assecondano il capo e sono all'altezza della recita: «Urla e fischi violenti vengono rivolti all'indirizzo di Churchill allorché il Duce accenna alle volgari menzogne da lui dette alla Camera dei Comuni in merito all'incursione aerea su Taranto. [...] Con entusiasmo altissimo è salutato l'accenno alla collaborazione che i nostri aviatori e i nostri sommergibilisti danno alla battaglia contro la Gran Bretagna».[64]

In realtà, Mussolini annaspa. Accusa i suoi generali e rivoluziona i vertici delle Forze armate e della Marina, ma continua a subire colpi all'estero e persino in patria: sul fronte africano, la situazione precipita in Libia, Somalia e Abissinia; il 18-19 dicembre bombardieri britannici attaccano Milano.

Churchill illustra la propria posizione – con modalità e contenuti di grande efficacia – nell'*Appello al popolo italiano*, trasmesso la sera del 23 dicembre 1940 in lingua inglese (e dopo un paio d'ore, in italiano) nella diretta radiofonica per Regno Unito, Stati Uniti ed Egitto. È l'occasione per chiarire ai connazionali e agli italiani premesse, sviluppi e linee operative della politica estera.

L'appello è sulla falsariga di quello radiotrasmesso il precedente 21 ottobre per il popolo francese e di quello che indirizzerà nel maggio 1941 ai polacchi,[65] con collaudata tecnica di comunicazione rivolta ai cittadini di un particolare Paese ma pure ai sudditi dell'Impero britannico, per supportare le operazioni militari e rinsaldare il «fronte interno».

Il discorso si incentra sulla proposta di pace inoltrata al Duce nella primavera di quell'anno, presentata ora come indiscutibile apertura verso il Regno d'Italia:

> Posso soltanto dire che io, Churchill, ho fatto del mio meglio per prevenire una guerra tra Italia e Impero Britannico, e per provare la verità della mia affermazione vi leggerò un messaggio che ho inviato al signor Mussolini nei giorni fatali, prima dell'inizio [della

guerra dichiarata dall'Italia]. Tornate con la mente al 16 maggio di quest'anno. Il fronte francese era stato vulnerato, l'esercito francese non era ancora stato sconfitto, in Francia ardeva ancora una grande battaglia.

Questo il messaggio che inviai al Signor Mussolini:

[*lettura integrale della lettera al Duce*]

E questa è la risposta che ricevetti il giorno 18:

[*lettura integrale della risposta del Duce*]

Questa, la risposta. Non la commento. Fu una risposta vaga. Si spiega da sola. Chiunque può constatare chi voleva la pace e chi la guerra. Un uomo e un uomo soltanto era risoluto a precipitare l'Italia – dopo anni di logoramento e fatiche – nel gorgo della guerra.

La lettura in sequenza delle due lettere è istruttiva. Dimostra la volontà conciliatrice di Churchill e il retropensiero bellicista di Mussolini. Con forza assertiva e abilità dialettica l'oratore esorta gli italiani a liberarsi di chi li ha gettati in una rovinosa guerra. Il linguaggio è diretto e durissimo: «C'è la tragedia della storia italiana e c'è il criminale che ha preparato imprese piene di follia e vergogna».

Contenuti e tono esprimono estrema sicurezza e determinazione nell'attacco, di cui può farsi portatore solo chi non ha scheletri nell'armadio, ovvero documenti imbarazzanti che – se rivelati – lo sbugiarderebbero davanti al mondo.

Se Mussolini disponesse anche di un solo reperto discordante dal quadro qui tratteggiato (figurarsi un carteggio!), lo divulgherebbe all'istante, con effetto deflagrante e demistificatorio. E Churchill ne uscirebbe, sul piano della credibilità, distrutto. Ma il Duce non ha nulla di compromettente, sulla fatidica primavera del 1940: nemmeno una riga su complicità italobritanniche. Dunque, tace.

Il 24 dicembre 1940 il maggiore quotidiano del Regno Unito, «The Times», trascrive il discorso radiofonico (incluse le versioni integrali delle lettere del 16 e 18 maggio), sotto il titolo *Mussolini deed of folly and of shame – A rejected appeal for Peace*, ovvero *Mussolini invasato di follia e vergogna – Respinto un appello per la pace*. Il pezzo – ampiamente ripreso dalla stampa internazionale – è corredato dalle corrispondenze da New

York e dal Cairo, concordi nel vantare l'eccezionale numero di ascoltatori e la suggestione esercitata sugli italiani emigrati.[66] I giudizi sono addirittura superlativi: *A masterpiece of masterpieces*, titola un dispaccio dell'agenzia Reuters (britannica, ovviamente).

Lo stesso giorno, anche «The New York Times» trascrive integralmente il radiodiscorso: *Text of Churchill's Appeal to the Italian People to Overthrow Mussolini*.

L'allocuzione del 23 dicembre è utile ai servizi segreti britannici per reimpostare la guerra psicologica contro l'Italia:

> Il discorso del primo ministro ha stabilito una nuova tabella di marcia e impresso un nuovo ritmo alla nostra propaganda verso l'Italia. Di conseguenza, è utile valutare in che modo possono essere sviluppati gli spunti da lui forniti. Il punto saliente è l'attacco sferrato a Mussolini, con l'obiettivo di indurre il popolo italiano a non avere più fiducia nei suoi confronti e provocare la sua caduta e quella del regime fascista. [...] Il secondo punto è stato l'appello al popolo italiano affinché si raccolga attorno alla monarchia, alle forze armate e al Papa. Il primo ministro si è limitato a lanciare dei suggerimenti sul tema. È quindi auspicabile che la nostra propaganda segua la medesima linea di prudenza.[67]

L'*Appello agli italiani* viene stampato e diffuso in centinaia di migliaia di esemplari in Gran Bretagna e negli Stati Uniti, per convincere la comunità degli emigrati italiani.[68] Gli opuscoli trascrivono per intero la corrispondenza del 16 e 18 maggio 1940. La divulgazione contestuale dei due messaggi rappresenta un successo per la propaganda inglese, cui gli italiani non riescono a rispondere. Forse questo episodio ha dato spunto – con finalità di guerra psicologica – alla falsificazione di «carteggi» che depotenziassero, contraddicendole, le lettere.

In effetti, il discorso di Churchill suscita, ancora nel dopoguerra, l'irrefrenabile ira dei mussoliniani. Nella sua monumentale biografia del dittatore, Duilio Susmel polemizza con quell'«insidioso appello, rosaio di accuse poi pappagallescamente ripetute da italiani succubi... patente e sfacciata menzogna, degna della puritana ipocrisia inglese».[69]

Lo scontro Churchill-Mussolini

Il Duce sovrintende alla battaglia propagandistica contro Churchill e reagisce ai rovesci militari con fiumi di retorica. Il 9 febbraio 1941 navi britanniche bombardano Genova, provocando oltre settanta morti e centinaia di feriti. Il 23 febbraio Mussolini risponde con un discorso al Teatro Adriano per contestare al nemico la «puerile illusione di bombardare la città per fiaccarne il morale: significa non conoscere neppure vagamente la razza, il temperamento, il costume dei liguri in genere e dei genovesi in particolare; significa ignorare la virtù civica, il fierissimo patriottismo di un popolo che, nell'arco del suo mare, ha dato alla patria Colombo, Garibaldi, Mazzini».[70]

Parole, parole, parole... mentre la contraerea italiana tace. Ne è consapevole anche il ministro degli Esteri, che il 10 novembre annota nel suo diario: «Fino a quando non saranno venuti i tedeschi, l'aviazione inglese dominerà i nostri cieli al pari dei propri».

Il primo anniversario della dichiarazione di guerra è celebrato alla Camera dei Fasci e delle Corporazioni in un momento critico (l'Impero italiano si è appena dissolto) ma in pompa magna: «Ai fini della guerra anche la conquista totale dell'impero da parte degli inglesi non ha alcun valore decisivo: si tratta di una vendetta di carattere strettamente personale (*si ride*), che non può influire sui risultati della guerra e che ha scavato un solco ancora più profondo fra Italia e Gran Bretagna (*La Camera in piedi acclama lungamente all'indirizzo del Duce*)».[71]

Tra gli sghignazzi dei gerarchi, eventi epocali sono banalmente ridotti – con valutazione egocentrica – a inezie personali, nel duello Mussolini-Churchill.

Le sorti del conflitto volgono al peggio e il Duce si consola con riti grotteschi, in caricature di dialogo con la folla che esorcizzano il desiderio di pace diffuso tra la popolazione.

Il 14 maggio 1942 si inscena a Cagliari il teatrino condottiero-popolo:

Ora io vi domando! Vorreste forse che la pace fosse dettata da Stalin?!? (*Grida di dileggio, urli e fischi si levano dalla piazza. Si sente chiaro il poderoso «No» della folla*). Forse da Churchill?!? (*Fischi e urli non meno violenti*). Forse da Roosevelt? (*A questo terzo interrogativo del Duce, la folla risponde con una più accentuata manifestazione di scherno, a base di rinnovati urli e fischi*).

E allora, poiché in questa guerra di continenti non ci sono alternative, la pace non può essere dettata – e sarà dettata! – che dal Tripartito!!! (*Vivissimi applausi e grida di «Bene! Bene!»*).[72]

L'odio per Churchill spinge il dittatore – atterrito dall'incombente disastro dell'Asse – a premere su Hitler per una pace separata con Stalin, che consentirebbe di dirottare uomini e mezzi contro l'Impero britannico.

Radio Londra trasmette la traduzione di molti discorsi di Churchill; gli italiani, nonostante i severi divieti, ascoltano in massa. Il 29 novembre 1942 l'emittente nemica annuncia che gli Alleati porteranno «il peso della guerra sull'Italia fascista in modo mai finora sognato dai capi colpevoli e ancora meno dal disgraziato popolo italiano, che Mussolini ha portato ad essere sfruttato e coperto di disgrazie». E rievoca l'apertura del maggio 1940, respinta sprezzantemente.

Il Duce, consapevole della presa di tali ragionamenti sui suoi sudditi, replica come può, annaspando. Il 2 dicembre 1942, nel suo ultimo intervento alla Camera dei Fasci e delle Corporazioni, legge e commenta lunghi stralci del discorso londinese. Difendendo la decisione di entrare in guerra, che si rivela ogni giorno più sciagurata:

Questo discorso deve essere preso sul serio. Già da gran tempo io non ho più illusioni, e forse non le ho mai avute, sullo stato di civiltà del popolo inglese. Se voi strappate agli inglesi l'abito col quale prendono il tè alle cinque, voi troverete il vecchio primitivo barbaro britanno con la pelle dipinta a vari colori e che fu domato dalle legioni veramente quadrate di Cesare e di Claudio. [...]

Ora vi leggo la parte del discorso di Churchill che mi riguarda:

«*Un uomo, e un uomo soltanto, ha portato il popolo italiano a questo punto*».

Veramente io dovrei oggi essere alquanto fiero di venire riconosciuto un antagonista dell'impero britannico e di avere portato con me in questo antagonismo il popolo italiano.

«*Esso* – prosegue il discorso di Churchill – *non aveva necessità di entrare in guerra, ché nessuno si accingeva ad attaccarlo*».

Allora. Ma io vorrei sapere se il primo ministro inglese ha mai interpellato il popolo inglese per sapere se voleva la guerra e se avrebbe il coraggio di interpellare oggi il popolo inglese per sapere se vuole che la guerra sia prolungata all'infinito. Perché questa è la democrazia: manca al suo scopo nei momenti supremi. Allora non si interpella più il popolo sovrano, allora non si parla più di elezioni e di referendum. Il popolo viene inquadrato nei ranghi e deve obbedire.

«Tentammo del nostro meglio per indurlo a restare neutrale e a goder-si la pace e la prosperità, doni eccezionali in un mondo in tempesta».

Se fossimo rimasti neutrali, a parte il disonore, saremmo ora nella più spaventosa delle miserie, perché è evidente che nessuna delle due parti si sarebbe preoccupata di aiutarci.

«Ma Mussolini non poté resistere alla tentazione di pugnalare alla schiena la Francia prostrata e quella che egli credeva una Inghilterra senza speranza».

Ora bisognerà parlare, una volta tanto, di questa famosa pugnalata. [...] Ammettiamo per un momento, per amore di polemica, che noi abbiamo inferto questa pugnalata alla Francia. Essa sarebbe una sola di fronte alle cento pugnalate che la Francia ha inferto alle spalle dell'Italia in tanti secoli di storia, da quando i Galli furono a Talamone fino a Mentana.

Churchill continua: *«Il suo sogno pazzesco di gloria imperiale, la sua brama di conquista e di bottino, l'arroganza senza confronti della sua tirannide, lo condussero a quel gesto vergognoso e fatale. Invano lo ammonii. Non volle discutere, senza eco rimase in quel cuore di sasso il saggio appello del Presidente americano».*

Si dice che questo signore sia discendente di una famiglia ducale e che abbia molto sangue azzurro nelle vene. Nelle mie vene scorre invece il sangue puro e sano di un fabbro. E in questo momento io mi sento infinitamente più signore di quest'uomo, dalla cui bocca fetida di alcool e di tabacco escono così miserabili bassezze.[73]

Tra i due polemisti, quello in difficoltà è Mussolini (il cui discorso, nell'impostazione dialogata, presenta i propri rapporti con Churchill in modo opposto rispetto al Carteggio).

Le raffazzonate analisi storiche e la pochezza dei giudizi ingenerano dubbi sulla lucidità del dittatore, che sente avvicinarsi la sconfitta e avverte aria di fronda.

In quelle giornate d'inizio dicembre 1942, personalità monarchiche (dal Duca d'Aosta alla principessa Maria Josè) e fasciste (il ministro degli Esteri Ciano) premono segretamente sul Foreign Office per il ribaltamento delle alleanze. Approcci smorzati dall'inerzia britannica. Il ministro della Guerra Anthony Eden comunica agli omologhi statunitensi e sovietici di respingere ogni trattativa: il fascismo cadrà sotto il peso del conflitto.[74]

Un mese più tardi Eden ribadisce l'immaturità della situazione italiana: manca un leader alternativo a Mussolini, l'opinione pubblica considera il Re asservito al Duce, mentre la Chiesa è restia a scaricare il regime. Il ministro prefigura un quadro che troverà puntuale attuazione a fine luglio 1943:

> Un generale con sufficiente seguito nell'Esercito come il generale Badoglio, potrebbe al momento opportuno riuscire a rovesciare il Governo, ma i nostri rapporti non indicano che il malcontento nell'Esercito sia già allo stadio che darebbe concretezza a tale ipotesi.
>
> Infine, è possibile che i membri moderati del Partito Fascista possano prendere posizione contro Mussolini. Le informazioni in nostro possesso indicano tuttavia che i capi del Partito Fascista nell'insieme sono ancora coesi e convinti che la collaborazione con la Germania e la prosecuzione della guerra siano essenziali per la conservazione delle loro posizioni.[75]

Nel frattempo Churchill discute con gli Alleati il destino dei Paesi dell'Asse. Alla conferenza di Casablanca (14-23 gennaio 1943), lui e Roosevelt vorrebbero escludere l'Italia dalla resa incondizionata prevista per Germania e Giappone; tale differenziazione determinerebbe il tracollo del fascismo e lo scompaginamento, anche militare, dell'alleanza Berlino-Roma-Tokyo. La proposta però viene respinta dal Gabinetto di guerra britannico che, consigliato dallo Stato Maggiore, preferisce un'Italia avversaria piuttosto che alleata.

Nelle lettere al presidente americano, Churchill definisce il Duce «gran diavolo» e nel discorso del 27 luglio ai Comuni lo bolla come «uno dei principali criminali della storia»; inoltre ammonisce gli italiani che, continuando la guerra, verranno annientati.

La congiura di palazzo che rovescia Mussolini è frutto delle paure e delle frustrazioni di monarchia, vertici militari e gerarchi, convintisi alfine di essere trascinati alla rovina dal dittatore.

Nel caos dell'8 settembre 1943, all'insegna del *si salvi chi può*, il Duce è lasciato alla benevola sorveglianza dei carabinieri, con la tacita intesa di attenderne la liberazione da parte tedesca. Così, di fatto, dispone il capo della polizia Senise. E Churchill se ne duole, nell'intervento alla Camera dei Comuni del 22 settembre, rimarcando come la resa incondizionata firmata a Cassibile il 3 settembre dal generale Castellano prevedesse, oltre alle norme generali sulla cattura dei criminali di guerra, «una clausola speciale per la consegna del signor Mussolini». Si rammarica che non sia stato ucciso dai carabinieri durante il blitz. Nel successivo dibattito, interpellato sulle ragioni di tale condotta, commenta: «Non mi trovavo sul posto, in quel momento. E forse è stata una fortuna, per lui».

Quel discorso perviene al Duce attraverso un dispaccio dell'agenzia Reuters e gli si imprime nella mente, tant'è che di lì a una decina di mesi lo trascriverà, a riprova della disumanità nemica, nella *Storia di un anno*, rancorosa cronaca del 1943.[76]

Si può forse credere che Mussolini e Churchill recitino in pubblico il copione dello scontro, mentre in privato si scambiano cortesie e piani di alleanza? Se questa è dunque la realtà dei rapporti intercorsi tra i due statisti nel 1940-45 (e lo è, incontestabilmente), come ha potuto poi radicarsi *in Italia* la convinzione dell'intesa sotterranea tra due nemici mortali?

La risposta sta nel Carteggio e nelle strategie comunicative dei suoi alfieri.

Il carteggio Ciano-Churchill-Vittorio Emanuele

Nel dopoguerra, con astuzia e metodo, i falsari hanno evidenziato – nei commenti giornalistici da loro ispirati sui settimanali «Oggi», «asso di bastoni» e «Meridiano d'Italia» – la concordanza tra alcuni documenti del Carteggio e il Diario di Ciano. Una concordanza non casuale, poiché quella fonte è stata saccheggiata da Camnasio per attingere notizie da inserire nelle missive da lui confezionate. Invece di fabbricare lettere a firma di Ciano, ha preferito parafrasarne stralci diaristici in scritti attribuiti ad altri. È la funzione confermativa studiata a tavolino dal falsario.

Per interpretare le complesse dinamiche del 1940-43, gli scritti del ministro degli Esteri sono essenziali. Più che il celeberrimo Diario, vale qui la pena di analizzarne messaggi poco conosciuti o addirittura inediti, attinenti il nostro tema.

La propaganda della RSI dipinge Churchill e Roosevelt come due gangster, come in questo manifesto di Boccasile.

La corrispondenza italiana di Churchill contiene un documento drammatico: la lettera segreta indirizzatagli da Galeazzo Ciano il 23 dicembre 1943 dal carcere veronese degli Scalzi, «sulla soglia della morte». Un destino deciso da nazisti e fascisti: «Oggi – secondo la legge dei gangsters – ci si prepara a sopprimere il testimone pericoloso» annuncia. Verrà processato l'8 gennaio 1944, ma egli già intuisce il verdetto del Tribunale speciale.

Quella lettera è un testamento morale, che nega ogni corresponsabilità nella rovinosa alleanza-sudditanza con la Germania: «Io non fui mai il complice di Mussolini in quel delitto contro la Patria e l'umanità che fu la nostra guerra a fianco dei tedeschi. È vero invece il contrario». Un giudizio autoassolutorio contrastante con la realtà, che ha visto Ciano assecondare il tiranno sino a quando la situazione politico-militare non fu irrimediabilmente compromessa.

Il morituro preavvisa il premier britannico di quanto ha compiuto a danno dei nazifascisti, per porre «in salvo un mio diario e una documentazione che, più della mia stessa voce, potranno provare il delitto di questa gente, con la quale poi si è imbrancato, per vanità e incoscienza, quel pagliaccio tragico e vile che è Mussolini. Ho disposto che non appena possibile dopo la mia morte questi documenti, della cui esistenza Sir Percy Loraine era al corrente fino dal tempo della sua missione a Roma, siano messi a disposizione della stampa alleata».[77] (cfr. appendice, doc. n. 3).

Proprio il 23 dicembre di tre anni prima Churchill rivolgeva l'appello radiofonico agli italiani (cfr. pp. 210-211), riconducendo la responsabilità dell'intervento italiano in guerra «a un solo uomo»: *It's because of one man – one man and one man alone.* Il medesimo concetto campeggia – coincidenza o citazione? – nella lettera di Ciano. Un documento rafforzato dall'impegno a trasmettere agli Alleati prezioso materiale a futura memoria, «affinché il mondo sappia, odii, ricordi, e coloro che dovranno giudicare il domani non ignorino che la sventura d'Italia non è stata colpa di un popolo ma vergogna di un uomo».

Al positivo giudizio su Churchill, «che io ammiro quale il campione di una lotta santa», fa riscontro il disprezzo per il suocero, «pagliaccio tragico e vile».

Verona, 23 Dicembre 1944

Signor Churchill,

[lettera manoscritta]

Credetemi vostro

Ciano

Lettera segreta a Churchill, scritta nel carcere di Verona il 23 dicembre 1943 da Ciano, che per un lapsus segna «1944».

Vittorio Emanuele ricopia stralci della lettera indirizzatagli da Ciano prima della fucilazione.

La lettera dal carcere si presta a una comparazione con il Carteggio, nel quale – significativamente – mancano documenti a firma di Ciano, sebbene occupasse un posto preminente sia in politica estera (secondo solo al Duce) sia fra i «traditori» del despota in declino. Ancor prima di Mussolini, e con maggior efficacia, Ciano ha dunque selezionato e proiettato nel dopoguerra incartamenti segreti, comprovanti le responsabilità dell'ingresso italiano nel sanguinoso conflitto.

Il prigioniero affida le sue estreme volontà alla misteriosa signora Felicitas Beetz (pseudonimo di Hildegard Burkhardt), la spia ventiquattrenne assegnatagli dai tedeschi quale custode-confidente: gli si è affezionata e, a proprio rischio, ne consegna gli scritti alla moglie Edda Mussolini, che nel dopoguerra li recapiterà ai destinatari.

Nel 1949 – quando Churchill pubblica la missiva nell'edizione inglese della *Seconda guerra mondiale*[78] (che gli valse il Nobel per la Letteratura nel 1953 e tradotta in italiano da Mondadori nel 1948-53) – i giornalisti neofascisti la definiscono «un falso sensazionale», sulla base del confronto con il Diario di Ciano: «La lettera prometteva a Churchill che avrebbe trovato nel Diario ancora segreto le prove della ignominia di Mussolini; poi il Diario segreto è stato pubblicato e mentre non vi si trova traccia delle promesse rivelazioni, esso nemmeno riflette, nel tono, la violenza aggressiva antimussoliniana che domina il "miracoloso" documento».[79]

Così il «Meridiano d'Italia» manipola la realtà, preparando il terreno alle mistificazioni detomiane. Mentre nega l'autenticità del carteggio Ciano-Churchill, il settimanale milanese accusa lo statista britannico di esser venuto in Italia per recuperare le lettere al Duce. Cortine fumogene e depistaggi sono il segno distintivo lasciato dai favoreggiatori dei falsari.

Anche l'ultramussoliniano Susmel – autore di un'acre biografia di Ciano – si colloca su quella linea, ritenendo la lettera a Churchill «aberrante e vergognosa», un caso di «falso storico».[80]

Dal carcere veronese, l'ex ministro degli Esteri scrive quello stesso giorno anche a Vittorio Emanuele III, seppure in modo meno articolato, esprimendo totale disistima per il politico da lui così a lungo servito: «Un uomo – un uomo solo – Mussolini, per torbide ambizioni personali, *per sete di gloria militare*, usando le sue autentiche parole, ha premeditatamente condotto il paese nel baratro».[81]

A margine di questa missiva, pervenuta al destinatario nel dopoguerra, vi è lo strano comportamento del sovrano che, impressionato, ne ricopia a mano l'incipit e la conclusione.[82]

A Sua Maestà Vittorio Emanuele III Re d'Italia
Verona, 23 dicembre 1943

Maestà,
io mi preparo al giudizio supremo, con lo spirito sereno e la coscienza pura; so di avere servito con lealtà, onore e disinteresse. Il resto, non fu che menzogna dovuta, in gran parte, a quegli stessi che oggi mi traggono a morte. E non si mente quando si sta entrando nell'ombra.
Maestà: mi permetto di chiedere la Sua alta protezione per la mia famiglia, e chiudo la mia vita con la fede che l'Italia ritroverà la via della fortuna e della gloria sotto il segno della Vostra Augusta Casa
Devotissimo
Ciano

La speranza del prigioniero che i Savoia proteggano madre, vedova e prole si rivelerà una pia illusione. Ciò che sta a cuore a Vittorio Emanuele è solo la sorte propria e della dinastia, come si intuisce dalla bizzarra decisione di far autenticare da un notaio la lettera del defunto ministro, quasi dovesse esibirla in tribunale.

Due documenti rivelatori di un dramma interiore, oppure – come ritiene un biografo di Ciano – «furbesco e ultimo tentativo di passare dalla parte del vincitore»?[83]

È significativo che Ciano abbia scritto il suo testamento politico e umano per uno straniero in modo più approfondito che nella lettera al Re d'Italia. Egli ha compreso come Churchill, e non Vittorio Emanuele, sia la figura chiave della lotta contro Mussolini, nonno dei suoi tre figli e suo stesso carnefice.

La responsabilità di quella fucilazione grava in buona parte del Duce, sul cui travaglio personale molto si è scritto, specie a firma di estimatori solerti a rivalutarne la condotta. Pure qui i falsari hanno buon gioco, creando ad arte documenti comprovanti l'umanità del dittatore. Questi apocrifi sono in possesso di Franz Spögler, insieme a una quantità di materiale da lui più volte offerto a editori italiani e tedeschi in cambio di somme elevate.

Duilio Susmel prende per vere anche queste falsificazioni, che includono una lettera del Duce a Claretta Petacci, in risposta alla richiesta di clemenza per l'ex ministro: «È bene che Ciano sappia che, malgrado tutto, io non l'ho abbandonato. Saprà convincere, me stesso per primo, che egli fu vittima delle circostanze e non volontario complice del meditato intrigo».[84]

I riscontri archivistici smentiscono l'esistenza tanto della lettera di Claretta in favore di Ciano quanto della magnanima risposta di Mussolini. Anzi: la Petacci, lungi dall'intercedere per lui (come accreditato da un'ampia memorialistica!) gli è sempre stata nemica. Un'avversione derivante da ragioni politiche (lui è antitedesco, lei filonazista) e personali, in virtù della rivalità con Edda.

Nell'estate del 1943, Claretta tempesta l'amante di messaggi contro quel cinico opportunista, ambizioso e irriconoscente, alternando i registri dell'invettiva e dell'ironia: «Tuo genero – che io odio solo perché ti tradisce – fa da anni questa bassa politica di raggirare la posizione. Lui non ha voluto la guerra, lui è contrario! Lui era stato giusto: il beneamato suocero, ha errato! Lui odia i tedeschi. Lui salverà Roma... Tutte le correnti contrarie a te – che gorgogliano nel fondo dello spirito dei pazzi e dei vili, dei mezzo-sangue – lui le sobilla, le accarezza, le palleggia e se ne serve per formare il suo gruppo, la sua politica. Oramai tutti lo sanno, la sua fronda è nota a tutti: tu solo ancora non vedi, ancora non credi, illudendoti nella riconoscenza di questo rettile che dal nulla è salito alle più alte vette».[85]

Odio contraccambiato. Ciano teme l'influenza della favorita del Duce («giudica, manda e intriga» annota il 4 agosto 1942), conscio del suo lavoro contro di lui. Immagina la presa della giovane romana sul dittatore e la presenza attorno a Mussolini di funzionari da lei pilotati, non ultimo lo stesso segretario particolare Nicolò De Cesare.

Anche sulla morte di Ciano i falsificatori hanno fabbricato reperti compiacenti per Mussolini, presentando all'opinione pubblica bugie come verità. Questo per controbilanciare quanto lo stesso Galeazzo ha precisato il 23 dicembre 1943 (il giorno delle lettere a Churchill e a Vittorio Emanuele) nell'introduzione al Diario, sulle responsabilità della sua fucilazione: «Tra pochi giorni, un tribunale di comparse renderà pubblica una sentenza che è ormai decisa da Mussolini, sotto l'influenza di quel circolo di prostitute e di lenoni che da qualche anno a questa parte appesta la vita politica italiana e ha condotto il Paese nel baratro».[86]

Epitaffio per un nemico

Informato telefonicamente dell'esecuzione del Duce, Churchill commenta: «Ah, è morta la bestia...».[87] Quando però gli pervengono da Dongo e da Milano ulteriori ragguagli, si indigna per la barbarie dell'uccisione, documentata dalle immagini di piazzale Loreto: la vista di Mussolini appeso al gancio, accanto all'amante, lo agghiaccia.

Il 10 maggio 1945 sollecita al maresciallo Alexander un'inchiesta dell'autorità militare inglese sulla legalità della fucilazione di Clara Petacci: «Figurava nella lista dei criminali di guerra?» chiede, per valutare se quella sorte sia o meno giustificata.

Svanite le prime impressioni, inquadra la cruenta fine del Duce e dei suoi gerarchi in un'ottica meno moralista e più politica, annotando nelle proprie memorie: «Quantomeno, si è risparmiata al mondo una Norimberga italiana».[88]

Trascorso un decennio, così tratteggia Mussolini nell'imponente *La seconda guerra mondiale*:

Nel 1935 il Duce con la sua forza di volontà aveva sopraffatto la Lega delle Nazioni – «cinquanta nazioni capeggiate da una sola» – ed era riuscito a conquistare l'Abissinia. Il suo regime era troppo costoso, senza dubbio, per il popolo italiano, ma è innegabile che attrasse, nel suo periodo di successo, un grandissimo numero d'italiani. Egli era, come ebbi a scrivergli in occasione del crollo della

Francia, «il legislatore d'Italia».[89] L'alternativa al suo regime avrebbe potuto essere un'Italia comunista, che non sarebbe stata fonte di pericoli e sciagure di natura diversa per il popolo italiano e l'Europa. L'errore fatale di Mussolini fu la dichiarazione di guerra alla Francia e alla Gran Bretagna dopo le vittorie di Hitler nel giugno 1940. Se non lo avesse commesso, avrebbe potuto tenere benissimo l'Italia in una posizione d'equilibrio, corteggiata e ricompensata dalle due parti, derivando inusitata ricchezza e prosperità dalle lotte di altri paesi. Anche quando le sorti della guerra apparvero manifeste, Mussolini sarebbe stato bene accetto agli Alleati. Egli aveva molto da dare per abbreviare la durata del conflitto. Avrebbe potuto scegliere con abilità e intelligenza il momento più adatto per dichiarare guerra a Hitler. Invece prese la strada sbagliata. Non aveva mai compreso a pieno la forza dell'Inghilterra e neppure le tenaci sue qualità di resistenza e di potenza marinara. Così provocò la propria rovina. Le grandi strade ch'egli costruì resteranno un monumento al suo prestigio personale e al suo lungo governo.[90]

Queste le valutazioni storico-politiche sul personaggio che aveva lungamente apprezzato quale campione dell'anticomunismo, ma del quale era poi divenuto irriducibile avversario, precipitandolo nella polvere. Un giudizio in chiaroscuro, con residua ammirazione per chi rimise l'Italia in marcia, ma si rovinò per aver voluto piegare l'Impero britannico.

1. Martin Gilbert, *Churchill*, Mondadori, Milano 2009, p. 210. Gilbert (1936-2015) è autore di *Winston S. Churchill*, biografia ufficiale dello statista, iniziata nel 1966 e in corso di completamento (Hillsdale College Press), suddivisa in 8 volumi di ricostruzione storico-biografica e 22 di documentazione.
2. Gilbert, *Churchill*, cit., p. 214.
3. Citazione da Hans Woller, *Churchill e Mussolini. Conflitto aperto e cooperazione segreta?*, «Contemporanea», a. IV, n. 4, ottobre 2001, p. 619.

4. *Mr. Churchill on Fascism: "Antidote to Soviet Poison"*, «The Times», 21 gennaio 1927. Una sintesi della visita italiana in Gilbert, *Churchill*, cit., p. 234. Una comprensiva biografa giudica quell'intervento come una delle più sorprendenti deviazioni della sua linea in politica estera: «In quel periodo valutava il bolscevismo come la maggiore minaccia. I dittatori intenzionati ad esportare i loro modelli non gli andavano a genio. Mussolini, così come Stalin, lo avrebbe presto imparato». Virginia Cowles, *Winston Churchill. The Era and the Man*, Grosset & Dunlap, New York 1953, p. 272.

5. Winston S. Churchill, *His complete speeches 1897-1963*, vol. VI 1935-1942, Chelsea House Publishers, London 1974, p. 5683.

6. Grandi a Mussolini, Londra, 1° maggio 1936. *DDI*, ottava serie: 1935-1939, vol. III, Libreria dello Stato, Roma 1992, p. 865.

7. Vitetti a Ciano, Londra, 9 agosto 1936. *DDI*, ottava serie: 1935-39, vol. IV, Libreria dello Stato, Roma 1953, p. 780.

8. L'episodio figura in David Irving, *Churchill's War*, vol. 1, *The Struggle for Power*, Focal Point Publications, London 2001, p. 93.

9. Per l'analisi delle posizioni dei politici del Regno Unito verso il dittatore italiano si veda Richard Lamb, *Mussolini e gli inglesi*, Corbaccio, Milano 1998.

10. Gaetano Salvemini e George Bernard Shaw, *Polemica sul fascismo*, Ideazione, Roma 1997 (scambio polemico del 1927, con saggio introduttivo di Gaetano Quagliariello).

11. Cfr. John P. Diggins, *L'America, Mussolini e il fascismo*, Laterza, Roma-Bari 1982, p. 220. Il volume fornisce un'impressionante panoramica delle aperture filomussoliniane di personalità statunitensi dei più diversi orientamenti: liberale, democratico e repubblicano.

12. Rapporti di Grandi a Mussolini, Londra, 29 aprile e 1° maggio 1936. *DDI*, ottava serie: 1935-39, vol. III, cit., pp. 843-849 e 867-870.

13. Albert Speer, *Inside the Third Reich. Memoirs*, Macmillan, New York 1970, pp. 84-86.

14. Hitler al Duca di Windsor, 31 agosto 1939. *Documents on German Foreign Policy 1918-1945* [d'ora innanzi DGFP], series D, vol. VII, *The Last Days of Peace (August 9 – September 3, 1939)*, His Majesty's Stationery Office, London 1983, p. 472. Nella nota al telegramma si precisa, in riferimento al messaggio del Duca di Windsor citato da Hitler: «*Not found*».

15. Il decisivo ruolo di Churchill nell'imporre l'«esilio dorato» al Duca di Windsor emerge dal rapporto segreto dell'ambasciatore tedesco in Spagna al ministro degli Esteri del Reich, Madrid, 16 luglio 1940.

DGFP, series D, vol. X, *The War Years (June 23 – August 31, 1940)*, His Majesty's Stationery Office, London 1960, p. 187.

16. I piani tedeschi sull'utilizzo del Duca di Windsor quale capo di un governo fantoccio è comprovato da una quantità di documenti inclusi nel volume sopra citato; in particolare, quelli contrassegnati dai numeri 175 (p. 223), 211 (pp. 276-277), 224 (pp. 290-291), 257 (pp. 366-367), 277 (pp. 398-401).

17. Sulla doppia vita del Duca di Windsor e sul trafugamento dei suoi carteggi da parte dei servizi segreti si veda il capitolo 16 di John Costello, *Mask of Treachery*, Warner Books, New York 1990, pp. 404-437. Sull'agente incaricato della missione in Germania (e legato da vincoli segreti con l'Unione Sovietica) cfr. Miranda Carter, *Anthony Blunt. His Lives*, Macmillan, London 2001.

18. Quartararo, *Roma tra Londra e Berlino*, cit., pp. 437-438.

19. *Le preoccupazioni di Mussolini*, in Winston Churchill, *Passo a passo*, Mondadori, Milano 1947, pp. 312-316.

20. Quartararo, *Roma tra Londra e Berlino*, cit., pp. 540 e 607.

21. Mussolini al Re, al ministro degli Esteri, al capo di SM generale, ai capi di SM di Esercito, Marina e Aeronautica, 31 marzo 1940. ACS, SPD CR. *DDI*, nona serie: 1939-1943, vol. III, Libreria dello Stato, Roma 1959, pp. 576-579.

22. Incipit del «verbale segreto» della riunione presso Mussolini del capo di SM generale e dei capi di SM dell'Esercito, della Marina e dell'Aeronautica, Roma, 29 maggio 1940. *DDI*, nona serie: 1939-1943, vol. IV, cit., p. 495.

23. Rapporto dell'ambasciatore italiano a Stoccolma, Francesco Fransoni, al ministro degli Esteri Ciano, 21 giugno 1940. *DDI*, nona serie: 1939-1943, vol. V, Libreria dello Stato, Roma 1960, p. 61.

24. Fransoni a Ciano, 1° luglio 1940. *DDI*, cit., p. 142.

25. Ciano a Mussolini, Berlino, 20 luglio 1940. *DDI*, cit., p. 254.

26. Sull'atteggiamento britannico verso l'Italia nella fase del «non intervento» cfr. il materiale conservato presso gli Archivi Nazionali del Regno Unito, nel fascicolo «Anglo-Italian relations during September 1939 to June 1940», PRO, FO 371/37287 («chiuso» nel 1943).

27. Un puntuale resoconto delle sedute del Gabinetto di guerra del 14-15 maggio 1940 sul «caso italiano» figura in Ernest Llewellyn Woodward, *British Foreign Policy in the Second World War*, vol. I, Her Majesty's Stationery Office, 1970, pp. 228-229. È una pubblicazione ufficiale, impostata su fonti riservate, diplomatiche e di governo.

28. Franco a Mussolini, Madrid, 30 aprile 1940. *DDI*, nona serie: 1939-1943, vol. IV, cit., p. 210-211.

29. Roosevelt a Mussolini, Washington, 29 aprile 1940. FRUS, vol. II, *1940*, U.S. Department of State, Washington D.C., 1957, pp. 691-692.

30. Mussolini a Roosevelt, 1° maggio 1950. *DDI*, cit., pp. 213-214.

31. Cfr. FRUS, cit., pp. 704-705.

32. Pio XII a Mussolini, Città del Vaticano, 24 aprile 1940. *DDI*, cit., pp. 158-159.

33. Hitler a Mussolini, Berlino, 3 maggio 1940. *DDI*, cit., p. 236.

34. Richard J. Evans, *Il Terzo Reich in guerra*, Mondadori, Milano 2014, p. 138.

35. Churchill a Roosevelt, da Londra (attraverso l'ambasciata statunitense), 15 maggio 1940. *Churchill & Roosevelt. The Complete Correspondence*, Princeton University Press, Princeton, 1984, vol. 1, *Alliance Emerging*, Princeton University Press, Princeton, 1984, vol. 1, p. 37.

36. Gilbert, *Churchill*, cit., p. 124.

37. Il messaggio churchilliano del 16 maggio 1940 è conservato in originale in PRO, FO 371/24944 R6081. La trascrizione figura a p. 2 del volume *The Prime Minister's Personal Telegrams (May-December 1940)*, edizione segreta stampata durante la guerra (ChAr 20/14). La lettera è stata pubblicata nel 2° volume dell'imponente silloge *The Second World War: Their Finest Hour*, p. 107 (ed. it. *La seconda guerra mondiale*, parte II, *La loro ora più bella*, vol. I, *Il crollo della Francia*, Milano 1948, p. 124). Testo inglese e traduzione figurano nei *DDI*, nona serie: 1939-1943, vol. IV, cit., pp. 365-366.

38. Gilbert, *Churchill*, cit., p. 294.

39. L'ambasciatore di Francia a Londra, Charles Corbin, al presidente del Consiglio Reynaud, 17 maggio 1940. *Documents Diplomatiques Français* (d'ora innanzi DDF), tome I, *1940*, Peter Lang, Paris 2004, pp. 645-646.

40. La corrispondenza Churchill-Mussolini figura: a) nella Sezione Affari Politici dell'Archivio Storico Diplomatico del Ministero degli Affari esteri, Ambasciata d'Italia a Londra, b. 1, pos. A 35; b) nel PRO, FO 371/24944 R6081.

41. La lettera di Mussolini è stata dapprima trascritta alle pp. 107-108 del citato volume churchilliano *Their Finest Hour* (nell'edizione italiana: *Il crollo della Francia*, cit., p. 125) e successivamente nei *DDI*, nona serie: 1939-1943, vol. IV, cit., pp. 389-390.

42. Il 25 maggio 1940, l'ambasciatore Bastianini spiega imbarazzato a Lord Halifax «*that he knew nothing of the exchange of messages between the Prime Minister and Mussolini*»! Cfr. Woodward, *British Foreign Policy*, cit., p. 236.

43. Cfr. Ciano, *Diario*, cit., p. 500; Woodward, *British Foreign Policy*, cit., p. 231.
44. DDF, cit., p. 650.
45. Churchill, *Il crollo della Francia*, cit., p. 125.
46. Bastianini a Ciano, Londra, 26 maggio 1940. DDI, nona serie: 1939-1943, vol. IV, cit., p. 463.
47. Nota verbale dell'ambasciatore di Gran Bretagna a Roma al ministro degli Esteri Ciano, Roma, 1° giugno 1940. DDI, cit., p. 537.
48. Woodward, *British Foreign Policy*, cit., p. 237.
49. Ivi, p. 242.
50. Il quadro delle offerte territoriali francesi all'Italia è comunicato dal ministro degli esteri a Churchill il 28 maggio 1940. Cfr. DDF, cit., pp. 707-708. Nel dopoguerra, mistificando sulle offerte francesi, si sosterrà che il Carteggio documenterebbe concessioni africane agli italiani da parte di Churchill.
51. DGFP, IX, doc. n. 340. DDF, cit., doc. n. 340.
52. Francobaldo Chiocci, *Il re voleva destituire Mussolini dal governo dopo aver dichiarato guerra alla Francia*, «Il Tempo», 15 gennaio 1985. Limpido esempio di storia controfattuale, rilanciato dagli epigoni del Carteggio (il teorema sulla possibile destituzione del Duce all'indomani della dichiarazione di guerra alla Francia ignora che in quel periodo il re era succube di Mussolini).
53. Woodward, *British Foreign Policy*, cit., p. 239-241; Ciano, *Diario*, cit., p. 504.
54. Churchill, *Il crollo della Francia*, cit., p. 123.
55. Sull'abbandono del «non intervento» da parte del Duce, recenti studi confermano quale ragione determinante la convinzione di un'irreversibile supremazia militare tedesca. Cfr. Emilio Gin, *L'ora segnata dal destino. Gli Alleati e Mussolini da Monaco all'intervento*, Nuova Cultura, Roma 2012, e *Speak of War and Prepare for Peace: Rome, 10 June 1940*, «Nuova Rivista Storica», vol. XCVIII, n. 3/2014, pp. 991-1014.
56. Dal «verbale segreto» della riunione presso Mussolini del capo di SM Generale e dei capi di SM dell'Esercito, della Marina e dell'Aeronautica, Roma, 29 maggio 1940. DDI, nona serie: 1939-1943, vol. IV, cit., p. 496.
57. Messaggio di Mussolini a Hitler, trasmesso da Ciano ad Alfieri con telegramma alle ore 16 del 30 maggio 1940 e istruzioni di immediata consegna. DDI, cit., p. 500.
58. Churchill, *Il crollo della Francia*, cit., p. 131.
59. Le notizie sull'incursione aerea dell'11 giugno 1940 è ripresa (come, in seguito, altre informazioni di carattere bellico) dall'accurata mo-

nografia di Alessandro Giorgi, *Cronaca della seconda guerra mondiale 1939-1945*, Editoriale Lupo, Vicchio (Firenze) 2013.

60. Comunicato n. 2, 13 giugno 1940. *Bollettini di guerra del Comando Supremo 1940-1945*, Ministero della Difesa, Roma 1973, p. 4.

61. L'apparato diplomatico italiano raccoglie testimonianze indirette del sentimento di disprezzo misto a odio nutrito da Churchill verso il Duce. Cfr. il rapporto dell'ambasciatore a Lisbona al neoministro degli Esteri Guariglia, 27 luglio 1943. *DDI*, nona serie: 1939-1943, vol. x, Libreria dello Stato, Roma 1990, p. 721.

62. Mussolini a Hitler, 26 giugno 1940. *DDI*, nona serie: 1939-1943, vol. v, cit., p. 100.

63. Il verbale della riunione tenutasi a palazzo Venezia il 10 novembre tra il dittatore e i comandi militari è trascritto in *Opera Omnia di Benito Mussolini*, vol. XLIV, Giovanni Volpe Editore, Roma 1980 (il riferimento a Churchill è a p. 253).

64. *All'inizio dell'anno diciannovesimo* in *Opera Omnia di Benito Mussolini*, vol. XXX, La Fenice, Firenze 1960, p. 37.

65. *Speech Broadcast by the Prime Minister Mr. Winston Churchill to the People of France, October 21, 1940*, British Library of Information, New York 1940; *Speech Broadcast by the Prime Minister Mr. Winston Churchill to the Polish People, May 3, 1941*, British Library of Information, New York 1941.

66. *Huge American Audience*, «The Times», 24 dicembre 1940.

67. Direttive sulla propaganda verso l'Italia, 31 dicembre 1940. Trascrizione in Giuseppe Casarrubea e Mario J. Cereghino, *Operazione Husky. Guerra psicologica e intelligence nei documenti segreti inglesi e americani sullo sbarco in Sicilia*, Castelvecchi, Roma 2013.

68. *Speech Broadcast by the Prime Minister Mr. Winston Churchill to the Italian People, December 23, 1940*, British Library of Information, New York 1940.

69. Giorgio Pini e Duilio Susmel, *Mussolini. L'uomo e l'opera*, vol. IV, *Dall'Impero alla Repubblica*, La Fenice, Firenze 1955, p. 107.

70. *Il discorso al Teatro Adriano di Roma* (23 febbraio 1941), in *Opera Omnia di Benito Mussolini*, vol. XXX, cit., p. 56.

71. *Il discorso alla Camera dei fasci e delle corporazioni nell'annuale della guerra* (10 giugno 1941), in *Opera Omnia*, vol. XXX, cit., p. 98.

72. *Discorso di Cagliari, Opera Omnia di Benito Mussolini*, vol. XLIV, cit., pp. 281-282.

73. *L'ultimo discorso alla Camera dei fasci e delle corporazioni, Opera Omnia di Benito Mussolini*, vol. XXXI, La Fenice, Firenze 1960, pp. 126-130.

74. Cfr. la lettera di Eden del 18 dicembre 1942 all'ambasciatore statu-

nitense Winant, FRUS, *Diplomatic Papers 1943*, vol. II, *Europe*, United States Government Printing Office, Washington 1964, pp. 314-316.

75. FRUS, cit., pp. 318-320.

76. *Storia di un anno* in *Opera Omnia di Benito Mussolini*, vol. XXXIV, cit., pp. 373-374.

77. Sui retroscena della lotta ingaggiata dai servizi segreti tedeschi e alleati per impadronirsi delle agende di Ciano si veda il saggio premesso da Giuseppe Casarrubea e Mario J. Cereghino al *Diario 1937* di Ciano.

78. Churchill, cit., *Their Finest Hour*, cit., pp. 115-116. La versione italiana (*La seconda guerra mondiale*, parte II, *La loro ora più bella*, vol. I, *Il crollo della Francia*, cit., pp. 134-135, cui hanno attinto sinora i biografi di Ciano) traduce la lettera dall'inglese, invece di trascriverne il manoscritto, ora conservato nel Churchill Archives Centre, Cambridge (collocazione: CHAR 20/192): ne risultano varie incongruenze e un'evidente differenza stilistica rispetto all'originale.

79. *Storia approssimativa*, «Meridiano d'Italia», 3 aprile 1949.

80. Duilio Susmel, *Vita sbagliata di Galeazzo Ciano*, Palazzi, Milano 1962, p. 324.

81. La lettera di Ciano a Vittorio Emanuele è stata pubblicata per la prima volta in Paolo Monelli, *Roma 1943*, Migliaresi, Roma 1946, pp. 54-55.

82. Il libro di Paolo Puntoni, *Parla Vittorio Emanuele III* (Palazzi, Milano 1958) riproduce nell'inserto fotografico alle pp. 240-241 la lettera di Ciano al re, presentata nella didascalia come reperto originale e non – secondo quanto risulta dall'esame calligrafico – come versione parziale ricopiata dal sovrano. La riedizione del diario del generale Puntoni, primo aiutante di campo del re (prefazione di Renzo De Felice, il Mulino, Bologna 1993) è priva di quell'inserto.

83. Giordano Bruno Guerri, *Galeazzo Ciano. Una vita 1903-1944*, Bompiani, Milano 1979, p. 644.

84. Susmel, *Vita sbagliata di Galeazzo Ciano*, cit., p. 325. Il falso carteggio Petacci-Mussolini divulgato da Susmel verrà ripreso da vari biografi, per esempio Ray Moseley, *Ciano. L'ombra di Mussolini*, Mondadori, Milano 2000, p. 238.

85. Clara Petacci a Mussolini, lettera senza data ma riferibile al luglio 1943. ACS, Carte Petacci, scatola 4.

86. Ciano, *Diario*, cit., p. 80.

87. Giudizio raccolto dalla guardia del corpo di Churchill; cfr. Woller, *Churchill e Mussolini*, cit., p. 647.

88. La lettera ad Alexander del 10 maggio 1945 e le considerazioni sulla

morte di Mussolini figurano in Winston S. Churchill, *Triumph and Tragedy*, Bantam Books, New York 1979 (1953), pp. 452-453.

89. Riferimento interpretato dai fautori del Carteggio come conferma dell'esistenza di ulteriore corrispondenza in aggiunta all'unica lettera a lui attribuibile. Quel passaggio potrebbe rimandare, sebbene impropriamente, alla missiva del 16 maggio 1940 (cfr. pp. 101-102), stante la coincidenza del riferimento temporale al crollo francese. Sarebbe d'altronde assai bizzarro che, ossessionato dalle sue lettere «politicamente scorrette», Churchill vi alludesse nella sua opera più nota.

90. Winston Churchill, *La seconda guerra mondiale*, parte V, *Il cerchio si stringe*, vol. I, *La campagna d'Italia*, Mondadori, Milano 1955, p. 66.

Bagattelle per una disfatta

I falsificatori della RSI: *Gaetanino Cabella*

Le radici del Carteggio affondano nell'humus della Repubblica sociale. Nel crepuscolo di Salò, alcuni giornalisti e funzionari ministeriali preparano documenti falsi, proiettili per la guerra psicologica, in parte sparati nel 1944-45 e in parte accantonati per il futuro. Il Nucleo di propaganda del Ministero della Cultura popolare si incarica della divulgazione di questo materiale. Bagattelle per una disfatta...

I ministri coinvolti nella guerra psicologica sono Carlo Alberto Biggini, titolare dell'Educazione nazionale, e Guido Buffarini Guidi, ministro dell'Interno, che disponeva di «documenti "creati" per motivi di propaganda».[1] Anche il dicastero della Cultura popolare, con Fernando Mezzasoma e il capo di Gabinetto Giorgio Almirante, è coinvolto in operazioni coperte. I tre ministri sostengono e proteggono un personaggio come Gian Gaetano Cabella, che durante la RSI ha fatto della contraffazione la propria missione.

Un rapporto del 1954 – probabilmente redatto da elementi del SIFAR e inviato alle autorità federali svizzere – riconduce gli apocrifi del Carteggio alle manipolazioni attuate nell'estrema stagione saloina:

> Negli ultimi tempi dell'ex Rsi, i governanti fascisti meditarono, con calcolato spirito di vendetta, di colpire con opera calunniosa e con

altre azioni nocive taluni esponenti politici italiani e stranieri che avevano combattuto il fascismo in tutte le sue edizioni.

Infatti, a mezzo di autentici specialisti, sarebbero stati approntati documenti ufficiali ed ufficiosi, lettere manoscritte e dattiloscritte, appunti etc., imitati con arte nelle forme, nei testi e nelle firme apocrife, documenti che, per completare l'opera, sarebbero stati raccolti ed ordinati con diligenza ed abilità in modo da costituire un dossier che, a distanza di anni, potesse apparire parte del carteggio trafugato da un archivio segreto e messo in salvo con il trasparente fittizio scopo di non privare il Paese di materiale prezioso da un punto di vista storico-politico.[2]

I falsi, dunque, proliferano su entrambi i fronti. Nel secondo conflitto mondiale infatti, più ancora che nella Grande Guerra, le armi della disinformazione e della mistificazione seminano confusione e sconcerto tra gli antagonisti. Gli inglesi sono maestri in questo campo, coltivato anche dagli statunitensi dell'Office of Strategic Services (OSS), che dispone di una sezione italiana specializzata in sabotaggi, depistaggi e *moral operations* in genere.[3]

Tra gli apocrifi più significativi usciti da questa fucina figura senz'altro il *Proclama/Bekanntmachung*, appello bilingue datato 28 aprile 1945 e firmato da Benito Mussolini, nel quale il (sedicente) Duce informa di aver assunto il comando «di tutte le formazioni italiane e tedesche» e ordina ai militari germanici di porsi ai suoi ordini, disattendendo le direttive dei loro superiori. Il collasso delle linee difensive tedesche invalida il *Proclama/Bekanntmachung* prima ancora che venga distribuito. Sorte analoga tocca presumibilmente a taluni apocrifi predisposti dagli apparati riservati di Salò.

La macchina del fango – propedeutica al Carteggio Churchill-Mussolini, che la riavvierà nel dopoguerra – debutta nella seconda metà del 1944 con una manovra da manuale ordita contro Pietro Badoglio, inchiodato quale mandante dell'assassinio di Ettore Muti. Un complotto per distruggerlo moralmente e alimentare il mito dell'ex segretario del PNF (cui è intitolata la Legione mobile di Milano). La mente è il direttore del «Popolo di Alessandria», Gian Gaetano Cabella – coperto da protezioni ministeriali e supportato dal segretario del Duce Luigi Gatti

Proclama
Bekanntmachung

LA CONQUISTA DI BERLINO E LA CADUTA DI ADOLPH HITLER POSERA' SULLE MIE SPALLE LA GRANDE RESPONSABILITA' DI PORTARE AD UNA VITTORIOSA FINE LA GUERRA NELLA NOSTRA CARA ITALIA

SEGUENDO IL DESIDERIO DEL FUEHRER ESPRESSOMI NEL NOSTRO ULTIMO INCONTRO DEL 18 APRILE A BERCHTESGADEN, STA A ME ASSUMERE L'ALTO COMANDO DI TUTTE LE TRUPPE ITALIANE E TEDESCHE IN ITALIA NEL CASO EGLI SIA OBBLIGATO DALLA SITUAZIONE BELLICA AD ARRENDERSI AGLI AMERICANI

SONO STATO INFORMATO CHE IL FUEHRER ED IL SUO STATO MAGGIORE HANNO IERI VARCATO LE LINEE AMERICANE NEI PRESSI DI WURZEN E SONO STATI RICEVUTI DAL GENERALE EISENHOWER

IO, BENITO MUSSOLINI, ASSUMO L'ALTO COMANDO IN CAPACITA' DI TRIBUNO DI GUERRA DEL L'IMPERO ROMANO E TUTTE LE FORMAZIONI ITALIANE E TEDESCHE, INSIEME AL COMANDO POLITICO. SONO UNITE SOTTO LE MIE SALDE REDINI

CONDURRO' LA LOTTA CONTRO I GIUDEI E I BOLSCEVICHI CON IL MIO BEN NOTO VIGORE, E QUANDO TUTTI VOI, ITALIANI E TEDESCHI, SARETE LEALMENTE RIUNITI ATTORNO A ME, IL SACRO FUOCO DEL NOSTRO CORAGGIO E LA VOLONTA' DI COMBATTERE DEI SOLDATI TEDESCHI RIUSCIRANNO A SCACCIARE LE MASSE NEMICHE DALLA NOSTRA PATRIA ED A RIGETTARLE IN MARE.

SOLDATI, NON TEMETE. IL VOSTRO TRIBUNO E' UN VERO GUERRIERO. GLI ERRORI DEL PASSATO NON SI RIPETERANNO. IL NOME DI MUSSOLINI, COPERTO DI GLORIA NELLE CAMPAGNE DI DUE CONTINENTI, SARA' IL SEGNALE CHE CI PORTERA' ALLA VITTORIA FINALE

IL CONQUISTATORE DEL LEONE DI GIUDA ADESSO PORTA LA BANDIERA. CONTINUATE A COMBATTERE VALOROSI SOLDATI TEDESCHI LA VITTORIA SARA' PRESTO NOSTRA

DA OGGI IN POI OBBEDIRETE SOLTANTO AI MIEI ORDINI. TUTTE LE ALTRE DIRETTIVE PROVENIENTI DALL'ALTO COMANDO TEDESCO O QUALSIASI ALTRA AUTORITA' GERMANICA SONO PRIVE DI VALIDITA'.

LE SS SONO SCIOLTE. TUTTI GLI ORDINI SARANNO FIRMATI DA ME O SARANNO EMANATI DAL MIO STATO MAGGIORE

VIVA IL FASCISMO!

VITTORIA O MORTE.

BENITO MUSSOLINI
Comandante Supremo di tutte le forze
Italo-Tedesche in Italia.

28 Aprile 1945

DER FALL BERLINS UND DER STURZ ADOLF HITLERS LAED MIR DIE SCHWERE BUERDE DER VERANTWORTUNG AUF, DEN KRIEG HIER IN UNSEREM GELIEBTEN ITALIEN ZU EINEM GEDEIHLICHEN ENDE ZU FUEHREN

GEMAESS DEM AUSDRUECKLICHEN WUNSCHE DES FUEHRERS, DEN ER NOCH IN UNSERER BESPRECHUNG AM 18 APRIL IN BERCHTESGADEN WIEDERHOLTE OBLIEGT ES MIR DAS OBERKOMMANDO ALLER ITALIENISCHEN UND DEUTSCHEN KRAEFTE IN ITALIEN ZU UEBERNEHMEN, SOBALD DIE KRIEGSLAGE IHN GEZWUNGEN HABEN WERDE, SICH DEN NORDAMERIKANERN ZU ERGEBEN.

ICH HABE SOEBEN DIE AMTLICHE VERSTAENDIGUNG ERHALTEN, DASS DER FUEHRER UND SEIN STAB GESTERN DIE NORDAMERIKANISCHEN LINIEN BEI WURZEN UEBERSCHRITTEN HABEN UND VON GENERAL EISENHOWER EMPFANGEN WURDEN

HIERMIT UEBERNEHME ICH DIE OBERSTE FUEHRUNG ALS KRIEGSTRIBUN DES ROEMERREICHES UND ALLE DEUTSCHEN UND ITALIENISCHEN FORMATIONEN SOWIE DIE GESAMTE POLITISCHE LEITUNG SIND IN MEINER STARKEN HAND VEREINIGT

ICH WERDE MIT GEWOHNTER ENERGIE DEN KAMPF GEGEN DIE JUDEO-BOLSCHEWIKEN WEITERFUEHREN UND WENN IHR ALLE, OB ITALIENER ODER DEUTSCHE, FEST UND TREU ZU MIR STEHT, DANN WIRD ES DEM HEILIGEN FEUER UNSERES MUTES UND DEM ANGRIFFSGEIST DER DEUTSCHEN SOLDATEN SICHER GELINGEN, DIE FEIGE MASSE DER FEINDE VON DEM HEILIGEN BODEN UNSERES GELIEBTEN ITALIENISCHEN VATERLANDES ZU VERTREIBEN UND SIE INS MEER ZU JAGEN.

FUERCHTET EUCH NICHT, SOLDATEN! EUER NEUER TRIBUN IST EIN WAHRER KRIEGSMANN. DIE FEHLER DER VERGANGENHEIT WERDEN SICH NICHT WIEDERHOLEN. DER NAME MUSSOLINI, DEN DIE FELDZUEGE ZWEIER KONTINENTE MIT RUHM BEDECKT HABEN, WIRD ZUM STRAHLENDEN FANAL WERDEN, DAS EUCH ZUM SIEGE VORANLEUCHTET.

DER BESIEGER DES LOEWEN VON JUDAH IST NUN EUER BANNERTRAEGER. VORWAERTS IHR BRAVEN DEUTSCHEN SOLDATEN, DER SIEG IST BALD UNSER!

VON HEUTE AN WERDET IHR ALLE NUR MEINEN BEFEHLEN GEHORCHEN. ALLE ETWA NOCH ZU EUCH GELANGENDEN BEFEHLE UND ANORDNUNGEN DER OBERSTEN HEERESLEITUNG ODER JEDER ANDEREN DEUTSCHEN BEFEHLSSTELLE, SIND HIERMIT NULL UND NICHTIG. DIE SS IST AUFGELOEST. ALLE BEFEHLE MUESSEN VON MIR, EUREM NEUEN FUEHRER UND TRIBUNEN GEZEICHNET SEIN ODER VON MEINEM STABE KOMMEN.

HEIL DEM FASCHISMUS!

SIEG ODER TOD!

BENITO MUSSOLINI
Oberster Fuhrer aller italienischen
und deutschen Truppen in Italien

28. April 1945

Un reperto della guerra psicologica: il proclama «mussoliniano» stampato dai servizi segreti alleati per disorientare i tedeschi.

(fucilato a Dongo) –, in sinergia con il direttore della «Domenica del Corriere» Caporilli.

I falsari stralciano dal volume di Badoglio *La guerra d'Etiopia* (edito da Mondadori nel 1936) i facsimili di due lettere del maresciallo a Mussolini e compongono un biglietto per il capo della polizia Senise, su carta intestata IL MARESCIALLO D'ITALIA PIETRO BADOGLIO DEL SABOTINO – DUCA DI ADDIS ABEBA: «20 agosto 43 – Per S.E. Senise – Muti è sempre una minaccia: il successo è solo possibile con un meticoloso lavoro di preparazione – V.E. mi ha perfettamente compreso. Badoglio». Muti venne ucciso la notte del 24 agosto nella boscaglia di Fregene durante un (improbabile) tentativo di fuga, pertanto quel messaggio si presta a essere scambiato per l'ordine del mandante.

Perfezionato il collage, per testarne credibilità ed effetti lo si riproduce sul numero unico della Legione Muti «Siam fatti così» e sul «Popolo di Alessandria». Superato l'esame, l'apocrifo ricompare con ben altro impatto sulla prima pagina del «Corriere della Sera» del 20 dicembre 1944, con il titolo *Documento accusatore*. Una postilla redazionale offre la chiave di lettura del biglietto, «documentazione di una odiosa realtà, comprovata d'altronde da tutta una serie di fatti eloquentissimi»:

Ettore Muti, il cui ardimento attestavano le due medaglie d'oro e le altre dieci decorazioni al valore conferitegli per altrettante gesta di superlativo coraggio, turbava i sonni di chi, tramando la resa che doveva consegnare il Paese al nemico anglosassone, temeva un improvviso insorgere di forze rimaste sane e fedeli epperciò aberranti il proposito nefasto.

Ettore Muti simboleggiava quella minaccia. Bisognava sopprimerla. La seconda frase dell'autografo lo suggerisce anche troppo chiaramente. E ogni commento sarebbe certamente superfluo.

Dunque, il maggiore quotidiano italiano consacra e amplifica la falsificazione. La decisione – stante l'autorevolezza della testata e il risalto attribuito all'apocrifo – è autorizzata dai vertici della RSI, forse da Mussolini in persona. Impensabile, dato il rigido controllo censorio, un colpo di testa del direttore Ermanno Amicucci (come sosterrà nel dopoguerra Caporilli, complice a fine 1944 – quale direttore della «Domenica del Corriere» –

La lettera di Badoglio a Mussolini del 1936, con evidenziate le parole servite al falsario per comporre il falso messaggio di Badoglio a Senise del 1944 (sotto).

della mistificazione).[4] L'apocrifo viene letto e commentato dalle emittenti radiofoniche di Salò, che alla purezza di Muti contrappongono la vigliaccheria di Badoglio.

Gian Gaetano Cabella (Genova, 1900 – Sorrento, 1985), Gaetanino per i camerati, è uno squadrista «antemarcia» che, sino alla metà degli anni Venti, coniuga violenza politica e interessi privati, tanto da essere processato per il furto di una pelliccia dalla casa di un antifascista.[5] Emarginato per un decennio e relegato al confino, si riabilita come volontario in Abissinia e in Spagna; poi imbocca la strada del giornalismo presso il periodico satirico «Marc'Aurelio».

Nell'ottobre 1943 assume la direzione del bisettimanale «Il Popolo di Alessandria», organo della Federazione dei Fasci repubblicani di combattimento, cui imprime una linea estremista, trasformandolo in strumento di mistificazione e provocazione contro avversari politici e personali. È un foglio violentemente antimonarchico e anticlericale, squadrista e razzista, in prima fila nella guerra civile. Sin dall'autunno del 1943 legittima i bombardamenti germanici contro obiettivi civili e rappresaglie naziste di ogni genere, poiché «tutta la colpa ricade esclusivamente sui caporioni delle sinagoghe ebraiche, sui capoccia delle logge massoniche, sui grandi mercanti di cannoni...».[6]

La campagna *Mitra all'Esercito Repubblicano* raccoglie nel maggio 1944 oltre un milione di lire, equivalenti a un migliaio di mitra; per l'occasione, Cabella viene ricevuto in udienza da Mussolini, che si complimenta con lui. Sin dall'ottobre precedente il Duce, tramite Paolo Zerbino, aveva «espresso il desiderio di ricevere "Il Popolo di Alessandria"», esaudito dal capo della provincia, Giovanni Alessandri.[7]

Il giornale piemontese solleva clamorosi scandali, innescati da lettere di denuncia attribuite ai lettori, e invece scritte in redazione. Tale linea battagliera dà un impulso alle vendite e la diffusione si estende a Liguria e Lombardia, grazie all'interesse suscitato dalle campagne diffamatorie.

Secondo una studiosa della stampa di Salò, Cabella «alterava la veridicità dei fatti o il significato degli avvenimenti al punto da risultare inattendibile; "Il Popolo di Alessandria", infatti, fu autore di numerosi falsi giornalistici, inventò scandali, denigrò personaggi talvolta senza alcun motivo, per il semplice gusto di stupire».[8]

Tra i collaboratori del «Popolo di Alessandria» spiccano personalità di rilievo quali Francesco Maria Barracu (sottosegretario alla Presidenza del Consiglio dei ministri), Carlo Alberto Biggini, Ezio Maria Gray (presidente dell'EIAR), Attilio Romano (prefetto e commissario della Croce Rossa). E il grande poeta americano Ezra Pound.

Cabella è coperto – oltre che da Biggini – dal segretario e dal vicesegretario del PFR Pavolini e Romualdi (è il partito a saldare i conti della tipografia), da Mezzasoma e Almirante. Protezioni rivelatrici dei personaggi e delle istituzioni quantomeno al corrente dell'attività falsificatrice, se non in essa coinvolte.

Sull'altro fronte, vi sono alcuni esponenti di Salò – a partire dal capo della polizia, Tullio Tamburini – convinti che Cabella sia un lestofante di cui liberarsi. Si ingaggiano serrati scontri, ma il direttore riesce a superare ogni difficoltà grazie ai suoi fiancheggiatori.

Una tipica operazione «cabelliana» colpisce i docenti universitari genovesi firmatari, in epoca badogliana, di un proclama inneggiante alla caduta del fascismo. Nel febbraio 1944 «il Popolo di Alessandria» riproduce una lettera di pentimento, con l'adesione alla Repubblica sociale e l'auspicio di fucilazione del «re traditore» e del principe Umberto. L'apocrifo viene diffuso in volantini e manifesti murali, con grave contraccolpo alla reputazione dei «firmatari» (tra i quali il fratello del segretario comunista Togliatti), cui nel dopoguerra qualche antifascista rinfaccerà l'adesione alla RSI.[9]

Mediante la fabbricazione di «falsi verosimili», Cabella ha in mente di stanare i più insidiosi nemici della patria. Divulga e commenta da par suo le circolari diramate «dagli ebrei» alle organizzazioni clandestine e «alle sinagoghe della Svizzera, di Spagna e Italia (segrete) e di Francia» per diffondere sabotaggi, disordini, lutti.[10] Animato da intenti provocatori, stampa fasulli giornali badogliani e comunisti – dal «Monarchico» al «Grido di Spartaco» – presentati in anteprima al Duce, che plaude a questa particolare forma di guerra psicologica (mentre nel dopoguerra i fautori del Carteggio negheranno sia l'approvazione mussoliniana sia l'esistenza di uffici di produzione falsi nella RSI!).

L'Ufficio stampa di Giustizia e Libertà ripaga Cabella con egual moneta, distribuendo nelle edicole torinesi un foglio col *Rapporto sul ribellismo, di S.E. Graziani*, supplemento al numero 82 del «Popolo di Alessandria», con la trascrizione di due relazioni riservatissime del maggio-giugno 1944, comprovanti l'incapacità delle Forze armate repubblicane a reprimere la guerriglia. Stavolta, però, la documentazione è autentica, benché segretata da Graziani per ragioni di opportunità.[11] La vicenda accende uno scandalo e preoccupa i vertici del partito; il 30 agosto Pavolini invia alla federazione torinese del PFR e alla Prefettura di Alessandria un fonogramma urgente: «Evidentemente per equivoco est stato stampato e diffuso quale supplemento de "Il Popolo di Alessandria" un rapporto riservato del Maresciallo Graziani. Prego provvedere all'immediato sequestro et rastrellamento di tutte le copie che come ho constatato personalmente in Piemonte ha avuto effetto allarmistico assolutamente deplorevole».[12]

Abilissimo propagandista di se stesso, Cabella sbandiera vendite di 270.000 copie (cifre accreditate, nel dopoguerra, dagli storici del giornalismo di Salò e solo di recente demistificate), ben superiori al dato reale di 50-60.000 copie.[13]

A fine luglio 1944, dopo un attentato di matrice gappista alla tipografia del giornale, Cabella si trasferisce a Milano, dove gli è più agevole incontrare i ministri che lo appoggiano e Giorgio Almirante, patrocinatore del trasferimento da Alessandria.

Testata del giornale di Cabella, specializzato in falsificazioni e campagne denigratorie.

Per uno strano meccanismo psicologico, mentre la RSI va avvitandosi verso la rovina Cabella accentua i deliri di violenza e le mistificazioni. Posa da iettatore, rivendicando «l'indiscutibile merito de "Il Popolo di Alessandria" nell'improvvisa morte di Roosevelt». Il 19 aprile 1945 (!) intitola *E uno!* il corsivo di prima pagina in cui profetizza «per Churchill un altro bel colpetto, lo stesso anatema augurale che ha fulminato Delano... è facile che Churchill cominci già a sentirsi poco bene... sciocchezzuole... una indisposizione vaga... giramenti di capo... difficoltà di parola... brutti sfoghi nelle gambe e sulla pancia. Ma il colpo secco verrà al momento opportuno».

Nel capoluogo lombardo Cabella incentiva la produzione di falsi, assistito da elementi del Nucleo di propaganda del Ministero della Cultura popolare.

Per screditare Vittorio Emanuele III, riproduce, col titolo *Il grande numismatico*, un apocrifo sulla venalità del regale collezionista, così postillato: «Nel 1943 la sua raccolta si è rivolta a monete moderne di zecche anglo-americane».[14]

Il peso della sconfitta travolgerà, insieme alla RSI, le campagne propagandistiche imperniate sui falsi. Ma i loro autori, a partire da Cabella, usciranno indenni dalla guerra e dall'«epurazione». Per quanto possa apparire paradossale, nel giro di pochi anni Cabella e Caporilli, con altri camerati, rimettono in piedi l'officina, trovando modo di smerciare i loro «prodotti» mediante nuove campagne stampa.

L'apocrifo di Badoglio sull'uccisione di Muti viene rimesso in circolazione il 27 agosto 1950 da Caporilli sull'«asso di bastoni», che se ne serve per citare a giudizio l'ufficiale quale assassino di Muti. Il senescente maresciallo, interrogato a Roma dal giudice Italo Robino, sostiene di non avere ricordi precisi: in effetti, forse lo ha scritto, quel biglietto, ma solo per sollecitare la vigilanza su un potenziale nemico del governo. Il destinatario del messaggio Senise dice di averlo sentito leggere il 19 dicembre 1944, durante l'internamento in Germania, nelle radiotrasmissioni di Salò: «Io non ricordo di aver mai ricevuto quell'appunto e se fu scritto, fu scritto con ben altri intendimenti».[15]

Il processo, preceduto da battagliere campagne stampa, si mette male per Badoglio, finché il perito calligrafo Franco Bartoloni dimostra la falsità del reperto, mediante raffronto con gli inserti autografi del volume mondadoriano *La guerra d'Etiopia*. Così, nell'agosto 1951 il magistrato archivia il procedimento. Tuttavia in una parte dell'opinione pubblica permane l'accostamento subliminale tra il maresciallo e l'assassinio di Muti.

Smascherato quale falsario, l'ineffabile Caporilli rivela di aver agito a ragion veduta. Pur sapendo che il foglietto era apocrifo, lo ha avvalorato, in quanto così verosimile da poter difficilmente venire smascherato, tanto è vero che gli stessi Badoglio e Senise non ne contestarono l'autenticità, e «un perito calligrafo venne a trovarmi in redazione dicendomi che aveva esaminato il biglietto e che era pronto a stendere una perizia con tutti i crismi della legalità».[16]

Nell'occasione Caporilli rivela il senso dell'operazione, che è il medesimo del Carteggio: in guerra la propaganda è un'arma legittima, è lecito «fabbricare» documenti funzionali alla batta-

L'apocrifo badogliano del 1944 viene riciclato nel dopoguerra dai neofascisti (27 agosto 1950).

glia politico-patriottica. D'altronde, gli inglesi, «maestri in questo genere di propaganda», sfornano a getto continuo materiale fasullo. Il capofila del giornalismo neofascista fornisce poi una versione minimalista e autodifensiva dell'episodio, accampando addirittura una crisi di coscienza sull'uso dell'apocrifo quale espediente di lotta politica:

> Quando presentai la denuncia contro Badoglio come mandante nell'assassinio di Muti, il problema di far cenno o meno al biglietto mi tormentò lungamente. A parte il fatto che era ormai storicamente acquisito e persino riportato su *Due anni di storia* di Tamaro, il fatto di ometterlo nella denuncia e non farne il benché minimo cenno equivaleva ad una limpida dichiarazione di scarsa attendibilità che avrebbe quindi inficiata tutta la complessa vicenda del delitto Muti intorno al quale io avevo raccolto elementi e testimonianze schiaccianti.
> Fu così che il famoso biglietto entrò, mio malgrado, nella vicenda giudiziaria.[17]

Cabella e Caporilli, insomma, ricorrono scientemente e strumentalmente al falso per incastrare gli avversari. Interessante anche il riferimento al volume di Attilio Tamaro, altro «nostalgico» che attinge copiosamente ad apocrifi per accreditare le sue ricostruzioni faziose: *Due anni di storia 1943-45*, monografia in tre volumi, è infestata di documenti inattendibili.[18]

Mistificatore di prim'ordine, Cabella prosegue nel dopoguerra l'attività di falsario, sia come coadiutore nella squadra impegnata ad approntare il Carteggio, sia come battitore libero. Il suo canto del cigno è un presunto testamento mussoliniano.

Sostiene di aver trascorso il pomeriggio del 20 aprile 1945 in Prefettura a Milano, per un'intervista a futura memoria con il Duce, e di essersi vincolato al silenzio per un triennio. Parecchi neofascisti – a partire da Susmel, che nell'*Opera Omnia* del Duce accoglierà le manipolazioni cabelliane – gli prestano fede, nonostante manchino riscontri di quell'udienza. Nell'ottobre 1948 Cabella pubblica in veste lussuosa il *Testamento politico di Mussolini*, in edizione anastatica, nel testo «dettato corretto siglato da Lui».[19] Le presunte rivelazioni del dittatore sono corredate dalla testimonianza di Cabella sull'udienza ottenuta *in camera caritatis*. Il capo della RSI gli mostrò una borsa in pelle gialla, confidandogli: «Ho qui tali prove di aver cercato con tutte le mie forze di impedire la guerra, che mi permettono di essere perfettamente tranquillo e sereno sul giudizio dei posteri e sulle conclusioni della storia». Il preteso testamento è una pezza d'appoggio al Carteggio e verrà citato quale sua incontestabile prova in una quantità di articoli e di pubblicazioni.

L'eclettico falsario genovese confeziona l'intervista al Duce con finalità politiche e speculative. Per valorizzare la manipolazione, riproduce la fotografia di alcuni fogli del dattiloscritto, sottolineati – a suo dire! – dallo stesso Mussolini.

Dato il successo dell'operazione in patria, Cabella aspira a vendere il Testamento negli Stati Uniti. Per raddoppiare il guadagno, ne redige due versioni leggermente diverse, proposte a più agenzie editoriali. Abile millantatore, per accreditarsi cita un personaggio notoriamente vicino al capo della RSI: il milanese Carlo Silvestri, che tuttavia lo smentisce in pieno con una lettera all'editore Ghiringhelli.

Le sarò molto grato, dott. Ghiringhelli, se vorrà provvedere a far pervenire negli Stati Uniti questa mia decisissima smentita i cui termini ancor qui riassumo per maggiore chiarezza: 1) Mussolini non ha scritto né dettato testamenti. Tanto meno si può dare valore di testamento all'intervista vantata dal Cabella come un particolare privilegio. 2) Non sono mai esistiti altri rapporti che di saluto tra me e il Cabella. 3) Se il Cabella si è servito del mio nome per vendere il preteso testamento, egli ha commesso una truffa. 4) Del resto basta leggere i miei libri *Turati l'ha detto. Socialisti e democrazia cristiana* edito da Rizzoli & C. e *Matteotti, Mussolini e il dramma italiano* per intendere quale enorme divario esiste tra le autentiche dichiarazioni di Mussolini e quelle che abusivamente gli si attribuiscono – È chiaro quale sia stato lo scopo del Cabella oltre a quello di un buon affare: far credere, cioè, che Mussolini sia morto con la convinzione che il mondo, lui scomparso, avrà ancora bisogno dell'idea fascista «che sarà l'idea del secolo XX».[20]

Il falsario viene smascherato e arrestato nel novembre 1948 per una serie di raggiri milionari. Il giornalista Giovanni Ansaldo, a sua volta vittima dei meccanismi diffamatori, annota nel proprio diario le disavventure dell'imbroglione, traendo la morale della vicenda:

> Cabella è nuovamente all'onore della cronaca. *Il «testamento del duce» è una truffa di Gaetanin Cabella ricercato attivamente da tre Questure* (9 novembre), *Uno scialle di Maria Antonietta per opera di Cabella diventò tappeto volante. Al giornalista fruttò un milione ed un'altra denuncia per truffa* (10 novembre).
> Questi titoli dicono tutto sull'«amico», ma rivelano anche la dovizia di fessi sopravvissuti alla guerra.[21]

È sempre attuale la riflessione ansaldiana sulla dabbenaggine di quanti prendono per oro colato le falsificazioni di Cabella & Co.

Come per il più fortunato De Toma, anche per l'ex direttore del «Popolo di Alessandria», costretto nel dopoguerra ad arrabattarsi in lavori saltuari (strillone, cronista, intrattenitore di cabaret...), la necessità è la madre dell'invenzione. Il suo tramonto è costellato di condanne per truffa, falsificazione di opere d'arte ed emissione di assegni a vuoto, con periodici soggiorni a Regina Coeli e alle Nuove di Torino.[22]

Caduto il fascismo, Cabella alterna le falsificazioni al cabaret.

L'aspetto più interessante delle sue disavventure giudiziarie consiste nella sentenza pronunciata il 26 aprile 1955 dalla II sezione penale del Tribunale di Torino, in chiusura del processo per direttissima contro Francesco Malgeri, direttore della «Gazzetta del Popolo», querelato dall'ex giornalista repubblichino per un articolo in cui lo aveva associato a De Toma e Camnasio nelle trame del Carteggio Churchill-Mussolini. In aula, Malgeri conferma il contenuto dell'articolo incriminato («specchio fedele delle dichiarazioni fatte dal querelante») e sottolinea di avere respinto le pressanti richieste di transazione di Cabella. La denuncia puntava insomma a estorcergli denaro in un accordo extragiudiziale. Il pubblico ministero propone l'assoluzione con formula piena, «perché il fatto non sussiste», con la condanna del querelante al pagamento delle spese processuali. Il tribunale accoglie la richiesta e vi aggiunge la rifusione delle spese di patrocinio sostenute da Malgeri.[23] Cabella esce mestamente di scena, bollato come complice ufficiale di De Toma e Camnasio nella truffa degli apocrifi.

I falsificatori della RSI: Cione (e Tombari) contro Benedetto Croce

Benedetto Croce è testimone di libertà in anni oscuri, mentre molti intellettuali lodano il tiranno per convinzione o per opportunismo. I suoi scritti gli fruttano rinomanza internazionale e il regime è quindi costretto a tollerarne la presenza.

Uscito da un ventennale ritiro, nell'aprile 1944 torna a occuparsi di politica; autorevolissimo esponente del Partito liberale, diviene ministro senza portafoglio del secondo governo Badoglio (22 aprile – 5 giugno 1944), nel quale gode di ampia influenza.

Estimatore del maresciallo, ne disapprova la sostituzione con Ivanoe Bonomi, decisa dai partiti antifascisti dopo la liberazione di Roma (insieme al ritiro di Vittorio Emanuele e all'assegnazione della luogotenenza a Umberto di Savoia). Croce ricusa di entrare nel nuovo esecutivo, costituitosi il 18 giugno 1944, ma accetta di malavoglia la conferma a ministro senza portafoglio, premettendo che non interverrà per ragioni di età alle riunioni, a Salerno, e si dimetterà appena il governo si sposterà a Roma.[24] Considera Bonomi fiacco e pavido, inadeguato alle circostanze, e glielo rinfaccia in più occasioni.[25]

In virtù della fiducia di Badoglio, Croce era stato il solo ministro a conoscere le condizioni dell'armistizio, da lui considerate «vergognose». Vorrebbe tenerle segrete, per non depotenziare la lotta contro i nazifascisti; lo infastidisce pertanto la loro notifica ai membri del nascente governo da parte degli Alleati e ancor più la loro pubblicazione sulla stampa, decisa – contro il suo parere – dal Consiglio dei ministri.[26]

A quel punto, si dimette:

> Sorrento 12 luglio 1944
>
> Caro Bonomi,
>
> come ben sai, nell'accettare di far parte del tuo Ministero ti dichiarai che sarei rimasto con voi fino al vostro trasferimento a Roma, non essendomi possibile, nel nuovo periodo che si sarebbe aperto e fino ad un tempo per me ora indeterminabile, seguire, come pur si deve, senza intermittenze, l'opera che andate svolgendo e nella quale sarei chiamato a dare il mio qualsiasi consiglio e il mio voto coscienzioso. E poiché tu ci hai annunziato che questo trasferimento si inizia domani, ti prego di accogliere e di far accogliere le mie dimissioni dall'ufficio di Ministro senza portafoglio.
>
> Ti stringo la mano
>
> Tuo aff.mo
>
> B. Croce[27]

Inutilmente il Gabinetto gli chiede di continuare «a dare al Governo il contributo della sua fattiva collaborazione e del suo alto prestigio».[28] La lettera di dimissioni viene segretata.

Ancor prima dell'ufficializzazione del ritiro di Croce, la stampa del Regno del Sud si interroga sui motivi del gesto. Il corrispondente romano del «New York Times», Herbert Matthews, buon conoscitore del ministro-filosofo, pubblica il 14 luglio un articolo in cui gli attribuisce addirittura il proposito – qualora non si modifichino le condizioni armistiziali – di far dimettere l'intero esecutivo, «rifiutando ogni responsabilità e lasciando gli Alleati nella difficile posizione di dover amministrare l'Italia senza un governo».[29]

Ai vertici della RSI si riflette attentamente sulla questione, per i potenziali vantaggi propagandistici di un'accorta azione (dis)informativa. Il Duce considera il filosofo partenopeo un accanito nemico e vorrebbe intaccarne l'autorevolezza, per indebolire il governo monarchico. Da Salò, lo definisce un «commediante dell'antifascismo» che «troppo tardi e malamente è passato dalla biblioteca alla piazza, dal libro al comizio».[30] Rinfaccia a «questo apostolo della libertà» di essersi «proclamato martire», mentre «in venti anni di tirannia fascista egli ha potuto esporre in qualunque sede e con qualunque mezzo le proprie idee e i propri sentimenti».[31] Il livore gli suggerisce persino un raffronto di pessimo gusto tra l'«epa di Churchill» e la «gelatinosa rotondità di Benedetto Croce».[32]

L'intellettuale partenopeo è insomma un rovello per il capo della RSI. E l'occasione delle sue dimissioni troppo ghiotta per essere lasciata cadere. Su di esse i servizi segreti di Salò modellano pertanto un'ingegnosa montatura, con il decisivo contributo di un ex allievo di Croce, Edmondo Cione.

Il napoletano Cione (1908-1965) era stato presentato a Croce giovanissimo, dal suo insegnante di ginnasio Floriano Del Secolo, come allievo in erba, desideroso di apprendere i rudimenti della filosofia. Il ragazzo gli si affeziona a tal punto da venir soprannominato *o' vaccariello* (il vitellino), per l'attaccamento al maestro, del quale diviene inseparabile accompagnatore. Nella casa di Sorrento conosce protagonisti dell'antifascismo quali i fratelli Rosselli e il conte Sforza. Negli anni Trenta, Cione frequenta segretamente cenacoli antifascisti, finché viene scoperto e assegnato per sei mesi al confino di polizia.

Riacquistata la libertà, torna a Napoli, ma nel 1940 Croce lo accusa di doppiogiochismo e, di punto in bianco, lo allontana in via definitiva dalla propria cerchia.

Trasferitosi a Milano, come bibliotecario alla Braidense, stringe rapporti con gli antifascisti, per poi avvicinarsi al regime attraverso l'amicizia con Biggini, rettore dell'Università di Pisa e nel febbraio-luglio 1943 ministro dell'Educazione nazionale.

Costituitasi la RSI, Cione concorda col suo mentore (incaricato di nuovo dell'Educazione nazionale) una collaborazione giornalistica e politica. Promuove il minuscolo raggruppamento Indipendenza nazionale, libertà e giustizia sociale, che sostiene Mussolini da «sinistra»[33] ed è valutato dal Duce come un tentativo di agganciare elementi altrimenti destinati a gravitare nell'area del Comitato di liberazione nazionale. Cione, saldamente agganciato alla RSI, può quindi fare i conti con il maestro che l'ha rinnegato: nell'estate del 1944 gli dedica una malevola monografia.[34] Il passo successivo, ben più disdicevole, lo vede partecipe di una seria provocazione politica, come consulente dei servizi segreti.

Siccome la lettera di dimissioni di Bendetto Croce è rimasta inedita, se ne confeziona una apocrifa, con triplice finalità: far esplodere le divergenze politiche in area governativa; impo-

Milano, 13 novembre 1944. Il ministro Biggini e (con gli occhiali) il suo collaboratore Cione: regista ed esecutore della manovra contro Benedetto Croce.

stare una nuova e più efficace campagna contro le condizioni dell'armistizio; dipingere Croce come vicino, su determinati argomenti, alla RSI.

Nell'ingegnosa versione di copertura, un giornalista statunitense avrebbe intervistato il filosofo nella sua residenza di Sorrento, ottenendo – previo impegno di riservatezza – il testo integrale delle dimissioni. Contravvenendo al riserbo, il corrispondente avrebbe radiotrasmesso su onde corte al suo giornale l'intervista e la lettera. Gli stenografi del servizio intercettazioni radiofoniche della RSI avrebbero pertanto ricostruito il documento, pubblicato il 7 agosto sulla prima pagina del quotidiano milanese «La Repubblica Fascista». È una testata che coniuga fascismo e nazismo in salsa social-rivoluzionaria, trovando un riferimento nel capo delle SS, Himmler.

Il sedicente Croce illustra con dovizia di particolari il ritorno alla politica attiva, con le speranze presto fugate dalla pochezza dei governanti, dalla pavidità della monarchia e dal pugno di ferro angloamericano.

Ecco l'incipit e le conclusioni del chilometrico falso:

Al Presidente del Consiglio – Eccellenza Bonomi
Eccellenza,
essendo sorte vociferazioni, che molto mi addolorano, circa il mio rifiuto di seguire in Roma il Governo che Ella presiede, desidero esprimerle chiaro e netto il mio pensiero e definire una volta per sempre la mia posizione. [...]
Conoscendo i patti della capitolazione, sapute le condizioni tremende alle quali ci siamo vincolati per il presente e per il futuro, viste ad una ad una le clausole spietate che il popolo tuttora sconosce e che se anche conoscesse forse non sarebbe in grado di valutare con noi che eravamo chiamati a vigilare sulle sue sorti; udito dalla Sua parola, Eccellenza, che niuno sforzo militare e verun accorgimento diplomatico potrebbe modificare a nostro vantaggio quei patti, mi è apparsa chiara l'inutilità assoluta dell'opera nostra. [...] Ella ben sa che i patti firmati a l'atto della capitolazione non consentiranno agli italiani né di essere liberi, né di lavorare liberamente, né addirittura di chiamarsi liberi. Lungi da me il pensiero di elevare contro ciò una protesta. Questo han preteso i nostri amici anglo-americani; e questo hanno diritto di pretendere. Ma non

vedo perché, in tali condizioni, l'Italia debba avere un Governo e perché, avendolo, ne devo io far parte.

La prego perciò instantemente, Eccellenza, di voler accettare le mie dimissioni, insieme ai sensi della mia immutata e perenne amicizia e devozione.

Il suo
Benedetto Croce

PS Qualora la Commissione Alleata di controllo solleciti da Lei una spiegazione al riguardo, La prego, Eccellenza, di attribuire il mio nuovo gesto a ragioni di salute e di vecchiaia.

L'escamotage dell'intercettazione evita la fatica (e i rischi) della falsificazione *formale*, limitandola al *contenuto*. Sull'apocrifo si impernia un'imponente campagna politico-giornalistica, in Italia e all'estero.

All'indomani dello scoop della «Repubblica Fascista», si svolge a Lisbona una conferenza stampa del segretario di Stato americano Edward Reilly Stettinius. Un giornalista gli chiede di commentare la lettera di Croce e la sua contrarietà alle durissime condizioni imposte dagli Alleati all'Italia. L'imbarazzo di Stettinius – se prestiamo fede alla stampa della RSI – è percepibile: «Ha risposto evasivamente di non aver avuto il tempo di leggere la lettera, sebbene ne avesse inteso parlare. Egli ha aggiunto che in ogni modo, in seguito ad un accordo tra Bonomi e le autorità anglo-americane in Italia, è stato deciso di iniziare la pubblicazione delle clausole dell'armistizio. "Ogni dichiarazione in merito – ha concluso il Sottosegretario di Stato nordamericano – sarebbe pertanto inopportuna"».[35]

Né Croce né gli angloamericani smentiscono, per non prestare il fianco a chi, in malafede, vuol montare lo scandalo per delegittimare il governo Bonomi. Qualsiasi rettifica, in quel contesto, confermerebbe comunque – se non l'autenticità formale – la sostanziale fondatezza dell'apocrifo. È la raffinata tecnica del *verosimile* (ispiratrice, come si è visto, del Carteggio Churchill-Mussolini).

In pochi giorni il testo della lettera viene stampato in manifesti e volantini, diffusi in migliaia di copie e affissi agli angoli delle strade. Molti vi prestano fede e notano la consonanza delle ragioni di Croce con le valutazioni della RSI sulla disumanità dell'armistizio. Gli antifascisti masticano amaro.

A metà settembre, quando il clamore propagandistico è scemato, Cione cerca il rilancio con un editoriale sulla «Repubblica Fascista», presentato dalla redazione come modello di «quale dovrebbe essere l'atteggiamento degli stessi antifascisti, se amassero veramente – come dichiarano – l'Italia».

Sorretto dalla «ventennale e quasi quotidiana consuetudine» con Croce, «dal quale m'ero violentemente distaccato in seguito ad un incidente di carattere personale», Cione plaude alla svolta «dell'antico mio maestro». Interprete del pensiero di don Benedetto, ne sviluppa il senso politico: «Dunque Croce si rifiuta di coonestare con l'autorità del proprio nome quell'infame spoliazione che col nome di "capitolazione incondizionata" si vuol imporre all'Italia e rifiuta ogni contatto col governo lustrascarpe che si presta a servir da strumento alle ambizioni imperialistiche dell'imperialismo anglosassone. E poiché *tertium non datur* è ovvio che in cuor suo, sebbene non lo dica apertamente e forse non lo creda possibile, si auguri la vittoria dell'Italia repubblicana».[36]

Una falsificazione sopraffina: le mistificazioni di Cione sulle dimissioni di Croce («La Repubblica Fascista», 16 settembre 1944).

L'impudenza di Cione non conosce limiti. Commentando persino l'apocrifo da lui stesso costruito, afferma che «la trascrizione stenografica dell'intercettatore e la retroversione in italiano [...] che non è affatto smentita dalle radio nemiche e che attraverso la mia conoscenza della personalità e dello stile del Croce, ho potuto ricostruire nel suo stile genuino, è autentica». Del resto, quella delle legittimazioni è la prima preoccupazione dei falsari: per il Carteggio, tale funzione verrà adempiuta – come si è evidenziato – dal notaio Stamm e dal grafologo Focaccia.

Biggini e Cione studiano un'ennesima mossa per imbarazzare ancor di più Croce: un proclama di solidarietà col ministro dimissionario, «Grande Italiano che ha dimostrato di sapere mettere l'idea della Patria al di sopra delle competizioni di parte», seguito da una raccolta firme affinché «il governo della Repubblica conferisca a Benedetto Croce la presidenza dell'Accademia d'Italia».[37] Il testo dell'appello viene diffuso con un manifestino.

A questo punto, Cione è organicamente asservito al governo di Salò. Suo tramite con il Duce è Vittorio Mussolini, cui nel febbraio 1944 il padre consegna una lettera per l'intellettuale napoletano e raccomanda di seguire dappresso il «Raggruppamento» da questi capeggiato.[38]

L'apporto del transfuga alla guerra psicologica anticrociana si concretizza inoltre in finte edizioni della laterziana «Biblioteca di Cultura Moderna».[39]

Attraverso la linea del fronte, Croce apprende in ritardo sia quanto al Nord si è tramato contro di lui, sia la parte giocata dall'ex discepolo. Il 28 novembre 1944 Alfredo Pizzoni, presidente del Comitato di liberazione nazionale dell'Alta Italia, aggiorna il filosofo, che sintetizza nel suo diario le scioccanti novità:

> Mi ha raccontato i particolari della lettera apocrifa a me attribuita, che fu scritta dal Cione, il quale ha anche scritto un volume contro di me.
> Io persisto nel dubbio se, invece che una canaglia, quel giovinastro non sia uno scemo.

La falsa lettera fu affissa alle cantonate, e discreduta da molti, ma creduta vera da altri.[40]

Tre mesi più tardi, Croce torna sull'incresciosa questione, che lo ha posto in cattiva luce presso vari suoi simpatizzanti, con un messaggio ai delegati del Partito liberale nel Comitato di liberazione di Torino, dai quali aveva ricevuto segnali critici. È un documento assai interessante, sia per la conferma del fastidio provato dinanzi alla falsificazione sia per le precisazioni sull'ex discepolo Cione:

Roma, 1 marzo 1945

Mesi [or] sono è stata divulgata in alta Italia sui giornali e, mi dicono, affissa anche alle cantonate, una supposta mia lettera al Bonomi, che non solo non è mai esistita, ma che dice il rovescio del mio sentimento e del mio pensiero. Io ho potuto leggerla qui in Roma solo nel dicembre dello scorso anno.

Anche nella forma di scrittura quella lettera è del tutto repugnante al mio stile e al mio vocabolario. Per queste evidenti ragioni ho creduto che nessuno me l'abbia attribuita. Ma poiché mi avvertono che alcuni inesperti o troppo ingenui l'hanno creduta mia, intervengo porgendomisi ora di ciò l'occasione, a dichiarare esplicitamente che si tratta di una goffa quanto turpe falsificazione.

L'autore di essa mi è noto, ma desidero non bruttare del suo nome questa dichiarazione. È un giovinastro che venne da me or sono venti anni, ragazzo quattordicenne, presentatomi e raccomandatomi da un suo insegnante, che è onestissima persona, costante antifascista e ora direttore di un giornale. Io l'avviai agli studi storici e filosofici, corressi le sue prime pagine persino nella forma grammaticale, gli suggerii temi e gli feci pubblicare lavori storici e filosofici, ed egli mi fu sempre attorno professandomi riconoscenza e gratitudine, ed entrò nel movimento antifascista e liberale. Ma verso il 1940 mi suscitò crescenti fondati sospetti di doppio giuoco, e io lo allontanai da me. Ora in modo, non so se più malvagio o più stupido, è passato armi e bagagli al fascismo e al nazismo, e mi dicono che abbia anche stampato articoli e un libercolo contro di me. Sono cose che, purtroppo, capitano nella vita e bisogna lasciarle passare.

Con saluti cordiali e auguri

B. Croce[41]

Nuovi documenti dell'operazione di falso pervengono a Sorrento il 16 aprile 1945, consegnati da Umberto Zanotti Bianco (presidente della Croce Rossa): «La sera Zanotti Bianco mi ha portato lettere dalla Svizzera e anche giornali di Milano, tra cui articoli di quello sciagurato Cione, tessuti di bugie. Ne ho ordinati e incollati una parte».[42]

Dopo la pubblicazione sulla «Repubblica Fascista», l'apocrifo crociano trova ulteriore diffusione grazie allo scrittore marchigiano Fabio Tombari (Fano, 1899 – Rio Salso, 1989), autore delle *Cronache di Frusaglia*. Il romanzo, sua opera prima, rappresenta uno straordinario successo dell'editoria nazionale del Novecento: pubblicato nel 1928 da un piccolo editore anconetano, l'anno successivo passa a Vallecchi e – rielaborato come *Tutta Frusaglia* – entra in catalogo per Mondadori, di cui Tombari diviene autore di punta. Sono pagine di narrativa picaresca, di un'epica paesana dotata di fantasia descrittiva e di notevole sensibilità per la natura.

Come moltissimi scrittori (inclusi futuri antifascisti: Sibilla Aleramo, Salvatore Quasimodo, Giuseppe Ungaretti...), negli anni Trenta anche Tombari è generosamente finanziato dal Ministero della Cultura popolare.[43] Quando i tempi si fanno duri, egli, a differenza dalla maggioranza dei colleghi, non fa il salto del canguro e resta con Mussolini (che lo ha sempre apprezzato, al punto di visionargli personalmente le bozze di stampa).[44]

Alla vigilia della guerra è tra i più noti romanzieri italiani.

Nel 1944, quando il fronte si avvicina alle Marche, Tombari deve lasciare Fano, dove è sempre vissuto, e rifugiarsi al Nord. Roso dalla nostalgia e amareggiato dalla piega che sta prendendo la guerra, considera autentico l'apocrifo crociano e si indigna per la doppiezza che vi scorge. Ben altrimenti egli intende la missione dell'intellettuale. Stimava il filosofo napoletano, che ora vuole smascherare con una lettera aperta, ispirata all'Italia rurale impersonata da Mussolini, alla valorizzazione del mondo germanico, a una visione antimperialista e antidemocratica (considera la democrazia come il paravento del colonialismo angloamericano). L'inizio del documento spiega lo spirito che lo pervade:

Signor Croce,
Voi di certo non mi conoscete; d'altro canto il conoscermi o meno
non avrebbe alcuna importanza. Ma io vi conosco – vi ho anche
stimato – e scrivo a voi perché vi so esponente di quell'intellettua-
lismo che è dall'altra parte, e soprattutto di quegli intellettuali che
all'estero e particolarmente in America si sono dati tanto da fare
per promuovere addirittura una crociata – forse credendo di far
bene – e hanno fatto tanto male all'Italia, a questa Italia che povera
o ricca, felice o infelice che fosse, era e doveva essere cosa tutta
nostra, ed ora non lo è più.
Scrivendovi, so di non compromettervi: il vostro nome è già tanto
compromesso quanto la vostra persona al sicuro; né dovete pensare che io lo faccia per mettermi in vista. Nessun vantaggio me
ne potrebbe venire e certo anche voi sapete quanto rischioso sia
l'esporsi per noi che senza averla voluta siamo di qua di quella barricata che ormai si chiama fronte.
Scrivo ora che è arrivato l'ordine di sloggiare per evacuare la zona
poiché il fronte avanza.

«Io non credo alla furberia politica e i furbi mi fanno pietà»
rileva risentito. Dalle dure condizioni dell'armistizio risale al
senso del conflitto mondiale in corso, per rivendicare *in toto* le
idealità dell'opzione bellica: «Continuiamo a parlarne, signor
Croce; se mi seguite arriveremo più in là, vedremo cose incre-
dibili: perché non si dica che questa guerra è di partito: è guerra di popolo, più ancora guerra d'Italia, come è della Germania, del Giappone, dell'India, della Finlandia, di tutta l'Europa
se non vorrà perire, schiacciata dagli imperialismi di est e di
ovest, più ancora guerra di razze, guerra del mondo, più ancora
guerra di Dio. Ci arriveremo, signor Croce, ci arriveremo. Se
volete leggeremo insieme l'Apocalisse».
Il romanziere pare perso in un mondo di ieri, distrutto dalle bombe dei «liberatori» applauditi da Croce. Nella parte
conclusiva, suggestionato dalla svolta politica intravista nell'a-
pocrifo, accenna a un avvicinamento al suo avversario: «Nel
salutarvi non vi mostro un pugno: vi tendo la mano: è gesto
nobile e bello. Ed è nostro. Se questa lettera sortirà l'effetto
di richiamare gli italiani se non a un destino a un dolore comune, sarò felice d'averla scritta dovessi morirne. Altrimenti,

oggi che Roma è caduta, si sappia che almeno voi non gridate al trionfo».

Tombari è stato dunque raggirato dal Nucleo di propaganda del Ministero della Cultura popolare, composto da esperti professionisti in grado di produrre imitazioni di alta qualità e di supportare i falsi con operazioni promozionali in grande stile.[45]

Il Nucleo di propaganda diffonde in trentamila copie lo scritto del romanziere marchigiano,[46] in una plaquette che vorrebbe screditare l'intellettuale liberale e che invece «inguaia» il suo autore, considerato – a torto o a ragione – strenuo sostenitore del governo di Salò. Quel pamphlet include la famigerata lettera «crociana» e materiale propagandistico preparato dagli apparati riservati della RSI.

Il Nucleo di propaganda della RSI pubblica nel 1944 un opuscolo mistificatorio sulle dimissioni di Croce.

Si sarà alfine disingannato, Fabio Tombari? Avrà compreso di essere stato imbrogliato da quei suoi camerati che gli hanno propinato un falso per indurlo a reagire in nome del patriottismo e della dignità nazionale, combattendo con le armi della propaganda il governo monarchico?

Nelle pagine dell'*Incontro*, volume velatamente autobiografico del 1960, allude alle temperie del 1943-45 con riflessioni amare:

> Presi parte alla guerra civile.
>
> Io così contrario alle opinioni, fui per la più stolta e difesi i violenti.
>
> Non fui per la libertà. Fra la libertà e la patria scelsi questa, e perdetti quando la patria perdeva.
>
> Non mi opposi alla caduta del tiranno (era già caduto), mi opposi al tradimento. [...]
>
> Più procedevo più mi sentivo mancare. Anche la certezza d'aver perduto per una nobile causa, poiché gli orrori commessi da quelli della mia parte eran tali da far vergogna.[47]

Lo scrittore rievoca sulla propria pelle la spietatezza della guerra civile, ricordando di essere stato, al tempo della Repubblica di Salò, «denunciato, braccato, la casa incendiata e fucilato in effigie». Ritiene di avere elaborato il lutto del proprio passato, nell'incessante e mesta macerazione interiore: «Per quante colpe mi si possano fare, saran sempre poche in confronto a quelle ch'io mi rimprovero».

Eppure, nella seconda edizione «riveduta» dell'*Incontro*, curata nel 1974 dallo stesso autore per la collana mondadoriana «I libri di Fabio Tombari», le considerazioni sul proprio coinvolgimento nella guerra civile sono scomparse, senza che il lettore possa accorgersi dell'amputazione.[48] Autocensura in stridente contraddizione con quanto Tombari scrive a silloge della presentazione editoriale: «È attraverso la verità che l'uomo si libera; ma al vero ci si arriva con tutto l'essere, cioè in pieno accordo con se stesso: corpo, anima e spirito». Espressioni che rimandano alla visione antroposofica e metastorica di Rudolf Steiner, di cui è convinto seguace.

Nella corrispondenza di Tombari con Alberto Mondadori, vi è un passaggio rivelatore del suo atteggiamento esistenziale e della concezione della letteratura che lo contraddistingue. La lettera – del maggio 1962 – è originata dalla pubblicazione del *Catalogo Mondadori*, nel quale Tombari compare con diversi testi e gli sono dedicati lusinghieri apprezzamenti:

> Caro Alberto,
> ho appena visto il Catalogo che mi ripaga dell'amarezza della voce Tombari sul *Dizionario della Letteratura*. «Legato al Regime» io che di fascismo non ne ho mai fatto, e ho scritto la lettera a Croce per amore in tempi di odio (non sapevo del massacro degli ebrei) e sono stato il primo, a rischio della vita, a parlare di federalismo europeo!
> Mi sono dato da fare per le due amnistie ai fascisti dopo, come ai perseguitati del fascismo prima; ma scrittore fascista, no. *Frusaglia*, gli *Animali*, i *Ghiottoni*, l'*Incontro* e *Tonino* sono *creazioni viventi* che nulla hanno a che vedere con la politica.
> Tu sei prima di tutto un editore, è vero, e la richiesta dei miei libri è poca; ma è vero che senza alcun appoggio di stampa, è costante, e i miei lettori, pur così pochi, mi sono riconoscenti, e perfino i giovani oggi tanto fuorviati, stimano rara la mia solitudine, come è rara la fede nella sanità e santità della vita.[49]

La netta dichiarazione di apoliticismo è corroborata – in un successivo messaggio ad Alberto Mondadori – da una rivendicazione di autonomia: «[Sono] fuori del mio tempo, vivo e concreto degli ideali che traggono tutto dalla natura e poco dagli uomini; ché, contrariamente a Croce, non il poeta è soggetto al tempo, ma il tempo al poeta. E poiché di questa mia solitudine pochi si accorgono, ogni qualvolta qualcuno mi sorride, mi auguro che a sorridermi sia l'uomo ideale, non quello alla moda».

L'incidentale coinvolgimento nella guerra psicologica, per la strumentalizzazione da parte dell'apparato propagandistico saloino, non riserva dunque a Fabio Tombari le ripercussioni negative sperimentate un decennio più tardi da Giovanni Guareschi, quando lui pure prenderà per veri degli apocrifi, stavolta «degasperiani» (cfr. pp. 96-98).

Nemmeno Edmondo Cione, che pure – al contrario di Tombari – aveva scientemente partecipato alla falsificazione, paga pegno. Il procedimento per collaborazionismo si chiude senza conseguenze. Nel dopoguerra si intruppa nella schiera dei neofascisti e diviene assessore al comune di Napoli, scrive monografie (*Tra Croce e Mussolini* [1946] e *Il Msi alla conquista del potere* [1950]), e in una *Storia della Repubblica sociale italiana* (1951) gonfia oltre ogni limite il suo ruolo politico-culturale. È così megalomane da accusare nel 1947 Croce: «Ora non può perdonarmi ch'io mi sia reso indipendente, creando un nuovo sistema filosofico».[50] Nel 1953, fallita l'elezione al Senato con il MSI, aderisce alla Democrazia cristiana.

La campagna anticrociana dell'estate del 1944 documenta quindi l'esistenza (e anche la perizia) dei centri di falsificazione della RSI. Dino Campini, funzionario ministeriale la cui figura approfondiremo più avanti, dichiarerà in un suo libro sul Carteggio che «dalla Repubblica di Salò venne fabbricata ad arte una lettera apocrifa di Benedetto Croce, abilmente contraffatta nello stile e nella calligrafia [*sic*]. Venne redatta in una centrale di falsi organizzata nel Veneto, a Schio».[51] Il raro sprazzo di verità uscito dalla penna di Campini nel mare di reticenze e depistaggi tace il seguito dell'operazione, forse per non tradirsi, poiché l'episodio rappresenta la protostoria del Carteggio e concerne le trame intessute nell'entourage del ministro Biggini, di cui era segretario.

Strano gioco dei mussoliniani

Nell'immediato dopoguerra, i servizi segreti italiani e anglo-americani si mettono sulle tracce dei fondi mussoliniani inabissatisi nella primavera del 1945. Una parte delle raccolte documentarie viene recuperata e data in custodia (dopo prelievi strategici) agli archivi di Stato. È il caso delle Carte Petacci, disseppellite a fine 1949 dai carabinieri nel giardino di Villa Cervis, a Gardone Riviera, dove possessori infidi (cui Clara le affidò a metà aprile 1945, prima di partire per Milano) le occultarono nell'intento di tesaurizzare quel giacimento, sottraendolo ai legittimi proprietari.[52]

Una porzione non trascurabile delle carte «fasciste» scompare, per qualche anno o forse per sempre. E fiorisce un rigoglioso mercato nero, nel quale è arduo discernere i reperti autentici dalle contraffazioni.

Le dicerie sui soggiorni italiani di Churchill alimentano la leggenda dell'epistolario segreto con Mussolini. A partire dal settembre 1945, quando i giornalisti interpretano una vacanza di una ventina di giorni sul Lago di Como come missione per il recupero di reperti pericolosi. Analoghe congetture ispirano i successivi soggiorni italiani, nel luglio 1949 a Gardone Riviera e nell'agosto 1951 a Venezia, che però – abbandonata l'identità di copertura adottata da un quinquennio in occasione dei viaggi all'estero – sono contraddistinti da una diffusissima curiosità popolare e dall'assedio dei fotoreporter, tanto da suscitare le proteste dell'ospite.

La passione per la pittura e la predilezione per il «Paese del sole» (dove i coniugi Churchill trascorsero la luna di miele e tornarono sovente) maschererebbero, insomma, la caccia ai documenti politicamente scorretti. Si irride alla «mania» dello statista per il disegno, ma la sua monografia *Painting as a Pastime* (1948) viene più volte ristampata e i suoi quadri sono valutati già all'epoca e accresceranno le loro quotazioni, oggi elevatissime.[53] (I fedeli del Carteggio hanno finora ignorato i successivi soggiorni churchilliani in Italia – per esempio nell'aprile 1955 in Sicilia – che potrebbero aprire nuovi capitoli sulla diaspora degli epistolari lungo la penisola e relativi inseguimenti.)

Nel settembre 1945, quando l'ex premier dipinge in riva al lago, gli agenti di Sua Maestà hanno già acquisito da partigiani comaschi due grandi blocchi di documenti mussoliniani (quelli autentici: 37 dossier che il Duce aveva con sé al momento della cattura e l'archivio allestito nei pressi di Salò), fotografati e conservati nell'Archivio di Stato.[54] Seguirà una terza partita del materiale selezionato da Mussolini tra la cessazione dei combattimenti e il luglio 1946.[55]

Il 7 ottobre 1945, un trafiletto da Milano del quotidiano romano «Il Tempo» dà per recuperato il controverso epistolario: «Si apprende che durante la sua permanenza a Como Churchill sarebbe venuto in possesso delle lettere da lui scritte a Mussolini nel periodo precedente la guerra etiopica. Le lettere sarebbero state contenute nelle 27 casse di documenti sequestrati all'ex duce durante la sua fuga e che attualmente si trovano in custodia al Comando Alleato di Milano».

Tre anni e mezzo più tardi, il «Meridiano d'Italia» articola meglio la tesi delle finalità predatorie di quel soggiorno estivo:

> Nessuno prese sul serio le spiegazioni di sapore ufficiale date a quel viaggio e credette possibile che lo statista inglese scegliesse proprio quel momento per cercare sul lago di Como un po' di riposo e qualche ispirazione al suo dilettantismo pittorico. Churchill poteva avere un interesse anche personale a recuperare lettere e documenti che non gradiva divenissero di dominio pubblico e che soprattutto disturbavano la libertà di movimento della diplomazia inglese di fronte alle potenze insieme alle quali la Gran Bretagna aveva vinto la guerra.[56]

Su questa falsariga, si collocano ben presto altri articoli della stampa quotidiana e periodica italiana. «Da notare che le tre visite coincidono con l'ubicazione degli originali e delle tre copie dattiloscritte di un grosso carteggio di Mussolini, che avrebbe compreso anche le lettere di Churchill» sostiene Duilio Susmel, convinto assertore dell'autenticità di quel materiale e certo che lo statista britannico se lo sia ripreso.[57]

Ancora più di Pisanò (che si occupò del «caso» De Toma in due riprese, nel 1954 e nel 1959), Susmel segue per anni le vicende del controverso epistolario e vi dedica una varietà di articoli. Nel giugno 1953 pubblica su «Oggi» un'ampia inchiesta in cui mescola David, De Toma, Spögler e Wolff in un contesto fantasioso che avvalora le mistificazioni dei quattro personaggi: «Si sa con certezza che alla data del 25 aprile esistevano in Italia tre copie del carteggio»;[58] la primavera successiva è consulente di Rusconi nel fallimentare scoop di «Oggi» e ne scrive anche su «Epoca».[59] Negli anni Sessanta tornerà sui rapporti segreti Churchill-Mussolini con una serie di servizi sul «Corriere della Sera» e la «Domenica del Corriere». Nella settima e conclusiva puntata scritta sul settimanale «Tempo» nella primavera del 1965, assicurerà che i nazisti conoscevano le lettere segrete scambiate tra i due statisti.[60]

Curatore dell'*Opera Omnia* di Mussolini, Susmel vi inserisce apocrifi tratti dal Carteggio[61] e dedica inchieste giornalistiche ai «nemici-amici» Churchill-Mussolini, legati da «rapporti contraddittori e in parte tuttora misteriosi». Negli anni, le sue posizioni evolveranno per fargli infine affermare che, sin dall'immediato dopoguerra, lo statista inglese si riprese l'epistolario grazie a un imprenditore livornese.[62]

Tuttavia, con significativa incoerenza a riprova delle contorsioni del personaggio, la sua monumentale biografia del Duce indica un solo scambio di lettere tra i due statisti: quello – incontestabile – del 16 e 18 maggio 1940.[63]

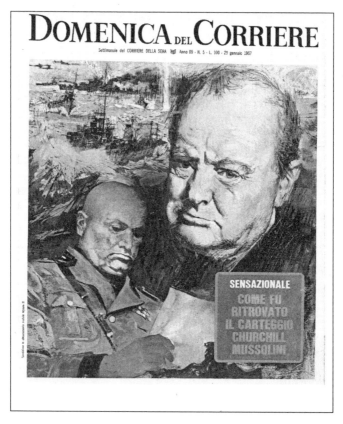

Susmel sostiene sulla «Domenica del Corriere» (29 gennaio 1967) che Churchill recuperò il Carteggio nell'immediato dopoguerra.

I presunti retroscena sul turismo churchilliano tracciano la pista dietrologica, battuta dai settimanali popolari e presto inclusa nel senso comune (ancora oggi viene rilanciata da cronisti di fervida immaginazione).[64]

Nel 1950 la Direzione generale della PS intesta un fascicolo al *noto Carteggio segreto di Mussolini*. Tra le segnalazioni ivi annotate, una, in particolare, evoca la caccia al tesoro:

> Viene riferito che l'ex premier inglese Winston Churchill avrebbe in Italia elementi fedelissimi dell'Intelligence Service i quali si occuperebbero del rintraccio della 3ª copia fotografica (due di esse sarebbero già in suo possesso) del noto carteggio segreto di Mussolini.[65]

La notizia, fornita da un anonimo informatore, viene registrata e messa agli atti senza ulteriori indagini. Churchill sarebbe dunque un collezionista di copie dei documenti che lo riguardano; una fatica di Sisifo, la sua, poiché – se davvero esistessero più riproduzioni – i possessori di certo ne farebbero delle copie, sia per ragioni di sicurezza sia per nuove speculazioni.

Nell'agosto 1951 il direttore capo della Divisione Frontiere e Transiti segnala con nota «riservata – urgente» l'imminente viaggio di Churchill a Venezia (con sosta a Milano), «accompagnato da un detective di Scotland Yard». A vigilare sulla sicurezza dell'illustre ospite, «sono state impartite le disposizioni del caso – a mezzo telefono – alle competenti zone di frontiera, ai dirigenti Polfer di Milano e Venezia ed alla Questura di Milano».[66] Oltre che dalla polizia, il visitatore è marcato a vista dai giornalisti, tanto è vero che se ne lamenta con le autorità.

Anche i viaggi italiani del figlio Randolph sono seguiti con attenzione. In occasione del soggiorno tra fine aprile e inizio maggio 1952, la polizia annota i nomi dei suoi interlocutori: personalità politiche di primo piano, tra cui spicca il segretario comunista Togliatti, accompagnato dai luogotenenti Secchia e Longo.[67] Una visita che, c'è da scommetterci, alimenterà nuove dietrologie.

L'ideatore della *fiction* sulla misteriosa corrispondenza Churchill-Mussolini è Dino Campini. Nato ad Asti nel 1911, è una curiosa figura di soldato-scrittore di orientamento monarchico-fascista; volontario in Abissinia e in Spagna, partecipa alla campagna di Francia e a quella di Grecia. Reduce dal fronte africano, l'8 settembre 1943 si trova a Parma, dove viene catturato dai tedeschi. Dopo un paio di giorni, riesce a fuggire, torna ad Asti e riprende i contatti con Carlo Alberto Biggini, che ne regolarizza la posizione e lo aggrega alla sua segreteria. Campini collabora alla rivista bolognese di politica e cultura «Civiltà Fascista» ed elabora una dettagliata «Relazione sul fatto d'arme del IV Btg. Carri Medi e della Div. Corazzata "Littorio" nella Battaglia di El Alamein»; Biggini la consegna al Duce, che ne apprezza il contenuto ed esorta l'autore a pubblicarla.[68] È questo l'unico (e indiretto) rapporto mai intercorso tra Campini e Mussolini.

Stabilitosi a Milano, nel 1947 è tra i promotori del MSI, ma suo interesse principale rimane la scrittura. Collabora al quotidiano partenopeo «Roma» e al settimanale guareschiano «Candido» (curiosamente, l'ingaggio di De Toma nel Carteggio è ufficializzato da un'intervista al «Roma» e la più efficace campagna sui pretesi rapporti Churchill-Mussolini è quella di «Candido»).

Autore eclettico, si cimenta nella narrativa, nella critica d'arte, nelle biografie, nella storia di personaggi e popoli.

Un suo testo in particolare – stampato nel giugno 1952 con due diversi titoli (*Strano gioco di Mussolini* e *Mussolini-Churchill. I carteggi*) –[69] diviene il prototipo dei libri sugli epistolari segreti tra il dittatore italiano e il premier britannico, in una mescolanza di squarci autobiografici, intermezzi lirico-sentimentali, ricordi bellici e annotazioni sulla psicologia del tiranno.

Per Campini, il ministro Biggini era «consegnatario di quei famosi carteggi che stanno tanto a cuore a Churchill» e alla sua morte (Milano, 19 novembre 1945), misteriosi emissari si impadronirono del malloppo. Ricostruzione opinabile: né il diario di Biggini né un suo memoriale del maggio 1945 informano sul contenuto della fatidica documentazione.[70]

Con prosa poeticizzante, Campini spiega l'intervento dell'Italia come adempimento dell'intesa segreta angloitaliana. Mussolini avrebbe insomma combattuto per conto terzi. La bizzarra ipotesi è evocata sin dal risvolto di copertina, con l'artificio degli interrogativi retorici:

Voleva Mussolini la guerra? Perché pur essendo consapevole della ripugnanza del Popolo italiano e dello stato di impreparazione materiale e tecnica del paese, lo portò a battersi contro un nemico più forte?

Errore di valutazione dovuto alla troppo rapida vittoria tedesca sulla Francia, o fra il Duce e il Capo del Governo Inglese erano corse delle segrete intese per cui Mussolini riteneva così di inserirsi con una sua funzione risolutiva nel conflitto?

Contro la logica e l'evidenza della guerra, Campini proclama che «Mussolini aveva fatto il doppio gioco e nessuno meglio di Churchill lo sapeva!».[71] Il 19 marzo 1945, il capo della RSI avrebbe confidato a un collaboratore: «Lo sanno benissimo gli inglesi, lo sa soprattutto Churchill perché sono entrato in guerra. È l'unico che lo sa».[72] Il senso del patto si troverebbe

Campini dedica al Carteggio un libro, pubblicato nel 1952 con due diversi titoli: è la Bibbia di quanti si occuperanno dei rapporti segreti Churchill-Mussolini.

«soprattutto, secondo Biggini, in una lettera il cui contesto poteva interpretarsi come un invito all'Italia a scendere in guerra a lato della Germania prima che si iniziassero le trattative per le quali l'Inghilterra avrebbe gradito l'appoggio di Mussolini, più filoinglese che filotedesco: un italiano al tavolo della pace sarebbe stato utile agli inglesi, che conoscevano l'ascendente di Mussolini su Hitler».[73]

Churchill sarebbe, dunque, l'astuto manovratore di un Mussolini mero strumento e zimbello dello straniero. Lo scenario delineato dall'evanescente Carteggio è squisitamente controfattuale, poiché – come risulta da innumerevoli fonti diplomatiche e memorialistiche su cui ci siamo già soffermati – l'Inghilterra fece il possibile per protrarre la neutralità italiana.

Provetto prestigiatore, Campini dissemina false tracce per dare verosimiglianza a tesi confuse, intimamente contraddittorie e del tutto indimostrabili. Maestro nel dire e nel negare, nel mostrare per poi nascondere, riconduce al Carteggio l'uccisione di Mussolini: una fine predestinata, per mano britannica o teutonica. «Se Hitler fosse venuto a conoscenza di quelle carte e della segreta intesa con un inglese, la sorte di Mussolini sarebbe stata segnata assai prima del 25 di aprile.»[74] Una conoscenza da parte tedesca, ricordiamo, sulla quale Susmel è pronto a giurare.

Secondo l'ex funzionario della RSI, i fantomatici epistolari rimasero sino al 25 aprile a Villa Gemma, tra Gargnano e Gardone, in un contenitore di marocchino rosso: *la cartella del doppio gioco*. Ne esistevano addirittura tre esemplari, che – se fossero venuti alla luce – avrebbero sconvolto gli assetti postbellici europei. L'originale scomparve con la borsa di Mussolini; una copia pervenne al diplomatico nipponico Shinrokuro Hidaka, l'altra finì sepolta negli archivi segreti vaticani.

Campini è l'inventore del mito sul quale prospera la lucrosa sarabanda dei carteggi, all'insegna dei «misteri italiani» e dei complotti internazionali. Gli estimatori del Duce si fermano peraltro al livello «giustificativo» dei teoremi campiniani, trascurando il fatto che se il dittatore si fosse fatto imbrogliare da Churchill, sarebbe il più candido statista mai toccato in sorte all'Italia.

Il titolo *Strano gioco di Mussolini*, allusivo ai progetti segreti, suonerebbe meglio come *Strano gioco di Campini*. L'autore del pamphlet è infatti un abile illusionista: evoca le tesi del Carteggio e persino la cartella che lo contiene, senza mai esibire né citare una sola missiva! Il lettore è coinvolto nella caccia al tesoro che, quando è sul punto di risolversi, riparte dall'inizio per l'intromissione di agenti britannici. Ma un giorno – profetizza l'ex segretario di Biggini – la congiura internazionale sarà vulnerata e la verità affiorerà dagli archivi inglesi, giapponesi, svizzeri, russi o vaticani. Si conosceranno allora le vere motivazioni che spinsero l'Uomo a gettare l'Italia nel secondo conflitto mondiale. E gli si darà ragione, seppur postuma.

Alla luce del ruolo decisivo del testo di Campini nella genesi leggendaria del Carteggio, vediamone i passaggi chiave. Con un'avvertenza, però. Forse l'autore si è voluto divertire, misurando l'estensione della credulità popolare, come suggeriscono passaggi del seguente tenore:

> Erano corse delle intese tra Churchill e Mussolini, e non si spaventino i fascisti, ché qui non si vuole sminuire la figura del loro Capo! Un uomo politico o è un imbecille, e ce ne sono tanti che neppure un elenco telefonico li conterrebbe, o non lo è, e se non lo è deve adattarsi, cercare il suo momento.
> Mussolini venne di fronte a due strapoteri in lotta e gli toccò subire. Avrebbe voluto scegliere l'Inghilterra. Mussolini fu un minimo, domestico tiranno, paterno bersagliere e romagnolo, e non desiderò l'ultima guerra. [...]
> Ora Mussolini, non desiderando la guerra, entrò in guerra! Perché? I famosi carteggi di Mussolini, quelli che accanitamente sta cercando Churchill, chiarirebbero questo punto e il gioco che trasse Mussolini al ludibrio e all'offesa di Piazzale Loreto.[75]

Nel suo ultimo decennio di vita, a quanto pare, il Duce si sarebbe preoccupato anzitutto di tutelare gli interessi britannici, essendo dominato dal «complesso del paciere», per una «vanagloria abilmente sfruttata dall'inglese»:

> Il doppio gioco di Mussolini, la sua protervia antitedesca e l'anglofilia che gli nasceva da una concezione storica borghese, furono, per l'Europa, un enorme svantaggio. L'Italia non ha, praticamente, nell'ultima guerra, sviluppato le proprie possibilità belliche, non le

ha comunque manovrate, ha combattuto senza entusiasmo, perché questo entusiasmo mancava al Capo.

Infine, in quest'ultima guerra noi si fece, col nostro atteggiamento, il gioco inglese. Come lo si era fatto durante la guerra di Spagna.[76]

La germanofobia del leader fascista era talmente profonda, che, «liberato Mussolini dal Gran Sasso, forse il più dispiaciuto del fatto fu lo stesso Mussolini» (p. 87); avrebbe forse preferito essere salvato dall'amico Churchill.

Al fondo dello strambo comportamento starebbero condizionamenti classisti: «Se Mussolini fosse stato un aristocratico, se l'avesse formato una casta, non sarebbe caduto negli inganni che gli tesero. La differenza [sociale] tra Churchill e Mussolini è fondamentale» (p. 89). Il dittatore italiano è dunque un parvenu, facile da abbindolare. Di qui l'accettazione della proposta inglese «di fare il compare in una partita a tre» a danno di Hitler (p. 156). Il lignaggio, insomma, lo ha giocato: «Mussolini, di fronte ai due strapoteri della Germania e dell'Inghilterra, si era comportato come una ragazzetta di non buona famiglia. Aveva cercato di ingannare Inghilterra e Germania, ma più la Germania che l'Inghilterra che, di fronte alla tattica di Mussolini, si comportò come il giovanotto di buona famiglia che non vuole noie con la ragazza del popolo» (p. 207).

Apprendiamo che il Duce ragguagliò i suoi ministri sull'intesa con gli inglesi, nella seduta del governo di Salò in cui si abolirono gli appannaggi statali ai Savoia:

Mussolini trasse dalle carte un foglio, la relazione di Churchill in una seduta segreta ai Comuni sulle operazioni in Africa Orientale. Un documento impressionante!

Vi sono elencate le perdite inglesi, minime, i prigionieri italiani tutti, e l'ingente bottino fatto in Abissinia. Quasi senza perdite gli inglesi han distrutto un esercito. Confrontando le cifre sembra che gli italiani non abbiano combattuto.

Spero che quei numeri siano una delle tante diavolerie di Churchill. Altrimenti poche persone furono ingannate come il Duca d'Aosta!

Mussolini lesse la relazione di Churchill e l'appannaggio venne abolito tra la costernazione dei presenti.

Questo documento però Mussolini lo esibì nel 1944 e nessuno ne era a conoscenza. Il foglio venne consegnato a Goffredo Coppola, che lo pubblicò su una rivista. Si dovrebbe trovare notizia della discussione nei verbali del Consiglio dei ministri della Repubblica di Salò. A proposito, dove sono finiti? E perché non si rendono noti?[77]

Nel 2002 i citati verbali delle sedute del governo di Salò sono stati pubblicati in due grossi tomi, ma non v'è traccia dell'episodio ricostruito da Campini sulla base delle confidenze di Biggini,[78] che gli «rivelò che il fattore determinante della guerra non era quello militare. C'erano degli accordi misteriosi». La guerra mussoliniana sarebbe dunque una messinscena per sviare l'attenzione dal punto focale: «Da questi accordi con Churchill si ha la chiave per spiegare molte delle cose toccate all'Italia» (pp. 159-160).

Molti giudizi appaiono spiazzanti quanto paradossali; li si potrebbe intendere nell'accezione marinettiana delle parole in libertà: «Non ho simpatia per Badoglio, ci dividono vecchie questioni e ingiustizie commesse contro un mio parente. Ma non giudico questo vecchio soldato. Al suo posto anch'io avrei ubbidito. Badoglio fu un esecutore di ordini. Ci mise, di suo, l'acrimonia tipica della sua razza, che è anche la mia. Badoglio, infine, è anche lui una vittima del doppio gioco di Mussolini» (p. 63).

Alleato di Winston, Benito coltiva intese segrete pure con Vittorio Emanuele: «Il disaccordo del 25 luglio tra il Re e Mussolini sarà proprio esistito? È probabilissimo che per quei fatti ci sia un'intesa tra il Re e Mussolini» (p. 90). Si sarebbe insomma costituito un fronte unito Mussolini-Churchill-Savoia, per sconfiggere Hitler.

Come spiegare poi, se non col registro del grottesco, la riconduzione della morte del Duce agli immaginifici epistolari? «Il doppio gioco di Mussolini aveva dato abbondanti e negativi frutti. Ma ancora Mussolini non disperava. Aveva, è vero, in mano, carte da giocare, promesse cui si illudeva. Quelle che lo portarono a piazzale Loreto» (p. 80).

Il rapporto di Campini con la materia a lui cara è intimamente contraddittorio: «Seppi effettivamente di certi documenti, ma non avevo titolo per occuparmene, e anche non ne avevo voglia» (p. 14). «Quei documenti, contenuti in una busta di marocchino rosso, mi toccò anche di scorrerli, ma non ci badai troppo. Infine, cosa me ne importava, io ero un soldato, e per me un pezzo di carta ne valeva un altro. Avevo allora un certo disprezzo per la carta scritta» (p. 138). Alla fine della guerra, aveva dimenticato tutto: «Di quell'importantissimo carteggio, che rivela lo strano gioco di Mussolini, in questa terribile vicenda in cui finì l'Europa della borghesia che ebbe per estremi traditi epigoni Hitler e il Duce, e rivela la sottigliezza di sotterranee intese, io, in quei giorni, neppure mi ricordai» (p. 218). Tuttavia, appena quelle carte spariscono, morto Biggini, ne fa la missione di una vita: le vuol divulgare, per capovolgere il responso della storia. Ma del Carteggio che era, ora possediamo solo il nome.

Anno dopo anno, Campini gonfia le proprie tesi, finché all'inizio degli anni Settanta si dice addirittura convinto «che la campagna d'Italia per gli anglo-americani avesse per obiettivo soprattutto quelle carte».[79]

Gli emuli di Dino Campini

Ai testi di Campini, da considerarsi al più come uno sciocchezzaio di prim'ordine, attingono diversi giornalisti e persino qualche storico. Il gioco di prestigio montato nel 1952 da *Mussolini – Churchill. I Carteggi* (alias *Strano gioco di Mussolini*) verrà riproposto per decenni da volonterosi epigoni, in ricostruzioni all'insegna del fantastico. E ancora oggi, con ricorrenza sbalorditiva, appaiono sulla stampa presunti scoop che rispolverano vecchie dicerie e parafrasano articoli stagionati. Dopo oltre mezzo secolo, un giornalista specializzatosi nella corrispondenza Churchill-Mussolini («uno degli enigmi più famosi della storia del Novecento»!) osserva che, «alla resa dei conti, risulta fin troppo prudente l'analisi di Campini».[80]

In sinergia con Campini opera Nino D'Aroma (Roma, 1902-1979), legionario fiumano, volontario in Abissinia e nel secondo conflitto mondiale, direttore del quotidiano romano «il Piccolo». Durante la RSI collabora col ministro della Cultura popolare Mezzasoma ed è commissario straordinario dell'Istituto Luce (L'Unione Cinematografica Educativa).

Nel dopoguerra sosterrà di aver dissuaso Mussolini dal ricavare tre copie fotografiche del Carteggio e di avergli indicato una strategia alternativa: «Farne copie dattilografiche, e gli originali farli uscire in tempo dall'Italia per mezzo di una persona sicura e insospettata».[81] La documentazione sarebbe poi stata consegnata in Svizzera da Benedetta Marinetti (moglie del fondatore del futurismo) all'ambasciatore nipponico Hidaka, suo amante. Ma la «pista Hidaka» viene smentita dallo stesso diplomatico, dimessosi nel 1946: «Se ne fossi stato in possesso [del Carteggio], lo avrei consegnato al mio ministero degli Esteri perché lo restituisse al governo italiano!»,[82] considerazioni interpretate da D'Aroma (e dai suoi epigoni) come astuto depistaggio. Con minori pretese di verità storica ma con sicuro piglio narrativo, un romanzo di Folco Quilici descrive l'avventurosa spedizione italiana alla ricerca delle carte segrete di Mussolini, caricate da Hidaka su un aereo diretto in Giappone e precipitato sul lago Bajkal.[83]

La versione escogitata da D'Aroma (trascrizione dei documenti originali da parte di funzionari di Salò) spiega gli errori dei falsari come sviste dei dattilografi. (Schema riproposto per i Diari mussoliniani creati nella seconda metà degli anni Cinquanta da Rosetta e Mimì Panvini: le due signore vercellesi si sarebbero limitate a copiare l'originale, consegnato da Mussolini al prefetto Zerbino e da questi affidato a un congiunto delle Panvini; l'originale sarebbe stato ingoiato dalla guerra civile, ma le copie – seppure danneggiate dall'imperizia delle copiste – ne rispetterebbero comunque il senso.)[84]

Assertore dell'epistolario segreto, Nino D'Aroma s'ispira a Plutarco per comporre *Le portentose vite di due statisti, finalmente – e per la prima volta nel mondo – raffrontate. Nei loro estri, nei loro incontri, nei loro segreti pensieri (sic!)*. Detto più sinteticamente: *Le vite parallele di Churchill e Mussolini.*[85] L'intellettuale neofascista scopre attraverso i «segreti pensieri» e le «direttive segrete» di Churchill che *Mussolini aveva ragione*. Una comparazione dall'oltretomba riassume il senso delle cinquecento pagine: «L'Uomo Mussolini stroncato da piombo italiano, dopo onori e successi straordinari caduto nella sventura, rinnegato e oltraggiato può aspettare – più del geniale britannico discendente dei duchi di Blenheim – con serenità e certezza, la severa ma giusta parola della storia».

Tra i campiniani del XXI secolo, speciale menzione merita *Il cartggio Churchill-Mussolini alla luce del processo Guareschi*

(2010) di Ubaldo Giuliani Balestrino. L'autore, ordinario di Diritto penale commerciale e avvocato cassazionista, sulla scia di Campini (e forzando alcune tesi di un vecchio libro di Franco Bandini, *Tecnica della sconfitta*)[86] sintetizza in tre punti l'alleanza segreta italobritannica, considerata nientemeno – dalla prospettiva del Duce – l'«unica posizione possibile»:

> a) L'Italia sarebbe entrata in guerra contro l'Inghilterra, ma l'avrebbe combattuta pro forma;
> b) l'Italia avrebbe difeso l'Inghilterra presso Hitler, in caso di vittoria tedesca;
> c) l'Italia, perciò, sarebbe stata compensata al momento della conclusione del conflitto.[87]

In attuazione del Patto segreto, l'Italia sabotò con successo lo sforzo bellico del Terzo Reich: «Senza dubbio il carteggio con Churchill fu un atto di slealtà di Mussolini verso Hitler. […] Se lo scopo della nostra guerra fu quello di danneggiare la Germania, tale scopo fu pienamente raggiunto». Tradimento sottile ed efficacissimo, considerato «il fatto che l'Italia entrò in guerra sostanzialmente contro Hitler, anche se formalmente al suo fianco».

Il giurista pone domande inquietanti, cui fornisce risposte categoriche: «Come mai Mussolini *non* fece la guerra (pur nelle condizioni oltremodo favorevoli dell'estate del 1940), dopo averla dichiarata? A mio avviso, la risposta sta nel carteggio Churchill-Mussolini».[88] Una risposta che rovescia i teoremi dell'«asso di bastoni» di Caporilli sul tradimento di Badoglio, degli ammiragli e degli antifascisti in genere:

> Gli ex combattenti e – in particolare – i neofascisti accusarono della disfatta i traditori, i militari, la monarchia. Quando risultò chiaro che la tesi del tradimento non trovava conferme, questa tesi non fu più sostenuta.
> Essa era invece fondata: ma per coglierne la verità sarebbe stato necessario riconoscere che *il primo traditore della guerra combattuta dall'Asse fu Mussolini*.[89]

Per Giuliani Balestrino, l'Italia «fu una preziosa, ancorché segreta, alleata dell'Inghilterra», cui rese *immensi servizi* dall'entrata in guerra in avanti; di conseguenza, «il carteggio con Churchill era la riabilitazione di Mussolini sotto il profilo militare». Bisognerebbe dunque riscrivere la storia valutando la vittoria del Regno Unito come un indiretto successo del Duce.

Tesi invero curiosa sul piano storico non meno che sul versante editoriale, considerato che il volume è pubblicato dalle Edizioni Settimo Sigillo, di ascendenza culturale filonazista (hanno in catalogo opere del ministro della Stampa e propaganda del Reich Joseph Goebbels, del capo delle ss Heinrich Himmler e di collaborazionisti quali Léon Degrelle, nonché benevole biografie di Adolf Hitler).

Sulla copertina del libro, vincitore del premio Giuseppe Spina 2009, spicca una vignetta di Guareschi, che raffigura la bilancia della Giustizia: il piatto su cui posano i «documenti originali» è alzato dal contrappeso degli interessi inglesi.

Il Carteggio, nelle conclusioni ricavate da Ubaldo Giuliani Balestrino, dovrebbe costringere gli storici militari a rivedere l'asse interpretativo: «La guerra combattuta tra il 10 giugno 1940 e l'8 settembre 1943 fu *tutta* una serie di disfatte. Ma ciò avvenne perché la nostra guerra *non* ebbe per scopo la nostra vittoria, bensì la sconfitta di Hitler. E a questo scopo occulto l'Italia contribuì con grande efficacia».[90]

Dal 1940 i francobolli venivano timbrati con lo slogan *Vincere!*, stampigliato su tutta la corrispondenza inoltrata dagli uffici pubblici. I discorsi di Mussolini si chiudevano immancabilmente col tonante richiamo: *Vincere! E vinceremo!!!*[91] Secondo gli esegeti del suo epistolario con Churchill, il Duce voleva dunque dire in realtà: *Perdere! Così vinceremo!!!*

L'impatto del Carteggio e la sua proiezione nel dopoguerra sono ben compendiati da un compiacente recensore del libro:

Il carteggio tra Churchill e Mussolini non solo esisteva (Ubaldo Giuliani Balestrino lo dimostra con un'ampia documentazione), non solo prevedeva reciproci vantaggi per l'Inghilterra e l'Italia, ma, una volta cambiate le sorti del conflitto, da un lato non aveva più nessun valore, dall'altro *doveva* essere negato perché pericoloso per entrambi i protagonisti. Infatti l'autore dimostra anche con dovizia di particolari che dopo la guerra il carteggio scompare nascosto dal Servizio Segreto

Inglese e probabilmente distrutto, e chiunque avesse cercato di «scoprirlo» si trovò di fronte a un vero e proprio «muro di gomma».[92]

La riscrittura della Seconda guerra mondiale è auspicata da Arrigo Petacco – sia pure non in una prospettiva rivoluzionaria come quella di Giuliani Balestrino – sin dalla metà degli anni Ottanta del secolo scorso, nel volume *Dear Benito, caro Winston*. Precisato il proprio punto di vista («Una cosa ci sembra certa: ciò che sinora è stato scritto sul carteggio non sarà tutto vero, ma neanche tutto falso»), egli aggiunge «che le spiegazioni ufficiali non si reggono in piedi» e pertanto la storiografia militare ha da compiere un balzo in avanti: «La storia della seconda guerra mondiale, come sappiamo, presenta ancora molti vuoti da colmare, alcuni dei quali, con un po' di fantasia ragionata, ora potrebbero essere colmati». Gli introvabili carteggi potrebbero riservare molte sorprese e magari svelare i «progetti di una continuazione del conflitto in direzione dell'Est, sfruttando anche ciò che restava delle forze armate italo-tedesche. Naturalmente, sono tutte supposizioni. Ma non è un mistero per nessuno che Winston Churchill, la mente più lucida dell'Occidente, nella cui "tendenza di vecchio anticomunista" Mussolini confidava, accarezzò lungamente questo progetto».[93]

Con un po' di ragionata fantasia, potremmo immaginare la seconda campagna di Russia, nella primavera del 1945, con i reparti tedeschi e dell'ARMIR rincalzati da truppe angloamericane e al comando di Churchill (affiancato da Mussolini): questo, uno dei possibili segreti dell'introvabile epistolario.

La più recente riproposizione delle mitologie «carteggiste» risale al 2014, con la pubblicazione di *Uccidete il «Grande Diavolo». Il carteggio segreto. I documenti*. Il libro dell'architetto romano Filippo Giannini spiega gli eventi di fine aprile 1945 col tradimento: «Si giunse a un Patto anglo-italiano che fu ampiamente rispettato» da un solo contraente (indovinare quale). Il capo del fascismo è *l'uomo della pace*; l'interlocutore londinese, il fomentatore di rovinose guerre. Che la partita sia truccata, lo si apprende all'ottavo capitolo, «Come la Perfida Albione di Churchill avrebbe giocato l'Italia di Mussolini», dove si sostiene che il Duce venne fatto trucidare per segretare il fatidico epistolario.

Per scrupolo d'onestà, Giannini cita un libro del «professor Alberto Bertotto – *La morte di Mussolini*, Capponi editori, 2008 – molto ben scritto, che avanza l'ipotesi del suicidio di Mussolini tramite cianuro alloggiato in una cavità dentaria». Versione avvalorata dall'autorevole *IlDuce.Net* («sito di divulgazione della verità storica su Benito Mussolini e la storia del Fascismo»), che riconosce a Bertotto di ricostruire «con rigore scientifico, attraverso un'attenta analisi di tutte le fonti a nostra disposizione, gli ultimi giorni della vita del Duce dandoci una nuova e sconvolgente versione sulla sua morte». La rivelazione bertottiana travolge «la *vulgata* ufficiale, ad arte messa in piedi dal Pci d'allora» per nascondere che Mussolini si ammazzò.

Il suicidio fa escludere il Carteggio quale movente occulto della morte del dittatore, ma in compenso, le pagine 165-166 del volume di Giannini suggeriscono che quell'epistolario sia costato la vita al presidente dell'Ente nazionale idrocarburi, l'ex partigiano Enrico Mattei, deceduto nel sabotaggio aereo del 27 ottobre 1962 (posticipato da Giannini al 1970).

Uccidete il «Grande Diavolo» passa in rapida rassegna la fitta produzione di monografie sul tormentone Churchill-Mussolini, di cui riproduce sintesi e stralci emblematici. Nella cornucopia bibliografica primeggia «un altro libro rarissimo, introvabile, che da molti viene ritenuto il libro più censurato nel '900 e più raro in Italia: *Su onda 31, Roma non risponde* di Franco Tabasso (Ed. Sindico-Mondadori [*recte*: Montanaro] 1957)… libro sequestrato e con divieto di successiva ristampa». Giannini ripone illimitata fiducia nelle analisi di Tabasso, da lui trascritte e postillate con passione:

> pagg. 255-56: «Churchill non poteva ammazzare Mussolini che egli stimava e odiava, aveva bisogno del *pazzo di Predappio*. Aveva bisogno del popolo italiano onesto e combattivo».
> Da quanto sopra si evince che il Governo britannico, dopo aver costretto l'Italia di Mussolini alla guerra – argomento già da noi trattato ampiamente nei precedenti volumi[94] – ora constatati gli errori, si trova nella necessità di avere dalla sua parte il *pazzo di Predappio*.

Tuttavia, postilla Giannini, l'aver vanificato il tentativo del Duce «di intavolare trattative di pace» non giovò a «Churchill, questo eclettico personaggio, questo grande statista che ha distrutto l'Impero britannico».

Il materiale valorizzato dalla grafica di copertina, con la stampigliatura in rosso I DOCUMENTI *Top secret*, è povera cosa (forse per questo l'autore nemmeno si premura d'indicare la collocazione archivistica delle fotocopie da lui riprodotte). Si tratta di trascrizioni dattiloscritte di alcuni apocrifi, spedite a fine 1953 da Mario Toscano a Dino Grandi per acquisirne il parere (Grandi – come si è accennato – incaricherà De Felice di consegnare le sue carte all'Archivio centrale dello Stato, dove Giannini le ha «scoperte»). Gli sarebbe bastato sfogliare il settimanale «Oggi» della primavera del 1954 per trovare quei medesimi documenti in veste original-camnasiana e non già banalmente ricopiati con la macchina da scrivere. Se Giannini avesse poi consultato l'archivio Rizzoli, avrebbe fatto ulteriori scoop, «scoprendo» le fotografie di vari altri reperti.

L'autore orienta l'attenzione del lettore sui fondali del lago di Garda, dove finirono nell'aprile 1945 le casse a tenuta stagna costruite da un falegname bresciano per Mussolini, risoltosi a mettere al sicuro l'archivio. «Verosimilmente in quelle casse potrebbe trovarsi una delle copie del famoso carteggio» precisa Giannini. Già nel 1946 l'occhiuto Churchill aveva individuato e interrogato l'artigiano: «Mi fece un sacco di domande, voleva ogni particolare». Il falegname, pur così loquace sugli incontri col Duce e col premier britannico, cela con testardaggine senile il luogo dell'immersione: «Non lo dirò mai. In passato mi hanno offerto molti soldi per farmi parlare, ma non ho mai ceduto. È un segreto che porterò con me nella tomba».[95]

Dulcis in fundo, *Uccidete il «Grande Diavolo»* abbonda d'imprecisioni (per esempio la reiterata storpiatura del nome di un teorico degli epistolari segreti in «Festolazzi»), caratterizzandosi come testo raffazzonato, per un pubblico di bocca buona, desideroso di credere alla veridicità degli inarrivabili documenti segreti.

Evocato con voli pindarici *il lungo viaggio del carteggio*, Giannini chiude la sua fatica con una nota di speranza: «È accertato che i documenti che con tanta cura Mussolini portava con sé e ai quali gli agenti inglesi davano la caccia con tenacia, finirono negli archivi di Mosca, di Londra, di Washington e certamente trovarono posto negli uffici del Partito Comunista a Via delle Botteghe Oscure e in Vaticano a Roma». L'autore di *Uccidete il «Grande Diavolo»* li potrà dunque consultare seduto alla scrivania, senza doversi immergere in muta da sub nelle insidiose acque del Garda.

Il riscontro degli archivi inglesi

Dal 1984 l'archivio speciale del governo inglese è aperto alla consultazione. Da quelle carte risulta che il primo segnale d'attenzione all'epistolario Churchill-Mussolini risale al 1947, quando il leader conservatore viene informato che il quotidiano «Il Giornale d'Italia» gli attribuisce una corrispondenza segreta col Duce e vari tentativi di recuperarla. Un appunto del Foreign Office preannuncia la smentita di Churchill. Sconfitto alle elezioni del luglio 1945, egli ha lasciato il governo e la questione non costituisce quindi affare di Stato.

Il 26 ottobre 1951 diviene nuovamente Primo ministro e, con straordinaria tempestività, riprendono le vociferazioni sul Carteggio. Quando un giornale spagnolo rilancia notizie apparse sulla stampa italiana, l'ambasciata inglese a Madrid ne informa il Foreign Office, chiedendo l'autorizzazione a negare l'esistenza di quei documenti. Churchill, informato dalla sua segreteria, ritiene non valga la pena di smentire supposizioni inconsistenti:

I am sure I never had any communication with Mussolini other than that already published in my book after the war broke out, and I do not remember ever having written any letter to him in my life.
I have seen this old story in the Italian Press. I really do not think it is worthwhile paying any attention to it. Surely we should fall back on the Duke of Wellington's answer – «Publish and damned».[96]

Pubblicate, e andatevene al diavolo! È l'insolente risposta a chi afferma di possedere documenti segreti e, con velata manovra ricattatoria, ne minaccia la divulgazione. Giudizio ribadito quando – a più riprese – gli sottoporranno materiali da lui ritenuti grossolane falsificazioni: *Mr. Churchill still holds his view*, risponde mesi più tardi la sua segreteria, citando la frase del duca di Wellington, all'ennesima richiesta di un parere del premier.

In dicembre il foglio neofascista «La Libre Belgique» pubblica un *Dossier Churchill-Mussolini*, ripresentando la missione Milano-Ginevra dell'aprile 1945 e segnalando presunti accordi segreti della primavera del 1940 sulla cessione della Tunisia all'Italia, controbilanciata dall'acquisizione francese di una parte del Congo Belga; Churchill era garante della manovra diplomatica per protrarre il «non intervento».[97] Il 7 gennaio 1952 l'ambasciata britannica a Bruxelles ne accenna in un dispaccio: «Questa storia non ci giova e dobbiamo essere armati di fatti, se necessario da rendere pubblici».[98] A Londra si ignora che «La Libre Belgique» ha *saccheggiato il servizio di Mastrostefano su De Toma*, pubblicato il 13 dicembre 1951 sul quotidiano partenopeo «Roma» (cfr. pp. 68-69), con l'aggiunta di riferimenti africani per incuriosire i lettori belgi.

Si dispone una ricognizione negli archivi del Foreign Office, senza riscontro:

> Nessuna data è indicata dall'articolo di giornale sul periodo della pretesa corrispondenza tra il Primo Ministro e Mussolini, ma è probabile che ci si riferisca all'intervallo tra l'ingresso nel suo incarico di capo del governo dell'11 maggio 1940 e l'entrata italiana in guerra, l'11 giugno 1940.
>
> Ho esaminato i documenti del Foreign Office per questo periodo, senza trovar traccia di uno scambio di lettere tra il Primo Ministro e Mussolini.[99]

E il segretario di Churchill informa il Ministero degli Esteri: «Non intendo disturbare il Primo Ministro con questa faccenda».

Cinque mesi più tardi, sollecitato da nuovi servizi giornalistici (stavolta, italiani), Churchill lascia un appunto al suo staff: «Non mi risulta di avere scritto a Mussolini. Se così fosse, quelle lettere sarebbero certamente passate attraverso il Ministero degli Esteri, poiché ovviamente non intrattenevo comunicazioni di carattere privato. Chieda al Ministero degli Esteri di verificare».[100]

Si passano inutilmente al setaccio varie sezioni d'archivio del Foreign Office e del War Office, sui dieci mesi della neutralità italiana (cfr. appendice, doc. n. 16).

Un funzionario del Foreign Office rammenta che nell'imme-

diato dopoguerra emersero apocrifi hitleriani, originati da finalità speculative; e ipotizza «che qualche intraprendente falsario
creda, in questo periodo, che il nome di Churchill abbia un
mercato migliore di quello di Hitler».[101]

Il regesto del fascicolo con ritagli di stampa e riscontri archivistici, nega ogni legame segreto: «*Lack of evidence to support
allegation of correspondence between Churchill and Mussolini in
1940*».[102] Negli ambienti governativi si irride alle ricorrenti insinuazioni giornalistiche su cessioni territoriali del 1940 e baratti internazionali del dopoguerra in cambio del Carteggio: «La cessione
di qualcosa ricorre in tutte queste storie!». Le montature su Tommaso David e sui retroscena dei soggiorni italiani di Churchill, suscitano ilarità: «La migliore storia di cessioni sostiene che il signor
Churchill baratterebbe l'Alto Adige (con chi e come, non è chiaro) se solo potesse riavere le sue lettere. Dobbiamo precisare che
molti rapporti sostengono che il carteggio sia in quella regione, il
che ovviamente spiega perché il Primo Ministro faccia tutti quei
viaggi per dipingere nei laghi italiani!».

In effetti, secondo i neofascisti, a metà anni Cinquanta
Churchill subordinerebbe i negoziati italoaustriaci sull'Alto
Adige – nonché le sorti di Trieste – all'ottenimento dell'episto-
lario segreto.

Lo schema del gioco si ripete, immutato e immutabile, con
rilanci a intermittenza.

Un ulteriore – e definitivo – riscontro d'archivio avviene tra
fine febbraio e inizio marzo 1954, dopo la missione londinese di Paolo Canali (portavoce di Alcide De Gasperi) per mostrare a Churchill copie di lettere a lui attribuite.[103] Neppure in
questa occasione si rintraccia corrispondenza con Mussolini o
Grandi (cfr. appendice, docc. nn. 16-17).

1. Dall'intervista a Puccio Pucci (già coordinatore dell'Ufficio servizi
    speciali del PFR), che minimizza quanto ha appena rivelato: «Cor-
    revano voci di alcuni falsi. È però assolutamente inesatta la notizia

dell'esistenza di un ufficio "specialissimo" per questo lavoro presso Mussolini». *L'opinione di Puccio Pucci, ex aiutante di campo di Pavolini*, «Oggi», 20 maggio 1954.

2. «Appunto» senza intestazione né firma, datato 8 febbraio1954, oggetto: «Enrico De Toma»; si tratta presumibilmente di un documento elaborato dal SIFAR. ArCS.

3. Si veda il saggio di Egidio Clemente, «Moral Operations», in AA.VV., *Propaganda politica e mezzi di comunicazione di massa tra fascismo e democrazia*, a cura di Adolfo Mignemi, Edizioni Gruppo Abele, Torino 1995, pp. 150-164. Per un approccio comparativo cfr. *Conoscere il nemico. Apparati di Intelligence e modelli culturali nella storia contemporanea*, a cura di Paolo Ferrari e Alessandro Massignani, Franco Angeli, Milano 2010.

4. L'inconsistente tesi dell'«errore» di Amicucci, dell'eccesso di superficialità, è avanzata – con intenti autodifensivi – da Caporilli, *L'ombra di Giuda*, cit., pp. 109-110.

5. Le notizie sulle imprese squadristiche di Cabella figurano in Donato D'Urso, *«Il Popolo di Alessandria» e il Testamento politico di Mussolini. Gian Gaetano Cabella, protagonista del giornalismo della Rsi*, «nuova Storia Contemporanea», n. 5, settembre-ottobre 2012, pp. 125-136. Si tratta, a oggi, del solo studio dedicato a questa figura, così rappresentativa dei suoi tempi. Scoraggiato dalle difficoltà incontrate nella pubblicazione del saggio (da un'e-mail all'autore del 19 settembre 2014: «A suo tempo, proposi inutilmente ad altre riviste il testo, ma mi risposero che il personaggio era considerato poco meritevole»), D'Urso ne ha purtroppo lasciata incompiuta la biografia.

6. *Rappresaglie sacrosante*, «Il Popolo di Alessandria», 2 dicembre 1943 (prima pagina).

7. Giovanni Alessandri a Giovanni Dolfin (segretario particolare del Duce), 21 ottobre 1953. Archivio di Stato di Alessandria, Gabinetto Prefettura, II versamento.

8. Gloria Gabrielli, «La stampa di Salò», in *La Repubblica sociale italiana 1943-45*, a cura di Pier Paolo Poggio, Fondazione Micheletti, Brescia 1986, p. 169. Sul «Popolo di Alessandria» cfr. Ernesto G. Laura, *L'immagine bugiarda*, ANCCI, Roma 1986, pp. 270-271.

9. *I «falsi» del «Popolo di Alessandria». La lettera dei 44*, «il Secolo Liberale», n. 3, novembre 1945 (debbo alla cortesia di Donato D'Urso la segnalazione di questo articolo).

10. *Quando la maschera cade. Ordine segreto degli ebrei alle cellule dipendenti*, «Il Popolo di Alessandria», 9 gennaio 1945-XXII [sic].

11. I due documenti di Graziani sono trascritti alle pp. 12-17 del n. 9

(novembre 1950) della rassegna «il Movimento di Liberazione in Italia». La beffa contro «Il Popolo di Alessandra» fu concepita dal professor Franco Venturi.

12. Fonogramma di Pavolini del 30 agosto 1944. Archivio di Stato di Alessandria, Gabinetto Prefettura, II versamento.

13. D'Urso, nel saggio citato, documenta su fonti d'archivio (inclusa la corrispondenza tra il direttore del «Popolo di Alessandria» e le autorità di Salò) l'enorme divario tra le vendite reclamizzate e quelle effettive, ennesimo esempio delle mistificazioni cabelliane.

14. L'apocrifo di Vittorio Emanuele III è riprodotto sulla terza pagina del «Popolo di Alessandria» del 15 aprile 1945-XXIII.

15. Senise, *Quando ero Capo della Polizia 1940-1943*, cit., p. 236.

16. Cfr. Caporilli, *L'ombra di Giuda*, cit., p. 110.

17. Ivi, p. 109.

18. L'apocrifo di Badoglio è trascritto in Attilio Tamaro, *Due anni di storia 1943-45*, vol. I, Tosi, Roma 1948, p. 281.

19. Il *Testamento politico di Mussolini*, pubblicato originariamente a Roma nel 1948 dalle Edizioni Tosi, è stato più volte ristampato, da ultimo come allegato al numero del 1° marzo 2011 del quotidiano milanese «il Giornale». Cfr. D'Urso, *«Il Popolo di Alessandria» e il Testamento politico di Mussolini*, cit., e Lauro Grassi, *Varia mussoliniana e altri scrittarelli di un devoto di Clio*, Erga edizioni, Genova 2014, pp. 33, 158 e 171-173.

20. Carlo Silvestri a Peppino Ghiringhelli, Milano, 24 febbraio 1949. Trascrizione integrale in Giovanni Ansaldo, *Anni freddi. Diari 1946-1950*, il Mulino, Bologna 2003, pp. 282-283.

21. Annotazione del 10 novembre 1948 in Ansaldo, *Anni freddi*, cit., p. 251.

22. *Le truffe di Cabella*, «Stampa Sera», 21 dicembre 1948 e *Da Regina Coeli alle "Nuove". Cabella tradotto a Torino*, «La Nuova Stampa», 24 aprile 1949.

23. *Il falso carteggio Churchill e un processo di stampa*, «La Nuova Stampa», 27 aprile 1955.

24. Benedetto Croce, *Taccuini di guerra 1943-1945*, a cura di Cinzia Cassani, Adelphi, Milano 2004, pp. 160-161.

25. Bonomi a Croce, Salerno, 20 giugno 1944. *Dall'«Italia tagliata in due» all'Assemblea Costituente. Documenti e testimonianze dai carteggi di Benedetto Croce*, a cura di Maurizio Griffo, il Mulino, Bologna 1998, p. 185.

26. Per le valutazioni di Croce sull'armistizio cfr. le pp. 169-171 dei *Taccuini di guerra*, cit.

27. Il testo delle dimissioni di Croce figura in *Dall'«Italia tagliata in due»*, cit., p. 196.
28. *Verbale del Consiglio dei Ministri luglio 1943 – maggio 1948*, edizione critica a cura di Aldo G. Ricci, vol. III, *Governo Bonomi 18 giugno 1944 – 12 dicembre 1944*, Presidenza del Consiglio dei ministri, Roma 1995, p. 32.
29. Il pezzo centrale della corrispondenza del «New York Times» del 14 luglio 1944 è trascritto in Attilio Tamaro, *Due anni di storia*, vol. III, cit., p. 128. I taccuini di Croce attestano la frequentazione con Matthews, allentatasi però nelle settimane precedenti le dimissioni: risulta pertanto dubbia l'attendibilità di quel servizio giornalistico.
30. *Churchill, in tono minore* in *Op. cit.*, p. 322.
31. *Fra la tragedia e la farsa* in *Op. cit.*, p. 350.
32. *La democrazia dalle pance piene* in *Op. cit.*, p. 356.
33. Si vedano il lemma «Cione, Domenico Edmondo», scritto da Gennaro Incarnato per il 25° volume (1981) del *Dizionario Biografico degli Italiani* edito dalla Treccani, e in particolare Stefano Fabei, *I neri e i rossi. Tentativi di conciliazione tra fascisti e socialisti nella Repubblica di Mussolini*, Mursia, Milano 2011.
34. Edmondo Cione, *Benedetto Croce*, Perinetti Casoni, Milano 1944.
35. *Le clausole dell'armistizio e la lettera di Croce a Bonomi*, «La Repubblica Fascista», 11 agosto 1944.
36. Edmondo Cione, *Le dimissioni di Benedetto Croce*, «La Repubblica Fascista», 16 settembre 1944.
37. Il testo dell'appello figura in Fabei, *I neri e i rossi*, cit., pp. 68-69. Fabei non ricollega Cione alla falsificazione anticrociana: «A me non risulta quanto attribuito a Cione riguardo la produzione di apocrifi, ma non lo posso escludere, in considerazione della sua variabilità politica» (e-mail del 27 dicembre 2014 all'autore).
38. Lettere di Mussolini a Cione e a Vittorio Mussolini del 14 febbraio 1945. Rispettivamente in *Opera Omnia di Benito Mussolini*, voll. XXXV e XLIII, cit., pp. 254 e 210.
39. Debbo la segnalazione dell'attività falsificatrice di Cione a Piero Craveri, presidente della Fondazione Benedetto Croce (e-mail del 4 e 11 dicembre 2014), possessore di un volume fraudolentemente attribuito alla collana laterziana di Cultura moderna. Oltre al legame con Biggini e Campini, nel dopoguerra vi sarà un duplice collegamento tra Cione e il Carteggio: diverrà assessore al comune di Napoli nell'amministrazione di Achille Lauro, cui De Toma proporrà l'acquisto dell'epistolario; sarà redattore del quotidiano «Roma», che lancia per primo il mito del «custode del Carteggio».
40. Croce, *Taccuini di guerra*, cit., p. 233.

41. *Dall'«Italia tagliata in due»*, cit., pp. 224-225.

42. *Op. cit.*, pp. 276-287.

43. A Tombari il Minculpop elargì complessivamente 118.500 lire. Cfr. Giovanni Sedita, *Gli intellettuali di Mussolini. La cultura finanziata dal fascismo*, Le Lettere, Firenze 2010, pp. 55 e 215.

44. La Biblioteca Federiciana di Fano conserva un esemplare della prima edizione della *Vita* (Mondadori 1930, ristampato nel 1943 e nel 1944), appuntato da Mussolini con lapis rosso e blu (debbo l'informazione alla cortesia di Matteo Giardini, curatore del volume *Perché Fabio Tombari? L'omaggio del borgo a un maestro dimenticato*, Guaraldi, Rimini 2013).

45. Varie realizzazioni del Nucleo di propaganda del Ministero della Cultura popolare della RSI sono catalogate presso la Fondazione Micheletti di Brescia. Sono grato della segnalazione al direttore Pier Paolo Poggio e della consultazione al conservatore Daniele Mor. Su questo materiale cfr. Adolfo Mignemi, «L'attività del Nucleo Propaganda del Ministero della Cultura Popolare», in *Propaganda politica...*, cit., pp. 133-149.

46. Fabio Tombari, *Lettera aperta a Benedetto Croce*, Edizioni Erre, Venezia 1944-XXII. Si tratta di un libretto di una trentina di pagine, 2° numero della collana «Bibliotechina di attualità», stampato a Bologna negli Stabilimenti poligrafici «Il Resto del Carlino».

47. Fabio Tombari, *L'incontro*, Mondadori, Verona 1960, pp. 232 e 239.

48. Per riscontrare l'autocensura di Tombari si confrontino le pagine 232 dell'edizione 1960 e 228 dell'edizione 1972 dell'*Incontro*, entrambe Mondadori.

49. Fabio Tombari a Alberto Mondadori, Rio Salso, 27 maggio 1962. ASAME, fasc. Tombari Fabio. Nel dopoguerra, il lemma «Tombari» del *Dizionario Bompiani degli Autori di tutti i tempi e di tutte le letterature* (1956) ne sottolinea i legami con il regime.

50. Edmondo Cione, *Storia della Repubblica Sociale Italiana*, Il Cenacolo, Caserta 1948, p. 3.

51. Dino Campini, *Mussolini-Churchill. I carteggi*, Italpress, Milano 1952, p. 171.

52. Sulle traversie dell'Archivio Petacci, al centro di un pluridecennale contenzioso tra gli eredi e lo Stato italiano, cfr. Emilio Re, *Storia di un archivio. Le carte di Mussolini*, Edizioni del Milione, Roma 1946 e *Carteggio Mussolini-Petacci. L'intera vicenda* (parere dell'Avvocatura dello Stato, 12 maggio 2005, n. 66429), «Rassegna Avvocatura dello Stato», Anno LVIII, ottobre-dicembre 2005, pp. 242-252.

53. All'asta londinese del 17 dicembre 2014, un quadro di Churchill è stato aggiudicato per 1.762.500 sterline: ben oltre 2 milioni di euro.

Stefano Bucci, *Churchill, saldi da record*, «Corriere della Sera – La Lettura», 21 dicembre 2014.

54. Collocazione e titolo del materiale di provenienza fascista rinvenuto nel 1945 dai servizi segreti inglesi e depositato a Kew Gardens: «List of contents of 37 files formerly in the possession of Mussolini» (WO 204/946, Date range: May 1945); «Italian official records: examination of documents including papers found in the villa of Mussolini» (WO 204/2584, Date range: 1 April 1945 – 31 July 1945).

55. «Exploitation of fascist documents, seized from Mussolini», (WO 204/13040, Date range: 1 May 1945 – 31 August 1946).

56. *Rivelazioni di «Ursus» sui documenti di Dongo*, «Meridiano d'Italia», 3 aprile 1949.

57. Duilio Susmel, *Nemici-amici. Resta un mistero ciò che pensavano l'uno dell'altro*, «Tempo», 17 febbraio 1965.

58. Susmel, *La verità sul carteggio Churchill-Mussolini*, «Oggi», 4 giugno 1953.

59. Susmel, *Storia autentica degli archivi di Mussolini*, «Epoca», 21 marzo 1954.

60. Susmel, *I tedeschi conobbero anche le lettere di Churchill a Mussolini*, «Tempo», 12 maggio 1965.

61. La lettera del 24 aprile 1945 a Churchill (sulla quale cfr. pp. 306-307) figura nel XXXII tomo dell'*Opera Omnia* (cit., p. 212) ed è richiamata nel XXXV (cit., p. 478).

62. Susmel, *Così Churchill rientrò in possesso del carteggio con Mussolini*, «Domenica del Corriere», 29 gennaio 1967.

63. Pini e Susmel, *Mussolini*, cit., pp. 72-73.

64. Infervorato cantore delle vacanze lacustri dello statista inglese è il giornalista Roberto Festorazzi, che divide con Andriola la palma di cultore degli epistolari apocrifi; ha dedicato addirittura un libro al soggiorno dell'ex premier sulle rive del Lario: *Mistero Churchill*, Macchione, Acqui Terme 2013.

65. Appunto in data 25 maggio 1950. ACS, Ministero dell'Interno, DGPS, Divisione Affari riservati, f. Churchill Winston.

66. Nota della Direzione generale della PS alla Divisione Affari riservati, oggetto: Viaggio in Italia dell'ex Primo Ministro Inglese Churchill, 22 agosto 1951. ACS, cit.

67. Nota del capo della Divisione Affari generali alla Divisione Affari riservati, 9 maggio 1952. ACS, Ministero dell'Interno, DGPS, Divisione Affari riservati, f. Churchill Randolf [*sic!*].

68. Il messaggio del Duce a Biggini (22 settembre 1944) sul lavoro dedicato da Campini alla battaglia di El Alamein è trascritto nell'*Opera Omnia di Benito Mussolini*, vol. XXXII, cit., p. 211.

69. *Mussolini-Churchill. I carteggi* è pubblicato dall'editrice Italpress, mentre *Strano gioco di Mussolini* è edito dallo Studio editoriale PG; il testo – coincidente, oltre che nel contenuto, pure nell'impaginazione – risulta stampato a Milano il 22 giugno 1952 dalla Tipografia Same di via Senato 38.

70. Il testo di Biggini è trascritto in appendice all'agiografia di Luciano Garibaldi, *Mussolini e il professore. Vita e diari di Carlo Alberto Biggini*, Mursia, Milano 1983, pp. 340-341.

71. Campini, *Mussolini-Churchill*, cit., p. 11.

72. Dino Campini, *Piazzale Loreto*, Edizioni del Conciliatore, Milano 1972, p. 295.

73. Ivi, p. 297.

74. Campini, *Mussolini-Churchill*, cit., p. 232.

75. Ivi, pp. 11-12.

76. Ivi, pp. 49-50.

77. Ivi, pp. 158-159.

78. *Verbali del Consiglio dei ministri della Repubblica Sociale Italiana (settembre 1943 – aprile 1945)*, a cura di Francesca Romana Scardaccione, Ministero per i Beni e le attività culturali, Roma 2002.

79. Campini, *Piazzale Loreto*, cit., p. 12.

80. Andriola, *Carteggio segreto Churchill-Mussolini*, cit., p. 137. In effetti Andriola sviluppa con afflato fantascientifico le estrose intuizioni di Campini, in *Mussolini segreto nemico di Hitler* (Piemme, Casale Monferrato 1997).

81. Nino D'Aroma, *Convinsi Mussolini a non fotografare il carteggio*, «La Settimana Incom Illustrata», 12 novembre 1955.

82. Nino D'Aroma, *Mussolini affidò a Hidaka gli originali del carteggio segreto*, «La Settimana Incom Illustrata», 19 novembre 1955. Pioniere della pista Hidaka è il giornalista svizzero Paul Gentizon, sospinto dal fervore mussoliniano verso le più ardite supposizioni.

83. Folco Quilici, *La fenice del Bajkal*, Mondadori, Milano 2005.

84. Cfr. Mimmo Franzinelli, *Autopsia di un falso. I Diari di Mussolini e la manipolazione della storia*, cit.

85. Nino D'Aroma, *Churchill e Mussolini*, Centro Editoriale Nazionale, Roma 1962. Da notare, in riferimento alle due borse sequestrate dai partigiani a Dongo, l'insolita prudenza di D'Aroma: «I documenti riguardanti Churchill? Non esiste in proposito nessun elemento sostanzialmente probatorio» (p. 486). In precedenza aveva pubblicato *Mussolini segreto*, Cappelli, Bologna 1958.

86. Significativo che nelle novecento pagine del volume di Franco Bandini, *Tecnica della sconfitta. Storia dei quaranta giorni che precedettero e seguirono l'entrata dell'Italia in guerra* (Sugarco, Milano 1963),

autore portato in palmo di mano dai «carteggisti», *mai* si accenni alla corrispondenza Churchill-Mussolini.

87. Ubaldo Giuliani Balestrino, *Il carteggio Churchill-Mussolini alla luce del processo Guareschi*, Edizioni Settimo Sigillo, Roma 2010, p. 101.

88. Ivi, p. 105.

89. Ivi, p. 107.

90. Giuliani Balestrino, *Il carteggio Churchill-Mussolini*, cit., p. 182.

91. Sull'impatto della parola d'ordine mussoliniana si veda Mario Avagliano e Marco Palmieri, *Vincere e vinceremo! Gli italiani al fronte, 1940-1943*, il Mulino, Bologna, 2014.

92. Giovanni Brigato, *Il Carteggio Churchill-Mussolini*, «La "Dante" a Padova» [notiziario della Società Dante Alighieri], a. XXVI, n. 2, settembre 2012.

93. Petacco, *Dear Benito*, cit., pp. 133-134.

94. Riferimento ad altri due stravaganti testi di Giannini: *Benito Mussolini l'uomo della pace. Da Versailles al 10 giugno 1940* e *Le «guerre di Mussolini»?*, Greco & Greco, Milano 1997 e 2013.

95. Filippo Giannini, *Uccidete il «Grande Diavolo»*, Greco & Greco, Milano 2014, p. 95. Quella delle casse di documenti mussoliniani inabissate nel Garda è una vecchia bufala, accreditata acriticamente dal libro di Andriola precedentemente citato. La notizia ricicla la montatura di un quotidiano bresciano d'inizio 1953, con l'enfatizzazione di testimonianze parziali e perlopiù di seconda mano. Le indagini disposte dal Ministero dell'Interno accertarono infatti che il materiale collocato nelle casse venne poi dato alle fiamme.

96. La dichiarazione di Churchill del novembre 1951 figura nella corrispondenza col Foreign Office. PRO, FO 370/2263.

97. *Le Dossier Churchill-Mussolini. Révélations d'un ex-officier de la Garde Repubblicaine fasciste*, «La Libre Belgique», 31 dicembre 1951 (puntata conclusiva di una serie di quattro articoli).

98. L'ambasciatore britannico in Belgio al direttore del Dipartimento Ricerca e Biblioteca del Foreign Office, Bruxelles, 7 gennaio 1952. PRO, FO 370/2263.

99. Passant a Colville, Londra, 18 gennaio 1952. PRO, PREM 11/686.

100. Churchill a miss Gilliatt, Londra, 28 giugno 1952. PRO, PREM 11/686.

101. Promemoria di Margaret Lambert su «The Churchill-Mussolini Letters», Londra, 18 febbraio 1952. PRO, FO 370/2263.

102. PRO, Kew, FO 370/2263. Code LS file 10.

103. Sui riscontri d'archivio disposti dopo la missione londinese di Canali cfr. Alberto Santoni, *Dodici documenti per un falso?*, «Storia Illustrata», n. 331, giugno 1985, pp. 99-105. Sulla genesi del Car-

teggio, Santoni ipotizza giustamente «che *qualche indefesso nostalgico* si sia preoccupato di tramandare alla storia una giustificazione di comodo per quello che appariva fin dal 1940 il principale errore del duce: l'intervento in guerra a fianco della Germania». Valutazione ignorata dai fessi nostalgici che – per credulità o tornaconto – continuano a vantare i «carteggi».

Dentro il Carteggio

Le «Disposizioni per il Carteggio»

Chi crede al Carteggio, attribuisce enorme rilievo alle *Disposizioni* che lo corredano e ne predispongono l'utilizzo. Nel preparare per i posteri la valigia con gli epistolari, Mussolini incaricò il custode di rivelare «al mondo intero motivi e cause della nostra entrata in guerra». Incerto sull'avvenire, considerò quella selezione alla stregua di un testamento morale, «nella disgraziata ipotesi che io non dovessi sopravvivere». Le *Disposizioni per il Carteggio* rappresentano pertanto la chiave per aprire la «borsa del Duce» e intenderne il senso.[1]

Al momento della loro comparsa, nella primavera del 1954, le due paginette vengono generalmente attribuite a Mussolini e costituiscono la punta di diamante del materiale acquisito da Rizzoli.

Eccone la trascrizione:

REPVBBLICA SOCIALE ITALIANA

IL DVCE

Disposizioni per il Carteggio

L'Ufficiale cui sarà affidato il plico seguirà scrupolosamente i seguenti ordini:

1. riconoscimento certo della persona indicata
2. chiave e controchiave per la consegna
3. cautele per recupero (nota)

Nella dannata ipotesi che io non dovessi sopravvivere si attenderanno 5 anni e con le modalità che gli verranno fatte conoscere il consegnatario s'adoprerà per rendere noto con tutti i mezzi, non soltanto al popolo italiano, ma al mondo intero motivi e cause della nostra entrata in guerra.

Acciocché gli italiani rinsaviscano e più non s'illudano del britanno. Che le alterne vicende fin quì [*sic*] vissute altro non sono che il frutto dell'inganno e della malafede inghilese [*sic*].

21 Aprile 1945 – XXIII   Mussolini

La tipica grafia puntuta è riconoscibile al primo sguardo. Sembra autentica, e in un certo modo lo è grazie alla tecnica utilizzata dal falsario.

Enrico De Toma e il notaio Bruno Stamm, suo sodale, esibiscono copie del documento e nascondono l'originale, per evitare di essere smascherati: si tratta infatti dell'assemblaggio di brani ripresi – con procedimento raffinato – da facsimili di varie lettere autografe del Duce, tagliate, riprodotte e montate in un nuovo testo.

È il capolavoro di Aldo Camnasio, che saccheggia l'allegato fotografico della *Storia di un anno. Il tempo del bastone e del-*

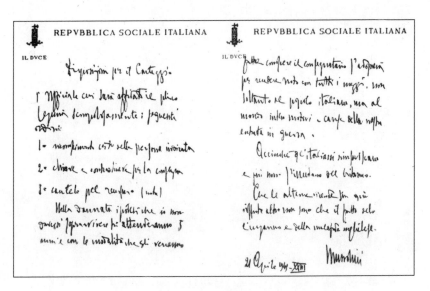

Disposizioni per il Carteggio.

la carota di Benito Mussolini (nell'edizione mondadoriana del febbraio 1945).

Le pagine XXV-XXVII dell'appendice della *Storia di un anno* riproducono la lettera inviata nella primavera del 1943 al generale Giovanni Messe, comandante della prima Armata, dislocata in Tunisia. Il messaggio in sé non riveste gran significato, se non di incoraggiamento al generale, costretto dal nemico sulla difensiva (autorizzato dal Duce, si arrenderà agli inglesi il 13 maggio 1943).[2]

In quei tre fogli figura una dozzina di parole ricomparse pari pari nelle *Disposizioni del Carteggio*. Per smascherare la truffa, è sufficiente raffrontarne la seconda pagina con l'incipit della lettera a Messe.

La sovrapposizione dei termini dimostra il fraudolento prelievo «letterale», poiché – come stabilisce il «principio di non identità», fondamento della grafologia – nessuno può scrivere due parole in tutto e per tutto eguali.

Mediante analoghi «ripescaggi» da altri autografi del Duce, combinati con interpolazioni d'autore, Camnasio costruisce il

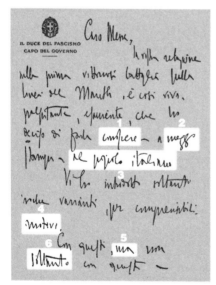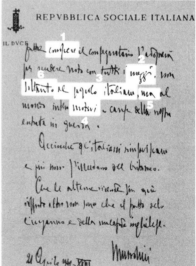

Il raffronto tra il secondo foglio delle Disposizioni per il Carteggio (attribuito al 1945) e la prima pagina della lettera di Mussolini a Messe (1943).

documento destinato ad autenticare il contenuto della borsa di Mussolini.

Oltre alla scrittura, anche la carta intestata rivela la contraffazione. Il nastro destro alla base del fascio littorio, infatti, è asimmetrico rispetto a quello sul lato sinistro (lo stesso cliché difettato sarà utilizzato per l'apocrifo mussoliniano del 24 aprile 1945: cfr. trascrizioni Carteggio, doc. n. 28).

Le *Disposizioni per il Carteggio* dovrebbero legittimare (a posteriori) la fiabesca missione ginevrina di De Toma, giustificando il quinquennio d'inerzia del dopoguerra con l'obbedienza al Duce.

Sono integrate da un dettagliato indice di documenti, che raggruppa in una quindicina di blocchi tematici i 163 fogli della «borsa di Mussolini». (Come si è visto, il tesoretto ingloberà via via ulteriori apocrifi, gonfiandosi a dismisura.) L'elenco mostra la struttura del Carteggio ed evidenzia il sottile filo nero che lega i dossier in un quadro d'insieme.

Lo schema è stato abbozzato talmente in fretta da non correggere nemmeno macroscopiche violazioni dell'ordine

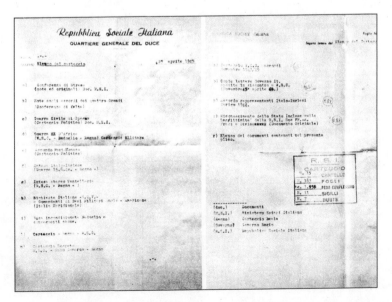

L'elenco tematico dei documenti della «borsa del Duce», ovvero: la lista del Carteggio.

alfabetico, con la soppressione delle lettere «straniere» *j* e *k* – a meno che non si tratti di un'espressione di autarchia culturale.

La tabella delle sigle è in parte anacronistica: nel 1945 è assurdo chiarire il significato di RSI. In compenso, non si scioglie l'acronimo W.S.C., lasciando all'arguzia dei lettori scoprire che sta per Winston Spencer Churchill.

Alcuni argomenti – per esempio i fascicoli sulle conferenze di Stresa e Jalta, sulla guerra di Spagna, gli accordi post-Monaco e l'armistizio badogliano (plichi *a-b-c-e-i*) – sono stati scelti per l'agevole reperibilità dei facsimili diplomatici (fotografie di trattati e di scambi epistolari internazionali); altri punti tendono invece a denigrare gli antimussoliniani. Vi è, disseminata trasversalmente, l'astuta promiscuità di falsi e di copie di documenti autentici (alla lettera *d* sulla guerra d'Africa, tra apocrifi churchilliani e autografi badogliani).

I punti dalla lettera *l* in avanti sono, parafrasando Marinetti, documenti in libertà.

La sezione *Richieste Italiane – S.C.V.* contiene gli apocrifi degasperiani con la richiesta di bombardare Roma (fotografie alle pp. 122-123). Delle grossolane mistificazioni documentarie sull'*Intesa sbarco Pantelleria*, si è già detto (cfr. pp. 141-142). La corrispondenza sulla pretesa disponibilità britannica al riconoscimento diplomatico della RSI è analizzata alle pp. 298ss, mentre l'*Intesa Italo-Inglese* è stata esaminata alle pp. 134ss.

Due testimoni: Bastianini e Silvestri

I documenti sull'intesa segreta italobritannica coniugano l'inverosimiglianza con l'involontaria ironia. A inizio aprile 1940, Churchill – ministro del governo Chamberlain – consegnerebbe all'ex ambasciatore italiano lo schema del Patto col Duce, ricevendo cortese riscontro a stretto giro di posta. Mussolini, desideroso di allearsi con la nazione cui sta per dichiarare guerra, in un paio di settimane strappa il consenso a Vittorio Emanuele e immediatamente ne ragguaglia l'amico Winston (cfr. trascrizioni Carteggio, doc. n. 13).

Oltre al sovrano e a Grandi, risultano coinvolti nelle trattative l'ambasciatore britannico, re Giorgio VI e il suo governo.

Impensabile che il ministro degli Esteri e l'ambasciatore italiano a Londra siano all'oscuro della straordinaria novità.

La segretezza del Carteggio è smentita da quelle stesse carte. Nei truffaldini epistolari si legge che un satellite di Mussolini, il dittatore croato Ante Pavelić, «è a conoscenza che il Duce e Casa Savoia hanno iniziato la guerra *nel giorno e nel modo concordato con gli inglesi*». E, con velato ricatto, «chiede formali garanzie» di tutela dei propri interessi.[3] Se il filonazista Pavelić scopre l'intesa italobritannica, è credibile che Hitler, cui fanno capo efficientissimi servizi segreti, la ignori? E che non reagisca?!

Ritorniamo ai documenti *autentici*, precisando che anche nelle fonti diplomatiche tedesche, come in quelle italiane e britanniche, non v'è traccia di «patti segreti» Churchill-Mussolini.

Passaggi e retroscena dell'ineluttabile scivolamento italiano nel conflitto europeo sono descritti da Giuseppe Bastianini, sottosegretario agli Esteri nel 1936-39 e poi successore di Grandi all'ambasciata di Londra sino alla nostra entrata in guerra. Fervido mussoliniano dal 1919 al 1943, Bastianini, cui non sfugge l'inadeguatezza bellica nazionale, cerca invano di convincere il Duce a protrarre la neutralità. L'incarico londinese e l'orientamento antigermanico fanno di lui il personaggio chiave per trattative segrete con Churchill, di cui però non vi è cenno nelle sue memorie.[4] D'altronde, Bastianini è assolutamente ignorato dal Carteggio, onde evitare che smentisca eventuali apocrifi a lui attribuiti, guastando così l'opera dei falsari.

Dei falsi dossier vanno interpretati anche *vuoti* e *silenzi*, essi pure rivelatori di frode. Il blackout su Bastianini (come su Ciano) è eloquente, specie se raffrontato all'ipertrofica produzione sull'ex ambasciatore Grandi (preso di mira con evidente intento polemico). Tanto più che dal 5 febbraio 1943, dopo che il Duce ha liquidato Ciano e assunto personalmente la guida del ministero, Bastianini ridiventa sottosegretario agli Esteri. Il loro scambio d'opinioni del 10 febbraio apre uno squarcio di verità sul rapporto Churchill-Mussolini alla vigilia della guerra:

«Non so, Duce, se Ciano v'informò al mio ritorno da Londra [13 giugno 1940] dei propositi espressi da Churchill sull'Italia qualche giorno prima della nostra entrata in guerra.»
Mussolini mi rispose che non li conosceva e io allora proseguii:
«Churchill per due volte in due luoghi diversi, intrattenendosi con differenti persone, disse testualmente: "Bisognerà prima di tutto piegare l'Italia che è la punta più debole dell'Asse, provocare all'interno di essa una guerra civile di tipo spagnolo, dopo la quale vedremo l'ultimo sopravvissuto dei fascisti gridare evviva tra la folla di Roma che acclamerà per le vie quel maresciallo britannico che vi entrerà a cavallo"».
«Il signor Churchill – mi rispose Mussolini – non conosce il popolo italiano.»[5]

Fallito il tentativo di consolidare la neutralità italiana, non solo Churchill tronca il rapporto con Mussolini, ma punta sull'Italia quale anello debole dell'Asse per scardinare l'egemonia continentale germanica.

Il quadro descritto dall'ex ambasciatore a Londra ed ex sottosegretario agli Esteri corrisponde alla verità fattuale, confermando – per il 1940-43, quando Bastianini è a diretto contatto con il Duce – l'assenza di canali sotterranei col premier inglese.

Quando, in preda alla disperazione, Mussolini accondiscende al desiderio di Bastianini di allacciare trattative segrete, è troppo tardi. Le sue profferte sono respinte il 22 luglio: il muro britannico è impenetrabile. Se Mussolini disponesse di carte segrete, saprebbe di doverle giocare mentre è ancora in tempo. Subisce invece l'ultima e definitiva sconfitta, nella congiura di palazzo maturata col voto del Gran Consiglio del Fascismo e attuata l'indomani da Vittorio Emanuele.

Al tramonto della sua parabola umana e politica, Mussolini riconsidera i nodi irrisolti della propria esperienza di governo, e vorrebbe ripulirli dall'onta che li circonda. Tra fine marzo e inizio aprile 1945, delinea insieme a Carlo Silvestri l'autodifesa per il prevedibile giudizio dinanzi alla Corte militare alleata e poi al tribunale della storia. Rilegge e seleziona dossier, soffermandosi su quattro questioni: l'estraneità all'assassinio di Giacomo Matteotti; la disumanità del colonialismo britannico; le responsabilità inglesi nello scoppio e inasprimento della Seconda guerra mondiale; infine il proprio impegno per la pacificazione nazionale e per scongiurare la guerra civile, contenendo la violenza tedesca e proteggendo personalità antifasciste.[6]

Tematiche – si noti bene! – assenti dal Carteggio.

Silvestri,[7] cronista del «Corriere della Sera» dal 1910 al 1925, coraggioso accusatore del Duce nel delitto Matteotti, viene percosso dagli squadristi nel 1926; arrestato per tentato espatrio nel novembre di quell'anno, dal 1927 sconta un quinquennio di confino politico. Riacquistata la libertà, si avvicina gradualmente al regime e alla metà degli anni Trenta diventa ammiratore di Mussolini.

I loro rapporti si intensificano durante la Repubblica sociale, considerata da Silvestri il ritorno alle origini. Nella fase finale del conflitto, il Duce ormai in declino vagheggia il passaggio dei poteri ai socialisti, nelle cui file aveva intrapreso la carriera politica a inizio Novecento. Silvestri lo incoraggia in tal senso, raccogliendone le confessioni e discutendo le prospettive del dopoguerra. Funge da assistente e confidente anche per la selezione dei carteggi riservati.

Otto anni più tardi, il vecchio giornalista rievocherà quelle vicende, in una lettera a De Gasperi che pone – se ve ne fosse bisogno – la pietra tombale sul Carteggio:

Raccomandata espresso
Riservata Personale

Milano, 21-5-1953

Prot. R/S n. 1378
Oggetto: *Il carteggio* CHURCHILL-MUSSOLINI
Caro Presidente,
ti è noto essere io l'unico italiano, non legato in alcuna guisa a Mussolini, che abbia potuto esaminare il suo archivio segreto per trascegliere i documenti più importanti che avrebbero dovuto trovare rifugio di sicurezza in Isvizzera, secondo un piano personalmente da me predisposto. Ciò mi permette di confermare, in contrasto con quanto scrisse tempo fa sul «Corriere della Sera» il collega Ferruccio Lanfranchi, e con quanto afferma in questi gior-

ni il «Corriere Lombardo», *che la corrispondenza tra Churchill e Mussolini non andò oltre l'entrata in guerra dell'Italia. Siamo dunque di fronte a falsificazioni più che evidenti.*
Questo era uno degli argomenti sui quali avrei voluto intrattenerti.

Molto affettuosamente

Tuo Carlo Silvestri

Piazza Carlo Erba 4 – Milano

A S.E. on. Avv. Alcide De Gasperi
Palazzo Viminale
Roma[8]

È la testimonianza – a tutt'oggi inedita – di un uomo intimamente legato all'ultimo Mussolini e alla sua memoria (da lui valorizzata in lettere, articoli e saggi), convinto che «le indecisioni di Mussolini avevano finito con il rendere impossibile l'attuazione del progetto consistente nel trasferimento in Svizzera della parte più importante e più "riservata segreta" del suo archivio, che egli [Silvestri] aveva esaminato nei pezzi più rimarchevoli e sui quali aveva annotato i commenti del capo della RSI».[9]

Conseguentemente, nella primavera del 1953 Silvestri raccomanda al presidente del Consiglio di rifiutare le proposte di De Toma e dei suoi sodali sulla vendita allo Stato di materiale fraudolento.

Il patrono della Repubblica sociale

La sequenza temporale del Carteggio registra un vuoto nell'estate del 1943, quando Mussolini è agli arresti per ordine di Badoglio. Liberato dai tedeschi e insediatosi a Gargnano, viene ricontattato dallo pseudo Churchill, che reclama la restituzione delle sue lettere. Una richiesta insensata, in quanto fornirebbe una nuova e ancor più compromettente prova di collusione con il nemico, accrescendone il potenziale ricattatorio. Degno di nota è il candore della missiva nel proporre lo scambio tra il plico di documenti e una decisione politica tanto gravida di conseguenze. Eccone la traduzione (cfr. trascrizioni Carteggio, doc. n. 20):

10 novembre 1943

Eccellenza,

ora non ci sono più valide ragioni perché Voi conserviate la mia corrispondenza e i vari documenti in Vostro possesso.

In passato queste lettere Vi erano state indirizzate nella Vostra qualità ufficiale di Capo del Regio Governo Italiano.

Considererei la restituzione di questa corrispondenza come un atto di cortesia da parte Vostra, giacché essa è ora superata da recenti avvenimenti.

In questo particolare momento il Governo di Sua Maestà è in condizione di riconoscere il Governo della Repubblica Sociale Italiana e qui accluse ci sono le speciali condizioni.

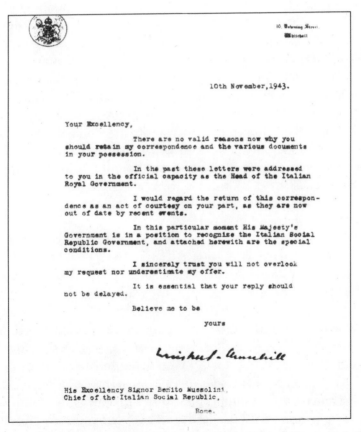

Dopo la liberazione del Duce da parte tedesca, «Churchill» riprende la corrispondenza col capo della RSI *(10 novembre 1943).*

Confido sinceramente che Voi non trascurerete la mia domanda e non sottovaluterete la mia offerta.

È essenziale che la Vostra risposta non subisca ritardi.

Credetemi Vostro

Winston S. Churchill

La carta da lettera è una pessima imitazione di quella del primo ministro, con logo dilettantesco; inoltre, il testo non è battuto con una Remington noiseless, la macchina da scrivere utilizzata in via esclusiva dal premier.

Il riconoscimento della RSI da parte di Churchill è semplicemente inconcepibile. Tutto – dal piano politico al livello diplomatico e, non da ultimo, allo scenario bellico incamminato si verso la sconfitta dell'Asse – vi si oppone. Se un simile scritto fosse autentico, l'autore finirebbe dritto in manicomio o davanti al plotone d'esecuzione. Il governo di Salò, infatti, è riconosciuto solo da Germania, Giappone e loro satelliti.[10] Unico interlocutore italiano degli Alleati è il governo monarchico, considerato dal 13 ottobre 1943 cobelligerante contro la Germania.

A corollario della strabiliante missiva, vi è un grottesco memoriale, nel quale Churchill, impensierito per la sorte dei militari della RSI, si impegna per la loro salvaguardia, assicurando il Duce che, a un suo cenno, il governo del Regno Unito darà «immediatamente istruzioni a tutte le forze alleate di terra, mare e aria nella zona del Mediterraneo» (cfr. trascrizioni Carteggio, doc. n. 21). Ogni commento è superfluo.

IL PRIMO MINISTRO DI SUA MAESTÀ

al

CAPO DELLA REPUBBLICA SOCIALE ITALIANA

Allo scopo di evitare inutili spargimenti di sangue tra la popolazione civile, il Governo di Sua Maestà dopo attenta considerazione ha deciso di prendere contatto col Vostro Governo sui seguenti punti:

a) Vorremmo ci fossero immediatamente resi noti con elenco descrittivo e modelli tutti i fregi e segni distintivi e le uniformi delle forze armate della Repubblica Sociale Italiana.

b) Un'indicazione di tutti i corpi e distaccamenti che combattono con i tedeschi sul fronte in terra italiana.

c) I luoghi di campi di prigionieri di guerra e altre unità di presidio sul territorio italiano.

L'informazione desiderata è chiesta allo scopo di distinguere gli eserciti regolari della Repubblica Sociale da altre unità per evitare che siano passati per le armi quando vengono catturati.

Prigionieri non identificati che portano armi saranno considerati irregolari e perciò verranno messi a morte senza processo.

Il Governo di Sua Maestà a ricevimento della Vostra comunicazione darà immediatamente istruzioni a tutte le forze alleate di terra, mare e aria nella zona del Mediterraneo.

Winston S. Churchill

Proiettili di carta a scoppio ritardato vorrebbero ribaltare la realtà, riscrivendo la storia... alla maniera di Mussolini: la nazione che sta vincendo la guerra previene e asseconda i desideri del nemico che precipita nella sconfitta e che – paradossalmente – i nazisti trattano da burattino, relegato in ambito provinciale e sorvegliato come un prigioniero.[11]

Il Carteggio disegna una sudditanza psicologica dello statista londinese al dittatore di Salò. Subalternità che regge persino all'approssimarsi dell'apocalisse nazifascista. Nella seconda metà del marzo 1945, infatti, il premier informa l'amico-nemico che «nell'ultima riunione del nostro ministero è stato deciso di accettare le Vostre richieste al completo» e lo tranquillizza su tutta la linea: «Posso assicurare Vostra Eccellenza che io sarò a completa disposizione per quanto riguarda la Vostra sicurezza e per questo ho già dato le necessarie istruzioni al competente servizio di sicurezza». Il Gabinetto di guerra britannico è dunque del tutto prono al Duce e ne accetta le condizioni (a sostegno degli stravaganti apocrifi, si sosterrà che Churchill ingannò il Duce con promesse melliflue).

Ancora il 31 marzo 1945, nell'ossequiente messaggio «A Sua Eccellenza Signor Benito Mussolini – Capo della Repubblica Sociale Italiana – Milano» (invece per un altro paio di settimane il Duce rimarrà a Salò), gli riconferma «ammirazione personale» e addirittura estende il salvacondotto del quartier generale di Sua Maestà agli «interessi della Vostra famiglia e dei parenti». Quale generosità...

Le condizioni imposte all'Italia nel settembre 1943 da Churchill, Roosevelt e Stalin considerano criminali di guerra Mussolini e i suoi collaboratori. Siamo quindi di fronte a un caso di schizofrenia?

Nell'ultima settimana del marzo 1945 Churchill e Hitler si battono su tutto, a parte un punto: Mussolini, che vogliono salvare uno all'insaputa dell'altro. A pochi giorni di distanza, il Duce riceve da Londra e da Berlino messaggi confortanti. Il premier

La RSI *si inabissa, ma «Mussolini» confida nella protezione dell'amico Churchill (21 aprile 1945). La firma appare malamente falsificata.*

britannico gli assicura che rispetterà il patto segreto, mentre il Führer lo informa di avergli approntato un inespugnabile rifugio nel cuore del Terzo Reich, dove sarà il benvenuto:

Berlino, 23 marzo 1945

D u c e !

In queste ore per Voi difficili voglio esprimerVi la mia incondizionata solidarietà, memore della schietta amicizia che ci unisce e che è stata cementata dai medesimi ideali della Rivoluzione della nostra gioventù.

I nostri popoli riuniti dal medesimo destino attendono da noi la nostra ultima e suprema mossa.

Qui, nella grande Germania ospitale, Voi potete attendere indisturbato ai Vostri alti compiti ed organizzare una più forte resistenza contro il nemico. Per questa convinzione vorrei con questa mia invitarvi, nelle debite forme, a venir qui per poter continuare la lotta con la massima forza.

Nella nostra Germania nazionalsocialista, come in una fortezza, Voi potrete, Duce, essere al sicuro da ogni rivoluzione interna o da un nuovo tradimento.

Qui si avviano al compimento le nuove armi segrete (sulle quali Vi ho già, frattanto, informato) e queste armi contribuiranno alla decisiva vittoria dell'Asse.

Combattiamo uniti contro i massoni anglosassoni-giudei!

Io Vi attendo, Duce, e mi confermerete con la Vostra venuta la Vostra amicizia personale, come Voi potete essere certo della mia.

Attendo la Vostra pronta risposta affermativa per poter preparare per Voi e per il Vostro seguito un alloggio degno di Voi.

Vittoria, evviva!

Hitler

La lettera incorpora e sintetizza temi (e luoghi comuni) della visione nazista: la fedeltà agli ideali rivoluzionari giovanili, la lotta senza quartiere alla massoneria giudaica, le armi segrete. Ma non si vede perché mai Hitler dovrebbe somministrare a Mussolini un simile sunto, nell'offrirgli ospitalità.

Se la versione italiana zoppica, quella tedesca è un disastro. Reinhard Markner (Università di Innsbruck), che sta studiando la falsificazione di autografi dell'epoca nazionalsocialista nel secondo dopoguerra, richiesto di un parere sull'apocrifo «berlinese» inserito nel Carteggio (cfr. trascrizioni Carteggio, doc. n. 23), sviluppa significative considerazioni, che testimoniano – al di là di ogni dubbio – la mistificazione dei documenti «germanici» usciti dalla borsa del Duce:

È un reperto risibile, con la svastica che ruota in senso opposto e il testo abbastanza ingarbugliato; non lo definirei il lavoro di un esperto falsario…
Sicuramente Hitler sarebbe stato pronto a trasferire Mussolini e il suo governo in Germania, così come nel settembre 1944 aveva ricollocato il governo di Vichy a Sigmaringen; ma nel marzo 1945

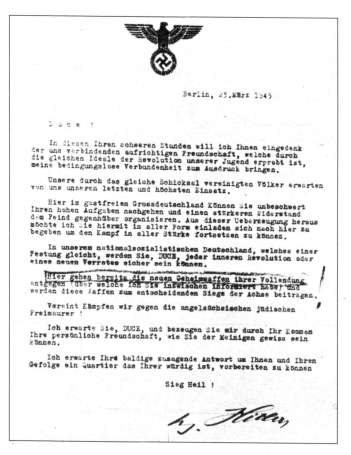

Lettera di Hitler a Mussolini del 23 marzo 1945.

era ancora più interessato a mantenere per quanto possibile Mussolini e il suo apparato politico-militare nell'Italia settentrionale, in funzione collaborazionista.

«Combattiamo uniti contro i massoni anglosassoni-giudei» è uno scimmiottamento infantile della retorica di Hitler.

Tra molti altri errori, la acca eccendentaria nel termine *gegenhüber* (invece di *gegenüber*) è particolarmente notevole. Poiché gli italiani sono inclini a commettere simili errori ortografici, dovuti alla loro difficoltà nella pronuncia tedesca della lettera «h», questo sbaglio dimostra la matrice italiana del falso.

Infine, la firma. È un'imitazione della firma di un Hitler più giovane. Nel 1945 il Führer era sofferente del morbo di Parkinson; di conseguenza, la sua firma era diventata uno scarabocchio illeggibile. Vale la pena di rimarcare che questa malattia di Hitler era sconosciuta negli anni Cinquanta.[12]

Eppure, nel maggio 1954, quella bislacca lettera attribuita al Führer viene vantata su «Oggi» (in un servizio redazionale, scritto in realtà da Camnasio) come esempio di «tedesco assolutamente perfetto; lo stile è di Hitler. Ci sono soltanto due sviste di macchina, cioè l'uso dell'iniziale maiuscola per i verbi *können* (potere) e *kämpfen* (combattere), mentre, come è noto, i tedeschi usano le maiuscole nel corso d'una frase solamente per i sostantivi». Gli sbagli sono almeno una decina, e due le frasi che non reggono. Quanto all'errore più clamoroso, che ha dell'incredibile – la rotazione in senso inverso della svastica – può darsi che Camnasio, nella fretta, si sia confuso in uno dei molti passaggi dei suoi reperti in laboratorio dal positivo al negativo e nuovamente al positivo.

La sera del 18 aprile, il naufrago romagnolo approda a Milano. Consapevole dell'imminente crollo, scrive il 21 aprile all'alleato-nemico per proporre «una resa condizionata e onorata», con lettera (cfr. trascrizioni Carteggio, doc. n. 25) inoltrata due giorni dopo tramite *Posta Militare*. E precisa di attendere la risposta presso la Prefettura di Milano. È il colmo del paradosso.

Pur ridotto allo stremo, il Duce non demorde, pretendendo da Churchill «sotto il vincolo d'onore» l'accettazione di *tutte le clausole da me richieste...* In cambio, offre il «plico dei documenti che a Vostra Eccellenza importa riavere». Il falsario tocca qui il fondo della credibilità, o – in altri termini – si eleva su pinnacoli fantascientifici.

Non è invece stato negoziato dal duo Camnasio-De Toma l'apocrifo datato 24 aprile 1945, con la richiesta a Churchill di un fiduciario cui consegnare la documentazione e con l'incoraggiamento alle «trattative in corso tra Gran Bretagna e Stati Uniti con la Germania». Augurio invero curioso, considerato che l'indomani il Duce, informato di negoziati riservati fra tedeschi e Alleati, accuserà di tradimento il generale Wolff.

Il 24 aprile 1945, «Mussolini» chiede a Churchill l'invio di un fiduciario cui consegnare «documentazioni».

Copia del documento (attenzione: *una copia*, non l'originale!) è esibita da Franz Spögler (1915-1989), l'ex tenente delle ss incaricato della protezione di Clara Petacci, che nel dopoguerra si inserirà con astuzia nel mercato della paccottiglia mussoliniana. Quel messaggio gliel'avrebbe consegnato personalmente il Duce, in Prefettura a Milano, con un'accorata richiesta: «Anche se il mio tentativo si dimostra non più attuabile, Churchill un giorno lo dovrà conoscere. Voi avete la lettera; voi, ad ogni modo, ne conoscete il contenuto. Se io fossi impossibilitato, lo farete voi. Me lo promettete?». Missione accettata: «Con una stretta di mano assicurai il Duce che il suo desiderio sarebbe stato realizzato».[13] Il marasma bellico precluse la consegna al viceconsolato britannico di Lugano.

A uso degli increduli, il previdente Spögler esibisce: una fotografia della stretta di mano con Mussolini e il foglio delle udienze del 24 aprile 1945 con il suo nome. L'immagine è stata scattata presumibilmente a Gargnano, sul Garda.

Perché il Duce dovrebbe affidare quella missiva proprio a lui e non ai *precedenti «messaggeri»*, cui la lettera accenna? Offrire a un ufficiale delle ss la prova del proprio tradimento? Per di più, proprio all'uomo di cui è geloso?! Benito crede infatti che Clara lo tradisca con l'aitante guardia del corpo, cui ogni sera dà la buonanotte in camera da letto. Il Duce prima le rinfaccia l'ambiguo legame, e poi si getterebbe nelle mani del rivale?[14]

Nel dopoguerra Franz Spögler è un buon padre di famiglia, ansioso di lucrare sugli epistolari mussoliniani, da lui venduti e rivenduti a varie testate, italiane e tedesche. A Longomoso (frazione di Renon, non lontano da Bolzano), possiede l'albergo Al Bosco e una piccola segheria. Sul finire degli anni Quaranta la Questura cerca invano di sequestrargli documentazione pseudomussoliniana. E il 25 maggio 1950 lo arresta con l'accusa di avere ucciso il brigadiere della polizia repubblicana Aldo Gasparini, della scorta di Mussolini (verrà scagionato dopo sei mesi di carcere: Gasparini fu ucciso a Dongo dai partigiani il 27 aprile).

«Epoca», «Gente» e altri periodici raccolgono le fantasiose narrazioni di Spögler e ne riproducono i documenti (dopo averli ottenuti a caro prezzo).

Arnoldo Mondadori – che nel 1954-56 acquista apocrifi mussoliniani da De Toma e dalle signore Panvini – presta fede a Spögler. Parla di quella lettera nell'incontro del 24 ottobre 1955 con Churchill a Roquebrune, in Costa Azzurra, dove si è recato per stipulare il contratto della *Storia dei popoli di lingua inglese*, nell'illusione di ripetere il successo della *Seconda guerra mondiale* (il maggiore impegno finanziario-editoriale sino ad allora affrontato dalla Mondadori).[15] Riferisce all'illustre interlocutore la versione dell'ex ss sulla mancata consegna del messaggio, fornendogli l'ennesima prova di credulità italiana.

Pure in questa circostanza il curatore dell'*Opera Omnia* del Duce, Susmel, presenta il falso come vero, in un'inchiesta giornalistica del 1965 basata sul messaggio consegnato dal dittatore «a un corriere speciale» (pur non facendo il nome, il riferimento a Spögler appare chiaro):

> L'ultima lettera di Mussolini partì da Milano il 24 aprile 1945. In essa il capo della Repubblica sociale si affidava al «personale intervento» del suo grande avversario perché «l'Italia non venisse sacrificata» e a lui fosse concessa la facoltà di «giustificarsi e difendersi». Ma Sir Winston la ricevette solo dieci anni dopo.[16]

Susmel afferma che Churchill, davanti a un editore italiano (di cui tace l'identità), «ne lesse il contenuto e lo riconobbe corrispondente a realtà». È l'ennesima patacca contrabbandata dallo studioso di Mussolini.[17] Dal resoconto dell'incontro, conservato negli archivi Mondadori e a oggi inedito (cfr. appendice, doc. n. 24), risulta infatti che Churchill aveva rifiutato d'incontrare Spögler e – previa richiesta ad Arnoldo Mondadori di verificare la genuinità del reperto – indicato il suo agente letterario, Emery Reves (nella cui villa avviene il colloquio), come la persona cui inviare copia del documento.[18] Dall'Archivio Mondadori non risulta che l'apocrifo sia effettivamente pervenuto allo statista. Fallisce così l'ultimo tentativo di agganciare Churchill a trattative sul Carteggio, tramite il suo editore italiano. Ma persino su questo fallimento si innesta l'ennesima montatura.

Trascorsi cinque mesi dall'incontro Churchill-Mondadori, Franz Spögler sciorina la storiella della sua missione milanese del 24 aprile 1945 sul settimanale «Epoca», che pubblica anche la foto del dattiloscritto.[19] Esce poi di scena per ricomparire verso la fine degli anni Settanta, quando propone a Gerd Heidemann, cronista del settimanale amburghese «Stern», l'acquisto del Carteggio Churchill-Mussolini. Lo spalleggia il suo ex superiore, generale Karl Wolff (altro spacciatore di apocrifi),[20] con il quale, insieme a Heidemann e al collega Kuby, l'anno successivo effettua una ricognizione a Villa Fiordaliso, residenza gardesana di Claretta Petacci. Heidemann diffida e prende tempo, finché, nel febbraio 1982, acquista alcuni reperti per 40.000 marchi. Prima di comperare l'intero blocco, commissiona una perizia al professor Deakin, già collaboratore di Churchill, che dimostra la falsità del materiale e lo ritiene prodotto dai servizi segreti della RSI (cfr. appendice, doc. n. 25). Gli imbrogli di Spögler, inscenati con successo in Italia, si arenano in Germania, dove sperava di ricavare 200.000 marchi dalle *copie* di un plico di lettere (una ventina delle quali tra Mussolini e Churchill) e 350 marchi l'una da 700 trascrizioni di intercettazioni telefoniche.[21]

Il giornalista ringrazia Deakin e si getta alla ricerca dei Diari del Führer. Il 25 aprile 1983 si annuncia in una conferenza stampa il ritrovamento dei diari di Hitler e la loro pubblicazione su «Stern». L'iniziativa disastrosa comprometterà la reputazione del professor Hugh Trevor-Roper (incauto autenticatore) e costerà al credulone Heidemann – denunciato per truffa dal direttore della testata – quattro anni e sette mesi di reclusione.[22] Si chiude in carcere anche la carriera del falsario, l'ex pittore Konrad Kujau.

Il Carteggio di Mussolini si è dunque ricongiunto ai Diari di Hitler, nel festival internazionale della falsificazione. In Germania, l'intervento degli Archivi federali (Bundesarchiv) e della magistratura stronca definitivamente la mistificazione e ne punisce i responsabili. Nessuno più – nella Repubblica federale tedesca – vanterà il possesso di scritti del Führer. In Italia, invece – dopo le blande condanne amnistiate per Camnasio-De Toma e le signore Panvini (rispettivamente nel 1958-59 e 1960-62) – gli Archivi di Stato, la magistratura, la polizia e la guardia di finanza si disinteressano dei traffici di apocrifi. Riemergeranno pertanto nuovi custodi di carte, diari, testamenti del Duce, in una prolungata speculazione con cospicue esportazioni valutarie in nero.

Apocrifo d'amore

Dal 10 ottobre 1943 al 18 aprile 1945, durante il travagliato soggiorno gardesano, Mussolini scrive trecentoventi lettere a Claretta Petacci.[23] L'epistolario amoroso costituisce un osservatorio straordinario per la conoscenza dell'uomo e della sua psicologia. Molte missive hanno il sentore della confessione e una cinquantina di esse riporta, sottolineato a lapis, l'ordine *Straccia appena letto!*, indicativo della delicatezza del contenuto (ma lei: «Non distruggere, è *storia*! È la verità su di me e su di te»).

Nei dialoghi sentimentali ci si arrovella sull'uscita di sicurezza dalla guerra, per l'amante e i suoi famigliari. Eppure, non c'è una sola parola che evochi accordi segreti con il premier inglese, presentato unicamente (e logicamente) quale nemico giurato: «Sin dal primo giorno, sentii che il re e soci si proponevano di consegnarmi alla Gran Bretagna, Churchill l'ha confessato ai Comuni» le scrive in riferimento all'arresto a Villa Savoia.[24]

In compenso, il caleidoscopico Carteggio sforna persino messaggi d'amore, mimetizzati tra la documentazione politica per comprovare l'umanità di Mussolini.[25]

Una lettera affiora nell'estate del 1956 dal libro di Aldo Camnasio: «Eccola! Vorreste dire che anche questa è falsa? Ma in nome di Dio: una lettera di questo tenore, qual valore politico può avere e come avrebbe potuto mai sedurre un venale falsario...?».[26] Il falsario – guarda caso – è lo stesso commentatore, fiero della propria levata d'ingegno.

Carissima,
la vigilanza dell'immondo Badoglio si è fatta più rigida, tuttavia ho ricevuto il tuo biglietto, grazie.
Ma non mi dici se hai ritirato tutti i ~~plichi~~ pezzi e raggiunto A. con lettere e dispacci.
Vorrei che la mia gente sapesse ~~perché il Duce~~ perché Mussolini venne "gentilmente invitato" dal Savoia!
Stanotte ho pensato a noi, eravamo a Roma...
Io sento che ritornerò a Roma, allora ~~nessuna transazione~~ nessuna indulgenza, nessuna debolezza, ma assoluta disciplina. –

Noi vogliamo ancora vivere un giorno da Leone, per il bene dell'Italia, faro di civiltà nel Mediterraneo, il conteso Mare Nostrum –
Venga poi l'eterno riposo –
Uno stretto abbraccio

tuo Ben

La calligrafia è malamente imitata, con esiti parecchio inferiori allo standard. Camnasio perde colpi o, piuttosto, ha perso un bravo collaboratore? Forse per questo, la lettera rimane inedita più a lungo di consimili reperti.

È una missiva falsa, dalla prima all'ultima riga. *Mai*, nell'epistolario a Clara del 1943-45, Benito inizia un messaggio con «Carissima». Il naturale incipit è «Mia cara», con un'affettuosa serie di varianti («Cara», «Cara, cara», «Piccola cara», «Piccola, cara piccola», «Piccola sempre cara», «Clara piccola mia», «Cara, molto cara», «Cara molto amata», «Mia Clara», «Mia molto cara», «Mia cara, sempre cara», «Mia cara Clara cara», «Amore», «Caro amore», «Amore caro», «Mio amore», «Mio immutabile amore», «Muy querida»…). La ripulsa di *Carissima* esprime la convinzione che il superlativo sia impersonale, indegno del grande amore.

Per infondere autenticità al falso, Camnasio vi incorpora citazioni banalmente mussoliniane: il proverbiale *giorno da leone* (anzi: *da Leone*) contrapposto ai cent'anni da pecora, l'Italia fascista *faro di civiltà* al mondo, il Mediterraneo *Mare nostrum*…

Dalla prospettiva del «marchese», la lettera di Benito a Clara dell'estate del 1943 è inattaccabile. Chi e come potrebbe smentirla? I due corrispondenti sono defunti e il contenuto è verosimile, tanto nel disprezzo per Badoglio quanto nella denuncia della slealtà dei Savoia (a entrambi i temi sono dedicati altrettanti plichi di apocrifi).

Camnasio non poteva prevedere il riaffiorare – a un sessantennio di distanza – del diario di prigionia della Petacci, con la copiosa corrispondenza di Salò. Fonti che consentono di smascherare quell'apocrifo di pessima fattura. Il raffronto a colpo d'occhio con un autentico messaggio di «Ben» (del 18 dicembre 1943), rivela la differenza tra l'originale e la copia.

Il diario dal carcere di Novara consta di disperate annotazioni quotidiane che registrano ogni evento, per quanto minuto, occorso alla prigioniera in epoca badogliana, dall'infausto 25 luglio all'arresto dei carabinieri sino alla liberazione per mano tedesca (in significativa analogia con il destino di Mussolini). Ebbene, dal 26 luglio al 10 ottobre 1943 Clara non riceve un solo messaggio di Ben e nemmeno potrebbe scrivergli, anche perché ignora dove si trovi.

Caduto in disgrazia, l'ex Duce si vergogna di quella relazione, che ora lo espone al pubblico ludibrio: il 29 agosto lo impressiona l'articolo del «Messaggero» sulle ricchezze del clan Petacci, accumulate all'ombra dell'infrollito amante.

Nelle accorate annotazioni autobiografiche-esistenziali inti-

Nel Carteggio si intrufola pure la love story tra Ben e Clara. Qui l'amore si coniuga con la politica.

tolate *Pensieri pontini e sardi*, Clara nemmeno figura, al contrario della moglie Rachele. Il detenuto si commuove al pensiero dei cani e dei cavalli a lui cari («Perché, dopo gli uomini, non dovrei ricordare anche gli animali? Anch'essi hanno avuto un posto nella mia vita»), ma ignora la giovane che gli ha dedicato tutta se stessa. Forse, il pensiero dell'amante riaffiora in un passaggio autodifensivo: «Come sempre, anche nel mio destino si vorrà *cercare la donna*. Ora le donne non hanno mai esercitato la sia pur minima influenza nella mia politica».[27]

Durante la reclusione, lei gli ha dedicato ossessive riflessioni diaristiche, concepite quali disperati appelli al suo Ben. Tornata libera, lo ha tempestato di messaggi nei quali rievoca gior-

Un'autentica lettera d'amore di Ben a Clara (18 dicembre 1943): quanto diversa da quella del Carteggio!

no per giorno, attimo per attimo, la loro separazione, senza un accenno a rapporti di alcun tipo in epoca badogliana. Vi fosse stato un qualsiasi scambio epistolare, avrebbe celebrato quel fausto evento.

Liberato sul Gran Sasso, il Duce apprende le traversie di Clara, che ritrova a Salò, e ne conosce dedizione e fedeltà dalle pagine del diario (che lei ha battuto a macchina). La contrappone ai troppi seguaci smarcatisi per evitare fastidi e rivaluta quel rapporto, parlandone ammirato ai camerati che gli riferiscono i mormorii dell'opinione pubblica, per esortarlo a separarsi da una donna tanto impopolare.

Tra i sentimenti che nell'autunno del 1943 agitano l'animo di Mussolini, vi è il rimorso per il rinnegamento di quella relazione, di cui fa ammenda nelle lettere a Clara, giurandole eterno amore.

Contrariamente al parere (interessato) di Camnasio, proprio questa lettera privata, in apparenza marginale e persino

Camnasio e De Toma si divertono, increduli del successo ottenuto con l'invenzione del Carteggio.

eccentrica rispetto all'imponente corpus del Carteggio, ne dimostra – se ancora ce ne fosse bisogno – il carattere artefatto e posticcio, nella pur ingegnosa costruzione a tavolino.

Due gabbamondo smascherati

Come in una storia infinita, le vicende del Carteggio Churchill-Mussolini riprendono vigore quando sembrano giunte al capolinea. L'anno decisivo è il 1954, con quattro passaggi rilevanti: la divulgazione su «Candido» di due apocrifi della «borsa del Duce» e la conseguente condanna di Giovannino Guareschi; l'arresto, detenzione e rilascio in libertà provvisoria di De Toma e Camnasio, imputati di truffa e falso in processi destinati a trascinarsi per anni; il sequestro – nelle cassette di sicurezza intestate a De Toma in banche italiane e svizzere (a Milano, Lugano, Chiasso, Locarno, Ginevra e Sion) – di reperti comprovanti le falsificazioni; infine la fuga di De Toma in Brasile, dove rilancerà la sua battaglia, stavolta senza alcuna eco (se non sulla stampa brasiliana di destra).

La magistratura, dopo aver condannato il direttore di «Candido», procede contro Camnasio e De Toma per i reati di falsità continuata in scrittura privata e di concorso in truffa aggravata e continuata.

Mentre il processo contro Guareschi destò clamore, quello ai due protagonisti dell'operazione si svolge nel totale disinteresse di stampa e opinione pubblica. Siccome gli imputati beneficiano dell'amnistia (l'Italia è la patria delle amnistie), ancora oggi qualche malaccorto giornalista accredita il proscioglimento di De Toma e Camnasio. È l'errore di chi ignora il testo delle sentenze, unanimi nell'acclarare la falsificazione.

La sentenza pronunciata il 7 febbraio 1957 dalla Sezione istruttoria presso la Corte d'appello di Milano contiene significativi riferimenti alla tecnica adottata dai truffatori:

Al De Toma e al Camnasio non interessava addivenire alla stipulazione del contratto definitivo per la cessione del materiale: il necessario e certamente non superficiale esame sull'autenticità avrebbe in modo indubbio portato a conclusioni negative, sconfessando i due e perciò non poteva essere nei propositi dei due attendere quest'esito. *Bastava loro, ai fini della propostasi speculazione, ottenere un anticipo (come in effetti ottennero), ben determinati a non restituirlo in ogni caso.*

Le fin troppo palesi menzogne del De Toma e del Camnasio sull'autenticità del carteggio e degli altri scritti, accompagnate dalla congrua mise en scène del modo con cui i due erano riusciti ad ottenerli e delle precauzioni adottate per evitare che venissero trafugati, destarono vivo interesse editoriale e indussero in errore.[28]

La Sezione istruttoria rinvia, dunque, a giudizio i due complici per essersi «falsamente asseriti possessori di un carteggio segreto di grande interesse storico-politico – che essi intendevano cedere – già di proprietà del defunto capo del governo del Regno d'Italia e successivamente della RSI, Mussolini Benito», epistolario costituito da «numerose scritture private contraffatte».

Il 1° ottobre 1958 si apre presso la I Sezione penale del Tribunale di Milano il nuovo processo a Camnasio e De Toma. Dopo un paio di settimane, il pubblico ministero chiede per entrambi gli imputati due anni di reclusione, per truffa continuata e falso continuato in scritture private. La sentenza, emessa il 17 dicembre 1958 dopo due ore di camera di consiglio, definisce un «conclamato mendacio» la missione ginevrina di De Toma; costui, infatti, si interessò al fantomatico Carteggio solo a inizio anni Cinquanta:

> È credibile che il De Toma, custode di un segreto tanto importante, non avesse mai pensato, nei momenti di maggiore indigenza, di aver in mano un mezzo formidabile per migliorare la sua situazione e, comunque, non si fosse mai confidato ad alcuno sulla sua avventura? Ebbene, nessuna confidenza vi fu mai da parte sua prima del 1951, neanche con la sorellastra Silvana Grassi, alla quale era legato da profondi vincoli affettivi.[29]

Il tribunale ritiene «provata la falsità del Carteggio e la relativa responsabilità dei due imputati». A incastrare i falsari, anche la testimonianza di quattro tipografi (Umberto Cattaneo, Oreste Marzio, Bortolo Prada, Erminio Viganò) «che in buona fede, a richiesta di Camnasio, eseguirono riproduzioni tipografiche di firme di personaggi, firme che poi videro a piè dei documenti pubblicati dal settimanale "Oggi"».

Il deposito del primo blocco di apocrifi presso il notaio Stamm – che perfeziona il reato di falso in scrittura privata – avvenne il 26 maggio 1953, cosicché il reato risulterebbe estinto dall'amnistia n. 922 del 19 dicembre 1953; tuttavia, «poiché è risultata accertata la falsità delle scritture di cui è causa, tale falsità deve essere dichiarata nel dispositivo della stessa sentenza».

De Toma e Camnasio beneficiano del non luogo a procedere per il reato di falso continuato in scrittura privata, essendo il reato estinto per amnistia; sono invece assolti «con formula dubitativa» dall'imputazione di truffa, poiché i truffati sono sostanzialmente conniventi. Gli imprenditori Berra e Zaniroli, infatti, «non andarono molto per il sottile, animati dalla mira lungimiranza di sfruttare al massimo il carteggio», al punto di ingenerare «dubbi sulla loro buona fede allorché s'indussero a finanziare il De Toma». Ravvisate situazioni ambigue anche nelle negoziazioni con Mondadori e Rizzoli, vi si estende l'assoluzione per insufficienza di prove: Mondadori si defilò dal contratto a metà gennaio 1954, quando apparve su «Candido» l'apocrifo degasperiano; Rizzoli riprodusse diversi documenti nel primo semestre del 1954 sui settimanali «Candido» e «Oggi», ricavandone un profitto grazie ai cospicui aumenti delle vendite. Inoltre, è da considerarsi che entrambi gli editori «al momento della stipulazione del contratto con il De Toma avessero tutt'altro che la certezza della veridicità della storia narrata dal De Toma e dell'autenticità dei documenti. Da ciò il dubbio – sul piano giuridico – che gli artifizi e i raggiri posti in essere dagli imputati furono causativi di errore per i soggetti passivi del reato».

Nella parte conclusiva, la sentenza del 17 dicembre 1958 «dichiara la falsità di tutti i documenti in giudiziale sequestro e ne ordina la cancellazione totale». Per motivi opposti, sia Camnasio sia il pubblico ministero presentano ricorso.

Il 18 settembre 1959, la II Sezione della Corte d'Appello di Milano liquida sbrigativamente il caso in una sola udienza.

Constatato che dall'istruttoria emersero gravi elementi di colpevolezza e precisato «che l'amnistia estingue il reato, ma non estingue il fatto, che rimane quello che è», si accerta che l'amnistia fu applicata per sbaglio agli imputati, in quanto costoro vendettero i falsi documenti in epoca posteriore all'amnistia stessa, «per cui erroneamente giudicò il Tribunale dichiarando il reato estinto con l'amnistia del dicembre 1953. Sta di fatto, però, che tornando alle date previste nella originaria imputazione e risultando anteriori al 23 ottobre 1958, il reato stesso va dichiarato estinto per amnistia concessa con decreto 11 luglio 1959, confermandosi la dichiarazione di falsità di tutti i documenti in sequestro e la cancellazione disposta».[30]

In altre parole, De Toma e Camnasio truffarono Mondadori e Rizzoli nel 1954, ragion per cui non potevano beneficiare dell'amnistia del dicembre 1953 (anteriore al reato), bensì della successiva, del luglio 1959.

La sentenza passa in giudicato (diviene cioè definitiva e inappellabile) il 14 novembre 1959. Così funziona la giustizia italiana: se il colpevole sfugge a un'amnistia, beneficia della successiva.

Il solo a pagare, nella contorta vicenda di falsi e truffe, è stato infine Giovannino Guareschi, che ha scontato per intero la condanna a un anno di reclusione. Per lui, nessuna amnistia, anzi, anche la perdita della condizionale.

Chiusi – per così dire – i conti con la giustizia, che ne è stato dei due brillanti gabbamondo?

Si è accennato alla fuga in Brasile del latitante Enrico De Toma, aiutato nell'espatrio da Pisanò, finanziato sottobanco da Minardi e accompagnato all'aeroporto di Parigi da Stamm nel dicembre 1954. Atterrato a San Paolo, viene accolto dal settimanale neofascista «Tribuna Italiana», che lo celebra come esule politico e pubblica nuovi apocrifi di De Gasperi (assai più dilettanteschi di quelli apparsi su «Candido»), di Vittorio Emanuele III, di Badoglio e così via.

Altro giornale che valorizza De Toma è il quotidiano di Rio de Janeiro «Última Hora». Fra i tanti servizi, vale la pena di segnalare l'intervista di fine gennaio 1955 in cui il faccendiere pone ben quattro condizioni per consegnare copia della documentazione all'ambasciata italiana: una perizia sulle lettere «degasperiane» in possesso del Tribunale di Milano; lo sblocco delle citazioni a giudizio presentate da De Toma per abuso di potere contro funzionari di polizia e magistrati; una perizia sulle 161 fotocopie di documenti da lui posseduti; l'autorizzazione governativa alla pubblicazione mondiale del materiale.[31]

La pietra tombale sulla falsificazione: la sentenza della Corte d'Appello di Milano contro De Toma e Camnasio (18 settembre 1959).

Ovviamente, non se ne fa nulla. In patria più nessuno – nemmeno il «Meridiano d'Italia»! – rilancia quelle dichiarazioni né prende in considerazione gli ennesimi apocrifi, ovvero le frattaglie del controverso epistolario. Isolata e patetica eccezione, «L'ultima Crociata» (organo dell'Associazione nazionale famiglie caduti e dispersi della RSI), che sul numero di marzo 1955 dedica quattro colonne di prima pagina al *Carteggio Churchill-Mussolini. Voce d'oltre Oceano.*

Le vicissitudini brasiliane di De Toma includono due anni misteriosi, dai quali riemerge con un occhio in meno e tanta prudenza in più. Si occupa di turismo, come amministratore di un grande albergo, e il suo ego si è ulteriormente allargato: da ragioniere, è divenuto – stando al documento d'identità – economista. Conduce vita agiata, non forma una famiglia, ma adotta un giovane cui dà il proprio cognome.

Si ignora l'anno della sua morte: potrebbe essere ancora vivo. All'ufficio Anagrafe della città di Trieste, dove è nato nel 1925, il suo cartellino biografico non è stato più aggiornato dal momento dell'espatrio.

Meno avventuroso del complice, il sedicente dottore marchese Ubaldo Camnasio de Vargas Villatoquite y San Vicente diventa sedentario: lascia raramente Milano, dove si mantiene con i proventi accumulati con la truffa Churchill-Mussolini e i cespiti delle imitazioni di documenti nobiliari.

Nel 1957 è reclutato dai servizi segreti per smascherare il centro di produzione di apocrifi mussoliniani costituitosi a Vercelli attorno alle signore Mimì e Rosetta Panvini. Con tecnica analoga a quella già sperimentata dai falsari del Carteggio, le due donne tramite intermediari neofascisti negoziano con Mondadori la vendita dei «Diari del Duce». Accortosi della truffa, l'editore ne ragguaglia il servizio segreto dei carabinieri, che ingaggia quale agente provocatore proprio Camnasio. Fintosi interessato all'acquisto, visiona una parte del materiale, se ne va e ricompare il 1° agosto con due agenti in borghese, per sequestrare gli apocrifi alle attonite signore.[32]

Il falsario ha saltato la barricata e aiutato la «legge» a smascherare chi – come lui – produce memorabilia mussoliniani. L'episodio (che si può leggere anche come eliminazione della concorrenza) rivela l'ambiguità dei rapporti intrattenuti dal cinico «marchese» con l'intelligence.

Compiuta la missione al servizio della verità, Camnasio rientra nell'anonimato. Di tanto in tanto si fa vivo con la ristretta cerchia dei vecchi camerati. Alla fine del 1961, per esempio, invia a Giorgio Pisanò un elegante cartoncino augurale, in cui esprime alcune considerazioni sui limiti della scienza: «Non è mai verità; è come l'asintoto della spirale, continuamente la sfiora ma non l'afferra mai». E si volge all'indietro, con aristocratico rimpianto della tradizione: «Il buon tempo antico... Nostalgia? Fors'anche, ma non nel senso del volgo; soprattutto amore del bel tempo andato, di prima cioè che venissimo travolti da manie progressiste, e da aberrazioni iconoclaste».[33]

L'archivista Gaetano Contini lo menziona nel volume *La valigia di Mussolini* (Mondadori, Milano 1982) a proposito dei tanti «casi di mitomania o di tentata frode» imbastiti sulla borsa del Duce, «uno dei quali concluso con un processo e una condanna: si trattava di un tal Aldo Camnasio, autore di veri e propri falsi sull'onda del fantomatico carteggio Mussolini-Churchill».

Sdegnato dalla poco onorevole citazione, esige una rettifica, presentandosi a Contini con la qualifica di «dottore»: è un vezzo cui non rinuncia, nonostante sia stato processato – e, naturalmente, amnistiato – anche per «usurpazione continua di titolo accademico essendosi, in più riprese e con più azioni esecutive di un medesimo disegno criminoso, arrogato il titolo di *dottore*»[34] (d'altronde, anche De Toma si definisce «ragioniere» e poi addirittura «economista»). Nella seconda edizione della *Valigia di Mussolini* Camnasio ottiene una rettifica cui tiene molto: «Sottoposto a processo, verrà condannato e successivamente amnistiato».[35]

L'ingegnoso «marchese» si spegne a Milano, novantenne, nel marzo 1996, dimenticato da tutti. Nell'ultima intervista, un paio d'anni prima, aveva – per la sola e unica volta – squarciato il velo di reticenze sul passato, rivendicando di essere stato, durante il regime, un «fiero gerarca».[36] Quanto al Carteggio, ne ribadisce verosimiglianza e «sostanziale» autenticità. È il capolavoro di una vita, prezioso reperto lasciato ai posteri. Camnasio vuole essere ricordato per questa vicenda, che – se gli ha creato qualche grana – lo ha anche reso ricco e celebre.

1. I due fogli delle «Disposizioni per il Carteggio» vengono riprodotti sul n. 18 di «Oggi» (6 maggio 1954) come i primi documenti del Carteggio Churchill-Mussolini, con una didascalia che li definisce «redatti all'ultimo momento (21 aprile 1945) da Mussolini e messi nella borsa affidata a De Toma» e rileva che «la calligrafia è discontinua e risente forse della fretta».

2. Nell'autorizzarlo ad arrendersi al nemico, con telegramma datato 12 maggio 1943, il Duce conferisce a Messe il titolo di maresciallo. Salvo pentirsene di lì a un anno (poiché nel frattempo l'alto ufficiale era stato liberato dagli Alleati per divenire Capo di Stato Maggiore delle forze armate monarchiche), quando lo definirà «veramente uno dei più classici e odiosi traditori fra tutti coloro che Badoglio ha allevato e protetto». *Opera Omnia di Benito Mussolini*, vol. XXXIV, cit., pp. 311-319. Sull'ex comandante del Corpo di spedizione italiano in Russia si veda Luigi Emilio Longo, *Giovanni Messe. L'ultimo maresciallo d'Italia*, Ufficio storico Stato Maggiore dell'Esercito, Roma 2006.

3. La sintesi della lettera di Pavelić costituisce il quinto regesto dell'elenco «Copia elenco documenti», dattiloscritto senza data, citato nella n. 1 a p. 127.

4. Pubblicato nel 1959 dall'editore milanese Vitagliano, *Uomini, cose, fatti: memorie di un ambasciatore* è stato ripubblicato da BUR nel 2005 con la prefazione di Sergio Romano e il titolo *Volevo fermare Mussolini*.

5. Bastianini, *Volevo fermare Mussolini*, cit., p. 93.

6. Cfr. Carlo Silvestri, *Mussolini, Graziani e l'antifascismo*, Longanesi, Milano 1949, in particolare le pp. 29-30, sull'«archivio segreto di Mussolini».

7. Carlo Silvestri (Milano, 1893 – San Cesareo, 1955) durante la RSI intrattiene una cinquantina d'incontri con il Duce, di cui riporta una sintesi in vari volumi autobiografici (non sempre attendibili, per la deriva personalistica). Su di lui: Gloria Gabrielli, *Carlo Silvestri socialista, antifascista, mussoliniano*, Franco Angeli, Milano 1992.

8. AdeG, Processo «Candido», b. 1, fasc. 2. La trascrizione utilizza il

corsivo per la parte che nel dattiloscritto originale riporta una doppia sottolineatura a macchina da parte di Silvestri e una triplice evidenziazione verticale a lapis da parte di De Gasperi.

9. Memoriale Silvestri per De Gasperi, Milano, 25 marzo 1954. AdeG, cit. Nell'originale, la frase qui trascritta è sottolineata.

10. Cfr. Marino Viganò, *Il Ministero degli Affari Esteri e le relazioni internazionali della Repubblica Sociale Italiana (1943-1945)*, Jaca Book, Milano 1991.

11. Cfr. Mimmo Franzinelli, *Il prigioniero di Salò*, Mondadori, Milano 2012.

12. Reinhard Markner all'autore, 31 gennaio 2015.

13. Franz Spögler, *L'ultima lettera di Mussolini a Churchill*, «Epoca», 11 marzo 1956. Preciserà poi: «La guerra stava precipitando, dovevo raggiungere la Germania in quello stesso giorno: Mussolini pensò che mi riuscisse di far giungere in qualche modo a Churchill un suo messaggio» (*L'ex tenente delle* ss *Spoegler parla della lettera di Mussolini a Churchill*, «Corriere della Sera», 11 luglio 1956). In seguito sosterrà versioni contrastanti: di aver bruciato la lettera, troppo compromettente; di averla messa al sicuro, dopo due mesi, in Olanda; di averla tenuta in casa per cinque anni affidandola poi a un amico.

14. Sulla gelosia di Ben cfr. Benito Mussolini, *A Clara. Tutte le lettere a Clara Petacci 1943-1945*, a cura di Luisa Montevecchi, Mondadori, Milano 2011, pp. 306 e 310.

15. Mondadori versa a Churchill, per acquisire i diritti della *Seconda guerra mondiale* e sbaragliare la concorrenza di Bompiani, la favolosa somma di 60.000 dollari, pari a un terzo dell'intero capitale sociale dell'azienda. Si veda Enrico Decleva, *Arnoldo Mondadori*, UTET, Torino 2007, pp. 387-389. La prima edizione in dodici volumi (pubblicati tra il 1948 e il 1953 nella collana «Documenti», in versione rilegata, in brossura e in 1030 esemplari firmati) sarà più volte ristampata e nel 1970 riedita negli Oscar. Cfr. *Catalogo storico Arnoldo Mondadori Editore 1912-1983*, Milano 1985.

16. Duilio Susmel, *Trattative segrete fra Churchill e Mussolini*, «Tempo», 10 febbraio 1965. In questa seconda parte dell'inchiesta in tre puntate sul Carteggio, Susmel, oltre a presentare come autentica la lettera falsa, utilizza pure le «intercettazioni» delle telefonate mussoliniane inventate da Spögler!

17. Nella puntata conclusiva della sua inchiesta (*Nemici-amici*, cit.), Susmel avvalora l'esistenza di «un carteggio personale fra Mussolini e Chamberlain», rivanga la pista di Tommaso David e sciorina una quantità di fantasie, successivamente riciclate dagli «esperti» del Carteggio. Un mese più tardi, afferma di aver esaminato l'originale della

missiva posseduta da Spögler, della cui autenticità garantisce: *Come è stata scoperta la lettera di Mussolini*, «Tempo», 18 marzo 2014.

18. Relazione dal titolo «Colazione del Presidente con sir Winston Churchill», ASAME, Fondo Arnoldo Mondadori, fasc. Winston Churchill. Su quell'incontro cfr. Enrico Decleva, *Arnoldo Mondadori*, cit., pp. 438-439; si veda inoltre un riferimento in Enrico Mannucci, *Caccia grossa ai diari del Duce*, Bompiani, Milano 2010, pp. 204-206.

19. Spögler, *L'ultima lettera di Mussolini a Churchill*, cit. A fianco, un corsivo di Arnoldo Mondadori accenna all'incontro con Churchill del 24 ottobre 1955, senza tuttavia illustrarne per «ragioni di rispetto e di riservatezza» la posizione sulla lettera «mussoliniana».

20. L'ex partigiano Ricciotti Lazzero (1921-2002), presidente – nell'ultimo ventennio di vita – dell'Istituto di Storia della Resistenza di Como e autore di una decina di utili libri sul 1943-45, nel *Sacco d'Italia. Razzie e stragi tedesche nella Repubblica di Salò* (Mondadori, Milano 1994) utilizza e riproduce parzialmente diverso materiale apocrifo acquistato da Wolff.

21. Spögler offre a Heidemann nove lettere di Mussolini a Churchill e dodici di questi al Duce (del 1939-45); tre lettere di Clara a Benito e una sua risposta; due messaggi a Vittorio Emanuele e altrettante risposte; una lettera di Mussolini a Messe, Graziani, Bombacci e Rahn. Inoltre, varie lettere pervenute al Duce: un paio della figlia Edda, altre di Balbo, Badoglio e Grandi. Infine, uno scritto di Allen Dulles al generale Raffaele Cadorna sulla cattura del dittatore. Cfr. Reinhard Markner, *Gerd Heidemann and the Correspondence between Mussolini and Churchill: a Prelude to the Hitler Diaries Scandal*, rielaborazione della relazione presentata al convegno *La verità del falso* (Roma, 8-9 maggio 2014). Ringrazio Markner per l'invio del suo documentato contributo e per lo scambio d'informazioni sul Carteggio.

22. Cfr. Erich Kuby, *L'affare Stern*, Rizzoli, Milano 1984; Robert Harris, *I diari di Hitler*, Mondadori, Milano 2001. Sulle connessioni con gli apocrifi mussoliniani cfr. il paragrafo «L'asse diaristico Germania 1983 e Italia 2010-11» di Franzinelli, *Autopsia di un falso*, cit., pp. 180-206.

23. Mussolini, *A Clara*, cit.

24. Lettera del 18 ottobre 1945. Ivi, p. 74.

25. Un ulteriore apocrifo mussoliniano all'amante, datato 14 marzo 1945, è stato pubblicato da Luciano Garibaldi (*La pista inglese*, Ares, Milano 2002), che l'ha rilanciato un paio di anni fa su «Storia in rete» (rivista specializzatasi nel Carteggio Churchill-Mussolini). Per una puntuale segnalazione della falsità del reperto cfr. Grassi, *Varia mussoliniana*, cit., pp. 110-111.

26. Camnasio, *Storia di un fatto di cronaca*, cit., p. 272.

27. Mussolini, *Pensieri pontini e sardi*, in *Opera Omnia*, vol. XXXIV, cit., p. 286.
28. Sentenza n. 4 del 7 febbraio 1957 della Sezione istruttoria della Corte d'Appello di Milano contro De Toma Enrico e Camnasio Ubaldo. ASMi, Sentenze della Sezione istruttoria, vol. 1957-58. Corsivo dell'autore.
29. Dalla sentenza n. 1684 della I Sezione Penale del Tribunale di Milano, contro De Toma Enrico e Camnasio Ubaldo, 17 dicembre 1958. ASMi, Sentenze della Sezione Penale.
30. Sentenza n. 1233 della II Sezione della Corte d'Appello di Milano, 18 settembre 1959. ASMi.
31. Salvador Fernandes e Amadeu Gonçalves, *De Toma Entregarà os Documentos Sob Quatro Condiçòes Expressas*, «Última Hora», 22 gennaio 1955.
32. Sull'infido ruolo di Camnasio nel «caso Panvini» cfr. Franzinelli, *Autopsia di un falso*, cit., pp. 24-25 e 212.
33. Dal cartoncino augurale per l'anno 1962, inviato da Camnasio a Giorgio Pisanò (AGP).
34. Sentenza n. 4 del 7 febbraio 1957 della Sezione Istruttoria della Corte d'Appello di Milano contro De Toma Enrico e Camnasio Ubaldo. ASMi, Sentenze della Sezione istruttoria, vol. 1957-58.
35. Si vedano i due differenti riferimenti a Camnasio in Gaetano Contini, *La valigia di Mussolini*, nella prima edizione (Mondadori, Milano 1982, p. 41) e nella ristampa corredata da note e documenti (Rizzoli, Milano 1996, p. 57).
36. Gualazzini, *È morto anche il copista*, cit. Gualazzini, impegnato nella stesura della biografia *Guareschi* (Editoriale Nuova, Milano 1993) conobbe casualmente Camnasio in un campo di golf e ne raccolse informazioni autobiografiche. In riferimento alla vicenda costata la prigione al grande scrittore emiliano, per la pubblicazione delle due lettere provenienti dal Carteggio, ricorda che ad accreditare quel materiale e a presentargli De Toma fu il vicedirettore di «Candido» Alessandro Minardi, ideatore (nonché, come si è visto, finanziatore) della fuga di De Toma, per toglierlo dalla circolazione in previsione del processo per truffa, durante il quale avrebbe potuto rivelare verità politicamente scorrette. Durante la reclusione del direttore, nella redazione del settimanale milanese si creò una profonda spaccatura: Carletto Manzoni e Giovanni Mosca criticarono la condotta di Minardi (sospettato addirittura di collegamenti con i servizi segreti), ritenendolo un traditore, diretto responsabile delle disavventure giudiziarie e del carcere subiti da Giovannino. Testimonianza di Beppe Gualazzini all'autore, Merano, 8 febbraio 2015.

Conclusioni

Il *Carteggio* contiene reperti che, se autentici, imporrebbero la riscrittura della storia dell'Italia nella Seconda guerra mondiale, sul piano interno come nelle alleanze internazionali. Quali conclusioni trarre, per esempio, da un'intesa segreta Churchill-Mussolini allacciata durante la fase del non intervento e protrattasi sino all'aprile 1945? E come spiegare il fatto che, dopo l'armistizio, Vittorio Emanuele III mantenga un filo diretto col capo della RSI? Si tratterebbe di una «strana guerra», nella quale il Duce porta il Paese alla disfatta per compiacere una potenza nemica.

Dalla prospettiva di Mussolini, un'intesa sottobanco con Churchill lo collocherebbe in posizione insostenibile, riproponendogli l'ossessione del «tradimento italiano», in una dimensione ancora più grave di quella che il 26 aprile 1915 – con il Patto di Londra – ribaltò le alleanze europee.

Nell'ambito della guerra psicologica, gli apparati riservati della RSI manipolano, così, della documentazione, utilizzata solo in parte e per il resto inedita. È su questa base che, tra la fine degli anni Quaranta e la metà del decennio successivo, si innesta l'operazione imperniata sul trio De Toma-Camnasio-Stamm e lanciata dalle campagne politico-giornalistiche dei settimanali neofascisti «asso di bastoni» e «Meridiano d'Italia».

La pletora di inchieste e libelli sul *Carteggio* degrada la realtà in una caricaturale personalizzazione – con svolazzi psicologici – del rapporto Churchill-Mussolini, decontestualizzato dalle dinamiche della guerra e della politica (interna ed estera) delle due nazioni in lotta. Il mantenimento di un canale segreto ai massimi livelli è impensabile e ingestibile, come pure l'ipotesi della pace separata, sia dalla prospettiva italiana che da quella britannica.

La più solida smentita del Carteggio è rappresentata dagli eventi politico-militari del 1940-45. E dall'imponente materiale trascritto nei dieci volumi della nona serie (1939-43) dei *Documenti Diplomatici Italiani*, pubblicati nel 1954-90 dal Ministero degli Esteri, con migliaia di documenti conservati presso la Farnesina (Archivio Gabinetto, della cifra e generale), l'archivio dell'ambasciata italiana a Londra e presso altri ministeri.

Durante i combattimenti, Churchill ha ben altre occupazioni che intrattenere rapporti sottobanco con Mussolini. Il capo del fascismo è suo nemico mortale, ma assai più di lui lo preoccupa Hitler. Quando nel dopoguerra saltuari echi delle polemiche italiane giungeranno allo statista britannico, vi ironizzerà, senza mai prenderle in seria considerazione.

Churchill scrive *una sola* lettera a Mussolini, a metà maggio 1940, per convincerlo a mantenersi neutrale. Ricevuta risposta negativa, agisce di conseguenza sino alla fine del conflitto.

Come credere al costante scambio di cortesie e di promesse tra i capi di due nazioni in lotta per la sopravvivenza? Sarebbe una macabra recita, degna di passare alla storia se soltanto fosse minimamente plausibile. È pura invenzione mistificatrice gonfiata da finalità ideologiche, frutto di malafede nonché ignoranza degli eventi storici.

Quando Vittorio Emanuele III, nel pomeriggio del 25 luglio, gli domanda di farsi da parte, Mussolini replica: «La crisi sarà considerata un trionfo del binomio Churchill-Stalin».[1] Giudizio ribadito durante la RSI: «Gli inglesi salutarono la caduta di Mussolini come la più grande vittoria politica conseguita durante tutta la guerra».[2] Con intima sofferenza, il Duce cita il discorso di Churchill del 22 settembre 1943 con la richiesta di resa incondizionata e la clausola «che contemplava la consegna di Mussolini al nemico. Ciò non ha precedenti nella storia umana!».[3]

Il premier inglese è considerato il capofila dei denigratori dell'Italia: «Ha cominciato Churchill con la sua non dimenticabile frase del "bastone e la carota", ma non v'è scrittore o giornalista che non copra d'insulti l'Italia e il popolo italiano, senza distinzioni fra chi ha tradito e chi il tradimento ha subìto».[4]

I neofascisti, più mussoliniani di Mussolini, pur di riscattarne l'immagine ne hanno fatto post mortem l'alleato segreto di Churchill. Muovendo dalle «denunce» disseminate dal Duce nella sua *Storia di un anno*, hanno creato documenti a iosa.

Ecco dunque uscire dalla borsa del dittatore apocrifi di Vittorio Emanuele III, Badoglio, Grandi, Sforza e tanti altri «uomini che sino alle ore ventidue e ventinove minuti del 25 luglio si dichiaravano fascisti». Infine, per piazzare il colpo decisivo nell'immaginario popolare, si escogita il Patto e il canale segreto di comunicazione con Churchill. Il senso del fantomatico Carteggio è tutto qui.

Il Carteggio sviluppa l'ossessione del *tradimento*, criterio esplicativo della storia contemporanea del nostro Paese. Lo ribadisce, in prospettiva totalizzante, il «Meridiano d'Italia», uno dei due settimanali neofascisti coinvolti nell'operazione, nell'esporre la *morale della favola*:

> Siamo stati traditi, tutti quanti; siamo stati tutti vittime incolpevoli di pochi traditori i quali non si salvano qualunque sia stata la ragione del tradimento: traditi i fascisti e gli antifascisti, i civili e i militari, i partigiani, i repubblichini, i filotedeschi, i filo-inglesi, i democratici, gli anti-democratici, i socialisti, i liberali, i clericali, i comunisti. Tutti traditi: gli italiani, insomma e l'Italia di ieri e quella di domani.[5]

I documenti elaborati da Camnasio e negoziati da De Toma provano ciò che si vuol dimostrare: la generalizzazione del tradimento.

La grande intuizione dei registi della truffa è il rimescolamento di reperti veri, verosimili e falsi, con il risultato di renderne difficile la demistificazione, poiché i documenti autentici (e quelli plausibili) coprono quelli farlocchi. Una tecnica mutuata dai servizi segreti.

Il livello di verosimiglianza dei reperti è assai diversificato. Le lettere di «Mussolini» sono solitamente assai bene imitate, come pure il corredo di timbri e carte intestate rivela l'attenzione ai dettagli. Gli autografi di «Vittorio Emanuele» sfiorano la perfezione, nonostante le problematicità a rendere i tratti aggrovigliati tipici del sovrano. Paradossalmente, gli esiti peggiori si hanno nella produzione del materiale «churchilliano», per una duplice difficoltà: a padroneggiare l'inglese e a entrare nella dimensione culturale – e nella psicologia – di Churchill. E ancora inferiori, sul piano della verosimiglianza, quelli degli apocrifi hitleriani, rivelatori di una deficitaria conoscenza della lingua tedesca e degli autografi del Führer.

I dislivelli nella resa dei diversi personaggi derivano dalla partecipazione di più falsari al cantiere del Carteggio, coordinato e guidato da Camnasio (emerito falsario lui stesso).

Comparazione, contestualizzazione ed esame del contenuto dei materiali dovrebbero completarsi con l'analisi grafologica e chimica di carta e inchiostro. Proprio per questo, nel bailamme del Carteggio Churchill-Mussolini, i documenti originali rimangono fuori della portata, ieri come oggi. Un gioco di prestigio li fa ora balenare ora sparire. Nel processo Guareschi, il notaio Stamm dapprima esclude la consegna delle due lettere «degasperiane» e poi le fornisce, ma quando saranno (tardivamente) periziate, la difesa di De Toma e Camnasio sosterrà che non si tratta degli originali, bensì di imitazioni![6]

Dalla cassaforte del notaio di Locarno escono a più riprese plichi di documenti (consegnati a Rizzoli, a Mondadori, al Tribunale di Milano, a De Toma e Camnasio), tutti *svaniti nel nulla*. Ciò che resta dopo i reiterati prelievi sembra involarsi con De Toma verso l'America Latina, a fine 1954. Ma nel suo bagaglio vi sono soltanto delle copie. Gli originali non esistono.

Il cuore del materiale truffaldino è rimasto in Italia, suddiviso in due blocchi: il dossier acquistato da Rizzoli e in parte pubblicato su «Oggi» nell'aprile-maggio 1954; e i documenti trattenuti da Camnasio, che ne riproduce una trentina nel suo *Storia di un fatto di cronaca*.

La partita venduta a Rizzoli viene ritirata dall'allora vicedirettore di «Candido», Alessandro Minardi (l'archivio di «Oggi» conserva le copie fotografiche). A quanto pare, il giornalista riuscirà a recuperare tutte le carte di Enrico De Toma.[7] Minardi ha lasciato quei reperti al figlio Maurizio, che li conserva nella cassetta di sicurezza di una banca bergamasca. Parte del materiale è stato mostrato al giornalista Arrigo Petacco, al senatore Marcello Dell'Utri e (in fotocopia) all'autore di questo libro.

Petacco ha riprodotto e anche trascritto qualche documento in *Dear Benito, caro Winston*, che, pur senza proclamare autentico il Carteggio, ha contribuito alla fortuna del tema, grazie all'impostazione possibilista, divulgativa e da thriller: «Nel fitto polverone» spiega la presentazione editoriale «la vicenda ha assunto l'aspetto di un classico romanzo di spionaggio, con la differenza che qui si tratta di un romanzo-verità, pieno di episodi sconcertanti, di vicende gialle, ma anche suggeritore di intuizioni a scoppio ritardato».[8]

Marcello Dell'Utri, assistito da un grafologo milanese, ha visionato da Maurizio Minardi gli «originali», per valutarne l'acquisto e forse la pubblicazione. Pur appassionato di documenti controversi – è patrocinatore dei *Diari di Mussolini (veri o presunti)* – l'allora senatore ha subodorato l'inganno: la sua rinuncia è interpretabile come ennesimo riscontro di inautenticità.

Promotori e artefici della truffa sono partiti da un dato di fatto: nella fuga da Milano il Duce portava con sé carteggi di carattere riservato, illudendosi – nella costernazione per l'incombente sconfitta – di trarne vantaggio (d'altronde, inebriato dal ventennale culto della sua personalità, era entrato in guerra convinto di mutarne le sorti con poderosi discorsi).

Interpreti dell'eredità di Mussolini e dell'Idea fascista, volenterosi camerati allestiscono dossier sui retroscena politico-militari del 1940-45, impostando una campagna finalizzata alla generalizzata revisione dei giudizi, alla redistribuzione di torti e ragioni, alla modifica della percezione – e dunque del corso stesso – della storia.

Scopo primario del Carteggio è insomma la rivalutazione della figura del Duce come statista. Di contro, i leader antifascisti sarebbero conniventi con il nemico e pertanto corresponsabili della sconfitta. Attraverso diffuse falsificazioni si testimonia altresì come – nel profilarsi della disfatta – circoli monarchici, vertici militari e gerarchi frondisti affondarono il regime, spinti da opportunismo (gli apocrifi ignorano ripensamenti e crisi di coscienza provocati dalla disastrosa politica del dittatore).

Si vuole indurre un sensibile mutamento nella *memoria collettiva* degli italiani, e perciò si producono tasselli per la nuova storia. Un passo in questa direzione è rappresentato – come si è notato – dall'inserimento nell'*Opera Omnia* di Mussolini di reperti del Carteggio (inclusa la lettera – di palmare falsità – datata Milano, 24 aprile 1945).

Un obiettivo parallelo della falsificazione consiste nel guadagno. In effetti, Camnasio e De Toma hanno intascato milioni di lire. Lo smascheramento dell'operazione imbastita dal settimanale «Oggi» nella primavera del 1954 è meno importante dell'effetto di quella campagna stampa: far divenire senso comune l'idea di comunicazioni sotterranee tra il premier britannico e il Duce.

Siamo dinanzi a un tipico *fenomeno provinciale*, con funzioni autoconsolatorie per reduci della RSI e nostalgici del Duce. La contrapposizione tra la lealtà di Mussolini e la doppiezza di Churchill ripropone lo schema del buon italiano e del cattivo straniero (di volta in volta tedesco, russo, slavo, inglese, americano…).

Una mistificazione che ha dato pane a schiere di gazzettieri disinvolti, i quali ancora oggi danno la caccia al Sacro Graal di Benito Mussolini.

Resta da chiarire e comprendere come una campagna squisitamente politico-ideologica possa suscitare persistenti clamori massmediatici, affascinando persino qualche storico, sedotto dalla possibilità che il Carteggio sia la chiave interpretativa di un «mistero italiano».

Si tratta – come più volte ribadito – di un tormentone domestico, a uso interno. Nessuno studioso straniero ha preso sul serio quei documenti, nemmeno autori notoriamente filomussoliniani e antichurchilliani quali Nicholas Farrell e David Irving. Qualche intellettuale italiano ha bollato il loro negazionismo come altezzoso nazionalismo: «Che il carteggio sia esistito ormai è un fatto che negano soltanto alcuni storici inglesi, più che altro per un non molto sensato amor di patria».[9]

Farrell, pur possibilista sui diari mussoliniani «veri o presunti» (cioè falsi), irride all'autenticità del Carteggio, da lui definito «la fabbrica dei complotti».[10]

Irving, capofila del revisionismo storico, nel volume *Churchill's War. The Struggle for Power* (Veritas Books, Kent 1987) nega l'esistenza di un'intesa segreta tra il Duce e lo statista britannico, che pure è accusato di metodi da gangster. Richiesto di un parere sull'autenticità del Carteggio, lo storico rileva come sia le lettere attribuite a Churchill sia quelle a firma di Mussolini presentino gli stessi errori di battitura (in particolare, *wich* per *which*), cosicché quel materiale è *hopelessly wrong*.[11]

Sulla base di riflessioni puramente storiografiche – ovvero senza addentrarsi nell'esame dei reperti del Carteggio – anche Hans Woller ha escluso contatti o accordi segreti tra i due statisti precedentemente all'ingresso italiano in guerra; dal 10 luglio 1940, «per il premier inglese, Mussolini era finito» e la morte del dittatore è avvenuta per dinamiche italiane: tutto il resto, sono «supposizioni infondate».[12]

Antonio Varsori – direttore del Dipartimento di Scienze Politiche, Giuridiche e Studi Internazionali dell'Università di Padova e autore di importanti saggi sulle relazioni italobritanniche nella Seconda guerra mondiale[13] – inquadra le peculiarità italiane del Carteggio nelle asprezze della politica estera durante la ricostruzione postbellica. In riferimento alle analisi qui presentate, evidenzia i motivi della caparbietà antibritannica dei neofascisti e le ragioni della presa sull'opinione pubblica dei pretesi accordi segreti tra il Duce e il premier inglese:

L'arma segreta del Duce apre uno squarcio sull'Italia dell'immediato dopoguerra, popolata da personaggi che ricordano i film con Totò e Peppino De Filippo. Sembra incredibile che si sia potuto prendere sul serio le «favole» concernenti il Carteggio Churchill-Mussolini.

Per ciò che concerne la parte dedicata agli aspetti internazionali, in linea di massima concordo con il quadro presentato nel volume; d'altronde è sufficiente avere dimestichezza con la storiografia angloamericana sulla Seconda guerra mondiale per comprendere come la questione italiana fosse nel complesso un aspetto secondario delle politiche dei tre «grandi», ove si escludano alcuni momenti specifici. Per la stessa Gran Bretagna, la questione italiana è comprensibile solo se inserita nella politica più ampia mirante alla salvaguardia e al rafforzamento dell'Impero britannico nel Mediterraneo. A questo proposito rinvierei al recente volume di Lawrence James, *Churchill and Empire. A Portait of an Imperialist* (Phoenix, London 2013), che ha poche pagine sull'Italia ma assai interessanti e in linea con il quadro esposto da *L'arma segreta del Duce*.

In termini più specifici non è un caso, a mio giudizio, che sia stato soprattutto negli ambienti neofascisti che sia nato il mito del Carteggio Churchill-Mussolini. Esso in fondo era la reazione alla politica «punitiva» sviluppata dagli inglesi fin dal 1941-1942 nei confronti dell'Italia e perseguita con coerenza fino al trattato di pace. Va inoltre notato che, a dispetto della scelta occidentale dell'Italia di De Gasperi, i rapporti fra Roma e Londra restarono tesi sino alla metà degli anni Cinquanta a causa di problemi legati ad aspetti del trattato di pace (sorte delle colonie, eccidio di Mogadiscio del gennaio 1948, questione giuliana, incidenti di Trieste del 1953 eccetera). Era dunque possibile trovare un pubblico ben disposto ad accogliere finte rivelazioni che dimostravano la «debolezza» dell'impero britannico e del suo leader più rappresentativo.[14]

La guerra psicologica impostata dai servizi segreti della RSI rappresenta la protostoria e il primo laboratorio del Carteggio Churchill-Mussolini. Dal 1951, per circa quattro anni, l'officina dei falsari fabbrica un ragguardevole corpus di contraffazioni, imposte all'attenzione dei mass media nella primavera del 1954.

Un ruolo decisivo lo gioca la stampa. Le vacanze italiane di Churchill, trascorse davanti al cavalletto a dipingere paesaggi, assumono le tinte fosche di astute incursioni, mascherate da svaghi innocenti, per recuperare le carte che avrebbero potuto incastrarlo. E le più inverosimili ipotesi contenute negli apocrifi sono presentate come attendibili da giornalisti disinvolti, con una superficialità che conferma il recente giudizio di uno studioso francese: «All'occorrenza, la stampa italiana ha saputo fabbricare e utilizzare testimonianze che concordano anche troppo bene, al fine di accreditare le tesi più stravaganti, in grado di convincere i creduloni, ma si tratta di falsità».[15]

Nella seconda metà degli anni Cinquanta, l'intervento di ex militari tedeschi (in primis Wolff e Spögler) alimenta la «pista segreta», con una serie di interviste e apocrifi cui quotidiani e settimanali concedono ampio spazio.

Il resto si deve alle inchieste dei vari Pisanò e Susmel, che associano gli introvabili epistolari – oltre che alla genesi dell'intervento in guerra – all'uccisione del dittatore.

Nell'ultimo trentennio fioriscono servizi giornalistici e monografie, talmente abbondanti da costituire un nuovo genere letterario, una biblioteca fantastica che sarebbe piaciuta a Borges. Non c'è notizia, per quanto esagerata, che passi a un vaglio critico: qualsiasi panzana viene presentata come possibile dai sacerdoti del Carteggio. Due esempi emblematici in tal senso: Churchill avrebbe scritto a Mussolini oltre sessanta lettere prima del 1940 ed esisterebbe anche il Carteggio Roosevelt-Mussolini con più di cento messaggi, molti del periodo di Salò. Tra i creativi inventori di astrusi teoremi vi sono pure ex partigiani ultraottuagenari quali Luigi Carissimi Priori di Gonzaga (nome di battaglia «Cappuccetto rosso»), che in tarda età ha divulgato storie assurde sul Carteggio, passato naturalmente anche dalle sue mani.[16]

La logica del complotto creata ad arte sui fatidici documenti rovescia ogni evidenza d'inesistenza in prove di autenticità. I mitici carteggi sono bugie con la velleità di divenire storia.

Un'ultima considerazione, sulla caratura dei veri protagonisti del Carteggio: Gian Gaetano Cabella, Aldo Camnasio, Dino Campini, Edmondo Cione, Tommaso David, Enrico De Toma, Franz Spögler, Giacomo Stufferi, Karl Wolff... quasi tutte persone prive di scrupoli, imbroglioni matricolati premiati da distrazioni e lentezze della magistratura. Fossero vivi, constaterebbero sbalorditi come quelle loro lontane falsificazioni si siano radicate nonostante le evidenti falle. Una costruzione dalle facciate vivaci, dietro le quali c'è il vuoto.

1. *Storia di un anno* in *Opera Omnia di Benito Mussolini*, vol. XXXIV, cit., p. 356.
2. Ivi, p. 369.
3. Ivi, p. 372.
4. Ivi, p. 443.
5. Vittorio Codevilla, *Fra traditori e traditi l'unica distinzione da fare*, «Meridiano d'Italia», 3 aprile 1949.
6. Le due lettere consegnate il 15 aprile 1954 al Tribunale di Milano furono immediatamente firmate sul retro dal presidente della Corte e dal notaio Stamm: non si comprende come tre anni più tardi sia nata una polemica sull'autenticità o meno dei due reperti (in caso di trafugamento, è evidente l'interesse degli imputati – e non di altri – a far sparire quelle carte: De Gasperi era defunto). Comunque sia,

l'intero incarto processuale Guareschi-De Gasperi è stato macerato negli anni Ottanta del secolo scorso, in attuazione a una demenziale circolare sullo «scarto» del materiale giudiziario. Cfr. Franzinelli, *Bombardate Roma!*, cit., pp. 181 e 230.

7. Il passaggio a Minardi di «tutte le carte originali sottratte dal De Toma al sequestro» si desume dal servizio giornalistico di Susmel sui rapporti Churchill-Mussolini: *Nemici-amici*, cit.

8. Chi voglia approfondire il tema delle menzogne degli storici potrà giovarsi della monografia di Luciano Canfora, *La storia falsa*, BUR, Milano 2010.

9. Intervista di Francesco Perfetti a «il Giornale», 15 gennaio 2014.

10. Nicholas Farrell, *I diari del Duce. La storia vista da un protagonista*, Editoriale Libero, Milano 2010, e *La fabbrica dei complotti*, «il Borghese», 30 aprile 2000.

11. David Irving, *Letter to the Editor*, «The Times», 3 febbraio 2000 (la lettera è datata 30 gennaio).

12. Woller, *Churchill e Mussolini*, cit., pp. 644-647.

13. In particolare – per le tematiche qui considerate – il saggio «L'atteggiamento britannico e l'Italia (1940-1943): alle origini della politica punitiva», in AA.VV., *1944 Salerno capitale. Istituzioni e società*, Edizioni scientifiche italiane, Napoli 1986, pp. 137-160. Per un utile sguardo d'insieme tra Seconda guerra mondiale e Guerra fredda si vedano, fra i testi di Antonio Varsori, *Gli alleati e l'emigrazione democratica antifascista 1940-43*, Sansoni, Firenze 1982; e *L'Italia nelle relazioni internazionali dal 1943 al 1992*, Laterza, Roma-Bari 1998.

14. Lettera di Antonio Varsori all'autore, 1° febbraio 2015.

15. Michel Plon, prefazione a Christine Dal Bon, *Oublier son nom. Histoire d'un cas. L'Amnésique de Collegno*, Imago, Paris 2014, p. 11.

16. Luigi Carissimi Priori ha trovato ampia rinomanza tra gli adepti del Carteggio, ma le sue camaleontiche versioni sono state pacatamente e definitivamente smontate da Giorgio Cavalleri nell'appendice alla riedizione di *Ombre sul lago*, Ed. Arterigere-EsseZeta, Varese 2007, pp. 253-262. Cavalleri non polemizza con l'anziano reduce (la prima edizione del libro è del 1995, il millantatore morirà nel 2002), quanto con i suoi sbracati apologeti: «Rispetto al carteggio da lui forse posseduto, sono state fatte affermazioni che mi paiono del tutto esagerate. Un giornalismo e una storiografia d'accatto hanno definito (non solo adesso, ma da più di mezzo secolo) tali copie fotografiche "Il carteggio più esplosivo del secolo", "Le lettere che cambieranno la storia", "La corrispondenza più scottante del mondo" e via discorrendo».

APPENDICI

Il Carteggio Churchill-Mussolini
Le trascrizioni

Si trascrivono di seguito i più significativi reperti di copie del Carteggio consultate all'Archivio Rizzoli (Milano), all'Archivio De Gasperi (presso gli Archivi dell'Unione Europea di Firenze), nelle Carte Minardi (Bonate Sopra, Bergamo), nelle Carte Sullivan (McLean, Virginia), alla Fondazione Mondadori (Milano) e nei fondi del Foreign Office presso gli Archivi Nazionali del Regno Unito.

La scelta riguarda i rapporti «Churchill-Mussolini», inclusa la corrispondenza che vi fa esplicito riferimento ed è attribuita a Vittorio Emanuele III e Dino Grandi. Nel libro – come l'attento lettore avrà notato – sono trascritti o riprodotti in facsimile vari altri messaggi appartenenti al Carteggio e attribuiti di volta in volta a Mussolini (lettere a Hitler e a Clara Petacci), Vittorio Emanuele (per Mussolini), Badoglio, De Gasperi...

Le fotografie di una quarantina di documenti figurano sui numeri 17-18-19-20 del settimanale «Oggi» del 29 aprile, 6, 13 e 20 maggio 1954, nell'ambito dell'Operazione gatto (cui è dedicata la seconda sezione del volume). Inoltre, singoli apocrifi sono comparsi – verso la metà degli anni Cinquanta del secolo scorso – su una molteplicità di testate: «asso di bastoni», «Candido», «Meridiano d'Italia», «Secolo d'Italia», «La Notte», «il Popolo Lombardo», «La Settimana Incom Illustrata», «Epoca», «Tribuna Italiana» eccetera. Un discreto numero di apocrifi è presentato nel volume pubblicato da Aldo Camnasio nel 1956: Storia di un fatto di cronaca *(sarebbe più adatto, come titolo,* Storia di un falso di cronaca*).*

Oltre all'inverosimiglianza del contenuto, un ulteriore segnale della falsificazione è dato dal raddoppio di taluni documenti del Carteggio. Vi sono due differenti stesure del Patto attribuito a Churchill. La prima, Scheme of Pact, *è allegata alla lettera di Grandi a Mussolini del 27 aprile 1940, i cui clamorosi errori costrinsero il falsario a predisporre una nuova versione, datata 11 aprile. Sempre a causa dei troppi sbagli, vi sono persino*

339

più lettere in una stessa data (le due missive «churchilliane» datate 7 e 22 aprile 1940, la doppia «mussoliniana» del 16 aprile 1940), dal contenuto sostanzialmente analogo. Inoltre, sono praticamente dei doppioni i messaggi «churchilliani» datati 7 e 15 maggio 1940 (parafrasano l'autentica lettera del premier al Duce del 16 maggio). La prima stesura dei documenti sopra citati venne mostrata il 7 ottobre 1953 da De Toma al professor Toscano (consulente dell'editore Mondadori, interessato all'acquisto), che rilevò improprietà di vario genere; il falsario confezionò pertanto una nuova versione, emendata nella forma e leggermente diversa nel contenuto.

Da notare che l'ultimo apocrifo, il n. 25, è stato negoziato non da De Toma, bensì dall'ex tenente delle SS Franz Spögler.

Gli errori più gravi – in singole parole o anche in frasi senza senso o mal costruite – sono seguiti da [sic].

Quando il documento trascritto è riprodotto fotograficamente nel volume, se ne indica il numero di pagina in corsivo tra parentesi quadre.

1. CHURCHILL A MUSSOLINI
CHARTWELL WESTERHAM, KENT
WESTERHAM 93

14th March, 1940

Your Excellency,

His Majesty's Government would greatly appreciate if the Italian Government without breaking or violating the pact with her German ally, would be prepared to examine seriously the possibility of Italy's total abstention in the growing conflict, by maintaining strict neutrality towards both contending powers.

Under such favourable circumstances, His Majesty's Government would be prepared to sign with the Italian Government a non-aggression Pact, in order to avoid an extension of hostilities.

Whilst Italian demands are under consideration it must be established at this juncture that the British Crown can not be deprived of any possession, namely Malta as naval base, Sudan or British Somaliland.

However, His Majesty's Government would be prepared to consider favourably a revision of the Uganda and Kenya frontiers, and would in my opinion be prepared to grant concessions in other zones under British sphere of influence or rule [*sic*]. Further, to agree to territorial rectifications in North Africa, and also towards the internationalisation of the Djibuti-Addis Ababa railway line.

Yours sincerely devoted
Winston Churchill

H.E. Signor Benito Mussolini,
Rome.

2. MUSSOLINI A HITLER

Il Duce del Fascismo
Capo del Governo

Marzo 1940

S.E. Winston S. Churchill
(alla traduzione)

Eccellenza,

Ho le vostre lettere ed ho attentamente esaminate le vostre proposte. No, purtroppo. L'Italia ha una sua meta lontana ma sicura; riprendere nel Mediterraneo la sua funzione storica di primo Paese. Malta e la Tunisia sono le pietre miliari di tale cammino, così il Sudan per l'A.O.I.

è la continuità della Libia, altrettanto dicasi valere per le due Somalie, francese e britannica.

Regolarizzata inoltre la sua posizione geografica-politica con la Francia, riprendendo i suoi vecchi territori della Savoia e del Nizzardo, riacquistata la Corsica, l'Italia potrà allora firmare un trattato di ~~pace~~ amicizia, anche per cinquant'anni.*

(Mettere i saluti d'uso)

Mussolini

* Solo così si sarà saggiamente lavorato per una vera pace futura e non inutile sarà stato allora l'attuale sacrificio richiesto, prezzo della neutralità italiana [*sic*], da non svalutare in un frangente quale l'attuale. Prendere o lasciare. Noi siamo in marcia per riconquistare la nostra importanza storica del passato.

3A. CHURCHILL A GRANDI
CHARTWELL WESTERHAM, KENT
WESTERHAM 93

London, 7th April, 1940

Dear Count Grandi,

with reference to the details and particulars, I have already forwarded on to you before, I should be very glad if you could kindly give your support to [*sic*] our proposals put before His Excellency signor Benito Mussolini.

We know very well the sympathy you have for our Country and feel sure that our cause fully deserves your valuable help.

We also know the great influence you have on signor Mussolini and beg of you to really do all in your power to avoid decisions which might definitely compromise the situation.

It is essential that your answer should reach us as soon as possible, by means of the same courrier [*sic*] and that all points should be unquestionably precise.

I remain

your's [*sic*] very truly
Winston S. Churchill

3B. CHURCHILL A GRANDI
CHARTWELL WESTERHAM, KENT
WESTERHAM 93

7th April, 1940

My dear Count Grandi,
   with reference to the particulars despatched to you some days ago, I should be very glad to receive your support to my proposals and place them before His Excellency Signor Benito Mussolini.
   I am deeply impressed by the sympathies and concern you have expressed, both for my country and myself, and I feel that our cause fully deserve your valuable aid.
   I am also aware of the political influence tha [*sic*] Your Excellency excercise [*sic*] upon Signor Mussolini, and beg of you to do all in your power to secure a decision in Britain's favour before matters get beyond control.
   It is essential that all points should be clearly defined.
Yours very truly
Winston S. Churchill

4. GRANDI A MUSSOLINI
CAMERA DEI FASCI E DELLE CORPORAZIONI
IL PRESIDENTE

[Roma, 11 aprile 1940]

DUCE!
   Ti allego in originale la lettera di Churchill, oggi stesso ricevuta.
   Come ebbi a dirTi la scorsa settimana il Premier Britannico insiste affinché io mi renda efficace interprete dei suoi desideri presso la Tua persona. L'argomento è... quello che è, ed io voglio limitarmi ad essere il trait d'union, l'ambasciatore (ex!) che non porta pena.
   Voglio soltanto e sempre vorrò essere il Tuo fedele collaboratore, pronto ad ogni Tuo cenno, esecutore di ogni Tuo comando.
   Ai Tuoi ordini
   DUCE!

Grandi

5. CHURCHILL, PATTO PER MUSSOLINI [*fotografia a p. 138*]
AN AGREEMENT

SECRET

D R A F T

In agreement with the Supreme Head Quarters and the Privy Council the text as follow was accepted and submitted for consideration:
a) Should the Italian Government decide to ally herself with Germany in accordance with her policy, His Majesty's Government would be faced with grave consequences. In the interests of both countries His Majesty's Government places febore [*sic*] the Italian Government an alternative plan:
1. During the course of war H.M. Government may face the grave possibility of a defeat. If Britain were defeated we would be entirely at the mercy of Germany and the chances of protecting British interests would be remote.
Would His Majesty, the King of Italy, pledge himself that in the event of a British defeat to help Britain in an equilibrating action by safeguarding our interests at any future table peace conference?
b) That in the aid requested receives a favourable backing of other nations? [*sic*]
c) Should Italy assist Great Britain to curb German militarism and gain a final victory over her, H.M. Government hereby pledge [*sic*] their honour in supporting Italy's claims against France, and restore Italy's right to the Mediterranean.
   His Majesty's Government are further agreed and prepared [*sic*] at any future post-war meeting to support the Italian Government to ward [*sic*] her economic and political freedom.
d) His Majesty's Government are [*sic*] prepared to sign a non-aggression Pact with Italy or alternatively would request Italy to adopt a strict policy of neutrality.

Supreme Head Quarters.
Whithehall [*sic*], 11th April 1940

Copy for the Chief of the Italian Government.

Winston S. Churchill

6. MUSSOLINI A GRANDI [*fotografia a p. 150*]

IL DUCE DEL FASCISMO

CAPO DEL GOVERNO

copia conforme all'originale

Roma, 16 Aprile 1940-XVIII

Caro DINO,

ti prego di far recapitare l'unita lettera al tuo vecchio Amico, facendo presente che il Patto deve avere tutte le garanzie possibili ed escludere a priori una possibile denuncia dello stesso.

Gli Inglesi hanno ormai i tedeschi in casa ed hanno poco da scegliere, insisti ed ottieni.

Cameratescamente

Mussolini

7A. MUSSOLINI A CHURCHILL

Il Duce del Fascismo Capo del Governo

copia conforme all'originale

Rome, the 16th April 1940-XVIII E.F.

Your Excellency.

Count Dino Grandi has informed me of your intentions of wishing to have [*sic*], if the worst, a friendly country sitting at the Peace Conference Table, who could safeguard these particular interests of yours, already mentioned by you.

Will, Your Excellency kindly let me have a detailed memorandum to the submitted before His Majesty the King, in order to obtain his [*sic*] high consent on the matters, as I can already state at this moment that His Majesty's consent and advice will be in the adfirmative be cause [*sic*] we are rather bottered [*sic*] with Germany, who is insosting [*sic*] to secure a pledge from US to keep the three Party Pact alive, wich [*sic*] we have wanted before.

Believe me.

Mussolini

His Excellency WINSTON S. CHURCHILL

L o n d o n

7B. MUSSOLINI A CHURCHILL
Il Duce del Fascismo Capo del Governo

copia conforme all'originale

Rome, 16th April 1940-XVIII of F.E.

Your Excellency.

Count Dino Grandi has informed me of your intentions and submitted to me your alternative plan of emergency.

You ask me to intervene on your behalf at any future peace conference with particular view of safeguarding certain interests wich [*sic*] you have exposed to me.

Will Your Excellency be good enough to prepare a detailed memorandum which I can place before His Majesty the King of Italy, in order that I may have His Majesty's approval. I have no doubt that the proposal will receive His consent.

The matter is an urgent one as we are pressed by our German ally to confirm various points arising from the Tri-partite Pact.

I am, Your Excellency
sincerely yours

Mussolini

His Excellency WINSTON S. CHURCHILL
L o n d o n

8A. CHURCHILL A MUSSOLINI
CHARTWELL WESTERHAM, KENT
WESTERHAM 93

London, the 22nd April 1940

Excellency Benito Mussolini,

I received Your [*sic*] letter 16th last, and I am very glad to be able to finally know your intentions concerning my country [*sic*].

On my part I can state after a meeting of the Supreme H.Q. and Ministry Government Council that we come to the decision of getting your rapport as a Friendly Nation, at the Scheme of Pact hereby joigned [*sic*] terms.

Your Excellency has given to me to understand that an understanding between Italy and Great Britain should be possible; these are the basis [*sic*] which we propose and which we consider more suitable to the present mutual political conditions.

We await an official confirmation for the execution of the Pact and I wish to remain
Your Obedient Servant
Winston S. Churchill

8B. CHURCHILL A MUSSOLINI
CHARTWELL WESTERHAM, KENT
WESTERHAM 93

22nd April, 1940

Your Excellency,

Your letter of the 16th instant is in my possession. The various proposals placed before you by His Majesty's Government, cover a very large field and if accepted, I feel sure that the final issue will bring mutual rewards.

May I express my deep gratitude for the concern you have shown towards my country.

Your counter proposals, however, were placed before the Privy Council and broadly accepted.

From the text I note that a mutual understanding between your Country and Britain is possible.

Attached herewith is a copy of the agreement wich [*sic*] I beseech Your Excellency to place before His Majesty's approval, and return it at your earliest opportunity.

Cordially yours
Winston Churchill
His Excellency Signor Benito Mussolini,
Rome.

9. GRANDI A MUSSOLINI
CAMERA DEI FASCI E DELLE CORPORAZIONI
IL PRESIDENTE

Duce!
Mi affretto a inviarTi lo schema di Patto or ora consegnatomi dal fido corriere giunto da Londra.

L'ambiguità della proposta mi lascia perplesso, e non oso darti il richiesto parere...... perché conosco il vecchio volpone Churchill. Non escludo tuttavia che per una volta possa essere sinceramente sincero.

Sempre ai Tuoi ordini, devotamente
Grandi
Roma, 27 aprile 1940-XVIII

10. CHURCHILL, SCHEMA DI PATTO PER MUSSOLINI [*fotografia a p. 136*]

AN AGREEMENT

TOP SECRET

SCHEME of PACT [*sic*]

ACCORDING of our Supreme Head Quarter [*sic*] & the Government Ministry Council, becoming to a decision to state as follows: [*sic*]

1. Italy enters the war on Germany's side against Great Britain, in accordance to the policy adopted up to the present; should the course of events cause a defeat to Great Britain, Italy as [*sic*] to pledge to pursue in the interest of Great Britain an equilibrating action [*sic*] with respect to Germany, and act as a check against imposition during the Armistice period and the Peace Table. [*sic*]
2. In the opposite case, that is to say in case we really obtain the help we have asked from presently neutral Nation [*sic*], and Great Britain should win the war, Britain will pledge to see that Italy be recognised in her real position, and use all the British influence to give her the right of entering all Pacts and political organization of post war. [*sic*]
3. A mutual Pact of Non Aggression would be agree [*sic*] upon at a later date.

Winston S. Churchill

11. MUSSOLINI A VITTORIO EMANUELE III

IL CAPO

DEL GOVERNO

TELEGRAMMA

indirizzato a S.M. il Re

Sant'Anna

Desidero, Maestà, nell'attesa di mandarVi tutto l'epistolario scambiato col Führer anticiparvene le conclusioni et cioè che l'Italia si limiterà almeno nella prima fase del conflitto a un atteggiamento puramente dimostrativo *alt* Francesi e inglesi ci hanno fatto sapere che faranno altrettanto *alt* Aggiungo essere mia convinzione che le proposte di Hitler al governo inglese e che noi abbiamo conosciuto tramite Londra meritano di essere prese in attenta considerazione *alt* I richiamati si presentano ovunque nel massimo ordine e secondo i rapporti giunti a Roma con morale elevato *alt* Il paese è assolutamente calmo *alt* Devoti omaggi.

Mussolini

12. VITTORIO EMANUELE III A MUSSOLINI [*fotografia a p. 145*]
PALAZZINA REALE

SAN ROSSORE

2.5.1940

Eccellenza,
ieri mattina abbiamo ricevuto il signor Ambasciatore Britannico, che Ci ha esposto il suo particolare punto di vista, e quello del suo governo; inerente la questione da Vostra Eccellenza con Noi trattata prima della Nostra malattia.

Il Nostro parere, lo ripetiamo, è nettamente favorevole all'accordo; sarebbe tuttavia opportuno cautelarsi con misure ultra-diplomatiche, dati i tempi, i sempre più invadenti controlli germanici, ed infine per gli stessi Britanni.

Aff.mo Cugino

Vittorio Emanuele

Eccellenza il Cav. Benito MUSSOLINI
Primo Ministro del Regno
R o m a

13. MUSSOLINI A CHURCHILL

Il Duce del Fascismo
Capo del Governo
copia conforme all'originale

Roma, 4 maggio 1940-XVIII E.F.

Eccellenza,
ho l'onore di comunicarVi l'Alto Assenso di Sua Maestà il Re d'Italia Imperatore d'Etiopia, ad iniziare le trattative di Patto che, sullo schema da Voi inviato, ci appresteremmo a redigere.

Sua Maestà ha inoltre intrattenuto Sir Percy Lyam Loraine, che ha illustrato al Sovrano i reciproci vantaggi della intesa di mutua assistenza.

Mi auguro vivamente il raggiungimento dell'accordo da Voi auspicato, poiché il volgere degli eventi consiglia anche la nostra Italia a prendere una netta posizione nel conflitto.

Attenderò tramite il Vostro Ambasciatore ulteriori comunicazioni ufficiali.

Con tutta cordialità e stima

Vostro
Mussolini

A Sua Eccellenza
Winston S. Churchill
Londra

14. CHURCHILL A MUSSOLINI [*fotografia a p. 98*]
CHARTWELL WESTERHAM, KENT
WESTERHAM 93

7th May 40.

Your Excellency,

Looking back to the pleasant occasions when we met in Italy to our easy and intimate relations I feel that the hour has come when my conscience speaks to me to write to you on matters near my heart.

Now that I am about to take up my office as Prime Minister I desire to renew the warm friendship which for many years has linked our countries.

I beg of you to believe me that my only interest and aim are to keep Italy out of the conflict. In this solemn hour I appeal and beseech you to consider most carefully before the dread signal is given.

Let me declare in all sincerity before pressure can rapture [*sic*] our good relations that I am ready to accept any formula which could turn the tide of destruction away from our shores.

May God help us to reason
Yours sincerely
Winston S. Churchill

H.E. Benito Mussolini.
Rome.

15. CHURCHILL A MUSSOLINI [*fotografia a p. 99*]
ON HIS MAJESTY'S SERVICE

London, 15 May, 1940

Your Excellency,

now that I have taken up my office as Prime Minister and Minister of Defence I look back to our meetings in Rome and feel a desire to speak words of goodwill to you as Chief of the Italian nation across what seems to be a swiftly-widening gulf.

Is it too late to stop a river of blood from flowing between the British and Italian peoples? We can no doubt inflict grievous injuries upon one another and maul each other cruelly, and darken the Mediterranean with our strife.

If you so decree, it must be so; but I declare that I have never been the enemy of Italian greatness, nor ever at heart the foe of the Italian lawgiver.

Down the ages above all other calls comes the cry that the joint heirs of Latin and Christian civilisation must not be ranged against one another in mortal strife.

Hearken to it, I beseech you in all honour and respect, before the dread signal is given.

It will never be given by us. May God give you wisdom in this solemn appeal.

Yours

Winston S. Churchill

His Excellency Signor Benito Mussolini,
Duce of Fascism and Chief of the Italian Government,

Rome.

16. MUSSOLINI A CHURCHILL

Il Duce del Fascismo
Capo del Governo
Copia conforme all'originale

Rome, 20th May 1940-XVIII of F.E.

Your Excellency,

I reply to the letter which you have sent me in order to tell you that you are certainly aware of grave reasons of an historical and contingent character which have ranged our two countries in opposite camps.

Without going back very far in time I remind you of the initiative taken in 1935 by Your Government to organise at Geneva sanctions against Italy, engaged in securing for herself a small space in the African sun without causing the slightest injury to your interests and territories or those of others.

I remind you also of the real and actual state of servitude in which Italy finds herself in her own sea.

If it was to honour your signature that Your Government declared war on Germany, you will understand that the same sense of honour and of respect for engagements assumed in the Italian-German Treaty guides Italian policy to-day an [*sic*] to-morrow in the face of any event whatsoever.

Believe me

yours

Mussolini

His Excellency WINSTON S. CHURCHILL

London

17. VITTORIO EMANUELE III A MUSSOLINI

6.7.1940

Eccellenza,

vengo informato che Churchill Le avrebbe fatto alcune proposte interessanti e che potrebbero preservare il Paese da una estensione del conflitto nel Mediterraneo.

Veda di far debito ponderato conto di queste proposte con spirito obbiettivo.

E se le offerte inglesi sono appena accettabili e le difficoltà relative, mi riferisca con urgenza sulle modalità di un possibile scioglimento.

Suo

Vittorio Emanuele

18. CHURCHILL A MUSSOLINI

PRIME MINISTER

10, Downing Street

Whitehall

20th July, 1940

Your Excellency,

the proposals you have made are acceptable, and still we are at the gate of events. Personally I believe that Your Excellency could without any great difficulty separate the destiny of the Italian people and also your own from the truly uncertain German future.

So far events have proved France can not defend her frontiers therefore my fears have been warranted. Italy's right to dictate her claims against France can not overlooked [*sic*].

As in the past and in the future His Majesty's Government give [*sic*] its full support to Italy's territorial claims against France, providing that your Government withdraws from the conflict.

You may without fear face the future as my Government is ready to make a separate peace with your Country subject of course one [sic] condition namely that you refrain and do not follow the German Government in this abominable and senseless war.

Speaking for the British people as a whole I am in a position to reassure Your Excellency that my hand of friendship is fully extended and ever ready to join you.

May God protect and help you in your decision which means so much to me.

Winston S. Churchill

His Excellency Signor Benito Mussolini,
Rome.

19. CHURCHILL A MUSSOLINI

PRIME MINISTER
10, Downing Street
Whitehall

5th May, 1941

Your Excellency,
about a year ago I had the opportunity to offer Your Excellency a possibility to strenghten [sic] your position with a separate peace treaty, in an effort to avoid your country the loss of Abyssinia.

Speaking for myself and every Briton we do not deny Italy her historical rights in the Mediterranean, although I must warn you that I can not overlook the vital British interest in that zone.

May I suggest Your Excellency to reconsider the situation, before the flames of war spread enveloping [sic] the whole continent of Europe.

Would it not be a wise move to revise the position of both our countries?

Perhaps you could spare me the task of denouncing the agreement which you have not honoured.
Let me know your decision and believe me
sincerely yours
Winston S. Churchill
His Excellency Signor Benito Mussolini,
Rome.

20. CHURCHILL A MUSSOLINI [*fotografia a p. 299*]

PRIME MINISTER

10, Downing Street
Whitehall

10th November, 1943

Your Excellency,

There are no valid reasons now why you should retain my correspondence and the various documents in your possession.

In the past these letters were addressed to you in the official capacity as the Head of the Italian Royal Government.

I would regard the return of this correspondence as an act of courtesy on your part, as they are now out of date by recent events.

In this particular moment His Majesty's Government is in a position to recognize the Italian Social Republic Government, and attached herewith are the special conditions.

I sincerely trust you will not overlook my request nor underestimate my offer.

It is essential that your reply should not be delayed.

Believe me to be

yours

Winston S. Churchill

His Excellency Signor Benito Mussolini,
Chief of the Italian Social Republic,
Rome.

21. CHURCHILL A MUSSOLINI

THE PRIME MINISTER OF H.M.'S GOVERNMENT

to

THE CHIEF OF THE ITALIAN SOCIAL REPUBLIC

In order to avoid useless bloodshed among the civilian population, His Majesty's Government after careful consideration have [*sic*] decided to approach your Government on the following points:

a) We should be notified immediately with descriptive list patterned and detailed of all distinctive markings badges and uniforms of the Italian Social Republic Armed Forces;

b) an indication of all Corps and detachements [*sic*] fighting with the Germans on the Italian home front;

c) location of prisoners [*sic*] war camps, and other units stationed on the Italian territory.

The desired infomation is requested in order to distinguish between the regular Armies of the Italian Social Republic and others units thus avoiding them being executed if captured.

Unidentified prisoners carrying arms will be considered as "irregulars" and will therefore be executed without trial.

His Majesty's Government on receipt of your communication will issue immediately instructions to all Allied Forces on Land Sea [*sic*] and Air, in the Mediterranean zone.

Winston S. Churchill

London, 10th November, 1943

22. CHURCHILL A MUSSOLINI

BRITISH EMBASSY
CAIRO

His Excellency Benito Mussolini,

As agreed upon in the last meeting of our Office it has been decided that your requests will be accepted as a whole.

I shall have executed scrupulously all the wishes you have expressed, however, it remains understood that what I have asked you in my previous letters, and exactly in paragraphs 1-5-8-11-13-15 of the 16.3. ult. must be entirely respected by you.

I am sure that, owing to the personal friendship your Excellency affords to the writer, you will send me, as soon as possible, as per usual means, an affirmative reply to this letter.

I can assure your Excellency that I shall be at your entire disposal concerning your security and for this, I have already given the necessary instructions to the competent security service.

Trusting to hear from you, I remain,
Very truly yours,
Winston S. Churchill

20.3.45

23. HITLER A MUSSOLINI [*fotografia a p. 304*]

Berlin, 23. März 1945

Duce!

In diesen Ihren schweren Stunden will ich Ihnen eingedenk der uns verbindenden aufrichtigen Freundschaft, welche durch die gleichen Ideale der Revolution unserer Jugend erprobt ist [*sic*], meine bedingungslose Verbundenheit zum Ausdruck bringen.

Unsere durch das gleiche Schicksal vereinigten Völker erwarten von uns unseren letzen und höchsten Einsatz.

Hier im gastfreien Grossdeutschland Können [*sic*] Sie unbeschwert Ihren hohen Aufgaben nachgehen und einen stärkeren Widerstand dem Feind gegenhüber [*sic*] organisieren. Aus dieser Ueberzeugung heraus möchte ich Sie hiermit in aller Form einladen sich nach hier [*sic*] zu begeben um den Kampf in aller Stärke fortsetzen zu können.

In unserem nationalsozialistischen Deutschland, welches einer Festung gleicht, werden Sie, DUCE, jeder inneren Revolution oder eines neuen Verrates [*sic*] sicher sein können.

Hier gehen bereits die neuen Geheimwaffen ihrer Vollendung entgegen (über welche ich Sie inzwischen informiert habe) und [*sic*] werden diese Waffen zum entscheidenden Siege der Achse beitragen.

Vereint Kämpfen [*sic*] wir gegen die angelsächsischen jüdischen Freimaurer!

Ich erwarte Sie, DUCE, und bezeugen Sie mir durch Ihr Kommen Ihre persönliche Freundschaft, wie Sie der Meinigen [*sic*] gewiss sein können.

Ich erwarte Ihre baldige zusagende Antwort um Ihnen und Ihrem Gefolge ein Quartier das Ihrer würdig ist, vorbereiten zu können.

Sieg Heil!
Hitler

24. CHURCHILL A MUSSOLINI

PRIME MINISTER

10, Downing Street
Whitehall

London, 31st March, 1945

Your Excellency,

I have only recently returned to Britain.

I am happy to state on behalf of His Majesty's Government that your suggestion [*sic*] are accepted in thei [*sic*] entirety.

Your wishes therefore will be carried out on the understanding that my requests are accorded [*sic*] as outlined in my letters, particularly in my ultimo [*sic*], the latter contents [*sic*], however, must be fully adhered to.

I feel sure that my personal admiration for you warrants an affirmative and urgent reply.

Let me reassure Your Excellency that I have taken all the necessary steps concerning your security and safe conduct.

Your appeal safeguarding the interests of your family and relatives is being dealt with by Head Quarters.

Yours
Winston S. Churchill

His Excellency Signor Benito Mussolini,
Chief of the Italian Social Republic,
Milan.

25. MUSSOLINI A CHURCHILL [*fotografia a p. 302*]
REPVBBLICA SOCIALE ITALIANA

IL DVCE
Copia conforme all'originale
inoltrata in pari data

Milano, 21 Aprile 1945

A S.E. WINSTON S. CHURCHILL
L o n d r a

Con la presente Vi comunico di accettare le Vostre proposte delle precedenti lettere, sempreché sieno [*sic*] accolte tutte le clausole da me richieste e da Voi accettate con impegno scritto.

Dato l'incalzare della catastrofica situazione politico-militare interna al mio Paese, tengo a precisarVi categoricamente, ancora una volta, i punti che desidero e voglio siano mantenuti, sotto il vincolo d'onore che lega la Vostra personalità di uomo:

1. Acconsentire che il governo della Rsi tratti una resa condizionata e onorata.
2. L'onore delle Armi deve essere concesso a tutti gli appartenenti alle FF.AA.RR. di ogni categoria e specialità.
3. Nessun atto di violenza dovrà essere effettuato contro gerarchi del disciolto Partito Nazionale Fascista o della Rsi, né contro comandanti militari, ministri di Stato, collaboratori italiani e stranieri.

Se quanto sopra verrà scrupolosamente fatto osservare e rispettare (come del resto da Vostra assicurazione scritta in mio possesso) e se al momento della firma della resa condizionata della Rsi verranno altresì accettate e messe in atto le altre proposte (come ai paragrafi già a Vostra conoscenza) il plico dei documenti che a Vostra Eccellenza importa riavere per l'importanza capitale che in esso è contenuto [*sic*], sarà – brevi manu – personalmente da me consegnato. Il Capo della Rsi sono io e pertanto dal momento della mia adesione in Germania ne ho assunto tutte le susseguenti responsabilità: civili, morali et [*sic*] materiali.

Attendo alla Prefettura di Milano, tramite il Vostro Servizio, immediate assicurazioni alla presente.

Cordialmente Vi saluto.=

Mussolini

26. MUSSOLINI, DISPOSIZIONI PER IL CARTEGGIO [*fotografia a p. 291*]

REPVBBLICA SOCIALE ITALIANA

IL DVCE

Disposizioni per il Carteggio

L'Ufficiale cui sarà affidato il plico seguirà scrupolosamente i seguenti ordini:

1. riconoscimento certo della persona indicata
2. chiave e controchiave per la consegna
3. cautele per recupero (nota)

Nella dannata ipotesi che io non dovessi sopravvivere si attenderanno 5 anni e con le modalità che gli verranno fatte conoscere il consegnatario s'adoprerà per rendere noto con tutti i mezzi, non soltanto al popolo italiano, ma al mondo intero motivi e cause della nostra entrata in guerra.

Acciocché gli italiani rinsaviscano e più non s'illudano del britanno. Che le alterne vicende fin quì [*sic*] vissute altro non sono che il frutto dell'inganno e della malafede inghilese [*sic*].

21 Aprile 1945 – XXIII   Mussolini

27. ELENCO DEL CARTEGGIO [*fotografia a p. 293*]
Repubblica Sociale Italiana
QUARTIERE GENERALE DEL DUCE

OGGETTO: <u>Elenco del carteggio</u>

li 23 aprile 1945

a) Conferenza di Stresa (note ed originali) Doc. M.E.I.
b) Note sugli accordi dei quattro Grandi (Conferenza di Yalta)
c) Guerra Civile di Spagna (Carteggio Politico) Doc. M.E.I.
d) Guerra d'Africa (W.S.C. – Badoglio – Regno) Carteggio Militare

e) Accordi Post-Monaco (Carteggio politico)
f) Intesa Italo-Inglese (Guerra 15.6.40 – Regno)
g) Intesa sbarco Pantelleria (W.S.C. – Regno)
h) Richieste Italiane -S.C.V.- a Comandanti di Basi Militari Anglo-
    Americane (Italia Meridionale)
i) Resa incondizionata Badoglio e conseguenti cause
j) Carteggio – Regno – W.S.C.
k) Carteggio segreto W.S.C. – Capo Governo – Regno
l) Carteggio W.S.C. accordi Novembre 1943/45
m) Copie lettere Governo It. spedite in riscontro a W.S.C. (Novem-
    bre 44-aprile 45)
n) Accordo rappresentanti Italo-Inglesi Zurigo 1944
o) Riconoscimento dello Stato Inglese sulla Legittimità della RSI Sue
    FF.AA. Fregi e Divise (Documento Originale)
p) Elenco dei documenti contenuti nel presente plico

(doc.) Documenti
(M.E.I.) Ministero Esteri Italiano
(Regno) Carteggio Reale
(Governo) Governo Regio
(R.S.I.) Repubblica Sociale Italiana

28. MUSSOLINI A CHURCHILL [FOTOGRAFIA A P. 306]
REPVBBLICA SOCIALE ITALIANA

IL DVCE

Milano, 24 Aprile 1945

Eccellenza,
   gli eventi, purtroppo, incalzano. Inutilmente mi si lasciarono ignorare
le trattative in corso tra Gran Bretagna e Stati Uniti con la Germania.
Nelle condizioni in cui, dopo cinque anni di lotta, è tratta [*sic*] l'Italia non mi resta che augurare successo al Vostro personale intervento.
Voglio tuttavia ricordarVi le Vostre stesse parole: – L'Italia è un ponte.
L'Italia non può essere sacrificata. – Ed ancora quelle della Vostra stessa
propaganda che non ha mancato di elogiare ed esaltare il valore sfortu-
nato del soldato italiano.
   Inutile è inoltre rammentarVi quale sia la mia posizione davanti alla
Storia. Forse siete il solo, oggi, a sapere che io non debba temerne il giudizio. Non chiedo quindi mi venga usata clemenza, ma riconosciuta giu-

stizia, e la facoltà di giustificarmi e difendermi. Ed anche ora, una resa senza condizioni è impossibile perché travolgerebbe vincitori e vinti.

Mandatemi dunque un Vostro fiduciario, Vi interesseranno le documentazioni di cui potrò fornirlo, di fronte alle necessità d'imporsi al pericolo dell'Oriente. Molta parte dell'avvenire è nelle Vostre mani, e che Iddio ci assista.

Vostro
Benito Mussolini

A S.E. WINSTON S. CHURCHILL

(A mezzo corriere speciale)

Appendice documentaria

1. Churchill a Mussolini, *Appello per scongiurare la guerra*, Londra, 16 maggio 1940
2. Mussolini a Churchill, *Riaffermazione degli impegni italotedeschi*, Roma, 18 maggio 1940
3. Ciano a Churchill, *Testamento morale e disposizioni sul Diario*, carcere di Verona, 23 dicembre 1943
4. Vicequestore Giovanni Angotta, *Relazione sulla missione David*, Merano, 25-28 settembre 1951
5. Ennio Mastrostefano, *Colpo di scena a Napoli sul Carteggio Mussolini-Churchill*, «Roma», 13 dicembre 1951
6. Questura di Pescara, *Interrogatorio del colonnello Gelormini*, Pescara, 18 dicembre 1951
7. Enrico De Toma ad Aldo Cornacchin, *Disposizioni sulla gestione del Carteggio*, Trieste, 14 maggio 1952
8. Il prefetto di Como al capo della Polizia, *Sull'acquisizione del Carteggio Churchill-Mussolini*, Como, 17 dicembre 1952
9. Il capo della Polizia al prefetto di Como, *Sull'acquisizione del Carteggio Churchill-Mussolini*, Roma, 23 dicembre 1952
10. Colonnello Riccardo Costa [SIFAR], *Autorizzazione all'apertura del Carteggio*, Roma, 29 dicembre 1952
11. SIFAR, *Appunto su Enrico De Toma – Carteggio Churchill-Mussolini*, 3 luglio 1953
12. Squadra 54, *Velina sull'affare De Toma*, Milano, 28 luglio 1953
13. *Scrittura privata tra Enrico De Toma e Aldo Camnasio*, 25 settembre 1953
14. Mario Toscano, *Appunto segreto* [perizia sul Carteggio], Roma, 22 gennaio 1954

15. *Colloquio tra Churchill, l'ambasciatore Brosio, Seames e Canali*, Londra, 19 febbraio 1954

16. *Riscontri nell'Archivio di Stato del Regno Unito sulla corrispondenza di Churchill con Mussolini e Grandi*, 2 marzo 1954

17. Percy Loraine, *Memoriale sul Carteggio Churchill-Mussolini*, Londra, 5 aprile 1954

18. Questura di Roma, *Appunto segreto sulle rivelazioni confidenziali di De Toma e Zavan*, Roma, 7 giugno 1954

19. Polizia Civile di Trieste, *Riepilogo di notizie sul conto del noto De Toma Enrico*, Trieste, metà giugno 1954

20. Il capo della Polizia confederale, *Rapporto sul «caso De Toma»*, Berna, 15 luglio 1954

21. Prefetto di Milano, *Indagini sul carteggio Mussolini*, Milano, 10 agosto 1954

22. Giorgio Pisanò, *Confessione di De Toma e conclusioni dell'inchiesta sul Carteggio*, Milano, novembre 1954

23. *Perché De Toma è venuto in Brasile e le sue proposte al Governo Italiano*, «Tribuna Italiana», 9 gennaio 1955

24. *Colazione del Presidente* [Arnoldo Mondadori] *con Sir Winston Churchill*, Roquebrune, 24 ottobre 1955

25. Frederick William Deakin, *Parere sul Carteggio Churchill-Mussolini*, 1982

1. Churchill a Mussolini, *Appello per scongiurare la guerra*, Londra, 16 maggio 1940

Questa è l'unica lettera scritta da Churchill a Mussolini di sicura attribuzione. Il testo è preceduto dalla seguente avvertenza: «Personal message from Mr. Winston Churchill which Sir Percy Loraine has been instructed to deliver urgently to Signor Mussolini». L'originale è conservato negli archivi del Regno Unito; la trascrizione figura nelle edizioni dei documenti diplomatici britannici e italiani (oltre che nell'imponente The Second World War *scritto dallo statista). L'idea del messaggio proviene dal ministro degli Esteri, Lord Halifax, che la sottopone al premier nella seduta del Gabinetto di guerra del 14-15 maggio, per consolidare la neutralità italiana. Copia della missiva viene subito inviata tramite i canali diplomatici al governo francese, che ancor più degli inglesi desidera differire l'entrata in guerra di Mussolini, dagli esiti prevedibilmente disastrosi per la tenuta del proprio esercito, incalzato dall'avanzata tedesca verso Parigi. [fotografia a p. 102]*

Prime Minister to Duce

Now that I have taken up my office as Prime Minister and Minister of Defence, I look back to our meetings in Rome and feel a desire to speak words of goodwill to you as Chief of the Italian nation across what seems to be a swiftly-widening gulf. Is it too late to stop a river of blood from flowing between the British and Italian peoples? We can no doubt inflict grievous injuries upon one another and maul each other cruelly, and darken the Mediterranean with our strife. If you so decree, it must be so; but I declare that I have never been the enemy of Italian people, nor ever at heart the foe of the Italian lawgiver. It is idle to predict the course of the great battles now raging in Europe, but I am sure that, whatever may happen on the Continent, England will go on to the end, even quite alone, as we have done before, and I believe with some assurance that we shall be aided in increasing measure by the United States, and, indeed, by all Americas.

I beg you to believe that it is in no spirit of weakness or of fear that I make this solemn appeal, which will remain on record. Down the ages above all others calls comes the cry that the joint heirs of Latin and Christian civilisation must not be ranged against one another in mortal strife. Hearken to it, I beseech you in all honour and respect, before the dread signal is given. It will never be given by us.

2. Mussolini a Churchill, *Riaffermazione degli impegni italotedeschi*, Roma, 18 maggio 1940

La lettera di Mussolini (anch'essa assolutamente autentica, conservata nell'archivio della Farnesina e in traduzione negli Archivi Nazionali del Regno Unito) respinge in modo categorico, con toni persino sprezzanti, le profferte inglesi. La riaffermazione degli impegni assunti con il trattato italotedesco comporta – nel breve periodo – la dichiarazione di guerra a Regno Unito e Francia. Con questo messaggio, di carattere definitivo, cade ogni possibile mediazione e qualsiasi ragione di dialogo tra i due statisti, divenuti potenziali nemici. Manca pertanto un qualsiasi ipotetico spazio non solo per ulteriori scambi epistolari prolungati nel tempo (secondo il fantomatico Carteggio, per un quinquennio), ma anche solo per una risposta a una missiva così chiara e dal contenuto ultimativo. Tanta sicurezza da parte del Duce poggia sulla granitica fede nella vittoria hitleriana a breve termine. Quanto al passato, né la lettera di Churchill né la risposta di Mussolini alludono a contatti pregressi.

I reply to the message which you have sent me in order to tell you that you are certainly aware of grave reasons of an historical and contingent character which have ranged our two countries in opposite camps.

Without going back very far in time I remind you of the initiative taken in 1935 by your Government to organise at Geneva sanction against Italy, engaged in securing for herself a small space in the African sun without causing the slightest injury to your interests and territories or those of others. I remind you also of the real and actual state of servitude in which Italy finds herself in her own sea. If it was to honour your signature that your Government declare war on Germany, you will understand that the same sense of honour and of respect for engagements assumed in the Italian-German Treaty guides Italian policy today and tomorrow in the face of any event whatsoever.

3. Ciano a Churchill, *Testamento morale e disposizioni sul Diario*, carcere di Verona, 23 dicembre 1943

Una stranezza del Carteggio sta nell'assenza di documenti attribuiti a Ciano. Eppure, l'incarico di ministro degli Esteri – dal giugno 1936 al febbraio 1943 – e poi di ambasciatore in Vaticano sino a fine luglio 1943 lo rende l'interlocutore naturale del dittatore (del quale, avendo sposato Edda Mussolini, è «ministro sui generis»). Tre i possibili motivi dell'assenza: i falsari preferirono avvalersi dei suoi Diari come ambientazione generale; la fucilazione di Verona escluse Ciano dal novero dei gerarchi da denigrare con gli apocrifi; eventuali falsificazioni avrebbero suscitato le reazioni della vedova (che costrinse De Toma a smentire un loro incontro). In compenso, Ciano davvero scrisse a Churchill una lettera segreta, «a futura memoria», affidata alla spia tedesca Felicitas Beetz (Hildegard Burkhardt), che gli si era sinceramente affezionata, e la consegnò a Edda. Il messaggio, recapitato a Churchill nel dopoguerra, sinora conosciuto nella ritraduzione dall'inglese, è qui trascritto sul testo originale, inedito. [fotografia a p. 220]

Verona, 23 dicembre 1944 [*recte*: 1943]

Signor Churchill,

non vorrà sorprendersi se proprio a Lei, che una volta pronunciò un ingiusto giudizio nei miei riguardi ma che io ammiro quale il campione di una lotta santa – mi rivolgo ora che son giunto sulla soglia della morte.

Io non fui mai il complice di Mussolini in quel delitto contro la Patria e l'umanità che fu la nostra guerra a fianco dei tedeschi. È vero invece il contrario, e se nell'agosto scorso scomparvi da Roma fu perché i tedeschi, avendomi fatto credere a imminenti pericoli per i miei figli, dopo essersi impegnati a condurmi in Spagna, mi fecero subdolamente prigioniero in Baviera con la mia famiglia. Ora, da quasi tre mesi sono gettato nella galera di Verona e affidato alla barbara custodia delle SS. La mia fine si approssima, ormai mi si dice che tra pochi giorni sarà per me decisa la morte, la quale del resto non è se non la liberazione da un martirio quotidiano. E preferisco la morte alla vergogna e al danno d'una Italia dominata dagli Unni.

La colpa che io espio è quella di essere stato il testimone disgustato della fredda, crudele, cinica preparazione della guerra da parte di Hitler e dei tedeschi. Unico straniero, vidi da vicino come questa ripugnante cricca di banditi si preparava a insanguinare il mondo.

Oggi – secondo la legge dei gangsters – ci si prepara a sopprimere il testimone pericoloso.

Ma il calcolo è sbagliato. Da lungo tempo ho messo in salvo un mio diario e una documentazione che, più della mia stessa voce, potranno provare il delitto di questa gente, con la quale poi si è imbrancato, per vanità e incoscienza, quel pagliaccio tragico e vile che è Mussolini. Ho disposto che non appena possibile dopo la mia morte questi documenti, della cui esistenza Sir Percy Loraine era al corrente fino dal tempo della sua missione a Roma, siano messi a disposizione della stampa alleata.

È forse poco quanto io oggi Le offro, ma, insieme alla mia vita, è tutto quello che posso dare alla causa della libertà e della giustizia, nel cui trionfo fanaticamente credo. E sarà bene che questa mia estrema testimonianza sia fatta conoscere affinché il mondo sappia, odii, ricordi, e coloro che dovranno giudicare il domani non ignorino che la sventura d'Italia non è stata colpa di un popolo ma vergogna di un uomo.

Credetemi vostro
Ciano

4. Vicequestore Giovanni Angotta, *Relazione sulla missione David*, Merano, 25-28 settembre 1951

Questo rapporto illustra la presa di contatto di un emissario governativo con Tommaso David, sedicente possessore di cinque lettere churchilliane del 1942. Angotta si invischia nella commedia delle parti imbastita da David e dal suo compare Giacomo Stufferi, intenzionati a ottenere dal governo concreti vantaggi controbilanciati da fumose promesse su documenti fantomatici, non esibiti nemmeno in fotocopia per non squalificarsi e perdere immediatamente la partita. Sin da questa fase, preliminare ed embrionale, si evidenzia il doppio binario – politico e finanziario – della trattativa con lo Stato. E si delinea pure un altro fattore dedicato a ricomparire con sconcertante regolarità: la segnalazione di allettanti offerte da parte di potentati stranieri, disposti a sborsare centinaia di milioni di lire pur di togliere di mezzo materiale compromettente (è l'espediente per alzare il prezzo e sollecitare dal governo italiano la chiusura del negoziato): stavolta, si chiedono 50 milioni di lire per ognuna delle cinque lettere a firma Churchill!

Relazione sulla missione eseguita a Merano nei giorni 25-26-27 e 28 settembre 1951

Persone con le quali ho conferito:

1. Ing. Pietro Richard di Luigi, nato a Sarre di Aosta il 23 luglio 1899, domiciliato a Merano in Via de Fregger 1, direttore dell'Azienda di Soggiorno e cura;
2. Giacomo Stufferi fu Giuseppe, nato a San Vito di Tagliamento il 28 agosto 1896, domiciliato a Postal di Bolzano 37, agricoltore benestante, maggiore degli Alpini in congedo;
3. Tommaso David di Ermenegildo, nato ad Esperia (Caserta) il 28 febbraio 1875, domiciliato a Merano in Via Gilm 10, nel villino della Contessa Mocenigo, ufficiale superiore della Marina in congedo.

Alle ore 12 del 25 settembre ho incontrato l'ing. Richard, al quale ho consegnato la lettera di presentazione dell'Onorevole Ministro Vanoni. L'ingegnere ha comunicato di essere stato preavvertito telefonicamente della mia visita, e dopo di avere ridotto in minutissimi pezzetti la lettera dell'on. Vanoni, mi ha detto di essere necessario rivederci alle ore 15 per conferire con il maggiore Stufferi e concretare con lo stesso gli accordi diretti alla realizzazione degli scopi del mio viaggio.

All'ora fissata ho avuto un primo colloquio con il maggiore Stufferi, il quale mi ha informato che il detentore dei noti documenti non era lui, ma persona di sua conoscenza e precisamente il Comandante David.

Mi ha soggiunto che il David non desiderava incontrarsi con nessuno, in quanto era irremovibile nel suo proposito di consegnare i documenti soltanto dopo che il Governo avesse adottato alcuni provvedimenti legislativi di carattere economico ed avesse corrisposto un adeguato compenso da erogarsi a tutti coloro che avevano contribuito, con rischio personale, alla custodia dei documenti stessi.

Richiesto di specificare la natura, il numero ed il contenuto dei documenti, il maggiore Stufferi ha risposto di non essere in grado di darne alcun cenno, essendo impegnato con il David a non farne parola con alcuno.

Allora ho fatto presente che le sue dichiarazioni erano in contrasto con quanto era stato riferito dall'Onorevole Vanoni circa la buona disposizione del possessore dei documenti di consegnarli al governo, sia pure sotto l'osservanza di talune condizioni e che d'altra parte non appariva ragionevole avanzare pretese di carattere politico senza offrire contemporaneamente una concreta contropartita.

Sulla base di tali argomentazioni e di altre di natura pratica, ho convinto il maggiore Stufferi a far recedere il Comandante David dal suo atteggiamento e a indurlo ad un colloquio con me.

Alle ore 18 ho potuto conferire con il Comandante David nella sua abitazione, presente il maggiore Stufferi.

Il Comandante è uomo di alta statura, più che robusto, molto loquace, che si infervora al suono della sua voce ed all'estrema decisione delle sue affermazioni.

Egli si è definito ufficiale superiore di vascello, vecchio fascista, strenuo difensore del fascismo e dell'Italia e fermamente convinto di aver combattuto e sofferto per una grande causa e tuttora profondamente devoto alla memoria del suo capo: Mussolini.

Prima di giungere all'essenziale scopo del nostro incontro, il Comandante ha parlato delle sue sofferenze morali per la posizione – che ha definito tragica – di numerosi suoi ex dipendenti, tuttora languenti nelle carceri di Italia e si è esaltato all'idea ch'egli possa dare un contributo notevole alla loro più rapida liberazione.

Infine, ha affermato di essere in condizioni di consegnare i documenti, di altissimo valore politico, ma che tale consegna avrebbe effettuata soltanto dopo che il Governo, con provvedimenti legislativi, che egli vorrà leggere nella «Gazzetta Ufficiale», avrà abolito tutte le leggi eccezionali, intendendo per leggi eccezionali quelle in forza alle quali numerosi fascisti ed ex combattenti della Rsi soffrono il carcere o la privazione di taluni altri diritti civili e politici.

Ha accennato soltanto di sfuggita e con sprezzanti espressioni a questioni di compenso, delegando a trattare il maggiore Stufferi, essendo unico suo fine quello di ridare la libertà e l'esercizio di ogni diritto agli ex fascisti e combattenti della Rsi e di dare in tal modo il suo deciso apporto alla pacificazione nazionale, sulla cui base soltanto egli stima che l'Italia possa risorgere nella sua unità morale.

Alle mie interruzioni tendenti a condurlo a più realistiche considerazioni, il Comandante ha ribattuto riaffermando l'incrollabile suo proposito di conseguire lo scopo che si era prefisso, anche al costo del sacrificio della libertà e della vita.

Stimando inutile continuare la conversazione nello stato di esaltazione in cui il Comandante era venuto a trovarsi, ho deciso di rivederlo il giorno dopo. Ho avuto modo nel frattempo di persuadere il maggiore Stufferi della necessità di convincere il Comandante David a non ragionare di politica con me e di attenersi strettamente e realisticamente a quello che era l'oggetto dei nostri incontri.

Nel successivo colloquio ho pregato il Comandante di darmi un'idea sia pur approssimativa della consistenza dei documenti, e, dopo di avermi richiesto la parola di mantenere il più assoluto riserbo, mi ha detto trattarsi di cinque lettere scritte nell'anno 1942 da Churchill a Mussolini con le quali il primo, in vista del corso per lui sfavorevole della guerra e nell'intento di sottrarre l'Inghilterra alle conseguenze di una sconfitta, si dichiarava disposto ad intavolare trattative di pace separata, sganciandosi dai suoi alleati.

Ha aggiunto che le lettere recano notazioni di pugno di Mussolini e che lettere e notazioni in mano al nostro Governo possono influire sensibilmente sulla politica britannica, nonché sulla politica americana verso l'Inghilterra.

Pregato di farmi prendere cognizione visiva delle lettere, perché acquisissi il dato certo della loro esistenza e della sua possibilità di disporne, ha rifiutato energicamente, pretendendo di essere creduto sulla parola e di avere pieno diritto di diffidare di chicchessia.

Nell'occasione ha anche accennato alle persecuzioni subite da parte dei fiduciari di taluni servizi informativi stranieri ai quali, ha affermato, ha potuto sottrarsi ricorrendo a nomi di copertura ed a frequenti spostamenti fra le montagne.

Inoltre ha riaffermato la sua volontà di rimanere fedele al compito affidatogli da Mussolini nel consegnargli le lettere, di utilizzarle cioè a tempo e luogo ed in momento particolarmente opportuno. Ed il momento favorevole egli ha detto di ravvisarlo nelle prossime elezioni politiche inglesi, nel corso delle quali la saggia utilizzazione delle lettere *sporcificherebbe* – è la sua espressione – non solo Churchill, ma l'Inghilterra in campo internazionale, con conseguenze favorevoli per l'azione politica dell'Italia.

Le mie reiterate insistenze di vedere le lettere come fattore positivo di un possibile scambio non sono approdate a nulla.

L'assurdità e l'impossibilità prospettatagli di scambiare un provvedimento certo, attuale ed operante, con documenti di non preventivamente riconosciuto valore, non lo ha smosso dal suo atteggiamento. Perciò ho creduto di desistere e di confidare in un nuovo incontro.

Nell'ultima lunghissima conversazione il Comandante mi ha dichiarato di essere pronto ad ulteriori conclusive conversazioni all'inderogabile condizione però che io gli esibissi un mandato a trattare con ampi poteri sottoscritti dall'onorevole Presidente [del Consiglio].

Il Comandante, a mia richiesta, ha detto di essere disposto a venire a Roma, ma senza i documenti.

Il maggiore Stufferi, interpellato per la parte finanziaria dello scambio, ha risposto che occorrerebbero 250 milioni. Necessari per risistemare adeguatamente le persone da compensare. Mi ha spiegato che l'entità della somma non doveva sorprendermi, perché esponenti di un organismo inglese avevano offerto al Comandante 350 milioni, in sterline.

Ho pregato allora il maggiore Stufferi di considerare e di far considerare al Comandante David che la loro resistenza in atteggiamenti e pretese inammissibili rischiava di lasciare improduttivo – ammettendo che lo avessero nel grado da loro supposto – il valore dei documenti e che entrambi assumevano la grande responsabilità di sottrarre una documentazione politica pertinente al popolo italiano e quindi al nostro Governo.

Per tutta risposta il maggiore Stufferi ha ripetuto che l'arbitro in materia era il Comandante e che un nuovo suo intervento presso di lui sulla base delle mie obiezioni era riuscito infruttuoso.

Questa è la cronistoria dei colloqui avuti con le persone avanti indicate: ho desiderato farne relazione dettagliata per offrire maggior copia di elementi di giudizio su uomini e circostanze di fatto.

L'esistenza, l'autenticità e il contenuto del carteggio e di parte del carteggio Churchill-Mussolini hanno formato oggetto di interessamento da parte della stampa locale di Merano; ne è testimonianza il ritaglio che accludo del numero dell'11 maggio c.a. del quotidiano «Alto Adige» nel quale campeggia la figura del Comandante David e sono riportate alcune sue dichiarazioni.

Ma nessun elemento sicuro e completo ho potuto raccogliere sull'effettiva esistenza e consistenza del carteggio all'infuori delle dichiarazioni di David il quale, come ho già detto, ha assicurato di averlo ricevuto, insieme con un appunto autografo, dalle mani di Mussolini.

È pur vero che lo stesso Comandante ha tenuto a sottolineare di non esserne personalmente in possesso, ma egli ha garantito di averne la libera e piena disponibilità.

La figura del Comandante David può dedursi dall'accluso promemoria, nel quale però va corretta la parte in cui egli è definito un attivista della Democrazia Cristiana. Infatti, in base ai discorsi a me fatti, egli va giudicato un fervente gregario del Msi decisamente ostile alla Dc, al Governo e ad alcuni suoi autorevoli rappresentanti, verso i quali non ha esitato a rivolgere enfaticamente varie insolenze.

Ritengo utile riferire il fatto che il David, preavvertito della mia visita (tramite il maggiore Stufferi, che l'aveva appreso dall'ing. Richard, telefonicamente avvertiti dall'onorevole Vanoni), erasi recato ad informarne il dott. Dudine, dirigente il Commissariato di PS di Merano, al quale aveva espresso il desiderio di voler fare alla sua presenza le dichiarazioni che avrebbe rese a me.

Mi permetto di esprimere l'avviso che valga la pena di esperimentare un nuovo tentativo presso il Comandante David, nel modo e con procedure che saranno ritenuti possibili, ma ciò soltanto nel caso in cui dalle circostanze riferite si deduca il contenuto politico delle lettere nei termini accennati dal David.

Giovanni Angotta
Vice Questore
Roma, 29 settembre 1951

[*postilla di Giulio Andreotti*]

Riferito al Presidente [del Consiglio]:
– Almeno per ora non far niente. Avranno certamente copie fotografiche, che renderebbero inutile il possesso degli originali, ammesso che ci siano. Di più, l'Italia non ha alcun interesse a seminare zizzania tra l'America e l'Inghilterra.

5. Ennio Mastrostefano, *Colpo di scena a Napoli sul Carteggio Mussolini-Churchill*, «Roma», 13 dicembre 1951

Il lancio dell'Operazione Carteggio è concertato a inizio dicembre 1951 tra Enrico De Toma e il proprietario del quotidiano partenopeo «Roma», Achille Lauro, mediante servizio-intervista di Ennio Mastrostefano, giornalista destinato ad assumere ruoli rilevanti nel panorama informativo nazionale. Non si tratta di un'iniziativa estemporanea né tantomeno (come sosterrà De Toma, nell'aggiornare l'originaria versione della missione dell'aprile 1945) di informazioni estortegli. L'ampio e organico pezzo funge da cassa di risonanza del Carteggio. Pubblicato con risalto nella terza pagina del giornale, è corredato da una fotografia di De Toma seduto alla scrivania mentre esamina documenti d'epoca e da un'immagine che lo ritrae con Mastrostefano. È questa la prima versione sul reperimento del Carteggio, e pertanto riveste notevole importanza; viene qui pubblicata integralmente anche perché non più riedita dal lontano 1951 (a causa del difficoltoso reperimento del quotidiano napoletano).

Colpo di scena a Napoli sul Carteggio Mussolini-Churchill
Si dichiara in possesso delle lettere un ufficiale della Guardia Repubblicana

Il tenente De Toma racconta che durante le drammatiche giornate di aprile 1945 gli furono affidati nella Prefettura di Milano due grossi plichi dal Duce, uno diretto al Premier britannico e un altro ad un capitano dei carabinieri

Da otto mesi circa è a Napoli l'uomo che sostiene di detenere la chiave per giungere al possesso dei misteriosi documenti di Mussolini, interessanti la persona del Primo Ministro britannico Winston Churchill. Con quest'uomo, che è un giovane ex ufficiale della Repubblica Sociale Italiana, abbiamo potuto avere – dopo un paziente ed intenso lavoro di identificazione e di avvicinamento – degli incontri chiarificatori. Dalle sue labbra abbiamo ascoltato la storia, semplicissima, della vicenda che solo per un fortuito concatenarsi di circostanze, peraltro attendibilissime, lo ha messo – a sua insaputa, in un primo tempo – al centro di un intricato, grosso «affare» politico-internazionale.

Di questo «affare» egli è stato fuori fino al momento in cui scriviamo. È invece molto probabile, quasi certo, che le cose cambieranno d'ora innanzi. Egli stesso è sicuro di ciò, ed è anzi deciso, preparato ad affrontare gli avvenimenti. A conferma immediata delle sue asserzioni, sono alcuni documenti fotografici, di cui diremo.

L'uomo dagli occhiali neri

La disponibilità del carteggio è tuttavia condizionata allo scadere, non molto lontano, di una data, che il nostro giovane ex ufficiale è fermamente deciso a rispettare. Egli stesso è venuto solo di recente a conoscenza precisa della importanza del materiale in suo possesso: la spiegazione di questa circostanza è insita nel racconto della sua vicenda, che fedelmente daremo.

L'ex ufficiale della Rsi si chiama Enrico De Toma, figlio di un napoletano e di una pugliese, vissuto sin dalla sua infanzia a Trieste. Ha 29 anni. È diplomato in ragioneria. Dopo le vicende giudiziarie nelle quali è stato implicato per il suo passato di combattente della Repubblica di Salò, ha iniziato a Roma una attività commerciale privata che da otto mesi circa sta proseguendo a Napoli, dove vivono anche alcuni suoi parenti.

È un uomo di media statura, bruno, discretamente elegante. Parla con sobrietà e chiarezza seguendo un lucido filo di pensieri. La sua pronuncia è assolutamente esente – senza alcun visibile sforzo – da cadenze o da inflessioni dialettali. Ostenta il divertito gusto di ripetere talune colorite espressioni partenopee, tuttavia con evidente inesperienza. È molto miope, tanto da portare fortissimi occhiali di tipo speciale, apparentemente affumicati. È stata anzi questa circostanza degli occhiali scuri (che il De Toma porta anche di sera) a permetterci la sua identificazione e, successivamente, la possibilità di un avvicinamento; ma ne diremo più dettagliatamente.

Anche per la sua fortissima miopia, Enrico De Toma si accompagna sempre ad un giovanissimo amico, napoletano, studente, al quale è sinceramente affezionato, tanto da non distaccarsene quasi mai, in strada e anche nei locali che frequentano. Il ragazzo è stato testimone dei nostri incontri, pur osservando in ogni momento un contegno estremamente riservato: si chiama Salvatore Marchese.

L'origine della nostra inchiesta sta in una generica notizia che avemmo modo di raccogliere ai margini di un ambiente non facilmente accessibile, una informazione ancor vaga e nebulosa riguardante il carteggio Mussolini-Churchill: un uomo, nella nostra città, sapeva molto della faccenda, deteneva anzi due plichi di grande interesse.

Sulla informazione fu necessario lavorare: era in nostro possesso niente altro che una segnalazione: si riferiva ad un giovane, in contatto con certi ambienti, senza particolari caratteristiche fisiche all'infuori di un solo elemento: gli occhiali affumicati, che usa portare anche di sera. Fu la conoscenza di questo connotato a renderci possibile l'identificazione del nostro uomo. Per avvicinarlo usammo il pretesto di una inchiesta sugli orientamenti del pubblico: gli sottoponemmo alcuni quesiti generici, fra i quali lasciammo cadere intenzionalmente un accenno al famoso carteggio. Il nostro uomo preferì non risponderci subito: disse il suo nome e ci invitò ad un incontro in un locale del centro ad ora tarda della sera.

In quel bar ci toccò attendere parecchio oltre l'ora stabilita: nella sala in cui ci trattenevamo sedevano altre persone che volevano sembrare estranee fra loro. Il rag. De Toma giunse accompagnato da un avvocato di cui per impegno preso non possiamo fare il nome. L'avvocato, che aveva chiaramente ascendente su tutti i presenti nella sala (i quali infatti si ritirarono ad un suo cenno) si propose quale mediatore tra De Toma e noi. Ma per varie ragioni non si venne a capo di nulla.

Nei giorni successivi, dopo nuovi incontri e colloqui preparatori, ottenemmo però da De Toma che si decidesse a parlare. Teniamo a precisare che, almeno nei nostri riguardi, il De Toma non ha mostrato alcun interesse venale.

Primavera tragica

La vicenda di Enrico De Toma, per quel che interessa la faccenda del carteggio Mussolini-Churchill, ha inizio dal giorno 21 aprile 1945. Una data precisa, come anche tutte quelle che man mano verremo citando: queste indicazioni costituiscono, come vedremo, una sorta di leit-motiv di tutto il racconto, nel quale non hanno solo il ruolo di riferimenti ad avvenimenti trascorsi, ma pure la importanza di impegni ancora a venire ed ai quali il nostro uomo si dichiara fermamente legato.

Il suo grado, alla vigilia della fine della Repubblica, era di tenente della Guardia Nazionale Repubblicana, di stanza a Milano. Il suo incarico era quello di ufficiale di ordinanza del generale Bruno Biagioni, vice-comandante territoriale della capitale lombarda. Il giorno 21 aprile 1945 si recò al gran rapporto che, nella sede del Quartiere Generale, il generale Diamante [*recte*: Diamanti], comandante territoriale, tenne a tutti gli ufficiali di ogni Arma presenti a Milano. In quell'occasione il gen. Diamante fece un quadro abbastanza chiaro del punto a cui erano giunte le cose: avvertì tra l'altro gli intervenuti della presenza già segnalata di agenti ed ufficiali dell'Intelligence Service e del CIC americano paracadutatisi nella immediata periferia di Milano per organizzarvi le bande partigiane in vista della imminente insurrezione.

Uscendo dal rapporto, gli ufficiali sostavano in piccoli gruppi a commentare le notizie ricevute. Fu allora che il tenente De Toma venne avvicinato dal capitano Lorenzo Vagnalucca, egli pure della Guardia, che gli comunicò l'ordine di presentarsi l'indomani mattina alle 10 nella Prefettura di Milano dal colonnello Gelormini, comandante provinciale della Gnr. Il Vagnalucca non seppe precisare i motivi della convocazione, né il giovane tenente insistette essendogli già più volte accaduto, per l'incarico fino allora rivestito, di dover incontrare ufficiali superiori addetti ai Comandi più diversi. Il particolare, drammatico momento giustificava inoltre qualunque, anche inusuale, ordine.

L'indomani alle 10 De Toma si presentava al colonnello Gelormini. Questi era molto indaffarato, ma prestò subito viva attenzione al giovane subalterno. Disse poche parole, poi sembrò improvvisamente decidersi su una scelta già precedentemente elaborata, e fece bruscamente cenno al De Toma di seguirlo. Si avviarono verso l'anticamera dello studio del Prefetto.

Di fronte a Mussolini

In quell'ufficio sedeva in quei giorni il Duce, tutto il Quartier Generale della Repubblica essendosi trasferito al Palazzo del Governo. Nell'anticamera, che era molto affollata, il tenente De Toma riconobbe Dolfin, qualche altro gerarca e moltissimi ufficiali superiori della Guardia, dell'Esercito e della Wehrmacht. Ma non ebbe tempo di guardarsi d'intorno, né di rivolgere ad alcuno la parola: Gelormini si avviò subito verso la porta, bussò, spinse delicatamente il battente. Entrarono: il colonnello fece cenno a De Toma di restare in attesa sull'uscio e si avvicinò al tavolo del Duce.

Con Mussolini era in quel momento una commissione della Organizzazione Todt, ma la discussione non era animata. Il Duce, anzi, rivolse subito la parola a Gelormini, dissero qualcosa che De Toma non riuscì a comprendere. Ad un momento Mussolini lo guardò. De Toma, che sin dall'ingresso nello studio era sull'attenti, batté nuovamente i tacchi. Ma lo sguardo del Duce tornò distrattamente a Gelormini, al quale passò infine un foglio di carta dattiloscritta. Gelormini salutò riavviandosi alla porta. Anche De Toma fece il saluto romano, uscirono nell'anticamera, fecero ritorno all'ufficio di Gelormini. Qui il tenente De Toma fu subito informato di essere stato prescelto per una missione. Gli fu chiesto se disponesse di un abito borghese e di una fotografia. De Toma rispose di sì, mostrò la foto, che venne trattenuta dal colonnello Gelormini.

La missione, avrebbe avuto inizio l'indomani, 23 aprile, alle cinque del mattino: «Torni da me – disse Gelormini – in borghese e senza documenti di identificazione».

Il resto della giornata (22 aprile) trascorse per il De Toma nello svolgimento del suo normale lavoro al Comando Territoriale di Milano: l'ufficiale ad ogni modo si preoccupò di preparare nel suo alloggio l'abito borghese, un completo grigio; predispose inoltre per il mattino successivo una piccola pattuglia della Guardia che lo scortasse fino in Prefettura da Gelormini: in effetti non avrebbe potuto percorrere le strade col coprifuoco, senza documenti.

Accompagnato dai suoi uomini, il 23 mattino, alle cinque, De Toma entrava in Prefettura. Nel suo ufficio Gelormini era già in piedi. Il discorso, vale a dire gli ordini per la missione, fu assai breve. Sul tavolo De Toma rivide la sua fotografia che era servita per fabbricargli un falso documento di identificazione: porgendoglielo, Gelormini disse: «Finché sarà impegnato in questo servizio, il suo nome sarà Vinicio Taverna, ragioniere». Così risultava infatti dal nuovo documento.

Gelormini porse al tenente De Toma una borsa di pelle, schiacciata, recante una chiusura lampo serrata: «Questa busta – disse – lei dovrà personalmente consegnarla alla persona che le indicherò. Deve raggiungerla e tornare da me al più presto: avrà subito a disposizione un'auto». Il destinatario della borsa era un italiano, ebreo, residente in Svizzera. Gelormini non dette per il momento altri particolari al giovane ufficiale, solo insistette sulla importanza e sulla segretezza della missione.

L'auto, che attendeva in strada, era una Lancia Ardea del tipo ministeriale; al volante era un borghese, il De Toma credette di riconoscerlo per un autista normalmente alle dipendenze della Federazione milanese del Pfr, forse anzi l'autista personale del federale. L'auto, che era targata Milano, era munita di autorizzazione regolare per il passaggio della frontiera svizzera. Partirono subito: alle 5,45 circa. Enrico De Toma, o – come risultava dai suoi documenti – il rag. Vinicio Taverna, teneva sulle ginocchia la borsa che gli era stata affidata con tante cautele. Constatò che, a fermare la chiusura lampo, era una piccola serratura anch'essa naturalmente bloccata. Il peso della busta, notevole, e la deformazione dell'involucro ad opera del contenuto, lasciavano chiaramente comprendere che si trattava di documenti o carte racchiusi nella borsa. Il rag. Taverna, ad ogni modo, decise ben presto di rinunziare ad ogni curiosità, rassegnandosi a portare a termine la sua missione il più rapidamente possibile e con la maggiore osservanza delle raccomandazioni ricevute.

Giunse regolarmente al luogo che era la meta del suo viaggio, incontrò il destinatario, gli affidò la borsa, che fu accolta con molta calma, come se si trattasse di una cosa già nota. L'ebreo era amico personale del colonnello Gelormini, per il quale formulò affettuose frasi di saluto e di augurio. L'incontro fu breve; il rag. Taverna infatti subito si congedò e, rimontato in macchina, prese la via del ritorno alla volta di Milano.

«Dimentichi»

Sempre in auto consumarono, il tenente e l'autista, dei sandwich. Non scambiarono molte parole. A sera avanzata varcarono nuovamente la frontiera. Alle 22 circa erano a Milano, subito in Prefettura, da Gelormini.

Il colonnello sembrò soddisfatto della riuscita della missione. Ma assunse subito un'aria molto compresa. Invitò il De Toma a sedere, gli offrì una sigaretta. Si accingeva evidentemente ad un discorso difficile. Era infatti così.

«Lei, tenente – cominciò – deve senz'altro dimenticare tutto ciò che ha fatto e visto, e le persone che ha conosciuto in questa giornata. Dimenticare, almeno per un bel pezzo».

Gelormini tese la mano al suo giovane ufficiale, che si affrettò a stringerla a significazione dell'impegno, la sua parola di ufficiale di tacere con tutti degli avvenimenti di cui era stato – sia pure senza comprenderne il senso – il protagonista. E Gelormini continuò: «I documenti che lei ha recapitato oggi sono di estrema importanza politica. A conoscere la loro esistenza e il loro rifugio non c'è che lei, io stesso, ed una terza persona. La scelta è caduta su di lei, oltreché per la sua leale figura di soldato e di uomo, anche per una considerazione di ordine più pratico: la sua età, in effetti, non avrebbe mai potuto destar sospetti né probabilmente ne desterà mai». Il De Toma aveva all'epoca 23 anni. «E ora – si accinse Gelormini a concludere – ascolti bene le istruzioni che le sto per comunicare, se le fissi nella mente in modo da non dimenticarle più».

L'esodo in Valtellina

Il tenente De Toma non le ha dimenticate: «Può darsi che fra qualche tempo, mesi od anni, qualcuno venga a trovarla e le chieda di collaborare al recupero dei documenti. Si metterà a sua disposizione, ma solo dopo aver controllato la sincerità e le intenzioni del suo visitatore: questi dovrà essere in grado di fornirle precisi riferimenti ai fatti di cui oggi lei è stato protagonista o che comunque ha appreso». Gelormini fece una pausa, come a dar tempo al suo interlocutore di comprender bene e mandare a mente le cose che aveva udite.

«Ma può anche accadere che nessuno venga a cercarla. In questo caso attenderà fino al giorno 28 di ottobre del 1951. Da quel momento è autorizzato a tornare in Svizzera e ritirare personalmente la borsa che oggi ha consegnato. Da quel momento essa e il suo contenuto sono affidati alla sua discrezione per l'uso migliore da farne. Una volta saputo di che documenti si tratta, dovrà decidersi o per la distruzione o per affidarli a chi più interessato, o per renderli di pubblica conoscenza. Prima di agire potrà comunque consigliarsi con persone di sua fiducia. In qualunque caso, attenda per attuare la sua decisione, la data del 23 aprile 1952, vale a dire esattamente fra sette anni».

Le sigarette avevano finito di bruciare, dimenticate nella ceneriera. Il tenente De Toma rassicurò il suo comandante sui sentimenti di fedeltà che l'animavano.

Gelormini gli affidò l'incarico di ufficiale di picchetto alla Villa Pavolini, posta nelle immediate vicinanze di Palazzo del Governo, da cui la separava un giardino. Il tenente De Toma vi si recò, subito dopo aver rivestito l'uniforme: era ancora la sera del 23 aprile. Vi rimase, senza mai ricevere il cambio, per tutto il giorno seguente e parte della notte sul 25.

Dalla villa (ove si trovavano piccoli gruppi di militari dell'Esercito Repubblicano, della Guardia, nonché un nucleo appartenente alla compagnia di Bir El Gobi) De Toma poté assistere alla partenza di un primo gruppo di camion con a bordo le famiglie di ufficiali e gerarchi verso la Valtellina; e poi, verso le ore una di notte sul 25, della colonna Mussolini, composta da una fila di auto preceduta da motociclisti, Brigatisti Neri, e seguita da SS egualmente motorizzate.

Già durante la giornata del 24 erano giunte a Villa Pavolini notizie sull'inizio dello sciopero generale in città. Da molte ore, inoltre, si udivano gli scoppi di bombe e le raffiche dei combattimenti che si andavano svolgendo per le strade.

Alle 3,30 del 25 aprile, il tenente De Toma decide di chiudere la Villa e la stessa Prefettura, rimasta deserta, e sgomberare quindi con tutti gli uomini rimastigli affidati. Su un camion tedesco di passaggio De Toma ed i suoi compagni riuscirono a raggiungere la caserma di Corso Italia verso l'alba. Dalle ore 6 alle 6,30 udirono il sibilo di tutte le sirene di Milano che davano il segnale della insurrezione.

La vicenda segna a questo punto una battuta di arresto: ha inizio per De Toma un lungo periodo di prigionia (campo di concentramento a Monza, galera). Egli torna libero nel 1948, per l'amnistia. Il colonnello Gelormini, condannato a morte, era stato impiccato.

«Mr. Churchill – Londra»

De Toma inizia a Roma la sua attività commerciale, che lo mette ben presto in condizione di pensare alla possibilità di effettuare il viaggio in

Svizzera, onde rientrare in possesso della borsa coi documenti. Gli anni sono passati, nessuno è mai venuto a cercarlo.

Il pensiero di questo viaggio lo assilla, ed è perciò che, or non è molto, egli si decide.

È in Svizzera, in casa del depositario, che lo riconosce e lo accoglie senza eccessivo entusiasmo; si mostra ad ogni modo soddisfatto di potersi liberare della busta. De Toma ravvisa subito la borsa, che prende con sé: è ancora chiusa, intatta la serratura. De Toma non ha la chiave, e così forza la chiusura lampo.

Dalla busta estrae due voluminosi plichi. Entrambi, sigillati sul rovescio, recano sul frontespizio la dicitura a stampa *Repubblica Sociale Italiana* ed il bollo (un fascio repubblicano e l'indicazione *RSI – Il Duce*). Uno dei plichi è indirizzato (a macchina): *Mr. Winston Churchill – Londra*. L'altro, invece, è destinato ad un Capitano dei Carabinieri, con la sola indicazione *Roma*.

Quest'ufficiale – secondo le informazioni comunicateci dal De Toma – sarebbe attualmente in servizio nella Benemerita, naturalmente con grado superiore a quello rivestito nel 1945.

Resistendo all'impulso di aprire le buste, il De Toma provvide a racchiuderle nella cassetta di sicurezza di una banca, non senza però aver fatto prima fotografare le buste stesse ed aver potuto accertare – evitando la manomissione delle buste – il genere di carte contenutevi. Fogli di diverso formato dattiloscritti e recanti notazioni vergate a penna. Nel plico diretto a Londra si potevano riconoscere anche al tatto fogli di carta formato protocollo ripiegati a doppio.

Enrico De Toma ha confidato tutto ciò a pochissimi, soltanto dopo il 28 ottobre scorso, così come ordinatogli dal colonnello Gelormini. Non prima del 23 aprile 1952 provvederà all'apertura dei plichi che si trovano ancora in banca.

Fedelmente, senza alcuna aggiunta da parte nostra di pur insignificanti dettagli, questo è il racconto che abbiamo ricevuto dal rag. Enrico De Toma. Come abbiamo detto, egli è in possesso delle fotografie rappresentanti il frontespizio delle due buste.

Da tali riproduzioni il De Toma non intende distaccarsi; e, per questa ragione, ha tentato di ottenere – ma invano – un *verbale di descrizione* da notai della nostra città: il solo accenno al delicato argomento sembra infatti sbigottire moltissimo questi pacifici pubblici ufficiali.

6. Questura di Pescara, *Interrogatorio del colonnello Gelormini*, 18 dicembre 1951

Il servizio-intervista divulgato dal quotidiano «Roma», promozionale per De Toma e la sua storia di copertura, rischia d'innescare l'effetto boomerang a fronte dell'esistenza in vita del colonnello Giuseppe Gelormini, pietra angolare della legittimazione del «corriere del Duce» da lui asservitamente presentato a Mussolini e inviato a Ginevra con lo scottante bagaglio. Lungi dall'esser finito appeso al distributore di piazzale Loreto, l'ufficiale è un cinquantaduenne vivo e vegeto. Interrogato presso la Questura di Pescara, smentisce su tutta la linea. Per altri due anni e mezzo Gelormini rimarrà defilato, tranne prendere posizione pubblica quando la storia che lo riguarda uscirà su «Oggi». A quel punto, De Toma combinerà gli aggiustamenti di linea con le più velenose insinuazioni sui motivi delle smentite gelorminiane, spiegate come connivenza con i democristiani, che lo avrebbero corrotto per usarlo come testa di turco contro il Carteggio. Ne seguiranno reciproche querele, finite in un nulla di fatto.

Verbale di interrogatorio

L'anno 1951, addì 16 del mese di dicembre, nella Questura di Pescara davanti a noi sottoscritto è presente:

Gelormini Giuseppe fu Zaccaria e di Forloni Elisa, nato il 15 agosto 1899 ad Ariano, residente a Pescara in Corso Vittorio Emanuele 136, ufficiale in congedo:

«Lessi a suo tempo l'intervista pubblicata sul "Roma", secondo la quale certo De Toma avrebbe, nel 1945, trovandomi io a Milano in qualità di comandante di quella piazza militare, sarebbe stato da me incaricato di portare in Svizzera una borsa contenente documenti di Mussolini e da esso personalmente consegnatami.

Il fatto su descritto e tutti i contorni e particolari dati sono destituiti di ogni fondamento e sono frutto di fantasia.

Peraltro, non ho mai avuto rapporti con il suddetto De Toma».

A domanda risponde: «Venerdì scorso, 14 corrente, venne da Napoli ad intervistarmi il giornalista Ennio Mastrostefano, al quale dichiarai che ero assolutamente estraneo a tutto l'episodio raccontatogli dal De Toma e da lui pubblicato. A conferma di quanto sopra, proposi al Mastrostefano un confronto col nominato De Toma, allo scopo di smascherarne le intenzioni che – in verità – mi sembrano poco chiare. Il giornalista promise di accompagnare il De Toma a Pescara per incontrarsi con me, ma finora non so che cosa egli abbia concluso…».

A.D.R. «Non conosco affatto il Gasperoni».

Fatto, letto e sottoscritto

Gelormini Giuseppe

7. Enrico De Toma ad Aldo Cornacchin, *Disposizioni sulla gestione del Carteggio*, Trieste, 14 maggio 1952

Significativa – in questa lettera – la premura di De Toma nel procurarsi tutela legale prima ancora di divulgare i controversi documenti del Carteggio: tutt'altro che sprovveduto, il faccendiere vuol coprirsi le spalle. Destinatario del messaggio è il triestino Cornacchin, un fascista d'una decina d'anni più maturo del suo corrispondente, che da adolescente lo considerava maestro di vita e che ora lo aggrega alla cordata dei collaboratori. In questa fase, il gruppo De Toma chiede al redattore del «Corriere Lombardo», Nicola Vaccaro, cospicue somme per le fotografie di alcuni documenti. La lettera viene sequestrata dalla polizia a Cornacchin che – interrogato – chiarisce alcuni risvolti del documento, per esempio l'identità di Claudio, un giovane amico napoletano. Può darsi che la lettera sia una messa in scena, concordata tra i due soci nella prospettiva del sequestro, per convincere la polizia e i politici della genuinità dei documenti proposti al governo. Nella trascrizione, si sono rispettati gli errori (stà invece di sta, impedirebbero invece di impediranno, ho conosciuto invece di ho imparato eccetera).

Trieste, lì 14-5-1952 ore 11

Mio carissimo Aldo,

ricevo in questo momento la tua lettera, dalla quale apprendo tutto quanto mi dici e che ti rodi a rispondere come appresso.

Nel marzo u.s. detti al mio legale avv. Dino Molinari il mandato di difendermi in qualsiasi controversia derivante dai documenti stessi, di essere il mio legale e di essere il mio procuratore speciale, sempre però legato a quelle che erano le mie volontà e nulla più. Come ti dissi, le fotografie sono in possesso di Claudio, il quale ha avuto da me, anche pochi giorni or sono, disposizioni di non consegnarle nemmeno all'avvocato, e di Claudio stà tranquillo che mi posso fidare perché altre volte l'ho messo alla prova. Comunque, nessuno senza di me non può né impegnarsi e, tanto meno, cedere quello che non hanno.

Claudio può essere facilmente trasportato dall'avvocato o da questo signor Vaccaro perché poverino anche lui ha estremo bisogno di denaro, ma avendo ricevuto mie istruzioni mi ha già confermato che nulla sarà mosso (fotocopie) senza la mia materiale presenza.

Sono a ripeterti:

Sono disposto a cedere quanto sai, al Governo Italiano, se questo si impegna al popolo italiano di farci avere dei grandi miglioramenti nella politica internazionale e *farci ritornare* dal Barbaro invasore titino *le nostre terre sacre*, a noi giuliani italianissimi. Il tutto, senza pretendere nemmeno un soldo. Se ciò viceversa non è possibile, si vedrà di fare fra noi quanto di meglio si potrà; e se pure a questo punto *ce lo impedirebbero*, allora *farò* il commercio, ma sul serio e come deve essere fatto, e come il caso lo richiede.

Come tu ben sai, io sono animato da buoni propositi verso la mia onoratissima Patria, perché solo noi che siamo i combattenti di ieri, di oggi e di domani e che siamo quelli che non hanno mai ceduto nemmeno avanti ai plotoni d'esecuzione, non potremmo mai tradire quello che è il nostro mandato, e cioè: con ogni mezzo possibile, cercare di mettere al posto di Governo persone al di sopra di ogni idea politica, soprattutto ed innanzi tutto Italiane, questo è quello che vorrò contrapporre a questi nostri signori governanti, ma purtroppo ho paura che sarà tempo sprecato, però ti assicuro che se non avrò tutte le massime garanzie non un centimetro di carta uscirà dalle mie mani.

Ti assicuro inoltre, Aldo, che la *merce* non finirà in mano di alcuna potenza straniera, se non prima avremo assieme cercato tutte le vie per poter fare del bene a questo nostro Paese che ne ha tanto bisogno, credimi – Aldo con tutto il cuore ti parlo e queste che ti scrivo sono frasi veramente sincere e spontanee e sento di sfogarmi con te, con Aldo, in quanto ho conosciuto ad amare la mia Patria proprio da te fin da quanto ero ragazzo e tu eri già un uomo con la esperienza di qualche guerra sulle spalle – ricordi?

Ma lasciamo i sentimentalismi e veniamo a noi.

Ti ringrazio tanto per la somma acclusa, ti ringrazio di cuore perché ne avevo veramente bisogno – da oggi mi recherò ogni giorno alla SARA a ritirare tue nuove – Ti prego di dire al mio legale, perché io non ho mai autorizzato nessuno a trattare a mio nome con nessun giornale e tanto meno con nessun sig. Vaccaro.

Tanti ossequi da parte mia all'Avv. Molinari e digli che se si è stancato di avere il mio mandato, me lo dicesse che provvederò subito a ritirarglielo.

Tanti camerateschi saluti a te Aldo ed infiniti ringraziamenti.

Scrivi subito

Enrico

8. Il Prefetto di Como al Capo della Polizia, *Sull'acquisizione del Carteggio Churchill-Mussolini*, Como, 17 dicembre 1952

Con manovra avvolgente, il gruppo De Toma contatta SIFAR, prefetti e ministri per intavolare trattative sul Carteggio. La disinvoltura dei neofascisti fa loro ingaggiare persino un trio di partigiani cattolici comaschi, utilizzato strumentalmente per stabilire contatti con le istituzioni. Uno di questi reduci, Amos Santi, è un informatore della Questura, cui passa una serie di notizie, sulla cui base il prefetto di Como propone al capo

*della polizia l'acquisto degli epistolari. L'ex resistente Santi è al contem-
po al servizio di De Toma e della polizia; evidentemente, gli torna utile
servire due padroni. Il suo memoriale, che considera autentico il Carteggio, viene inviato dal prefetto di Como al capo della polizia, con la disponibilità a prestarsi al recupero degli epistolari, pagando cospicue somme
ed elargendo al faccendiere triestino privilegi fiscali per operazioni com-
merciali illecite.*

PREFETTURA DI COMO

Prot. n. 0631.Ris. Div. PS

Lì 17 dicembre 1952

Riservata Personale Doppia busta
A S.E. il Capo della Polizia
Roma
Oggetto: Carteggio Mussolini-Churchill – Promemoria di Santi Amos

Santi Amos di Prima, residente a Milano e noto a Como per le cari-
che ricoperte nell'Anpi durante il periodo della liberazione e attualmente dissidente dalla predetta associazione perché anticomunista,
va da alcuni giorni riferendo in via confidenziale al questore Roberti
fatti e circostanze sulla presunta esistenza di un carteggio Mussolini-
Churchill: sui tentativi fatti da varie persone per venirne in possesso
e sulle effettive possibilità di recupero che egli avrebbe dei preziosi
documenti.

Sebbene le notizie che il Santi riferisce abbiano dell'inverosimile e
del fantastico, tenuto conto dell'importanza dell'argomento e degli utili
servizi resi fiduciariamente, in altre occasioni, dal predetto informatore,
questi è stato invitato a mettere per iscritto quanto è a sua conoscenza
ed ha presentato l'unito pro-memoria sull'intricata vicenda.

I fatti di maggior rilievo non sono stati controllati dalla Questura di
Como, anche per l'impossibilità di accertare localmente se effettivamente in quale banca elvetica sia custodito il plico.

Il Santi fonderebbe il suo convincimento su fotografie di lettere di
personalità che egli avrebbe avuto in visione da tale Enrico De Toma,
triestino, ex ufficiale della Rsi, qui sconosciuto e senza precedenti, già
condannato ad alcuni anni di reclusione, e sull'interessamento spiegato
al recupero dei documenti stessi da qualche industriale di Milano con
relativa spendita [*sic*] di denaro. Tutto ciò però non escluderebbe la malafede del Di Toma e di altri eventuali interessati nel collocamento del
plico, previa retribuzione con ingenti somme di denaro e concessioni
governative di privilegi economici.

Tuttavia ad ogni buon fine se ne riferisce all'E.V. per quanto riterrà
del caso.

Il Santi, più che mai convinto dell'esistenza del plico, si tiene a disposizione anche del Ministero per ulteriori notizie e informazioni.

Il Prefetto
Gaia

9. Il Capo della Polizia al Prefetto di Como, *Sull'acquisizione del Carteggio Churchill-Mussolini*, Roma, 23 dicembre 1952

Sollecitato dal prefetto di Como a occuparsi del Carteggio, il capo della polizia esprime totale scetticismo sia sull'autenticità degli epistolari sia sull'affidabilità del loro possessore, il «millantatore» De Toma. Una posizione in contrasto con quella, trattativista, del Servizio segreto militare, influenzata da maneggi politici e connivenze con l'estrema destra (ovvero dall'intenzione di nuocere a De Gasperi). Evidentemente, tra gli apparati riservati dello Stato esistono posizioni assai diversificate: dalla complicità con i truffatori alla certezza della loro inaffidabilità. Il capo della polizia, pur consapevole della truffa, si limita a ordinare al prefetto di Como di non prestarsi all'imbroglio, senza però disporre provvedimenti repressivi a carico del gruppo De Toma, cui sarà pertanto possibile continuare nei loschi traffici.

MINISTERO DELL'INTERNO
DIREZIONE GENERALE
DELLA PUBBLICA SICUREZZA

Roma, 23 dicembre 1952

Div. AA.RR. Sez. I
Prot. N. 224/29401
Risp. Al foglio 17 corr.
Div. PS n. 0631 Ris.

Al Sig. Prefetto di Como

Riservata Personale – Doppia busta – Raccomandata
Oggetto: Carteggio Mussolini-Churchill – Promemoria Santi Amos

L'offerta del carteggio Mussolini-Churchill, di cui tratta la nota suindicata, non è nuova.

Nel dicembre scorso, la notizia fu, infatti, pubblicata dai quotidiani «Momento Sera» di Roma e «Roma» di Napoli.

Nel marzo u.s., poi, il nominato De Toma Enrico, noto quale individuo di pochi scrupoli, millantatore, uso a vivere di espedienti, andava offrendo in vendita a Milano fotocopie del carteggio che, a suo dire, si trovava depositato, in originale, in una banca di Basilea.

Si affiancavano a lui tali Rossiello Nino Anselmo, abitante a Milano, pericoloso pregiudicato, e Cornacchin Aldo, residente a Noghera Aquilina (Trieste).

In particolare, il De Toma avvicinò un rappresentante del quotidiano milanese «Il Corriere Lombardo».

La questura di Trieste, accertato che trattavasi di iniziativa truffaldina, provvide ad allontanare da Milano il De Toma e il Cornacchin.

Costoro sono gli stessi individui che hanno fatto, ora, per interposta persona, l'offerta del carteggio a codesta Prefettura, offerta che non merita di essere presa in considerazione.

Il Capo della Polizia

10. Colonnello Riccardo Costa SIFAR, *Autorizzazione all'apertura del Carteggio*, Roma, 29 dicembre 1952

Tra Enrico De Toma e il SIFAR si inscena nel 1951-54 un balletto di lusinghe, diffidenze e complicità. Una posizione, quella del servizio informativo militare, di enorme rilevanza per consentire agli imbroglioni di tessere le loro trame politiche e di tentare l'azzardo speculativo sul piano finanziario. Tra quanti tengono bordone a Enrico De Toma vi è il colonnello Riccardo Costa che – d'intesa con i vertici del SIFAR (dall'ottobre 1952 comandato dal generale Ettore Musco) – gli rilascia formale autorizzazione a dissigillare i plichi della «borsa di Mussolini». In tal modo, Costa legittima il faccendiere, che difatti si servirà di questa autorevole «patente» per vantare – dapprima nelle trattative per la vendita e poi nelle polemiche giornalistiche – l'autenticità del suo materiale. Stupisce un ufficiale dei servizi segreti talmente ingenuo da ritenere De Toma bisognoso di autorizzazione per aprire le sue buste. [fotografia a p. 81]

STATO MAGGIORE DELLA DIFESA
SERVIZIO INFORMAZIONI FORZE ARMATE
R.A.M.

Avendo il Sig. Enrico De Toma dichiarato di essere in possesso di un plico chiuso contenente documenti che potrebbero interessare lo Stato Italiano – plico che troverebbesi all'estero e su cui nessuno può vantare diritti di proprietà – presi gli ordini dai miei superiori, autorizzo il predetto signor De Toma ad aprire detto plico per esibirmi i documenti in esso contenuti.

Il Colonnello Comandante
Riccardo Costa
Roma, lì 29 dicembre 1952

11. SIFAR, *Appunto su Enrico De Toma – Carteggio Churchill-Mussolini*, 3 luglio 1953

Questo «Appunto» dimostra che il Servizio segreto militare segue passo passo le mosse di De Toma, anche nelle pieghe delle trattative per scambiare il Carteggio con un'operazione commerciale internazionale (illegale), favorita dal SIFAR in funzione antigovernativa. Operazione che – se conclusa – produrrebbe, oltre all'arricchimento di De Toma e soci, un enorme scandalo: i parlamentari del Movimento sociale italiano, infatti, non appena ricevuta la documentazione della truffa, avvierebbero una battaglia politica destinata a distruggere l'immagine del presidente del Consiglio Alcide De Gasperi, impegnato nel luglio 1953 nella costituzione del suo ottavo governo. I riferimenti alla trattativa con un emissario inglese sono assolutamente infondati.

Appunto

Oggetto: De Toma Enrico – Carteggio Churchill-Mussolini

De Toma Enrico, rientrato a Milano proveniente da Chiasso, ha dichiarato recentemente che:

– è stato diffidato dalla polizia elvetica a non condurre in Svizzera trattative per la cessione dei noti documenti;
– starebbe trattando la cessione del Carteggio con un imprecisato organo informativo britannico o americano che farebbe capo a un certo Mr. Gibs. Le trattative sarebbero bene avviate;
– sarebbe in contatto con un cittadino svizzero che si interessa del Carteggio per conto dell'Urss;
– malgrado le predette possibilità, sarebbe disposto a riprendere le trattative con le autorità italiane, che sarebbero facilitate dal fatto che il Ministero del Commercio estero sta per offrire ad alcune ditte esportatrici 30-40 mila tonnellate di riso, da esportare nell'area del dollaro;
– è pronto ad accettare l'assegnazione del riso ripartita in 4 grandi società e, se necessario, differita nel tempo, fino alla prossima campagna risicola.

Non si hanno elementi circa la veridicità delle trattative in corso con altri gruppi, ma è probabile che esse esistano soltanto nella fantasia del De Toma.

È confermato che il Minicomes [Ministero del Commercio estero] sta per mettere a disposizione degli esportatori 30-40 mila tonnellate di riso.

Il De Toma che in un primo tempo intendeva ottenere un'assegnazione di 40-50 mila tonnellate di riso, ha ridotto la sua richiesta a 11 mila tonnellate trattabili.

12. Squadra 54, *Velina sull'affare De Toma*, Milano, 28 luglio 1953

*La Squadra 54 rappresenta un livello «coperto» dei servizi segreti italiani: è un nucleo riservatissimo di poliziotti inviati da Roma a Milano per delicate operazioni ai margini (e anche fuori) della legge. La nomea di «depistatori di Stato» poi affibbiata alla Squadra 54 (durante la gestione Federico Umberto D'Amato e Silvano Russomanno dell'Ufficio Affari riservati) trova nell'*Operazione Carteggio *un esempio pionieristico: si intavola un sottile gioco di sponda con la destra neofascista e i vertici del* SIFAR, *con finalità ricattatorie verso esponenti della classe politica antifascista. L'esistenza di ben due spie a diretto contatto con il gruppo De Toma, ragguagliate sull'esistenza della perizia del grafologo Umberto Focaccia (che sostiene l'autenticità del Carteggio), dimostra che carabinieri e polizia conoscono in tempo reale mosse e strategie dei truffatori e dei loro ispiratori. E, per valutazioni di natura politica, lasciano proseguire i loro maneggi.*

Milano, 28 luglio 1953

1) In mancanza di più concreti elementi l'affare De Toma Enrico è stato prospettato genericamente al Sostituto Procuratore della Repubblica Dr. Sangone, il quale dirige l'Ufficio in assenza del Procuratore aggiunto. Il magistrato ha espresso il parere che:

a) se i documenti sono falsi, coloro che li esibiscono come autentici concretano, con la loro attività, l'ipotesi delittuosa della truffa, mentre i detentori sono responsabili di ricettazione;

b) se si desidera provocare il sequestro dei documenti, in parola una denuncia per truffa, fondata su una affermazione di falsità, sarebbe un mezzo opportuno. L'Autorità Giudiziaria disporrebbe, infatti, il sequestro dei ripetuti documenti quali corpo di reato, per farli sottoporre a perizia, salvo ordinarne, in seguito, la restituzione a chi di dovere, se risultassero autentici.

È stato allora chiesto al dr. Sangone se, in questa seconda ipotesi, non si potesse procedere a termini dell'art. 647 Codice Penale – L'interpellato ha manifestato i più seri dubbi in proposito ed ha accennato al precedente del carteggio Petacci. L'ipotesi criminosa di appropriazione di cose smarrite si potrebbe concretare solo per quei documenti che fossero preventivamente dichiarati di interesse storico dall'organo competente. Si ritiene che, con questa locuzione, il Magistrato si sia riferito al Ministero della Pubblica Istruzione ed alle norme della legge 1.6.1939 n. 1020.

2) Precedentemente erano stati avvicinati due fiduciari ed il Maggiore Palumbo. Secondo i due fiduciari i documenti sono, almeno in parte,

autentici: i detentori sono, infatti, in possesso anche di una perizia che li attesta tali, redatta da un esperto accreditato presso il Tribunale di Milano.

Il carteggio si trova ora in una cassetta di sicurezza presso una banca di Lugano: occorrono, per ritirarli, le due firme abbinate dei locatari della cassetta di sicurezza.

Il De Toma non avrebbe raggirato nessuno; alcuni industriali lo avrebbero trovato a Cortina e – presa visione dei documenti – si sarebbero offerti di loro iniziativa, di «finanziarlo», in attesa di concludere una vantaggiosa vendita dei documenti stessi.

Il De Toma sarebbe, anzi, attualmente, una figura secondaria; chi fa offerte e guida la trattativa dietro al De Toma sarebbero i suoi «finanziatori».

3) Il Maggiore Palumbo non ha visto i documenti, ma solo un elenco degli stessi e tre copie fotostatiche. È a conoscenza della perizia accennata da uno dei suoi due fiduciari e non è molto convinto che si tratti di carteggio falso, ma non può, evidentemente, pronunciarsi in merito.

Le trattative per l'eventuale acquisto del carteggio non sono state condotte da lui, ma dal col. Piccardo di Roma. Per il gruppetto degli industriali che «finanziano» il De Toma, agisce uno degli interessati: il sig. Berra Franco, abitante a Cuggiono (Milano) che, secondo quanto risulta al maggiore Palumbo, è persona seria e dabbene.

13. *Scrittura privata tra Enrico De Toma e Aldo Camnasio*, 25 settembre 1953

Il falsario Aldo Camnasio è attentissimo a nascondere le proprie tracce. Lascia il compare De Toma di fronte alle luci della ribalta e rimane in un cono d'ombra. Tuttavia, alla vigilia del lancio pubblico del Carteggio, costringe l'inaffidabile socio a mettere nero su bianco le rispettive quote di spartizione del bottino. Camnasio riserva pertanto alla società Pan Europa, di cui è amministratore unico, lo sfruttamento in esclusiva – su quotidiani e settimanali, in un volume e addirittura in un film – della documentazione (apocrifa) e della storia (inventata) della missione detomiana in Svizzera. Il Carteggio rimane invece escluso da questo accordo: per il suo sfruttamento viene costituita a Lugano una società specifica: la SICED, titolare dei diritti di pubblicazione sul settimanale «Oggi».

Con la presente privata scrittura da valersi a tutti gli effetti di legge, tra il signor Enrico De Toma e la Pan Europa Srl, sedente in Milano, in persona del suo Amministratore Unico dr. Aldo Camnasio si conviene e stipula quanto segue:

1) Il signor De Toma espressamente incarica in esclusiva la Pan Europa srl di adire a quelle trattative ai fini della divulgazione, sia per puntate su quotidiani o settimanali, oppure raccolte in un unico volume, del compendio delle sue memorie, dallo stesso redatte e riferentesi al periodo della sua vita dal 1943 ai giorni nostri. Fornendo all'uopo in originale quella documentazione composta di lettere, telegrammi e quant'altro inerente la anzidetta vicenda con riferimento ma precisa esclusione di cessione per quanto riguarda il carteggio politico Mussolini-Churchill a suo tempo a lui affidato e che qui, ripetiamo, non è oggetto di trattative.

2) Il signor De Toma autorizza e consente, all'inizio e all'eventuale prosieguo delle trattative per la realizzazione di un film tratto dalla anzidetta vicenda, riservandosi tuttavia la super-visione. L'ammontare della cessione dei diritti, separatamente trattati memoria e film, è qui espressamente stabilito che dovrà venire dibattuta in presenza del signor De Toma, con la precisa clausola della firma in proprio sul contratto definitivo; la durata del presente incarico è di un anno da oggi ed è eventualmente rinnovabile.

La percentuale di spettanza per la Pan Europa Srl viene fissata nel 33% (trentatré per cento) tanto che per le memorie quanto per il film.
Fatto in duplice copia e scambiato oggi 23 settembre 1953
Enrico De Toma

14. Mario Toscano, *Appunto segreto* [perizia sul Carteggio], Roma, 22 gennaio 1954

Affermato studioso di relazioni internazionali, curatore dei documenti diplomatici del Ministero degli Affari esteri e apprezzato docente universitario, Mario Toscano entra in queste vicende nella duplice veste di collaboratore ministeriale e di consulente di Alberto Mondadori per l'acquisto del Carteggio. Recatosi in Svizzera con Mondadori il 7 ottobre 1953, prende visione ad Ascona di alcune riproduzioni di corrispondenza attribuita a personalità politiche che gli desta diffusi sospetti di falsificazione. Nonostante le sue valutazioni critiche, Mondadori verserà la caparra, pur di assicurarsi i diritti su quel materiale, e rimarrà scottato. L'impressione del professor Toscano è che autori degli apocrifi siano elementi dei servizi segreti della Repubblica sociale, che li avrebbero fabbricati nella fase conclusiva della guerra. Copia del documento è conservata nell'Archivio De Gasperi.

Ministero degli Affari Esteri
SEGRETO
Appunto per il Segretario Generale

Alla fine del mese di settembre 1953 l'editore Mondadori si recò dal Presidente del Consiglio Pella per informarlo di aver ricevuto l'offerta di vendita di un gruppo di circa 180 documenti posti in Isvizzera e contenenti fra l'altro il presunto carteggio Churchill-Mussolini. I proprietari di tali documenti avevano posto tra l'altro come condizione di vendita anche quella di restituire al Ministero degli Esteri gli originali. L'editore Mondadori chiese al Presidente Pella di essere accompagnato da un esperto in Svizzera per esaminare il suddetto fondo. Nella eventualità in cui il parere degli esperti fosse stato positivo, l'editore avrebbe acquistato i documenti e li avrebbe restituiti al Ministero degli Esteri, riservandosi l'esclusiva della pubblicazione di quei documenti che, a giudizio del Ministero, fossero ritenuti pubblicabili senza danno per lo Stato.

Designato ad accompagnare l'editore Mondadori nel suo viaggio in Svizzera, mi trovai a Milano il 7 ottobre 1953 per proseguire immediatamente alla volta della Svizzera. Dopo una serie di peregrinazioni l'incontro con i possessori dei documenti in questione ebbe luogo ad Ascona. Mi fu allora esibito un fascicolo contenente una dozzina di riproduzioni fotografiche di documenti che facevano parte dell'intero fondo. L'esame di questo materiale mi lasciò alquanto perplesso, soprattutto per il fatto che si trattava esclusivamente di fogli dattiloscritti su varie carte intestate ed aventi manoscritte soltanto le firme. Tali documenti sarebbero stati sottoscritti rispettivamente dal Maresciallo Badoglio, dall'Ambasciatore Grandi, da Churchill, dal Re Vittorio Emanuele III e da Mussolini.

Per quanto concerneva i documenti italiani, a parte il rilievo preliminare circa la circostanza inconsueta per cui argomenti tanto delicati sarebbero stati esposti in forma dattiloscritta da personalità le quali erano use a scrivere a mano comunicazioni di quel genere, ho potuto constatare una sola inesattezza circa l'intestazione della carta impiegata. Essa concerne un documento che il Maresciallo Badoglio avrebbe scritto su carta che lo qualificava Capo di Stato Maggiore Generale in un momento – luglio 1943 – in cui non rivestiva tale carica.

Per quanto si riferisce ai due soli documenti inglesi da me veduti, ho rilevato altresì improprietà di linguaggio quali ad esempio *scheme* per *draft* e qualche cancellatura.

L'esame degli originali degli stessi documenti ha accresciuto i miei dubbi sulla loro autenticità. Fra l'altro l'inchiostro di tutte le firme sembrava uguale. Al termine dell'esame di questo primo fascicolo si convenne di rinviare ad un successivo incontro lo studio degli altri documenti che non erano stati portati ad Ascona.

Nell'attesa di questo secondo incontro ho effettuato ricerche per riunire ulteriori elementi di valutazione. Gli elementi raccolti inducono a propendere ulteriormente per una valutazione negativa.

Il secondo incontro in Svizzera è stato più volte differito e fino a questo momento non ha ancora avuto luogo.

Sono pertanto nella impossibilità di dare un responso definitivo. Trattandosi di un complesso di circa 189 documenti è possibile che una parte di essi non sia stata fabbricata. Occorre tuttavia individuarla attraverso un esame diretto.

Dall'elenco generale di tale materiale debbo ritenere che la lettera attribuita all'On. De Gasperi di cui è questione attualmente sulla stampa, faccia parte del fondo offerto in vendita a Mondadori. Tale lettera non era tuttavia inserita nel fascicolo da me consultato ad Ascona. Di essa tuttavia si parlò in quella circostanza e mi risulta che sia già stata da altri esaminata.

La discussione avuta con i proprietari dei documenti mi ha dato l'impressione che essi siano in buona fede nel ritenerli autentici. A mio avviso è molto probabile che quella parte del materiale che risulterà non autentica sia stata falsificata in un periodo anteriore all'aprile 1945, epoca in cui gli attuali detentori sono venuti in possesso di essi. Comunque debbo sottolineare ancora una volta come un giudizio definitivo possa essere dato soltanto al termine di una visione dell'intero fondo documentario.

Roma, 22 gennaio 1954

M. Toscano

15. *Colloquio tra Churchill, l'ambasciatore Brosio, Seames e Canali,* Londra 19 febbraio 1954

Winston Churchill viene a conoscenza degli epistolari «detomiani» a sua firma grazie alle premure di Alcide De Gasperi, che nel febbraio 1953 invia a Londra il suo fiduciario in politica internazionale, Paolo Canali, con copia di alcuni documenti del Carteggio. All'incontro, organizzato in forma assolutamente riservata nella residenza del governo, partecipa anche l'ambasciatore italiano a Londra, Manlio Brosio. Il dettagliato verbale steso per l'occasione da Canali ricostruisce anche i risvolti psicologici e trascrive le battute di spirito di Churchill, incuriosito dall'atipica vicenda. Si tratta di una fonte autentica, dalla quale risalta l'approccio del premier britannico: contrariamente a quanto ancora oggi scrivono stuoli di divulgatori del Carteggio, lo statista è più che altro divertito, e tutt'altro che spaventato dalla comparsa del materiale a sua firma.

Convenevoli assai cordiali da parte del Primo Ministro, che entra subito in argomento.

«Qui si tratta – egli dice – di *falsificazioni grossolane e maldestre*. Talvolta vi è un fondamento di verità su cui si basano le contraffazioni, ma qui non vi è nulla di verosimile. Io non ho mai scritto quelle lettere.»

Mentre sfoglia l'album dei facsimili, Churchill svolge gli argomenti a riprova della sua affermazione:

«Noi non adoperavamo allora la formula *Top Secret*. È stata un'idea americana e la introducemmo soltanto qualche anno più tardi; anzi, io ero contrario. Durante la guerra non fui mai alla residenza di Chartwell, che rimase chiusa».

E, indicando l'intestazione della carta da lettere, precisa che quella di Chartwell aveva sempre l'intestazione a destra e non al centro, come invece figura nella fotocopia della presunta lettera. Continuando sempre a scorrere il Carteggio, addita i più rilevanti errori di grammatica e di sintassi: lo *split infinitive*, l'apostrofo sul *yours*, gli errori di compitazione, le parole straniere, ecc.

Entra poi nel merito, definendo assurdo che si sia potuto concepire un siffatto accordo:

«Come potevamo consentire noi che l'Italia scendesse in guerra a fianco della Germania?! Dissi sempre che quello sarebbe stato il peggior errore che avrebbe potuto compiere: alla stessa stregua se oggi l'Italia diventasse comunista...» e subito precisa: «... ma ciò sarebbe anche peggio!».

Interviene l'Ambasciatore Brosio per escludere che ciò sia per avvenire.

Churchill prosegue, dicendo che in ogni caso non v'era allora alcuna ragione per un'iniziativa del genere (cioè un accordo che sanzionasse l'entrata in guerra dell'Italia a fianco della Germania e garanzia inglese di buone condizioni di pace per l'Italia se l'Asse avesse perduto), «poiché, tra l'altro, la Francia era ancora in piedi e a quel momento ritenevamo di avere al nostro fianco l'esercito più efficiente del continente. Credevamo anzi che i tedeschi non fossero così preparati».

Ma vi è un altro argomento che dimostra tutta la grossolanità della contraffazione: in quell'epoca Churchill non era ancora Primo Ministro! Lo divenne soltanto verso la metà di maggio, mentre le presunte lettere riguardanti l'accordo sono dell'aprile, quando lui era Primo Lord dell'Ammiragliato. «E – assicura Churchill con energia – non avevo assolutamente il tempo di pensare a cose simili: ero immerso nella campagna di Norvegia!»

Churchill conferma d'esser stato informato dell'esistenza del carteggio e d'averlo veduto ora con molto interesse. L'Ambasciatore Brosio ricorda che «vi sono anche altre lettere attribuite a Churchill, a quanto risulterebbe dall'elenco dei documenti; ed assicura che le sottoporremo al primo ministro perché si pronunzi – se vorrà – anche su di esse, sempreché ne verremo in possesso».

Churchill riconosce di aver scritto a Mussolini, ma furono lettere pubblicate, una delle quali fu anche trasmessa per radio. Fa portare il secondo volume delle sue Memorie (*La seconda guerra mondiale*) e mostra i testi.

Churchill riprende in mano l'album e rivolge l'attenzione sulla copia della «Settimana Incom» del 30 maggio 1953; rilegge la fotocopia della presunta sua lettera scritta dall'Egitto a Mussolini. Non ricorda di avergli mai scritto dall'Egitto, e certo non gli scrisse a quel modo. A proposito della lettera di Mussolini a lui del 21 aprile 1945, chiede come mai si potesse pensare che gli venisse recapitata.

L'Ambasciatore ricorda le possibilità di corrieri attraverso la Svizzera e ribadisce, in risposta a qualche interrogativo di Churchill, che questi presunti scritti inducono, per molti aspetti, a non poche perplessità. È da pensare che si tratti di falsificazioni dell'epoca della Repubblica di Salò, e tra essi forse qualche brano autentico.

Churchill si meraviglia come mai Mussolini abbia potuto permettere che si licenziassero lavori così sciatti e grossolani. Chi stese questi documenti, non conosceva neppure i nomi delle principali istituzioni inglesi.

Brosio precisa che molti, allora, debbono aver perso la testa: Mussolini stesso non era più così lucido come prima.

Churchill chiede che cosa precisamente desideri De Gasperi.

Canali gli espone come, avendo De Gasperi querelato il direttore del settimanale per falso e diffamazione, sarebbe assai utile poter dimostrare la falsità dei documenti apocrifi. Grandi ha dichiarato d'esser disposto a disconoscere la firma falsa a lui attribuita; altri elementi si vengono intanto raccogliendo; contributo fra tutti il più autorevole sarebbe l'intervento personale di Churchill con una dichiarazione di falso riferita al presunto carteggio e all'accordo segreto.

Churchill consente. Scriverà una lettera a De Gasperi e autorizzerà a pubblicare questa come pure quelle false a lui attribuite.

Riprende in mano l'album. Non nasconde l'interesse e la curiosità che in lui ha suscitato, forse anche per i ricordi che ridesta, e ne loda la veste elegante e ordinata; scriverà la lettera, ma non si curerà di fornire per iscritto le prove, già analizzate ed enumerate, di falsi così grossolani (*clumsy*). L'analisi critica la potranno fornire gli uffici: «Io – dice – tratterò la cosa con disprezzo (*with contempt*)».

Canali chiede se egli abbia preso visione delle altre lettere a lui dirette a firma Mussolini, pure contenute nella presente raccolta. Churchill risponde di averle viste; non può dire se siano mai state scritte, ma può assicurare che lui certo non le ha mai ricevute.

Dopo alcune divagazioni riprende poi spontaneamente quest'argomento, quasi commentando tra sé e sé: «Quanto alla minaccia di Mussolini di non restituirmi il plico delle mie lettere, sono sciocchezze...». Sorride un attimo divertito, ma è un sorriso a suo uso e consumo, da cui l'osservatore può desumere tutto e nulla.

Churchill chiede dieci minuti di tempo per poter da solo dettare la lettera destinata a De Gasperi.

L'Ambasciatore lo ringrazia delle sue cortesie e si congeda, mentre ad attendere la lettera rimane Canali.

Nel mostrargli la lettera, Churchill chiede notizie di De Gasperi ed esclama: «I hope he is not going to leave politics!». Canali risponde che anzi De Gasperi è tuttora in mezzo alla politica attiva e dirige il proprio partito. A Churchill che osserva come scopo del falso sia quello di rendergli più difficile la vita politica, precisa che uno degli scopi può esser appunto quello di precludergli il ritorno al governo.

«Certo – commenta Churchill ridendo – mi sarei trovato anch'io imbarazzato se m'avessero presentato in corrispondenza con Hitler per ottenere che bombardasse Londra, risparmiando (e qui Churchill rileva un aspetto assai malevolo della contraffazione) Whitehall.»

Chiede notizie della querela e domanda d'essere tenuto al corrente. Scherzosamente, rievoca alcune querele da lui mosse in passato per diffamazione contro avversari e, consegnando la lettera, commenta: «Questa servirà a dare un po' più di vita al processo».

16. *Riscontri nell'Archivio di Stato del Regno Unito sulla corrispondenza di Churchill con Mussolini e Grandi*, 2 marzo 1954

All'inizio degli anni Cinquanta, in più occasioni si chiede a Churchill un parere sulle corrispondenze segrete con Mussolini. Lo statista le definisce contraffazioni grossolane, ma quando nel febbraio 1954 la questione viene posta dal segretario di De Gasperi, oltre a fornire una risposta più circostanziata (cfr. il documento precedente) dispone un'ampia e definitiva ricognizione archivistica. Il 3 marzo, Sir Norman Brook (segretario del Gabinetto) trasmette al premier il rapporto allegato e gli sintetizza l'esito della ricerca negli archivi del governo, del Ministero degli Esteri, dell'Ammiragliato e della residenza privata di Churchill: «You asked me to istruct Mr. Kelly [*assistente storico-letterario del premier*] to see whether there is any trace in your papers of any communication between you and Mussolini or Grandi in the period before your message to Mussolini of May 16, 1940 which is published in Their Finest Hour. *Mr. Kelly has made an extensive search but no trace can be found of any such communication».*

The Prime Minister's Correspondence with Mussolini and Grandi

1. The following records have been searched:
   – *No. 10*
   – *Cabinet Office*

- *Foreign Office*
- *Admiralty*
- *Chartwell*

The only communication found was the Prime Minister's telegram to Mussolini of 16 May 1940 and Mussolini's reply of May 18, both of which appear at p. 107 of the second volume of the War Memoirs.

2. Special scrutiny was made of the records of the Cabinet meetings between September 1939 and December 1940.

These contain no reference or allusion to any other communication.

If any undiscovered correspondence exists, it seems certain that it would at least have been mentioned in the Cabinet discussions, either when the Prime Minister sent his appeal of 16 May 1940, or when an approach to Italy by the United States and France was being considered.

Finally, there is no hint of any other correspondence in the Prime Minister's broadcast to the Italian people of 23 December 1940 (Collected War Speeches, Vol. I, p. 31).

3. Neither Colville, Miss G.F. Davies nor Mrs. Hill, who were close to the Prime Minister at this period, remember any other correspondence.

I suggest it is safe to say that there was none.

D. Kelly

2/3/1954.

17. Percy Loraine, *Memoriale sul Carteggio Churchill-Mussolini*, Londra, 5 aprile 1954

Ambasciatore a Roma dal maggio 1939 alla dichiarazione di guerra al Regno Unito, Sir Percy Loraine è la figura chiave della diplomazia britannica nel periodo della neutralità italiana. A metà maggio 1940 recapita la lettera di Churchill a Mussolini e riceve la risposta del Duce, per la trasmissione a Londra. A lui, il ministro Ciano consegna la fatidica lettera sullo stato di guerra, nel pomeriggio del 10 giugno. Una quindicina di anni più tardi, quando la stampa divulga gli epistolari «segreti» attribuiti ai due statisti, l'ex ambasciatore analizza i documenti e smentisce nel modo più assoluto l'affidabilità di quel materiale. Si noti il disprezzo per lo «Schema di Patto» italobritannico: «Troppo puerile per sottoporlo a un serio esame».

Statement by the Right Honourable Sir Percy Loraine, Baronet, G.C.M.G.

(1) I took up my duties as his Majesty's Ambassador in Rome in the first week of May, 1939, and presented my Letters of Credence to His Majesty, King Victor Emmanuel, on Monday, May 8th, in the Quirinal Palace.

My Mission was terminated by the Italian declaration of war communicated to me orally by Count Ciano, the Italian Minister for Foreign Affairs, at 4.45 p.m. in the Palazzo Chigi, on June 10th, 1940.

I left Rome on June 11th in order to take ship at Ancona.

I never heard, then or since, from British, Italian or other sources of any exchange of letters between Sir Winston Churchill and Signor Mussolini regarding the possibility of a Secret Agreement between the United Kingdom and Italy. Nor between Signor Mussolini and any other British Statesman. Moreover it was not until May 10th, 1940, that Sir Winston Churchill became Prime Minister.

To my knowledge there was never any question, still less any discussion, of any kind of political agreement between the United Kingdom and Italy during the period that began with the war with Germany and ended with Italy's entry into the war on June 10th, 1940.

During that period two attempts were made to conclude an economic agreement between the United Kingdom and Italy.

The Agency for Handling economic problems between the two countries arising out of the state of war was an Anglo-Italian Joint Standing Committee set up by an Agreement between the two Governments reached on October 27th, 1939. It was composed of delegations appointed by each of the two Governments. A comprehensive settlement was reached between the British and Italian delegation. On February 8th Count Ciano informed me that Signor Mussolini had voted its conclusion.

A second attempt, of more limited scope, was made to solve certain problems of Anglo-Italian economic relations. On May 26th it only remained to draft the text of an agreed settlement. On May 28th Count Ciano informed me that he had received Signor Mussolini's personal orders to break off these negotiations.

(2) The text "An Agreement : Scheme of Pact : Top Secret", of which a copy has been shown to me, is too puerile to merit any serious consideration.

(3) Letters of which copies have been shown to me and purporting to be written:

    A. By King Victor Emmanuel to Signor Mussolini, dated from Rome 4.5.1940,

B. By Signor Mussolini to Mr. Winston Churchill dated from Rome
4.5.1940

Both relating to the possibility of a pact of mutual assistance between
the United Kingdom and Italy.

Both referring to a conversation between H.M. King Victor Emmanuel and myself on May 1st, 1940.

In this respect I have the following observations to make:

I was not in Italy on May 1st, 1940.

I have never been to San Rossore.

During my mission to Italy there was never any question of a political
pact between the United Kingdom and Italy. No such matter arose in
conversation between myself and King Victor Emmanuel or with any
other person British or Italian.

In the early spring of 1940, just about the time of the first meeting on
March 18th of Mussolini and Hitler on the Brenner Pass, I was recalled
to London by my Government for consultation.

Up till the time when I left London to return to my post Mr. Neville
Chamberlain was still Prime Minister. It was not until several days af-
ter my return to Rome that Sir Winston Churchill replaced Mr. Neville
Chamberlain as Prime Minister.

Shortly before returning to Rome I called on Sir Winston Churchill in
his room as First Lord of the Admiralty.

Every circumstance therefore leads me to the conclusion that the
documents of which typescript copies have been shown to me are
fabrications.

Sir Winston Churchill has himself published in Vol. II, pp. 107 and
108, of his Book "The Second World War" the text of his message to
Signor Mussolini of May 16th 1940 and of Signor Mussolini's reply dated
May 18th, 1940. It may be useful to add that both these messages were
sent through me.

Percy Loraine

5th April, 1954

18. Questura di Roma, *Appunto segreto sulle rivelazioni confidenziali di
De Toma e Zavan*, 7 giugno 1954

*Questo documento si colloca nel momento in cui «Oggi» tronca la pubbli-
cazione del Carteggio Churchill-Mussolini. Per coprirsi le spalle, De Toma
azzarda una strategia d'attacco e (spalleggiato dal suo segretario Zavan)
aggancia i servizi segreti e la polizia in ulteriori trattative, con il duplice
obiettivo di sviluppare rapporti di complicità, nella speranza di procrasti-
nare l'arresto per falso, e di precostituire versioni di comodo, attestanti*

l'interesse di funzionari ministeriali per il suo materiale. Il secondo punto diverrà il cardine della sua strategia difensiva e dei ragionamenti complottistici ancora in voga. Il bluff è dimostrato dalla disinvoltura con cui, appena Rizzoli lo abbandona, egli dà per imminente la pubblicazione integrale dei Carteggi in un libro rizzoliano. E dall'improntitudine con cui lancia un'altra bufala: le liste dell'OVRA. Il fatto che dialoghi con i dirigenti dell'Ufficio politico e della Squadra politica della Questura di Roma è indicativo del riguardo riconosciutogli.

Il noto Enrico DE TOMA, poco dopo il suo arrivo a Roma, mi ha fatto conoscere che avrebbe gradito un riservato colloquio con rappresentanti di quest'ufficio ed ho ritenuto opportuno aderire alla richiesta autorizzando il Dirigente l'Ufficio Politico ed il Dirigente della Squadra Politica ad incontrarsi con il predetto.

Il colloquio si è svolto nel pomeriggio di ieri ed è durato circa tre ore.

Il De Toma era assistito dal giornalista Zavan, il quale lo segue come un'ombra, con l'incarico – a quanto pare – di «esperto storico» per sostenere l'autenticità del carteggio.

I punti essenziali della conversazione – a parte le verbose divagazioni dei due – si possono così riassumere:

Il De Toma sostiene, naturalmente, l'autenticità dei documenti ed afferma che l'editore Rizzoli non ha sospeso la pubblicazione dei documenti stessi su «Oggi», avendo pubblicati tutti quelli che De Toma gli aveva consegnato.

Il grosso dei documenti, e cioè altri 160 circa, apparirà in un volume in corso di pubblicazione a cura della stessa casa editrice Rizzoli, che sarà posto in vendita, in edizione italiana e straniera, il 30 settembre p.v.

Ogni documento sarà accompagnato da note illustrative, alla cui redazione attendono alcuni esperti scelti da Rizzoli e riuniti in comitato.

Per il complesso dei documenti, l'editore avrebbe già versato al De Toma – sempre a dire di quest'ultimo – un anticipo di 80 milioni di lire, statuendo inoltre una ulteriore corresponsione del 20% sugli introiti dell'edizione italiana e dell'80% sulle edizioni straniere.

I documenti relativi all'On. De Gasperi sono sei, più una busta, tutti in possesso di Guareschi, il quale, com'è noto, ne ha pubblicati sinora soltanto due.

Il De Toma è in possesso, oltre che del «carteggio», ceduto al Rizzoli e formato da 162 pezzi, di altri documenti riguardanti soprattutto rapporti militari e del controspionaggio, per un complesso di 200 fogli. Di questa documentazione intende, a quanto sembra, fare un'altra speculazione economica.

Portato sul piano dell'orientamento politico, il De Toma, che parla con molta facilità, si è dichiarato fascista e nazionalista, pervaso da profonda avversione per la Democrazia cristiana e, particolarmente, per gli Onorevoli Scelba e De Gasperi.

Si è dichiarato, invece, fanaticamente entusiasta per l'On. Pella, nel quale ravvisa il salvatore della dignità nazionale, malgrado la sua appartenenza alla DC. La pubblicazione dei due documenti attribuiti a De Gasperi sul «Candido» fu concertata dal De Toma e dal Guareschi per esercitare una rappresaglia contro l'ex Presidente del Consiglio a causa «della sua insidiosa azione svolta contro Pella».

Il De Toma non ha precisato se anche l'On. Pella fosse al corrente del progetto di pubblicare tali documenti, ma ha affermato che l'ex Presidente del Consiglio era in buoni rapporti con lui. Questo perché all'On. Pella ed a lui soltanto il De Toma era disposto a consegnare – ed ancora sarebbe disposto, se l'On. Pella ridiventasse Presidente del Consiglio – un altro carteggio, meno interessante sul piano internazionale, ma di enorme interesse sul piano interno e, cioè, presunti documenti segreti dell'Ovra.

Questi documenti, dei quali il De Toma e lo Zavan asseriscono di aver preso visione quattro giorni prima della loro partenza dalla Svizzera, si troverebbero rinchiusi in un baule, insieme a registrazioni fonografiche su disco e su nastro di importanti conversazioni telefoniche fra Mussolini ed il defunto sovrano. Il baule si troverebbe a Lugano presso lo stesso svizzero – un industriale – che aveva in consegna i documenti di pertinenza del De Toma, e gli fu dato in consegna insieme a due valigie, tuttora chiuse, da un emissario di Casalinuovo.

Nel baule vi sarebbero alcune centinaia di cartelle, ciascuna delle quali contraddistinta dal nome dell'agente informatore e contenente resoconti sulla sua attività, rapporti manoscritti, ricevute di retribuzioni ecc. Su molti fogli vi sarebbero appunti autografi e commenti che Mussolini scrisse durante la Repubblica sociale, quando si fece consegnare per l'esame il materiale dell'Ovra, che era stato portato al Nord, al fine di procedere egli stesso alla cernita dei pezzi più interessanti.

Naturalmente, molti di questi informatori dell'Ovra non sarebbero compresi tra coloro i cui nomi furono pubblicati nella «Gazzetta Ufficiale».

Il De Toma asserisce di essere in possesso di copia fotografica della distinta che accompagna le cartelle, composta di 13 pagine e contenente l'elenco di tutti i nomi cui le cartelle stesse si riferiscono.

Egli ha assicurato di poter disporre, come meglio gli aggrada, dei documenti contenuti nel baule, ma esclude che possano formare oggetto di una speculazione economica da parte sua.

Egli intende consegnarli allo Stato italiano, ma ciò farà solo quando sarà al potere un governo «veramente nazionale» o, si ripete, l'On. Pella presidente del consiglio.

Ha aggiunto, infine, di aver invitato per lettera S.E. il Capo della Polizia a recarsi presso di lui in Svizzera, per prendere personale visione dei documenti ma di non aver avuto risposta alla sua offerta.

Al termine del colloquio, il De Toma si è dichiarato a disposizione dell'autorità per qualche ulteriore chiarimento ed ha espresso il proposito di risiedere stabilmente a Roma, almeno fin quando non sarà pubblicato il libro di Rizzoli.

19. Polizia Civile di Trieste, *Riepilogo di notizie sul conto del noto De Toma Enrico*, giugno 1954

Vissuto a Trieste sino ai diciott'anni, quando si arruola volontario nella Repubblica sociale, De Toma è un adolescente problematico, con una situazione famigliare critica. Nel dopoguerra è un'altra persona, abile nel barcamenarsi al limite della legge (e pure oltre): organizza spettacoli di beneficenza e si volatilizza con l'incasso, soggiorna a sbafo in alberghi e pensioni, è un mitomane che si inventa storie gratificanti a risarcimento di ciò che la vita gli ha negato. Divenuto custode del Carteggio, subisce una terza trasformazione: acquistate notorietà e ricchezza, si stabilisce in una villetta di Locarno, sotto i riflettori della stampa internazionale. Grazie alla favola del «corriere di Mussolini», il triestino borderline raggiunge il suo quarto d'ora di celebrità, imbastisce ricatti contro governanti, tratta da pari a pari con ufficiali dei servizi segreti e, quando intuisce che il gioco non regge più, fugge in Brasile grazie al supporto di una rete neofascista. Questo rapporto della polizia di Trieste fornisce importanti tasselli per la comprensione di una figura versipelle.

De Toma Enrico di n.n. e di De Toma Antonia, nato a Trieste il 17.9.1925.

Nacque da padre ignoto; la madre si era maritata nel 1913 con Grassi Ferruccio dal quale aveva avuto una figlia a nome Silvana, nata a Trieste il 2.12.1920.

Il 4.1.1924 giusta sentenza del Tribunale Civile e Penale di Trieste, i coniugi si separarono legalmente di letto e di mensa.

La De Toma Antonia, rimasta sola con due figli e in triste condizione finanziaria, si mise a mendicare per le strade ed i locali pubblici portando seco i due bambini per impietosire maggiormente le persone. Usava spesso ubriacarsi ed era ritenuta un po' anormale e per questo veniva da tutti compatita.

Quando l'Enrico aveva 6 anni circa, intervenne l'Ente Assistenza Comunale che fece accogliere i due figli della De Toma all'Istituto di Via Pascoli.

L'Enrico frequentò dapprima le classi differenziali per tardivi e minorati psichici, e di poi regolarmente le scuole elementari presso l'Istituto

Carniel di Via Meda. Dovette ripetere la IV classe elementare e nell'anno scolastico 1939-40 all'età di 14 anni conseguì il diploma di V elementare.

All'epoca egli abitava con la madre e la sorella in via Solitario n. 6 in una stanza subaffittata dalla famiglia Luczak e tutti conducevano una vita miseranda tanto è vero che l'Eca provvedeva sia al vitto quanto al pagamento della stanza medesima.

Dalle accurate indagini, l'Enrico non risulta aver proseguito per altri studi. Sin da ragazzo era di carattere riservato ed aveva poche amicizie; portava un paio di occhiali con le lenti molto spesse.

In data 17.7.1939 venne fermato dalla Squadra Mobile della Questura di Trieste perché sorpreso a raccogliere abusivamente oblazioni pro-Colonia di Banne e Opcina. Non venne denunciato perché non imputabile. Nel 1940 trovò occupazione presso la rivendita giornali di Trieste Centrale come carrellista.

In data 10.4.1941 venne condannato dalla Pretura di Trieste a lire 20 di ammenda per assunzione di lavoro non per tramite dell'Ufficio di Collocamento.

Nel mese di gennaio del 1943 subì una perquisizione domiciliare da parte di agenti della Questura allo scopo di rinvenire oggetti di dubbia provenienza. La perquisizione ebbe esito negativo.

Il 7 aprile 1946, dopo alcuni mesi di osservazione nell'Ospedale Militare di Trieste, fu dichiarato permanentemente inabile al servizio militare e riformato per «miopia superiore alle dieci dtr in 00».

In quell'epoca egli dichiarava alle Autorità Militari di essere in possesso del diploma di terza avviamento al lavoro.

Nel mese di dicembre del 1943 consta che egli si sia arruolato volontario nelle formazioni della Repubblica Sociale Italiana. Dopo una breve permanenza nella sede della 58ª Legione di Trieste, raggiunse Padova.

Si dice che egli allora dichiarasse di essere in possesso di un diploma di scuola media superiore e questo particolare potrebbe essere confermato dalla fotografia pubblicata sul giornale «Oggi» del 24.4.1954 nella quale si mostra l'Enrico in divisa con il nastrino d'oro di allievo ufficiale intorno al bavero del cappotto.

Si dice ancora che in quella sede, dove egli confidenzialmente dai colleghi veniva chiamato *vasellina* perché esplicava il compito di infermiere, offrisse in vendita diplomi di scuola.

Intorno al gennaio 1944 dal suddetto reparto di stanza a Padova partirono una quindicina di allievi ufficiali per andare a frequentare il corso ufficiali. Non furono inviati tutti alla medesima scuola, ragione per la quale non si è potuto appurare se avesse raggiunto l'Accademia di Modena o la Scuola Allievi Ufficiali di Ravenna. Più verosimilmente raggiunge quest'ultima. Sembra comunque che venisse espulso dal corso ufficiali perché il comandante si accorse che il titolo di studio presentato era falso.

Anche questo particolare potrebbe essere confermato da un appunto scritto a matita sulla sua cartella personale esistente presso il Distretto Militare di Trieste che dice esattamente: «27-3-1944 – già Esercito Repubblicano».

Si perdono così le tracce di De Toma Enrico fino al giorno in cui qualcuno lo rivede a scuola col grado di sottotenente della 66ª Legione. Compare anche a Trieste con la divisa di ufficiale e la portinaia dello stabile di via Solitario n. 6 si ricorda che un giorno il De Toma, con fare autoritario, chiese i nominativi di tutti gli inquilini della casa. La portinaia stessa, ben conoscendolo, non lo prese sul serio e non aderì alla sua richiesta. Dopo qualche giorno gli agenti della Questura di Trieste vennero a prendere informazioni sul De Toma ed il vicinato vociferò che l'Enrico fosse arrestato per porto abusivo della divisa di Ufficiale della Milizia. Risulta invece che tutta la famiglia De Toma in data 9.6.1944 si trasferì da Trieste a Brescia, dove il De Toma prestava servizio e la sua famiglia abitava in via Umberto I n. 26.

Sembra che il De Toma abbia conseguito il grado di Ufficiale presentando ad un Comando della Guardia Nazionale Repubblicana di Como un atto notarile dal quale si rilevava che egli era nato nel 1922 o '23 e che già copriva il grado di sottotenente presso l'Esercito Italiano anteriormente all'8 settembre 1943.

A Brescia, invece, pare ricoprisse il grado di tenente non nella Gnr, ma in una formazione speciale e questo sarebbe avvenuto dopo la partenza da Trieste.

La fine della guerra lo trova effettivamente in forza al Comando Generale di Brescia e sembra che egli fosse distaccato quale Ufficiale di picchetto in una villa sita nelle vicinanze della Presidenza di Mussolini alle dipendenze di un battaglione denominato «Leonessa di Brescia».

È possibile che egli abbia seguito la colonna dei gerarchi che si avviava a Milano e che si fermò alla Prefettura della stessa città il 27-28 aprile 1945.

Con la fine della guerra si perdono nuovamente le tracce del De Toma, ma è escluso che egli si sia trovato nel campo di concentramento di Coltano così come dichiara sul giornale «Oggi» di cui sopra.

Il 6.4.1946 la Questura di Brescia chiede informazioni sulla condotta morale, politica e precedenti del De Toma. Verso l'ottobre-novembre del 1946 lo troviamo a Roma dove presenta domanda per essere assunto come impiegato presso il Ministero di Assistenza Post-Bellica. Il 28-4-1947 il Comitato Nazionale per i Rifugiati italiani, con sede a Roma in via del Quirinale 30, chiede a questo Comando se il De Toma sia in possesso del titolo di studio di ragioniere e se inoltre risulta essere stato arrestato per furto.

A questo proposito consta che il De Toma rivestisse nel suddetto Comitato la carica di Segretario.

Nel 1950 risulta abitare a Roma in via Pontefici 3. Il 28 marzo dello stesso anno viene prosciolto in istruttoria dal Tribunale di Brescia per «estorsione, abusiva detenzione di armi da guerra e per porto abusivo di armi», mentre il 25.6.1950 a Roma riporta una contravvenzione perché sulla propria lambretta circolava in direzione vietata. Per questa infrazione il 10.3.1952 la Pretura di Roma lo condanna a lire 1340 di ammenda.

Nel 1952 risulta essere domiciliato a Napoli in via Solitaria 22. Il 15 marzo dello stesso anno la Questura di Milano chiede alla Polizia di Trieste informazioni e il 25.3.1953 il De Toma risulta essere nato il 17.9.1933.

Il 16 marzo 1953 viene munito dalla Questura di Milano del foglio di via obbligatorio ed il 31 viene denunciato dalla stessa Questura per contravvenzione al foglio stesso, per la quale sarà condannato dal Tribunale di Milano a 40 giorni di arresto con la condizionale.

Il 15 aprile 1952 viene accompagnato a Trieste e sottoposto a rilievi fotografici. È interessante notare come da tutti gli atti suddetti siano stati compilati dalla Questura di Milano o da quelli di Roma quanto dalla Pretura Unificata di Roma, risulta essere il De Toma della classe 1923.

Quindi prende dimora [a Trieste] nell'alloggio popolare di via Pondares. Al vecchio custode che lo riconosce (il De Toma era stato alloggiato in via Pondares durante gli anni della sua infanzia) dice di provenire da Milano, dove ha scontato una pena di 7 anni per motivi politici. Pochi giorni dopo egli si reca all'ufficio anagrafe per notificarsi, e si munisce della regolare carta d'identità per residenti stabili. Non manca di effettuare una breve visita al suo antico maestro De Mattia, all'Istituto di via Pascoli, al quale dice di provenire da Milano ove aveva scontato una breve condanna per contravvenzione al foglio di via obbligatorio; tra l'altro egli racconta che subito dopo la guerra aveva trascorso un lungo periodo nel campo di concentramento di Coltano.

Si reca anche a visitare la Signora Luczak, nella sua antica abitazione in via Solitario 6, alla quale riferisce che si è stabilito a Trieste e che sta organizzando una compagnia di spettacolo per dilettanti.

Nello stesso periodo di tempo avvicina vecchi amici, ai quali confida di essere in possesso di importanti documenti della Rsi ed in modo particolare ad uno di questi si sarebbe rivolto con insistenza perché si associasse a lui. La persona non gli avrebbe dato credito ed in seguito a ciò egli avrebbe trovato lo Zavan (che forma oggetto di relazione a parte).

Dopo un certo periodo il De Toma scompare nuovamente da Trieste e a quanto consta alloggiò per qualche mese in uno dei migliori alberghi della città di Milano a spese di un ricco industriale milanese al quale aveva confidato di essere in possesso del noto carteggio Mussolini-Churchill.

Ricompare in data 22 novembre 1952 prendendo alloggio con lo Zavan all'Hotel Jolly di Trieste, dove dimora fino al 27 novembre trasferendosi all'albergo Milano di questa città.

Il 25 novembre viene fermato per indagini di Polizia Giudiziaria a disposizione della Sovrintendenza HQ-CID.

Dalle informazioni assunte si era saputo che il De Toma aveva avuto numerosissimi contatti con persone residenti a Trieste e molteplici telefonate a Milano di natura misteriosa. Risulta, tra l'altro, che il De Toma guidava una macchina targata Milano 136547 della quale non era proprietario e risultava anche sprovvisto di regolare patente. Successivamente vennero esperite le indagini in merito e accertato il legittimo possesso della autovettura, restituita in data 22 dicembre 1952.

Si venne anche a sapere che il De Toma possedeva una dichiarazione rilasciata da tale Cornacchin Aldo di Giovanni, nato a Trieste il 26.7.1914, il quale attestava, nella sua qualità di ex comandante di un reparto speciale della Rsi agli ordini del Duce, che il De Toma era stato effettivamente ufficiale della Repubblica stessa.

L'attività del De Toma era eterogenea. Difatti tra l'altro egli si occupava di organizzare in varie città spettacoli per dilettanti. A ciò si deve un debito di lire 100.000 con il sig. Ceschia Cesare, abitante in via Battisti 19, e di lire 20.000 nei confronti del Circolo Studenti Medi, che provocò la presentazione in sede di Polizia di esposti da parte degli interessati. Risulta che uno spettacolo fu organizzato dal De Toma al locale Cinema-teatro Rossetti il 13.6.1952.

Agli atti esistono altri due esposti pervenuti dalla Questura di Gorizia e dai Carabinieri della Stazione di Conegliano Veneto. Il primo era stato presentato dalla Lega Nazionale di Gorizia, perché il De Toma e lo Zavan – organizzatori di uno spettacolo di arte varia – si erano impossessati dell'incasso netto (ammontare a lire 155.955), contrariamente agli accordi precedenti; ed il secondo presentato da un certo Frisiero Angelo, industriale di Conegliano, per l'importo di lire 65.000 per materiali vari che lo stesso Frisiero aveva fornito al De Toma perché organizzasse gli spettacoli in parola.

Inoltre il De Toma era socio di una ditta di esportazioni ed importazioni denominata Exintraco, con sede in Milano.

Un altro esempio di attività multiforme è dato da questo episodio: a Trieste, verso la metà del novembre, sembra per incarico di De Toma, si era presentato negli uffici della Julia Interstnrs, sito in via Milano 10, ove aveva offerto una partita di riso da semina da far provenire da Milano.

La merce in parola avrebbe dovuto essere collocata in Egitto e la spedizione sarebbe dovuta avvenire sotto la denominazione di orzo, per evadere il fisco. Tale proposta naturalmente venne respinta.

Dopo le informazioni di rito, sia il De Toma quanto lo Zavan furono scarcerati in data 5 dicembre 1952 e il giorno 9 venivano denunciati a piede libero alla locale Procura di Stato per l'art. 70 del Codice della Strada (sprovvisto del libretto di circolazione) e dell'art. 96 (sprovvisto di patente di abilitazione alla guida di autoveicoli).

Alla fine dello stesso mese, il De Toma scompare nuovamente da Trieste. In data 12 maggio 1953 la Pretura Unificata di Roma emanava nei confronti del De Toma un Ordine di Carcerazione per giorni 3 in esecuzione di pena pecuniaria convertita.

In data 24 settembre 1953 perveniva a questo Comando un esposto presentato dalla signora Montanari Maria, di Milano, a carico del De Toma che aveva lasciato scoperto un conto di lire 70.000.

Da quell'epoca il De Toma si è reso irreperibile, ma è risaputo – perché dello stesso si è interessata tutta la stampa internazionale – che lo stesso vive in Svizzera e sarebbe in possesso del carteggio Mussolini.

Per la completezza delle indagini, si fa presente che sia il Grassi Ferruccio che la De Toma Antonia sono deceduti, e che la sorella del De Toma, Silvana, maritatasi in epoca imprecisata, risiederebbe a Napoli.

Il De Toma infine è in possesso di passaporto n. 151952 rilasciato dalla Questura di Gorizia il 9.1.1953.

Il data 12 gennaio 1954 tramite la stessa Questura e a richiesta del Consolato generale d'Italia in Lugano, il De Toma ha chiesto un rinnovo del passaporto.

20. Il capo della Polizia confederale, *Rapporto sul «caso De Toma»*, Berna, 15 luglio 1954

Il capo della divisione di polizia del dipartimento federale di Giustizia e polizia di Berna si occupa nell'estate del 1954 del «caso De Toma», su sollecitazione della magistratura italiana che chiede la perquisizione delle numerose cassette di sicurezza (una dozzina!) a lui intestate in varie banche svizzere, in cui ha depositato documenti apocrifi e «ferri del mestiere» (facsimili, timbri eccetera) serviti alle falsificazioni del Carteggio. Questo dettagliato rapporto conferma la complicità del notaio Bruno Stamm con De Toma in tutta la torbida vicenda. In quanto cittadino elvetico, costui è assai più protetto del suo compare straniero: non è un caso che, mentre nelle cassette intestate all'italiano la polizia abbia ritrovato una quantità impressionante di reperti, nelle due cassette intestate al professionista svizzero non si rinvenga assolutamente nulla: evidentemente, l'astuto Stamm le ha svuotate per tempo. (Traduzione dal tedesco di Maria Emanuela Tabaglio.)

15 luglio 1954

Rapporto sulla questione dell'assistenza legale di Enrico De Toma

Il 2 luglio 1954 il Procuratore Pubblico di Sottoceneri di Bellinzona trasmise una requisitoria della Repubblica di Milano, inviatagli dal Procuratore Generale del cantone di Berna, con l'osservazione di non aver nulla da obiettare alla sua esecuzione, ma che desiderava comunque sottoporla a noi in quanto sede competente. La requisitoria stava, secondo le circostanze esposte, in connessione con la procedura penale in corso a Milano contro il cittadino italiano Enrico De Toma, nato il 17 settembre 1925, contro il quale si procede per falsificazione di documenti e frode. Le azioni a suo carico vennero descritte come produzione di documenti privati falsi, spacciati come provenienti da note personalità politiche italiane e straniere. Nei mesi da febbraio a giugno di quest'anno, De Toma deve aver rimediato consistenti somme di denaro da diverse persone, avendo egli ad esse prospettato di voler pubblicare questi presunti documenti originali. Tutti questi documenti, o una parte di essi, si trovano presumibilmente in cassette di sicurezza di banche svizzere, affittate a nome di De Toma o delle quali costui aveva il diritto di utilizzo, probabilmente anche in custodia del notaio Stamm di Locarno o in cassette di sicurezza affittate a nome di quest'ultimo.

Venne richiesto, con riferimento all'art.13 dell'accordo di estradizione svizzero-italiano del 1868, il permesso di svolgere accertamenti a tale riguardo, per verificare se presso le banche svizzere, particolarmente la Banca della Svizzera Italiana a Lugano e a Locarno, vi fossero cassette di sicurezza a nome De Toma o Stamm, così come di poterne eventualmente disporre l'apertura e la confisca del contenuto, se collegato alle suddette falsificazioni.

Dal punto di vista dell'assistenza legale internazionale, la richiesta era regolare. La rappresentazione dei fatti permise di appurare che oggetto del procedimento sono atti che anche il diritto svizzero qualificherebbe come falsificazione di documenti e frode. Non si ravvisavano ragioni per escludere la punibilità di quelle azioni. I presupposti del dovere di assistenza legale sancito dall'art. 13 del patto di estradizione erano pertanto rispettati, cosicché nello stesso giorno si è potuto dar corso alla requisitoria per via ordinaria, al Tribunale della Corte d'appello del Canton Ticino, a Lugano.

Tramite una telefonata da Lugano dell'Ispettore della polizia confederale Camponovo, l'8 luglio 1954 appresi per la prima volta dell'esistenza del controverso Dossier "Mussolini", cui però si accennò solo incidentalmente. Tra l'altro, il sig. Camponovo chiese informazioni sulle modalità dell'esecuzione della requisitoria da parte del Giudice Istruttore responsabile, Dr. Torricelli.

Il 12 luglio 1954 il delegato di polizia di Lugano, sig. Rabaglio, comunicò telefonicamente che nel dar corso alla requisitoria erano state rinvenute le chiavi di altre 4 cassette di sicurezza bancarie a Sion e Ginevra. Egli chiese pertanto l'autorizzazione all'apertura anche di queste cassette. Io glielo lasciai sperare, a condizione che il testo della requisitoria (di cui che al momento non disponevo) me lo consentisse. Il sig. Rabaglio chiese un blocco provvisorio di queste cassette di sicurezza; ai giudici istruttori competenti tale richiesta venne inoltrata tramite telex.

Una comunicazione per telex del comando di polizia di Bellinzona del 13 luglio notificò la visita del funzionario richiedente, Dr. Gresti, sostituto procuratore della Repubblica di Milano; dal testo, si deduceva che costui sarebbe stato accompagnato da altri funzionari, tra cui i delegati di Polizia di Lugano e Chiasso. Tanto dispendio di mezzi, e un riferimento del sig. Balsiger, capo della Polizia confederale, alle complesse vicende del caso De Toma, fino a quel momento a me sconosciute, mi spinsero ad informarne il sig. Jezler, che subito m'incaricò di redigere un rapporto.

Nel pomeriggio del 13 luglio 1954 giunsero dal Canton Ticino gli atti esecutivi. D'intesa con il sig. Jetzler disposi l'immediata trasmissione della requisitoria italiana ai Cantoni di Ginevra e Vallese. A Lugano, Locarno e Chiasso si confiscarono nelle cassette di sicurezza bancarie di De Toma fotocopie, film, cliché e carte d'ogni genere. A Chiasso vennero trovati i più importanti cliché delle firme di Mussolini e di De Gasperi. I protocolli di confisca di Chiasso e di Lugano, sono agli atti. Dopo il rapporto orale del delegato di Polizia di Lugano, vennero aperte altre due cassette di sicurezza di Locarno, affittate dall'avvocato Stamm, che peraltro risultarono vuote. Il rapporto richiesto dal Giudice Istruttore Sopracenerino non è ancora pervenuto.

Nella conversazione del 14 luglio con il dr. Gresti ed i suoi accompagnatori, venni informato sulla natura e lo stato del processo in Milano, così come sugli esiti delle misure disposte nel Canton Ticino, sui motivi della presenza dei funzionari italiani in Svizzera e sulla particolare urgenza delle ulteriori misure prese a Ginevra e a Sion.

Il dott. Gresti ci spiegò, tra l'altro, che il processo contro il noto scrittore Guareschi aveva già dimostrato che le lettere attribuite a De Gasperi fossero con assoluta certezza delle falsificazioni. Il fatto che esse facessero parte dei documenti in possesso di De Toma risulta dagli esiti delle indagini a Lugano. Ora, per i funzionari italiani, si tratta di chiarire come questi falsi e gli altri documenti sono stati realizzati, e di rintracciare gli originali dei documenti che De Toma utilizzava in fotocopia. Tramite il materiale trovato in Svizzera si poteva, secondo l'opinione del dott. Gresti, provare la colpevolezza di De Toma quale realizzatore delle falsificazioni. A suo avviso, la presenza dei funzionari italiani nelle indagini in Svizzera era necessaria, poiché senza la conoscenza dei risultati di questi provvedimenti non sarebbe stato possibile dimostrare, nell'udienza che si terrà a Milano venerdì sul mantenimento del mandato d'arresto per De Toma, che vi sono gravi prove della sua colpevolezza nelle falsificazioni. Si presume inoltre che De Toma abbia affittato cassette di sicurezza anche presso la Banca Svizzera di Berna o di Zurigo, perché delle 11 cassette di sicurezza denunciate dalla Polizia italiana, solo 9 ne sono state scoperte. Sarebbe auspicabile che, anche a questo riguardo, venissero autorizzate delle indagini.

Ho spiegato al dott. Gresti che le sue argomentazioni mi avevano convinto che il procedimento italiano riguardasse veramente falsificazioni di documenti secondo il diritto comune e lo assicurai del pieno appoggio delle autorità svizzere, facendo però presente che noi non potevamo impartire alle Autorità Cantonali alcuna direttiva sull'attuazione dei provvedimenti né sulla sua presenza durante la loro attuazione: avremmo solo dovuto verificare che, dal punto di vista dell'assistenza legale internazionale, tutto fosse in regola. I signori si recarono poi a Ginevra, portando con loro la nostra dichiarazione, presso il Dipartimento di Polizia e di Giustizia cantonale, per mettersi in contatto con le autorità del luogo. Il documento per Sion, venne spedito per posta.

I dirigenti dei Dipartimenti di Giustizia di Ginevra e di Sion vennero avvisati telefonicamente da qui. Le indagini a Berna e a Zurigo vengono subito predisposte. Su istruzioni del consigliere federale Feldmann, il 14 luglio venne diramato un comunicato alla stampa svizzera.

Sig. Markees

21. Prefetto di Milano, *Indagini sul carteggio Mussolini*, 10 agosto 1954

Nell'estate del 1954 scattano le manette per De Toma e Camnasio. Il prefetto di Milano redige per il Ministero dell'Interno un ampio rapporto sulle indagini che determinarono gli arresti del faccendiere e del falsario. Dall'analisi del documento si comprende come sia stata lasciata mano libera ai truffatori sino alla primavera del 1954. Dopo il processo De Gasperi-Guareschi si è registrata una brusca accelerazione, culminata in una raffica di sequestri in banche italiane e svizzere, e nell'arresto di De Toma e Camnasio, rei confessi. Interessante, nella parte finale del rapporto, l'accenno all'attenzione con cui stampa e opinione pubblica seguirono la vicenda.

PREFETTURA DI MILANO
N. 031/13560 Gab.

Milano, 10 agosto 1954

Oggetto: *Carteggio Mussolini*

On. Ministero dell'Interno – Gabinetto
On.le Ministero dell'Interno
Direzione Generale della PS
Roma

Come è noto a codesto On. Ministero, in data 6 corrente mese con il mandato di cattura spiccato dal locale Sostituto Procuratore della Repubblica, Dr. Gresti, nei confronti del Sig. Camnasio Ubaldo, dopo l'ampia confessione del De Toma di aver falsificato i documenti del noto carteggio Mussolini-Churchill, complice il Camnasio, si è chiusa la laboriosa e difficile operazione di polizia, che ha portato allo smascheramento di una delle più intricate montature truffaldine di questi ultimi anni.

La vicenda ebbe inizio allorché il De Toma, ex ufficiale repubblichino, non ancora assurto ai fastigi della cronaca, prese contatto con l'editore Mondadori, e poi con la Casa Rizzoli allo scopo di vendere il carteggio che, secondo le sue affermazioni, Mussolini stesso gli avrebbe consegnato, a suo tempo.

Ciò accadeva nel dicembre 1951.

Il Questore Dr. Bordieri, seppe immediatamente dei contatti avuti dal falsario con le predette Case editrici; ma la difficoltà di muovere un'accusa specifica all'ex tenente repubblichino impose alle indagini uno scrupoloso riserbo, sebbene le affermazioni del De Toma si appalesassero, sin da allora, prive di un realistico fondamento.

Nel marzo del 1954 le indagini cominciarono a dare i primi concreti risultati.

La Questura accertò, infatti, che alcune persone si erano rivolte ad esperti conoscitori della lingua inglese per ottenere la revisione di alcune lettere stilate in un inglese imperfetto che tradiva la mancanza di conoscenza di tale lingua.

La Questura riuscì, anzi, a venire in possesso di tali dattiloscritti e, abbandonato il riserbo, impresse alle indagini un ritmo intenso, iniziando con l'interrogatorio di Franco Leanza, cugino del De Toma.

Le perquisizioni eseguite nelle loro abitazioni permisero agli agenti della Mobile di sequestrare scritture a firma De Toma relative al carteggio, una collana di libri (fra cui la *Storia di un anno* di Benito Mussolini) priva degli allegati, utilizzati per la manipolazione dei documenti, nonché punzioni, clichés, diplomi e timbri per la confezione ed il conferimento di titoli nobiliari illegittimi.

Si ebbero quindi le prime ammissioni del Camnasio sulla falsità dei documenti posti in commercio dal De Toma e furono reperiti dispositivi delle firme di Churchill, Mussolini ed Hitler, nonché di un ritaglio di lettera autografa attribuita a De Gasperi e figurativamente inviata al Ten. Col. Bonham Carter, dai quali dispositivi emerse in maniera incontrovertibile che gli scritti erano stati contraffatti col sistema del ricalco.

Il Camnasio tentò allora di sottrarsi alle proprie responsabilità con racconti fantasiosi sulla provenienza del carteggio, il cui accertamento fu estremamente arduo per l'intricata versione che il Camnasio aveva dato della maniera attraverso la quale egli sarebbe venuto in possesso dei documenti.

Il Camnasio fu rilasciato e sottoposto ad accurato controllo e in data

5 giugno denunciato con il De Toma per falso continuato in scrittura privata e truffa.

I funzionari incaricati delle indagini si trasferirono a Roma, Napoli, L'Aquila, Trieste, Belluno, Verona, Udine, Bolzano e Merano per controllare la veridicità di quanto era stato dichiarato dal Camnasio e per conoscere il decorso della vita del De Toma dal 1945 al 1952.

Una fitta rete di indagine fu tesa, atta a vagliare le più minuziose risultanze delle precedenti operazioni, con una perseveranza e meticolosità encomiabili.

Fatti ed elementi si aggiunsero a quelli già accertati, tali da fondare pienamente la convinzione dei funzionari inquirenti sulla mancanza di qualsiasi scrupolo nella persona del De Toma, capace di giustificare ogni genere di truffa, e sulla infondatezza di molte dichiarazioni fatte dallo stesso per sostenere la veridicità del carteggio.

Il 25 giugno scorso il Camnasio, nel corso di un nuovo interrogatorio, si decise ad ammettere che i documenti erano stati confezionati usando timbri e clichés falsi, con fogli di carta in bianco aventi in calce firme stilate da un miniaturista elvetico o tedesco.

Le contestazioni precise e inconfutabili dei funzionari investigatori costrinsero il Camnasio ad ammettere di aver visto il predetto materiale nell'aprile ultimo scorso in una cassetta di sicurezza noleggiata dal De Toma nella Banca della Svizzera Italiana di Lugano.

Conseguentemente, fu interessata l'Autorità Giudiziaria Italiana, affinché, con apposita rogatoria, fosse richiesta all'Autorità Giudiziaria Elvetica il sequestro del contenuto della predetta cassetta di sicurezza, nonché di altre che alla Questura risultavano noleggiate dallo stesso De Toma a Chiasso, Locarno, Ginevra e Sion.

Il 7 luglio, un secondo dettagliato rapporto inoltrato all'Autorità Giudiziaria persuase la Magistratura ad accelerare l'inchiesta. L'apertura e il sequestro delle cassette di sicurezza noleggiate in Svizzera dal De Toma su ordine dell'Autorità Giudiziaria Elvetica fornirono le prove del falso e determinarono l'Autorità Giudiziaria Italiana a spiccare un mandato di comparizione nei confronti del De Toma.

Una settimana dopo il Giudice Istruttore, Dr. Gresti, interrogò l'ex tenente e ne ordinò l'arresto per i reati di falso continuato in scrittura privata e truffa continuata e aggravata.

Un terzo rapporto fu inoltrato, il 19 luglio scorso, alla Procura della Repubblica per riferire gli ultimi elementi raccolti nel corso delle indagini di polizia a carico del De Toma e del Camnasio.

Quindi l'arresto di quest'ultimo, complice nella falsificazione del carteggio, a seguito della confessione del De Toma, di cui all'inizio della presente lettera.

Questa, l'esposizione per sommi capi di una operazione di polizia che è stata seguita con vivo interesse, e talora anche con comprensibili apprensioni da parte di tutta l'opinione pubblica, e la cui conclusione ha riscosso l'ammirazione ed il plauso della stampa di ogni tendenza politica, la quale non ha esitato a definirla come la più brillante operazione di polizia del dopoguerra.

Certo, però, l'esposizione dei fatti e delle singole fasi delle indagini, di cui si è ampiamente e minuziosamente occupata la stampa, pur se è valsa a fornire un'idea della complessità delle operazioni, non ha potuto dare, se non a chi, come il sottoscritto, ha seguito attentamente e da vicino il loro svolgimento, la nozione esatta delle difficoltà incontrate, dell'impegno e dell'acume che sono stati necessari per smascherare il falso.

All'operazione, svoltasi sotto l'abile, personale guida del Dott. Daniele Bordieri – che prima di lasciare Milano per il suo nuovo incarico ministeriale ha voluto portare le indagini a definitiva conclusione – hanno validamente coadiuvato il vice Questore Dr. Giuseppe Cibella, il Commissario Capo Dr. Ferruccio Allitto, il Vice Commissario Dr. Bonaventura Provenza ed i Brigadieri Frisoli e De Santis.

Per questi, cui va il merito di aver stabilito la verità nell'intricato caso De Toma, conferendo prestigio alla Polizia e riscuotendo larga ammirazione in tutti gli strati della popolazione, ritengo doveroso proporre a codesto On. Ministero il conferimento di un riconoscimento ufficiale dell'opera svolta, rivolgendo loro uno speciale encomio da inserirsi negli atti personali.

Il Prefetto
Cappa

22. Giorgio Pisanò, *Confessione di De Toma e conclusioni dell'inchiesta sul Carteggio*, Milano, novembre 1954

Pisanò indaga lungamente su De Toma e scopre preoccupanti retroscena, che però evita di pubblicare (se non tardivamente, nel 1959-60, e in versione ad usum Delphini*). D'altronde, il giornalista neofascista è un protagonista di queste vicende, considerato che De Toma si rivolgerà proprio a lui per passare clandestinamente in Svizzera. Dopo la fuga del faccendiere, Pisanò redige per il direttore di «Oggi» un memoriale, qui trascritto nelle due sezioni conclusive. De Toma avrebbe fatto «ricostruire» documenti i cui originali – inviati in Svizzera dal Duce – vennero venduti. Possibile che il reporter abbia creduto alla storiella concordata da De Toma e Navarini sul sequestro dei documenti «degasperiani» nella Roma d'inizio 1944? Il giornalista, scoperta l'intesa De Toma-Camnasio sulla falsificazione, ne rifiuta le conseguenze: la sua versione supplisce con la fantasia al silenzio su parti essenziali della storia di De Toma. Laddove il testo dattiloscritto è sottolineato* o in stampatello, si è utilizzato il corsivo, mentre le frasi cancellate nell'originale sono qui barrate.

La confessione del De Toma

La situazione si era così arenata su i seguenti punti;

1. Documenti di Mussolini in Svizzera ce ne erano andati.
2. De Toma era venuto a conoscenza, o nel 1945 stesso o più tardi, di dove erano stati depositati, e era partito alla loro ricerca.
3. Ne aveva trovato il deposito e, giocando su dei ricatti che ancora oggi non è possibile conoscere interamente, si era fatto consegnare i «residui» del carteggio.
4. Il «carteggio», trasportato in Svizzera per mezzo dell'organizzazione di Giovanni Züst, era poi stato venduto, nelle sue parti più importanti, dallo Züst stesso e dal Lussy, a lui legato, e proprietario di un albergo che è notissimo per essere un centro di spionaggio internazionale.
5. De Toma aveva fatto «fabbricare» parte dei documenti mancanti: in definitiva egli presentava *un «carteggio» in parte autentico e in parte fabbricato sulla scorta di fotocopie di documenti originali, ormai alienati per fortissime somme da coloro che li avevano avuti in consegna nel 1945. Questi documenti «fabbricati» erano perciò in gran parte «falsi» per costruzione ma autentici per contenuto politico.*

Tutto restò stagnante fino a che il De Toma non venne tradotto da Roma a Milano [17 luglio 1954]. La sua posizione era stata, fino a quel momento, intransigente: «Non cederò mai! – aveva detto – I documenti sono autentici e li consegnerò alla Magistratura solo dietro garanzia che vengano tutti periziati». Tale posizione cambiò però *di colpo*, dopo il primo colloquio con il suo difensore, avv. Nencioni, allorché quest'ultimo gli raccontò che io ero riuscito a raggiungere Züst e Lussy.

Quel giorno avevo accompagnato Nencioni e attendevo sulla sua automobile, fuori di San Vittore, che finisse il colloquio: alla sua uscita, Nencioni mi disse: «Avevi ragione tu: quando ha saputo da me quei due nomi, si è messo a balbettare che nessuno avrebbe dovuto mai avvicinare Züst e Lussy e che tutto minacciava di crollare».

Ricordai allora ciò che più di una volta De Toma mi aveva detto e cioè che il giorno in cui si fosse accorto che io avevo scoperto il «signor X» sarebbe tornato in Svizzera a tutti i costi, per *«arraffare più roba possibile»*, prima che ci arrivasse qualcun altro (e si riferiva anche ai rotoli di nastri magnetici con sopra impresse le telefonate fra il Duce, il Re ed altre personalità del Regime): pensai quindi che avrebbe fatto carte false per uscire al più presto di galera.

Non passarono infatti molti giorni che si seppe che De Toma aveva dichiarato che i documenti erano tutti falsi e che aveva pure indicato «come» erano stati falsificati: questo perché in cambio gli era stata promessa la libertà. Così infatti avvenne e dopo poche settimane di galera De Toma uscì, stranamente, in «libertà vigilata».

Mi incontrai ancora con lui, all'Hotel Duomo, dove aveva preso alloggio, ed egli mi disse: «Non è vero niente: ho detto quello che ho detto, per poter uscire. I documenti sono autentici e quelli "meno autentici" li ho fatti fabbricare dal Camnasio sul modello esatto ricavato dalle fotocopie che avevo trovato al posto dei documenti che ormai non c'erano più. Quello che hai scoperto tu è esatto. Non saprai però mai, da me, come io sia arrivato ai documenti: posso solo dirti che la loro provenienza è autentica. *Ora che sono tornato libero, lo proverò, specie per quanto riguarda le due lettere di De Gasperi che ho dato a Guareschi*».

Ecco in sintesi quanto mi disse, a questo proposito, il De Toma: «Da un documento che ancora ho in Svizzera, risulta che le due lettere di De Gasperi furono catturate con altri due documenti da due ufficiali italiani agli ordini di Kappler, fuori dalle mura della Città del Vaticano, ad un corriere inglese travestito da prete». Luoghi di appostamento vennero condotti per molti giorni da pattuglie di due uomini per volta. Io ho i nomi di molti di queste pattuglie e mi risulta che uno di questi abita e vive qui a Milano, si chiama Alfredo Navarini e lavora presso una casa editrice.

Io conoscevo personalmente Navarini da molto tempo, in quanto lavorava (e lavora tutt'ora) presso la casa editrice Vitagliano, come archivista di «Settimo Giorno». Mi stupii che Navarini, con il quale tante volte avevo avuto modo di parlare di questa faccenda del carteggio, non mi avesse mai accennato a quegli appostamenti di cui doveva pur conoscere la ragione, e decisi quindi di telefonargli. La sua risposta fu veramente stupefacente: «Mi telefoni perché è uscito di galera De Toma: allora vuol dire che lui ha parlato. Io so che dovevamo catturare un corriere che doveva trasportare documenti molto importanti. So anche che venne catturato da una pattuglia dei nostri camerati, composta da due fratelli attualmente a Roma, ma, onestamente, non so dirti se quel corriere aveva addosso o no le due lettere di De Gasperi, per la semplice ragione che io non ho visto né il corriere né quello che portava con sé. Ho taciuto di queste cose anche con te, perché non volevo esser preso in mezzo in una situazione ingarbugliata: ricordati che sono uscito di galera solo da un anno e sono ancora sotto libertà vigilata. Il colonnello Kappler comunque, sa tutto: chiedetelo a lui».

Quella stessa giornata feci incontrare in mia presenza De Toma e Navarini e sentii i due rievocare, davanti a me, dei fatti indubbiamente accaduti e ciò prova quindi che De Toma non se li stava inventando e che gli risultava molto esattamente l'episodio della cattura del corriere, dai documenti che diceva di avere da parte in Svizzera.

Mi recai allora a Roma, a conferire con l'avvocato di Kappler, al quale chiesi di interrogare il suo difeso, attualmente a Gaeta con l'ergastolo, sui fatti sopra esposti. Di lì a pochi giorni l'avvocato fece sapere che Kappler, per ovvie ragioni si rifiutava di rispondere. *Da notare*: non negava nulla, si rifiutava solo di rispondere, segno evidente che aveva qualche cosa da dire.

Si arrivò così alla sera di lunedì 25 ottobre, quando verso le 17,30 vidi arrivare a casa mia, in provincia di Como, Enrico De Toma, da solo, su una automobile, credo una Ardea color cioccolata. Sapendolo costretto a non abbandonare Milano – essendo sottoposto a sorveglianza – mi stupii non poco, ma ancora di più mi stupii quando De Toma mi disse: «Stanotte fuggo in Svizzera: di là ho pronto il passaporto per il Brasile e i soldi necessari. Ho bisogno del tuo aiuto: dovresti andare da Stamm e dirgli che passerò il confine nella zona di Luino. Ti farò un colpo di telefono per specificarti l'ora precisa, prima che tu passi la frontiera a Chiasso. Avrai modo così di essere l'unico giornalista presente alla mia fuga».

Gli risposi che non potevo rendermi complice di un reato e che quindi non contasse su di me: gli promisi solo che non l'avrei tradito. Avvisai poi il mio avvocato e uscii di casa per tornarci solo a sera inoltrata.

So comunque che De Toma passò la frontiera nella notte fra il 25 e il 26 ottobre, nella zona di Luino, accompagnato da dei contrabbandieri svizzeri di Luino: so inoltre che il passaporto e i mezzi necessari per raggiungere il Brasile gli furono forniti da Stamm per conto di Züst e del Lussy, ansiosi di togliere di mezzo l'unica persona in grado di procurare loro seri guai se avesse rivelato tutti i retroscena collegati al commercio, da lui effettuato, di documenti segreti appartenenti allo Stato italiano.

L'ultimo degli avvenimenti connesso a tutta la storia del carteggio di De Toma riguarda infine un plico molto voluminoso spedito in Italia da De Toma, contenente un numero rilevante di documenti, parte in inglese e parte in amarico, *assolutamente autentici*, e concernenti i rapporti [*una parola mancante: forse* inglesi] e Etiopici, prima e durante la guerra in Abissinia. Tali documenti, che De Toma ha cercato di riprendere, incaricando una persona di sua fiducia di portarglieli in Brasile, sono tutt'ora a Milano. In Svizzera, invece, probabilmente ancora presso Stamm, sono i documenti del Carteggio pubblicati da parte di «Oggi».

Conclusioni

Alla base di tutta la vicenda scatenata attorno a De Toma e ai documenti da lui resi noti, c'è *indubbiamente l'autentico carteggio Mussolini*.

De Toma, giunto chissà come a poter pretendere dai detentori svizzeri la consegna dei residui del «carteggio» non ancora venduti, ha cercato di creare un «carteggio» completo, facendo falsificare da Camnasio parte dei documenti mancanti o fabbricandone completamente di nuovi.

È sintomatico che il signor Giovanni Züst, di cui De Toma una volta uscito dal carcere fece apertamente il nome quale uno dei due consegnatari dei documenti di Mussolini alla fine della Rsi, sia stato pochi mesi or sono insignito della commenda all'ordine della Repubblica italiana. Ci si può chiedere quale mercato di documenti residui sia alla base di questa onorificenza.

23. *Perché De Toma è venuto in Brasile e le sue proposte al Governo Italiano*, «Tribuna Italiana», 9 gennaio 1955

La terza vita di Enrico De Toma, ormai una sorta di attore sulla via del tramonto, cambia nuovamente scenario: passa dalla ribalta nelle grandi città ai teatrini di provincia, dove – sull'onda della passata popolarità – lo si accoglie come una star. «Tribuna Italiana» non è un giornale d'opinione, bensì l'organo dei neofascisti italo-brasiliani, con un recapito a Roma e rapporti di stretta collaborazione col settimanale «asso di bastoni» e col quotidiano missino «Secolo d'Italia». De Toma può così riproporre, su scala minore, le menzogne della missione per conto di Mussolini, crollate miseramente in patria. In questa lunga intervista rivela lo scopo della sua missione brasiliana: intavolare ulteriori trattative con il governo italiano sul Carteggio Churchill-Mussolini. Ma il copione è logoro e in Italia nessuno più si occupa di lui, né presta fede alle sue storie.

Una memorabile intervista della «Voce Italiana nel cielo del Brasile»

Perché De Toma è venuto in Brasile e le sue proposte al Governo Italiano
Il fatto di questi giorni in Brasile – e chi non lo sa? – è costituito dalla presenza del tenente Enrico De Toma, l'ufficiale della Guardia Nazionale Repubblicana che ebbe in consegna dal Duce il *Carteggio Churchill-Mussolini*. La notizia che De Toma ha raggiunto il Brasile fu rivelata da «Tribuna Italiana» la settimana scorsa, suscitando un interesse enorme. Possiamo dire che in questi giorni il telefono non è rimasto mai inoperoso: tutti hanno qualche cosa da chiedere o un saluto che vogliono sia trasmesso a De Toma. [...]

Flavioni – Perché, Signor De Toma, dato che le Autorità l'avevano rimesso in libertà, dimostrando di non avere elementi per procedere nei suoi riguardi, Lei ha lasciato l'Italia?

De Toma – Innanzitutto, voglio precisare che il 2 giugno 1954 ho lasciato la Svizzera di mia spontanea volontà e non, come pretendono gli organi della stampa governativa italiana, in seguito ad espulsione da parte delle Autorità Svizzere. Il Dipartimento Federale di Giustizia e Polizia di Berna, in data 17 maggio 1954, mi accordava l'asilo politico a determinate condizioni: condizioni che non potevo accettare perché non permettevano la mia difesa dagli attacchi dei giornali italiani. Tanto è vero che al momento del mio rientro in Patria ringraziai le Autorità Elvetiche per l'ospitalità concessami. In Italia, mi sono messo a disposizione delle Autorità per la nota indagine giudiziaria; in seguito a questo atto di lealtà verso la legge del mio Paese sono stato arrestato, dopo 45 giorni, senza regolare mandato di cattura, ammanettato e tradotto alle carceri di San Vittore di Milano. Le autorità inquirenti avevano l'intenzione di entrare in possesso del famoso Carteggio Churchill-Mussolini. Durante i 90 giorni della mia detenzione mi vennero fatte pressioni e minacce perché consegnassi i documenti. Procedura unica nella storia della Magistratura italiana, io, in istato di arresto, accompagnato dall'Interpol, venni portato in Svizzera alla presenza del notaio Bruno Stamm, per costringermi ad ordinare al detto notaio, depositario del Carteggio, di consegnare ai miei «angeli custodi» tutti i documenti in suo possesso. Il dr. Stamm si rifiutò categoricamente di cedere ad una pressione contraria ad ogni diritto umano. Perciò fui riaccompagnato a Milano e le porte di S. Vittore si riaprirono nuovamente. Il Magistrato, dopo varie settimane, mi rilasciava in libertà provvisoria con l'intesa che avrei consegnato i documenti originali e con l'obbligo di presentarmi alla Questura tre volte per settimana. Ero costantemente sorvegliato dalla Polizia. E quando ebbi sentore che mi si voleva nuovamente arrestare se non avessi consegnato i documenti, decisi di allontanarmi dall'Italia, ove la vita era per me diventata impossibile.

Flavioni – Grazie tante, signor De Toma, la risposta è perfettamente esauriente. E adesso, un'altra domanda: perché ha scelto proprio il Brasile?

De Toma – Sono venuto in Brasile perché la tradizione democratica di questa Terra, che si avvia a diventare una delle nazioni più importanti del mondo, è garanzia di libertà e di giustizia. Il Brasile, erede dello spirito universale della civiltà della vecchia Europa, germinata dal ceppo immortale del diritto di Roma, è oggi una delle poche nazioni ove la libertà individuale è rispettata come una legge sacra. Da questo microfono mi sento in dovere di ringraziare l'ospitale Terra che mi accoglie, le Autorità. E tutti coloro che hanno saputo infondermi ancora la fiducia nella giustizia contro ogni tentativo di sopraffazione.

Flavioni – Perché si è presentato poi alle Autorità italiane in Brasile?

De Toma – Semplicissimo. Non avevo nulla da nascondere, perché non sono fuggito dall'Italia per sottrarmi alla giustizia. No: è all'ingiustizia, al sopruso dell'Autorità che ho voluto sfuggire.

Flavioni – Benissimo: e credo che – questa volta – ci sia riuscito. Mi dica: che cosa intende fare in Brasile?

De Toma – La mia presenza qui ha uno scopo ben definito: far pervenire alle autorità italiane l'ultima delle mie proposte. La consegna dei documenti in mio possesso potrà avvenire solamente nel caso che 1) la Magistratura italiana autorizzi la perizia dei due documenti originali di Degasperi presso l'Istituto della Polizia Scientifica di Roma, diretto dal dr. Sorrentino; 2) i documenti, tutti i 163 documenti, siano periziati e le copie fotografiche, debitamente autenticate dalle autorità dell'Ambasciata italiana in Rio de Janeiro, siano a me consegnate con il diritto alla loro integrale pubblicazione. Se questo avverrà, io non avrò nulla in contrario di definire una volta per sempre una vicenda che si trascina dal 1945. In caso negativo procederò ugualmente alla pubblicazione di tutto il Carteggio.

Flavioni – Ci congratuliamo per la sua presa di posizione, e vorremmo sapere una cosa: quali sono le disposizioni del Duce, nei riguardi dei documenti che Le fece consegnare in quel famoso 1945?

De Toma – Le disposizioni sono queste; se lei permette, gliele leggo.

Flavioni – Prego, prego... anzi...

De Toma – legge le Disposizioni per il Carteggio. [...]

Flavioni – Questo che l'ex tenente De Toma ha letto, l'ha letto effettivamente dall'originale del Duce. [...] Il gen. Gelormini La introdusse alla presenza del Duce, e Le consegnò la borsa ormai famosa. Perché, secondo Lei, Gelormini ha smentito il fatto?

De Toma – Il Colonnello Gelormini (e non Generale, come lui stesso si è autoproclamato) ha negato di essere stato l'Ufficiale che mi presentò a Benito Mussolini, dichiarando di non avermi mai visto e tanto meno conosciuto. Io ho querelato il Gelormini, e il giorno in cui inizierà questo processo vedremo se avrà ancora il coraggio di smentire otto testimoni, tra cui l'ex Prefetto della Provincia di Venezia, attualmente residente a Roma, il quale mi è stato presentato, in quella occasione, dallo stesso Gelormini. Tutte queste testimonianze sono state verbalizzate e sono in possesso del mio legale milanese, avv. Nencioni.

Flavioni – E adesso, ci permetta di cambiare argomento. Le cassette aperte dalla Polizia Italiana in Svizzera, erano veramente sue? E in caso affermativo, che cosa contenevano?

De Toma – Sì, le cassette erano mie. Erano in numero di undici e si trovavano in varie banche svizzere. Quando il mio legale, avv. Nencioni, venne a conoscere che la Magistratura aveva chiesto alle Autorità Elvetiche l'autorizzazione di procedere all'apertura delle cassette, ci siamo recati a Roma da S.E. il Ministro Plenipotenziario svizzero Celio, per mettermi a disposizione dell'Autorità Svizzera, qualora avesse inteso consentire alla richiesta italiana. La condizione che stabilii era di recarmi personalmente in Isvizzera per aprire personalmente le cassette con la chiave in mio possesso. Avevo dichiarato al Ministro che nelle cassette di sicurezza a me intestate non vi erano che lettere di famiglia e nulla che potesse riguardare la vicenda che disturbava i sonni alle Autorità italiane. Il Ministro Celio pregò il mio avvocato di esporre il tutto per iscritto e di inviare la lettera a lui stesso, a mezzo raccomandata. Ciò feci: ho in mio possesso copia e ricevuta. Il Ministro, inoltre, rassicurava l'avv. Nencioni che il Governo Svizzero non avrebbe mai, e per nessuna ragione, consentito l'apertura di cassette di sicurezza intestate a cittadini stranieri. Nonostante tutto, le cassette furono aperte dalla Polizia Italiana, senza la mia presenza, e senza l'assistenza del mio legale. Esattamente quattro giorni dopo la visita al Ministro Celio, io venni arrestato!

Flavioni – E allora, come intende comportarsi di fronte alla patente violazione di un diritto internazionale da parte di Banche Svizzere e del Governo di quel Paese?

De Toma – Intendo denunciare le direzioni delle 11 Banche Svizzere per la violazione del segreto bancario ed intendo agire giudizialmente contro lo Stato Svizzero per avere accondisceso alle richieste della Polizia Italiana. Si è dimostrato chiaramente, col negarmi la possibilità di assistere all'apertura, la malafede e il determinato proposito di diffamarmi senza alcuna possibilità di difesa. Aggiungo inoltre che l'avv. Gastone Nencioni, tramite uno dei miei legali svizzeri, l'on. Franco Maspoli, di Chiasso, aveva diffidato le direzioni di dette banche di accondiscendere alla richiesta delle autorità italiane. […]

Flavioni – E adesso ci permetta la curiosità: è vero che Degasperi, per le due famose lettere pubblicate da Guareschi, le offrì 50 milioni?

De Toma – Pochi giorni prima delle elezioni politiche del 1953, venne a trovarmi all'Albergo Gambrinus di Chiasso, il capitano del carabinieri dr. Giuseppe Palumbo, del controspionaggio milanese, naturalmente in borghese, il quale, a nome dei suoi superiori romani, mi offriva per il «dossier Degasperi» una grossa cifra che poteva arrivare fino a 50 milioni di lire. La mia risposta è stata categorica. Lo invitai ad allontanarsi al più presto, prima che ricorressi alla Polizia Svizzera.

Flavioni – E adesso, visto che lei è così gentile… che è disposto a raccontarci tutto…

De Toma – Dica, dica pure…

Flavioni – Se non può rispondere, non risponda.

De Toma – No, no, dica pure.

Flavioni – Dove è il Carteggio?

De Toma – (ridendo) La domanda, caro signore, è molto indiscreta. Potrei dirle che il Carteggio può essere tanto in Brasile che in Svizzera.

Flavioni – Forse che sì, forse che no… Signor De Toma, per quello che mi riguarda, non avrei altro da chiedere, pertanto la ringrazio molto.

24. *Colazione del Presidente* [Arnoldo Mondadori] *con Sir Winston Churchill*, Roquebrune, 24 ottobre 1955

L'incontro tra Mondadori e Churchill, concordato per stipulare il contratto dell'edizione italiana dei quattro volumi di A History of the English-Speaking Peoples *(ampia panoramica dall'invasione romana alla Prima guerra mondiale, pubblicata da Mondadori nella collana «Le Scie» tra il 1956 e il 1959 con vendite modeste), vede una cordiale conversazione estesa a temi storici e d'attualità. Il giudizio su Mussolini è assolutamente in linea con quanto espresso a fine aprile 1945 ai suoi collaboratori (quando esecrò l'uccisione della Petacci e il pubblico vilipendio dei cadaveri), incluse le valutazioni parzialmente positive sulla politica del Duce. L'editore italiano racconta all'interlocutore di come Mussolini avrebbe affidato un messaggio al capitano Spögler e gli suggerisce di riceverlo: si noti con quanta finezza Churchill scansa la proposta e, nel dimostrarsi disponibile a vedere la lettera, chiede anzitutto a Mondadori stesso di verificarne l'autenticità e, in seconda battuta, di inviarla al proprio agente letterario. Evidentemente il vecchio statista pensava – giustamente – si trattasse dell'ennesima «grossolana frode». La relazione è inedita e consta di quattro fogli dattiloscritti, su carta da lettera filigranata con la caratteristica rosa mondadoriana (l'originale è custodito in* ASAME, *Fondo Mondadori, fasc. Winston Churchill).*

Luogo: Villa «La Pausa» di Emery Reves a Roquebrune sopra Mentone
Data: 24 ottobre 1955
Sir Winston Churchill, durante la sua permanenza sulla Costa Azzurra, aveva una scorta personale formata da un Maggiore di Scotland Yard e da alcuni funzionari della Sureté.
L'incontro è avvenuto alle ore 13.30 e si è protratto fino alle ore 16.
Il Presidente ha subito ringraziato Sir Winston Churchill per aver concesso alla Mondadori il diritto sulla sua nuova opera il cui primo volume ci è stato consegnato in questi giorni.
Durante la colazione, gli argomenti toccati sono stati i seguenti:

1) Churchill ha dichiarato che non approvava e, tanto meno, apprezzava, il modo con il quale un popolo civilissimo come quello italiano aveva fatto fuori Mussolini. Non discuteva la necessità della fucilazione, ma discuteva Piazzale Loreto e, soprattutto, l'inutile fucilazione di Claretta Petacci.
2) Churchill ha chiesto se il popolo italiano è entrato in guerra contro *gli inglesi*, nel 1940, con entusiasmo e convinzione. Gli è stato risposto che quando l'Italia intraprese, sotto la guida di Mussolini, l'impresa di Etiopia nel 1935, il popolo italiano fu compatto nell'accettare la

guerra e nel farla, perché desiderava avere le sue colonie, come l'Inghilterra le aveva da secoli.

Winston Churchill interruppe dicendo che le colonie erano ormai un fatto storico superato. Gli fu risposto che di questo problema si sarebbe parlato successivamente. E si continuò dicendo che il popolo italiano non accolse favorevolmente, e tanto meno con entusiasmo, la dichiarazione di guerra contro gli inglesi appunto perché desiderava mantenere l'impero coloniale che si era conquistato cinque anni prima. Quindi, non per il fatto in sé di dichiarare la guerra agli inglesi, quanto per conservare un bene che gli italiani si erano conquistati duramente.

3) In quanto alle colonie, Sir Winston Churchill ha detto testualmente che la mentalità coloniale è ormai finita e non ha possibilità di mantenersi in qualunque luogo del mondo. E, riferendosi alla situazione francese in Africa del Nord, si è espresso nei seguenti termini: «Io ho liquidato parecchie posizioni dell'Impero Britannico, salvando però almeno il cinquanta per cento delle posizioni inglesi nel mondo; i francesi si limiteranno a piangere».

4) Sul problema Margaret – Townsend, Sir Winston Churchill ha dichiarato esattamente: «È un fatto privato che riguarda Buckingham Palace, ma voi italiani, che siete così romantici, darete certamente ragione a lei».

5) Alla richiesta di quale delle sue opere egli preferisca, ha risposto che l'opera che più gli piace è la sua *Vita del Duca di Marlborough* che, come si sa, è un suo antenato.

6) Mentre verso Mussolini ha espresso il giudizio più sopra detto, in un certo senso affettuoso, o per lo meno assolutorio, appena si è parlato di Hitler e del Nazismo diventò assolutamente furibondo, dichiarando tranquillamente che «Hitler è un criminale comune».

7) Interpellato sulla possibilità che egli ricevesse il Capitano delle SS Spögler, il quale aveva avuto da Mussolini l'incarico di consegnargli, nei fatali giorni del '45, una lettera a lui indirizzata, e che tuttora Spögler possiede, egli ha risposto che molto desidera conoscere il testo di questa lettera ma che, naturalmente, (vedi sopra il suo orrore per le SS) non avrebbe mai ricevuto Spögler. Ha incaricato il Presidente di controllare l'autenticità della lettera, dichiarando che sarebbe stato lieto di riceverla tramite il signor Emery Reves.

8) A una domanda postagli sulla Conferenza di Yalta e sui suoi rapporti d'allora con Stalin e Roosevelt, Sir Winston Churchill, senza troppo sbottonarsi, ha però fatto chiaramente intendere il suo dissidio con Roosevelt e la sua profonda antipatia per Stalin.

9) Nel campo letterario le sue simpatie vanno alla letteratura inglese elisabettiana; ha dimostrato di conoscere, però, *I Promessi Sposi*.

25. Frederick William Deakin, *Parere sul Carteggio Churchill-Mussolini*, 1982

Frederick W. Deakin (1913-2005), arruolato durante il secondo conflitto mondiale nei servizi segreti inglesi, nel 1943 è paracadutato nella Jugoslavia occupata dai tedeschi con il compito di stabilire contatti tra gli Alleati e i partigiani di Tito. Dal 1946 assiste Churchill nella ricerca di fonti d'epoca e nella stesura della Seconda guerra mondiale. *Dal 1950 insegna a Oxford e si impegna nello studio dell'Italia, per la stesura del pionieristico saggio* The Brutal Friendship *(1962), tradotto in italiano da Renzo De Felice (*Storia della Repubblica di Salò, *Einaudi, Torino 1963). Nel 1982 il giornalista tedesco Gerd Heidemann gli chiede, per conto del settimanale «Stern», un parere su alcuni documenti acquistati dall'ex* SS *Franz Spögler. Una parte di questo materiale – ma Heidemann lo ignora – era stato venduto un quarto di secolo prima a giornali italiani. L'esito della perizia, supportato da una serie di dimostrazioni e dal parere del biografo di Churchill, Martin Gilbert, è inequivocabile: tutti i reperti sono falsi.*

Memorandum
A. In response to a request by «Der Stern» to give an expert opinion on certain photostats, which allege to be copies of a personal correspondence between Sir Winston Churchill in 1943, I would firstly set out certain general considerations.

1. My own qualification for such an enquiry. I worked closely with Churchill for more than ten years as his literary secretary. When he was writing his War Memoirs, I was responsible for research on diplomatic and political matters, having access to all government records and to the private files of the Prime Minister.
2. The photostats in question have been discussed by me – in confidence – with (a) the present «official» biographer of Churchill, Dr. Martin Gilbert, who has at his disposal the whole documentation of Churchill's public and private papers. (b) Churchill's former senior private secretary, Mrs. K. Hill, who was responsible for typing his most important correspondence both before 1939 and from 1839-1945 in the Prime Minister's office.
3. The relevant British archives (Cabinet Office, Foreign Office and War Office) have also been consulted.

B.1. The British Governments records and Churchill's papers show conclusively that there was only one exchange of messages between him and Mussolini which was in May 1940, and in the form of telegrams communicated via the British Embassy in Rome:

(a) *Churchill to Mussolini – 16 May 1940.* The text is in Churchill's 'The Second World War', volume two (English Edition) page 107. The original draft – which is identical with this telegram – (incidentally on Prime Minister's notepaper which would have been used if a letter had been sent) is attached to this report.

It was passed to the Foreign Office for transmission and telegraphed to Sir Percy Loraine, the British Ambassador to Rome, on the morning of 16 May, and immediately delivered by him to Ciano.

Note: The original text of this message is in the Public Record Office – FO 371/24944 R6081 together with Mussolini's reply.

(b) *Mussolini to Churchill – 18 May 1940.* This was telephoned by the British Ambassador at 5.20 p.m. on 18 May. The Italian text and English translation were telegraphed simultaneously to London. I attach copies of both.

C. *The Photostats (1940) under inspection.*

> Note of Mussolini to Grandi, 16 April
> Mussolini to Churchill, 16 April
> Churchill to Mussolini, 22 April
> Mussolini to Churchill, 4 May
> Churchill to Mussolini, 7 May
> Mussolini to Churchill, 20 May

These papers suggest a personal correspondence between the two leaders before 16 May. There is no evidence whatsoever of such an exchange. Nevertheless, I have submitted the documents to a close technical examination. (The following comments include those of Dr. Gilbert and Mrs. Hill.)

(i) *Notepaper*

Chartwell was closed during the war and no letters were written from there at all. From 1939 to 1945 Churchill used only official notepaper, first at the Admiralty and thereafter at 10 Downing Street with the Prime Minister's letter-head.

The sheets used by whoever produced the present documents are, in any event, forgery I attach a photostat of an original example of Chartwell notepaper used before the war by Lady Churchill. Her husband employed the same *but* with his private telephone number, Westerham 81.

All Churchill's correspondence was typed on a Remington noiseless typewriter. This could easily be checked with regard to the present photostats, but I doubt whether it would be necessary.

He *never* wrote any letters in his own hand, except to his family.

(ii) *Signature*

I attack a photostat example and have studied several others. In *every* case, there is a small line beneath his surname.

(iii) *Comments on certain points in the text of these «documents»*

a) None on Mussolini to Grandi and Mussolini to Churchill. Incidentally, Grandi was not Italian Ambassador in London, it was Bastianini.

b) *22 April 1940 – Churchill to Mussolini.* This is presumably meant to be a translation back into English from an Italian version. There was no «vexious proposals» or «counter-proposals» nor was there any «copy of the agreement». All relevant British records have been consulted. «Privy Council» is an ignorant blunder – even in translation. The War Cabinet would have been the body consulted. (As a formality, their minutes have been checked.)

c) *7 may 1940 – Churchill to Mussolini.* As already stated, Churchill never wrote in his own hand. This specimen is an attempt to imitate his handwriting. It is difficult to imagine from what original example. The style and conception of this «object» bear of course non resemblance to that of Churchill. The conclusive evidence of invention is this reference to his taking over the Office of Prime Minister on 7 *may.* On that day he was still First Lord of the Admiralty, and was appointed Prime Minister on 10 May!

d) *10 November 1943 – «Memorandum» by Churchill to Mussolini.* The letter-heading is unique. Dr. Gilbert comments:

> In the course of more than seventeen years research in the Churchill Papers and British Government archives I have never come across the *On His Majesty's Service* notepaper on which one of the letters is typed. I have studied tens of thousands of war-time letters, for each Government Department, inter-Departmentally and of every level of secrecy; and never have I seen notepaper such as this.

The signature is bogus, witness the scrawl after the last letter of the surname. (See attached note of 25 December 1940 where the loop – as with all his signatures – was written from left to right and in the form of a half-moon.)

The heading of the document: «The Prime Minister of HM's Government [*sic*] to the Chief [*sic*] of the Social Republic» is simply fictitious.

The content is nonsense. Indeed, if any such message concerning recognition of members of the forces of the Salò Republic as «regular» troops had been sent it, it would have come through British military channels in Italy. This document is clearly for internal neo-Fascist propaganda use.

Conclusion

1. These papers are, without any doubt, forgeries and clumsy ones.
2. Similar, if not identical, versions have been hawked round newspapers and publishers since at least 1947. I studied a set at this date and the present one appears familiar. The Salò Republic had a special intelligence unit at Venice to conduct such operations, which may be the original source.
3. There are many stories about the existence of a personal Mussolini/Churchill file. It has been widely suggested that Churchill went to Garda in 1946 [*recte*: 1945] to secure such papers, and again the following year [*recte*: 1949]. I have consulted his private papers for 1946, which cover in detail his visits in that year. There is *no* hint of such adventure. In 1947 [*recte*: 1949], I was myself with him in Italy and can testify that this story is a legend.

Ringraziamenti

L'arma segreta del Duce completa la trilogia sulla falsificazione dei documenti storici e sul loro uso pubblico, avviata nel 2011 da *Autopsia di un falso. I Diari di Mussolini e la manipolazione della storia* e proseguita nel 2013 con *«Bombardate Roma!». Guareschi contro De Gasperi: uno scandalo della storia repubblicana*. Dei tre volumi, lo considero il più importante e quello costato maggior impegno.

Lavorare su un «carteggio» così eterogeneo e frutto di diversi apporti (non del solo Camnasio) è operazione assai complessa, impossibile senza il generoso contributo di tanti autorevoli esperti e amichevoli collaboratori.

Ringrazio anzitutto Reinhard Markner (Università di Innsbruck) – studioso della massoneria e dell'antisemitismo, nonché relatore a un recente convegno romano sul falso nella storia e nella letteratura – con il quale è intercorso un fruttuoso scambio di materiale e di interpretazioni (ci siamo trovati talvolta in amichevole discordanza: è il bello della ricerca storica); ringraziamento che estendo al suo amico Hanno Birken-Bertsch per le ricerche all'Archivio federale svizzero di Berna.

Antonio Varsori (Università di Padova) ha letto le bozze durante la lavorazione del libro, ricavandone considerazioni in parte inserite nelle conclusioni, in quanto illuminano retrospettivamente le motivazioni dei falsari, le ragioni del loro successo e anche lo spirito dei tempi.

Da Mario J. Cereghino e da Brian Sullivan ho ricevuto documentazione dagli archivi inglesi, mentre Lanfranco Marinozzi ha coadiuvato le ricerche all'Archivio centrale dello Stato.

Maurizio Minardi mi ha mostrato alcuni album con le fotocopie del Carteggio e rilasciato un'intervista sul padre Alessandro, il più stretto collaboratore di Guareschi ai tempi dello scontro con De Gasperi sulle lettere a questi attribuite.

Paolo Pisanò ha cortesemente dato accesso all'archivio del fratello maggiore Giorgio, ricco di inediti e del quale sta predisponendo l'inventario.

Manlio Milani e Pippo Jannaci hanno agevolato l'accesso all'imponente giacimento documentario informatizzato, in cui ho individuato documentazione inedita su De Toma e dintorni.

Donato D'Urso ha posto a disposizione la sua comprovata competenza sul giornalista e falsario Gian Gaetano Cabella.

Piero Craveri (nipote di Benedetto Croce) ha fornito piste di ricerca sulle mistificazioni anticrociane di Edmondo Cione; a tale riguardo, sono grato anche all'archivista della Fondazione Croce, Teresa Leo.

Matteo Giardini si è rivelato un interlocutore fondamentale per entrare nel microcosmo di Fabio Tombari, mentre Ettore Puglisi (genero di Tombari) ha seguito con attenzione partecipe la stesura del paragrafo sullo scrittore marchigiano.

Ringrazio il biografo di Guareschi, Beppe Gualazzini, per la testimonianza sui rapporti tra lo scrittore emiliano e alcuni personaggi coinvolti nella gestione del Carteggio.

Lucio Ceva, Mariella Minini e Marino Viganò hanno letto in anteprima il dattiloscritto ed elargito indicazioni per il suo miglioramento. Al controllo sui testi in lingua inglese ha collaborato la giornalista e biografa londinese Caroline Moorehead. Maria Emanuela Tabaglio ha tradotto il documento n. 20 e altro materiale in lingua tedesca conservato in ArCS.

Giovanni Livi e Carmela Santoro, funzionari dell'Archivio di Stato di Milano, hanno agevolato la ricerca delle sentenze dei processi Camnasio-De Toma.

Andrea Becherucci, degli Archivi storici dell'Unione Europea, ha coadiuvato la ricerca nelle carte De Gasperi.

La consultazione di quotidiani, periodici e volumi di ardua reperibilità si è svolta principalmente a Milano, presso la Biblioteca comunale Sormani e la Biblioteca dell'Istituto nazionale per la storia del movimento di liberazione in Italia (dove Andrea Via si è riconfermato competentissimo consulente), nonché alla fornitissima emeroteca della Biblioteca comunale Federiciana di Fano (ringrazio il direttore Marco Domenicucci e i funzionari Lucia Baldelli e Rubens Bertini).

Sono grato, per la consultazione dei fondi conservati presso la Fondazione Arnoldo e Alberto Mondadori, alla direttrice Luisa Finocchi e agli archivisti Tiziano Chiesa e Anna Lisa Cavazzuti.

Daniele Mor, conservatore della Fondazione Luigi Micheletti, ha orientato la ricerca dei rari materiali sui fondi sulla RSI custoditi nella sede centrale del sodalizio bresciano.

I soggiorni di ricerca milanesi si sono giovati dell'amichevole ospitalità di Enrico Rovelli.

Sergio Zappavigna ha pazientemente e significativamente migliorato la qualità di molte fotografie d'epoca.

Gli editor della Rizzoli Libri, Ottavio Di Brizzi e Manuela Galbiati, hanno creduto nel «progetto Carteggio», da loro agevolato con sensibilità e professionalità.

Con la redattrice Serena Barozzi (Studio Dispari, Milano) si è realizzata una rara sinergia, dalla quale il libro ha tratto molteplici benefici.

La grande maggioranza delle immagini qui riprodotte proviene dall'Archivio Rizzoli (che include il materiale redazionale del settimanale «Oggi»). Alcune immagini sono tratte da quotidiani e periodici degli anni 1940-1955 (in particolare: «Relazioni Internazionali», «La Repubblica Fascista», «il Popolo di Alessandria», «asso di bastoni», «Roma», «Meridiano d'Italia», «Candido», «Tribuna Italiana»). Per le fotografie alle pp. 36, 39, 102-103 e 152 si ringrazia Mario J. Cereghino. I documenti alle pp. 50 e 220 sono conservati nell'Archivio privato Brian Sullivan. Per la riproduzione di p. 155 si ringrazia la Fondazione Arnoldo e Alberto Mondadori, per la fotografia di p. 126 Carlotta e Alberto Guareschi, mentre per quelle alle pp. 218 e 258 la Fondazione «Micheletti».

Sigle d'archivio e abbreviazioni

ABS   Archivio privato Brian Sullivan, Mc Lean, Virginia
ACS   Archivio centrale dello Stato, Roma
AdeG   Archivio Alcide De Gasperi (Archivi storici dell'Istituto Universitario Europeo, Firenze)
AGG   Archivio Giovannino Guareschi, Roncole Verdi (Parma)
AGP   Archivio Giorgio Pisanò, Vizzolo Predabissi (Milano)
AiCdM   Archivio informatico della Casa della Memoria, Brescia
ArCS   Archivio della Confederazione svizzera, Berna
ASAME   Archivio storico Arnoldo Mondadori Editore, Milano
ASMi   Archivio di Stato, Milano
CCP   Carte Clara Petacci (ACS)
chAr   The Churchill Archives, Churchill College, Cambridge University
DGPS   Direzione generale della Pubblica sicurezza
FO   Foreign Office [Ministero degli Esteri]
NA   The National Archives, Kew
PRO   Public Record Office
SPD CR   Segreteria particolare del Duce, Carteggio Riservato

b.   busta
DAFR   Documents on American Foreign Relations
DDF   Documents Diplomatiques Français
DDI   *I Documenti Diplomatici Italiani*, a cura della Commissione per la pubblicazione dei Documenti Diplomatici del Ministero degli Affari Esteri
DGFP   Documents on German Foreign Policy
f.   foglio
FRUS   Foreign Relations of the United States. Diplomatic Papers

GNR   Guardia nazionale repubblicana
OSS   Office of Strategic Services
PFR   Partito fascista repubblicano
PNF   Partito nazionale fascista
SIFAR   Servizio informazioni forze armate
SM   Stato Maggiore
SS   Schutzstaffeln [Squadre di protezione]

INDICE DEI NOMI

431

Quasimodo, Salvatore 256
Quilici, Folco 273, 287n

Rabaglio (delegato di polizia) 404
Rahn, Rudolf 324n
Re, Emilio 45, 285n
Reves, Emery 308, 417, 418n
Reynaud, Paul 206, 229n
Ribbentrop, Joachim von 95, 199
Ricci Cristolini, Rosetta 161n
Ricci, Aldo G. 284n
Ricci, Renato 165
Ricciotti, Lazzero 86n, 324n
Richard, Pietro 47n 61n, 366, 370
Ridolfi, Maurizio 62
Rizzoli, Angelo 10-11, 104-106, 119, 126, 129, 131, 158-159, 163n, 164, 170, 185n, 317-318, 330
Roberti (questore) 76, 381
Robino, Italo 242
Rocco (colonnello) 30
Romano, Attilio 240
Romano, Sergio 332n
Rommel, Erwin 48
Romualdi, Pino 156, 162-163n, 170, 240
Roosevelt, Franklin Delano 133, 193, 200-203, 213, 216, 218, 229n, 242, 302, 335, 418n
Rosselli, Carlo 249
Rosselli, Nello 249
Rossi, Andrea 86n
Rossi, Ernesto 87n
Rossiello, Nino Anselmo 383
Ruini, Meuccio 91
Rusconi, Edilio 11, 129, 131-132, 149, 157-159, 161n, 163n, 170, 174, 176-178, 186n
Russomanno, Silvano 385

Salvemini, Gaetano 192, 227n
Sammartino, Vittorio 91
Sangone (magistrato) 385
Santi, Amos 76-78, 88n, 380-382

Santoni, Alberto 60n, 162n, 288-289n
Scardaccione, Francesca Romana 287
Scelba, Mario 170, 184-185n, 396
Scerbanenco, Giorgio 186
Schellenberg, Walter 194, 196
Schuster, Ildefonso 72
Scorza, Carlo 79
Scott, Gerald 104, 112n
Scott, Howard 105, 112n
Secchia, Pietro 169, 265
Sedita, Giovanni 285n
Senise, Carmine 118-119, 128n, 151, 217, 237-238, 242-243, 283n
Serafini (avvocato) 172
Servello, Francesco Maria 83, 132, 164-165, 170, 184n
Sforza, Carlo 7, 157, 249, 329
Sgabelloni, Marianna 38
Shaw, George Bernard 192, 227n
Silvestri, Carlo 9, 245, 283n, 294, 296-298, 322-223n
Simpson, Wallis 194
Smith, Malcolm 9
Soames (funzionario inglese) 389
Sorrentino, Ugo 415
Spampanato, Bruno 111
Speer, Albert 194, 227n
Spingarn, Stephen J. 38
Spögler, Franz 9, 224, 263, 307-309, 323-324n, 334-335, 340, 417, 418n, 419
Stalin, Iosif 133, 171-172, 174, 185n, 213-214, 227n, 302, 328, 418n
Stamm, Bruno 9, 79-80, 83, 85, 88n, 95, 121-122, 124, 126, 167, 178, 183, 254, 275, 291, 317-318, 327, 330, 335n, 403-405, 412, 414
Starace, Achille 17, 25, 30-31, 151, 356
Steiner, Rudolf 259
Stettinius, Edward Reilly 252
Stufferi, Giacomo 9, 47, 50-51, 53, 56, 62-63n 108, 111, 335, 366-370

INDICE

Finito di stampare nel mese di aprile 2015 presso
Grafica Veneta – via Malcanton, 2 – Trebaseleghe (PD)
Printed in Italy